U0134064

〔美〕罗伯特·H·阿布朱格 (Robert H. Abzug) 著

郑世彦 王 澜 译

精神的奥德赛

罗洛·梅传

ZHEJIANG UNIVERSITY PRESS
浙江大学出版社
·杭州·

图书在版编目（CIP）数据

精神的奥德赛：罗洛·梅传 /（美）罗伯特·H.阿布朱格著；郑世彦，王澜译. -- 杭州：浙江大学出版社，2024.7

书名原文：PSYCHE AND SOUL IN AMERICA: THE SPIRITUAL ODYSSEY OF ROLLO MAY

ISBN 978-7-308-24836-5

Ⅰ. ①精… Ⅱ. ①罗… ②郑… ③王… Ⅲ. ①罗洛·梅—传记 Ⅳ. ①K837.126.2

中国国家版本馆CIP数据核字(2024)第075341号

精神的奥德赛：罗洛·梅传

[美]罗伯特·H.阿布朱格（Robert H. Abzug）　著

郑世彦　王　澜　译

策划编辑	杭州蓝狮子文化创意股份有限公司
责任编辑	张一弛
责任校对	黄梦瑶
责任印制	范洪法
出版发行	浙江大学出版社
	（杭州市天目山路148号　　邮政编码　310007）
	（网址：http://www.zjupress.com）
排　　版	杭州林智广告有限公司
印　　刷	杭州钱江彩色印务有限公司
开　　本	880mm×1230mm　1/32
印　　张	13.875
字　　数	345千
版 印 次	2024年7月第1版　2024年7月第1次印刷
书　　号	ISBN 978-7-308-24836-5
定　　价	86.00元

浙江省版权局著作权合同登记图字：11—2024—160号

谨以此书纪念我的父母，

西摩和弗朗西丝·沃尔夫·阿布朱格

（Seymour and Frances Wolff Abzug）

我告诉自己，如果我要继续与临终患者一起工作，就必须重新接受治疗，这一次要找一个愿意陪我一起走进黑暗的人。我那时听说罗洛·梅……我从来没有问过，但我确信，许多次这样的谈话会让罗洛个人感到不舒服，毕竟他年长我22岁，比我更接近死亡。但他从来没有退缩，总是陪着我，一起面对我追问人将必死的至暗时刻……时至今日，我仍然深深感激他。

——欧文·亚隆

美国存在主义心理治疗师

罗洛·梅是一位预言家，他所展示的现代人的生存图景依然需要当代人认真地对待和思考。正因为如此，罗洛·梅在生前和逝后并未被人们忽视或遗忘。越来越多的人发现了他思想的价值，并投入真正的行动。罗洛·梅的大多数著作都被多次重印或再版，并被翻译成多国文字出版。进入21世纪以来，这种趋势依然在延续。

——郭本禹

南京师范大学心理学教授

罗洛·梅被称为"美国存在主义心理学之父"，他的著作大部分都被译介到中国，但还差一本关于他的传记。现在，郑世彦和王澜把这本《精神的奥德赛：罗洛·梅传》翻译进来了。恰逢其时！读一个存在主义者的书，绝不能不了解他的生命。

——王学富

南京直面心理咨询研究所所长

阿布朱格通过大量的个人访谈以及不受限制地查阅梅的个人日记和著作，历经数十年的创作，将梅跃然纸上。读完这本书，你会发现阿布朱格信守了他对梅的承诺，以全面的方式介绍了梅的一生，详细描述了梅的成就以及他的缺点、困扰和脆弱。通过这本书，你可以了解这位"存在–人本主义心理学之父"、20世纪后半叶最具影响力的心理学家和公共知识分子背后的源泉和痛苦。

——杨吉膺

国际存在–人本主义心理学院执行院长

梅将自己的使命视为回应日常生活变化危机中人类对意义的基本需求，他的作品也如其所愿不受时空、性别和种族的限制，至今具有强大的生命力。在这本《精神的奥德赛：罗洛·梅传》中，阿布朱格教授对梅的生活和事业进行了学术性的描述，值得每一位对梅、对存在心理学感兴趣的读者翻阅。

——杨韶刚

广东外语外贸大学心理学教授、博士生导师

这是近年来我读过的心理学大师传记中最令我震撼的一部了。这部关于罗洛·梅的著作跌宕起伏、真诚赤裸，栩栩如生地再现了一个存在主义者的爱和意志的挣扎……怪不得，欧文·亚隆称罗洛·梅为"最亲近的导师"。我们或许听过许多存在主义治疗的术语，许多时候一知半解或无动于衷，而这样一本著作，能够帮助中国读者真切地亲近存在主义治疗的灵魂。

——韩岩

澳大利亚归国心理学家、督导师

罗洛·梅是存在主义心理治疗的先驱之一，他将自己的生命投入不确定性之中，探索生活的意义，正如一场奥德赛般的精神冒险。同时，他也将这一哲学性探索带入心理咨询和心理治疗的领域，启示来访者、治疗师重新思考心理疾患的意义，使个人生命得以完整呈现。本书精彩地描绘了罗洛·梅的一生，对于读者的生活、工作以及心理咨询实践和研究，都将有所启发。

——徐钧

上海市心理学会临床心理与心理咨询工作委员会主任，

国际聚焦学会协调员

在群星璀璨的心理治疗大师中，罗洛·梅绝对是代表存在主义流派的一颗耀眼"明星"。《精神的奥德赛：罗洛·梅传》作为国内第一本全面介绍罗洛·梅生平传记的译作，绝对是一部史诗般的"恢弘巨制"。作者阿布朱格倾尽40年的光阴，用细腻的笔触，为我们展现了罗洛·梅在学术明星光环背后那一细碎、幽暗、隐秘的生活世界。阅读这本传记也许可以唤起你我生命中那些迷惘的共鸣时刻，但愿我们也可以与罗洛·梅一样，在穿越那些生命的至暗时刻的过程中，开启朝向自己的精神奥德赛之旅。

——吴佳佳

哲学心理学博士，整合取向心理咨询师

读这本罗洛·梅的传记，我仿佛回想起大学时刚发现这位心理学家时的兴奋，以及阅读时熟悉的亲密感。他就像我们能接触到的最好的朋友，平易近人，心胸开阔，坦诚无私，还能带来心智上的巨大启发。原来他对自己的期待便是做"人类的朋友"。这本传记揭示了他生命中不为人知的细节，他的脆弱和痛苦让他看起来无比真实，就好像看到我们自己一样。

——呱呱天使

罗洛·梅粉丝

　　是罗洛·梅，让我对很多所谓"负面"感受有了接纳和理解；是罗洛·梅，让我更完整地理解了自己和生命；是罗洛·梅，让爱、自由、命运这些看起来高深的议题有了更平易近人的存在主义诠释。真的很好奇，是怎样的经历成就了这样一位大师，作为"铁杆书粉"，我欣喜这本传记终于要和大家见面了，非常期待以及推荐。因为——是罗洛·梅啊！

——董芳
心理咨询师，罗洛·梅粉丝

　　从读《存在心理学》认识他，到读《爱与意志》爱上他。惊呼他的犀利，感触他的深刻，隔着几十年的时光，在他的文字里，感觉内心深处那些模糊而坚信的东西被看见、被回应，而明晰、而动容。所以，有什么理由不走近他的人生，重逢这位从未见面的老友呢？嗨，《精神的奥德赛：罗洛·梅传》，你来啦！

——李文君
存在-人本主义心理咨询师，罗洛·梅粉丝

　　读梅的著作，最大的收获就是被激活了投身于生命洪流的勇气，而本书则以创造性的方式引领我们，与罗洛·梅的内心世界相遇，见证他用一生完成的英雄之旅。希望每位阅读者都可以借此领略梅的智慧与力量，于存在的虚无与有限中，开启属于自己的英雄之旅。

——陈都
心理咨询师，罗洛·梅粉丝

推荐序：为什么在今天，我们还要阅读罗洛·梅?

> 勇于质疑是一个人体认自我的开端。[1]

和罗洛·梅的相遇，发生在我读博初期。

彼时，我和一位来访者的咨询进展陷入胶着。和多数咨询类似，我们的议题大多围绕生活中的具体事件，我积极地想要帮他处理具体问题，但我们始终绕在一个地方"出不去"，每当有点进展，来访者就会表示"我做不到"，然后咨询便退回原先的阵地。

眼看我的努力未能解决来访者的问题，这让我深感挫败与无力，还勾起了我沮丧、愤怒等种种情绪。我对自己的能力感到怀疑，对自己学过的知识产生了困惑。

那时，我的教授推荐了欧文·亚隆（Irvin Yalom）的《给治疗师的礼物》(*The Gift of Therapy*) 给我，希望我能从中得到启发。我读了之后十分诧异，存在心理学的治疗态度既不像心理学的第一势力"行为主义"把人看成一种机械，也不像第二势力"精神分析"将焦点放在异常心理和心理疾病上。存在心理学家更关心人的本真性、整体性以及人有自我选择与自我实现的自由。

1　May, Rollo. *Psychology and the Human Dilemma*. p.215.

通过这本书的指引，我在后一次咨询中向来访者坦承了我的无力，没想到咨询却因此"打开"了。来访者向我表示他也经常活在这种对生活的无力感之中，不知道接下来该怎么办，此刻，他感觉到我终于能和他共情了。

有了这次的奇妙体验，我开始广泛阅读相关文献，接触了存在心理学，并以罗洛·梅为我博士毕业论文的研究课题。迄今，存在心理学仍是我咨询实践的主要理念。

如今我仍以存在心理学来开展咨询工作，原因在于梅的存在心理学非但没有因为时间流逝而过时，反倒越陈越香，有效反映着当前普罗大众的心理困境。

和这位来访者相似的困境，亦即"对生活的无力感"，不只发生在成人身上，也发生在不少青少年身上，甚至包括我在教学现场面对的一些儿童。他们的心理困境最终指向同一个课题，即"我是谁？我要怎么活？"

关于人生该"何去何从"的心理困境，正是梅用一生企图攻克的课题。他的学思历程，是奠定今日存在心理学的发展过程，也是反映人类本性、帮助我们了解自己、寻觅自愈之道的指南。

下面，我们通过梅建构存在心理学的学思历程，以及对应今日你我现实困境的问题与解决方案，了解这位大师，了解存在心理学，了解我们为何在今天更加需要认识他和存在心理学。

早期：以焦虑为主要的研究对象

在咨询中，经常可以听到来访者呼喊："我好焦虑啊！可以让我从此不再焦虑吗？"

对此，梅在《焦虑的意义》（*The Meaning of Anxiety*）中指出焦虑有两种，一种是"存在的焦虑"（existential anxiety），一种是神经症的焦虑（pathological anxiety）。

神经症的焦虑可以通过心理咨询加以缓解与消除。但存在的焦虑无法通过咨询或任何方式彻底消除，因为存在的焦虑指向的是人普遍要面对的命运，包括面对未知事物、死亡、离别、无意义感等方面的人生课题。没有这些焦虑感，人就不是人了。

这些焦虑是有意义的，在《人的自我寻求》（*Man's Search for Himself*）中，梅谈到每个人都要用一生去完成"自我成长的斗争"。我们一方面想与他人和世界建立联结，另一方面又会因此受挫，正因为我们每个人都是不同的，所以我们总会受挫，总会有人不理解我们，总会有我们控制不了的事情。但每一件让我们痛苦的人生事件，都因为我们愿意去面对和处理，而成为我们成长的养料。

因此，焦虑不是问题，真正的问题是以为存在的焦虑可以消除。这注定是徒劳无功的，除了给人带来巨大的压迫，使他人扭曲或因为受不了而逃跑，无法为我们带来任何益处。

换言之，处理焦虑最好的方法就是"与真实的自我共存"，接纳自己是凡人，会有脆弱的一面，会因为爱而忧心分离，等等。这些感受不是缺点，更不是弱点，而是人性的体现。当我们放下对自己不切实际的想法时，我们才有可能放松下来，走出焦虑的旋涡。

中期：全方面揭开自我的完整面纱

梅在《焦虑的意义》中尝试把哲学、心理学、社会学等相关学科关于焦虑的观点放在一起讨论。这让梅发现，采取存在主义哲学的视角相较心理学（当时），更能帮助人们了解人的本质，而不是用一套理论去分析人，或是只看见人的问题而忽略人的存在。

于是梅在其生涯的大部分时间，通过存在主义哲学融合心理学等学科的包容态度，试着更加全面地厘清人的本质。如果你搞不清"我是谁"，很想了解自我，那么梅在这段时期的著作，将是帮助你认识自我的宝藏。

在《心理学与人的两难》(*Psychology and the Human Dilemma*)中，梅指出人总是活在内在冲突之中，和自己打架。长期内耗后，人们丧失生活的意义感，陷入情感冷漠，于是某些人追求感官享乐，某些人则选择脱离群体，无论哪一种选择，都是为了减少心理侵扰。

这一情况和我们现在某些人沉溺于短视频等"奶头乐"，或是某些人以不婚不育的态度生活，如出一辙。

在《爱与意志》(*Love and Will*)中，梅发现社会陷入人与人之间的分裂。暴力如潮水涌进人们亟欲填补的空虚，人们一方面想要离群索居，另一方面却还是忍不住用极端的方式谋求关系的可能。

随处可见的网络暴力和校园中的霸凌事件，都反映出急需情感教育，好使人们知道如何建立关系。

在《权力与纯真》中，梅指出某些人拥抱虚假的无知(pseudoinnocence)，执着于乌托邦的想象，好逃避内在的"原魔"(daimonic，或称原始生命力)。这些人以为人的暴力和攻击性是不好的，没有意识到这些力量没有绝对的好坏，而在于人如何加以运用。对这些生命的内在力量的污名化，使得某些人不愿看清自我，宁愿活在虚假的纯真之中，以退缩和无能为一种不用为生命负责的生存方式，而这只能为关系带来虚假的和谐，将软弱等同于谦逊。

梅指出的现象确实存于当前的社会中，多少人被社会道德绑架，被亲人情感绑架，因而动弹不得，无法彰显他的自我，被迫戴着面具活着。

在《创造的勇气》(*The Courage to Create*)中，梅质疑真正的勇气被独断主义取代，人们拒绝真理，拒斥所有来自他人的质疑。这意味着某些貌似勇敢的人其实没有面对质疑进而承认错误的勇气。在这种氛围下，创造不可能产生。

梅的主张对我们培养更有创造力的下一代具有高度的参考价值，我们要教孩子创造新事物，首先要教他们拥有认错的勇气。

在《自由与命运》（*Freedom and Destiny*）中，梅为真正的自由正名。他指出有些人把自由视为"无焦虑的自由"（freedom from anxiety）。为了追求这种自由，把所有可能引发焦虑的来源加以断绝，反而失去了真正的自由。

获取自由的道路难免伴随着焦虑，就像学走路的幼儿，如果害怕摔跤，不敢尝试，就不可能学会走路。在我们与正在寻求自由的青少年相处时，这有助于我们更好地把握严厉和放纵之间的中庸之道。

晚期：对自我的最后探问

在《存在之发现》（*The Discovery of Being*）中，梅精练地重申其探究一生的存在论的核心观点，而这个观点横亘28年，与1958年《存在》将存在主义引入心理治疗的尝试遥相呼应。

回顾梅的一生，他保持了对于探索"人是什么""在生死之间，人如何活"的追问。可以说，他用一生，从他引入存在主义哲学，借此开拓心理学的新疆域起，他始终保持高度专一与一致性，从未离开他对这两大人生课题的探索。从探讨人如何活，又该如何活好，以"存在"（*Existence*）为题的论文集，到晚年最后以"人的存在"（being）为主题的著作《存在之发现》，梅为人们勾勒出了一个更整全的人类面貌，同时也替我们描绘出存在——从生存到生活——的悲欢苦乐。跟随梅的探索成果，他的一生与著作，我们得以以此为镜，重新认识自己，反思活着的意义与方向。

在《存在之发现》后，梅又撰写了《我对美的追寻》（*My Quest for Beauty*）、《祈望神话》（*The Cry for Myth*）两本著作。在《祈望神话》中，梅谈到神话于现代社会的消亡。在他看来，每个人都有自己的神话，因为每个人都是这个世界的认知者、叙事者和创造者。

现代文明带来了便利，却也带来标准化的危机——每个人都在追求类似的东西，社会流行什么，人们就跟随什么，还会因担心落伍而焦虑——导致个人的神话被湮灭了，每个人的个性均被消解于"我要跟大家一样"的同质性中，好像社会只有一套成功的标准，每个人都必须走一样的路。

谈到这里，你会不会也有一股想要提问的冲动："难道我们只能这么活吗？"

结语：活出自我是每个人应得的幸福

当一个人——像许多现代人一样——心灵空虚时，他会同时发现周围的自然环境也是空虚的、干涸的、濒死的。这种"内外皆空"的体验，实为他自己人生贫乏状态的一体两面……当一个人体验到对自我的认同感，积极地感受到自己作为一个个体与生活的关系时，他才能体验到，他与自然，以及自然界中各种生物的关系有多鲜活。[1]

罗洛·梅被认为是存在心理学的奠基者。他在他的时代，于心理学界点亮了存在主义哲学的智慧之火，如今那些接过火炬的人正向我们这一代人传递火炬。

这支火炬仍在燃烧，并准备再次传递。其火光持续提醒人们，随

1　May, Rollo. *Man's Search for Himself.* New York: W. W. Norton & Company. (1st ed,1953), Revised ed., 1967. pp.60-61.

着时间的推移，人类永远要面对焦虑、内疚、孤独等非存在的考验，但人们将乘着自我实现的需要、存在的勇气和生命力，通过创造性的行动，在有限的生命之流中臻至自由。

我们必须这么做，因为就像梅所陈述的，唯有当我们活出自我，我们才能感受到，我们活着的时时刻刻并不单调乏味，而是无比鲜活。

潦草几笔，只为表达我对梅的崇敬，对阿布朱格（Robert H. Abzug）这本巨细靡遗的传记的钦佩，以及对郑世彦、王澜两位知名专家投注大量精力翻译此书，满足国人对认识"一个真实而完整的"罗洛·梅之期待，致以我最大的敬意。最后，祝福每一位借由此书从中受益的读者。

台湾辅仁大学哲学博士、台湾哲学谘商（咨询）学会监事
高浩容
2024 年 2 月 5 日
台中

参考文献

May, Rollo. *The Art of Counseling: How to Gain and Give Mental Health.* Introduction by Harry Bone. Nashville: Abingdon–Cokesbury Press, (1st ed.,1939), Revised ed., 1965.

May, Rollo. *The Meaning of Anxiety.* New York: W. W. Norton & Company. (1st ed.,1950), 1977.

May, Rollo. *Man's Search for Himself.* New York: W. W. Norton & Company. (1st ed,1953), Revised ed., 1967.

May, Rollo., Ernest, Angel., Ellenberger, Henri F. (ed.). *Existence.* New

York: Simon & Schuster. (1st ed,1958), Revised ed., 1967.

May, Rollo. *Psychology and the Human Dilemma.* New York: W. W. Norton & Company. (1st ed.,1967), 1996.

May, Rollo. (ed.). *Existential Psychology.* New York: Random House. (1st ed,1961), 1969.

May, Rollo. *Love and Will.* New York: W. W. Norton & Company, (1st ed.,1969), Laurel Edition, 1974.

May, Rollo. *Power and Innocence: A Search for the Sources of Violence.* New York: W. W. Norton & Company, 1972.

May, Rollo. *The Courage to Create.* New York: W. W. Norton & Company, 1975.

May, Rollo. *Freedom and Destiny.* New York: W. W. Norton & Company, 1981.

May, Rollo. *The Discovery of Being.* New York: W. W. Norton & Company. (1st ed.,1983), 1994.

May, Rollo. *My Quest for Beauty.* New York: W. W. Norton & Company, 1985.

May, Rollo. *The Cry for Myth.* New York: W. W. Norton & Company,1991.

May, Rollo. *The Psychology of Existence: An Integrative, Clinical Perspective.* New York: McGraw–Hill Humanities, 1995.

中文版序

很高兴将《精神的奥德赛：罗洛·梅传》介绍给中国读者。研究和撰写这本关于罗洛·梅生平的作品耗费了数十年的时间，这是一项爱的劳动。在罗洛生命的最后八年里，我与他相知相伴，我们在周末一起度过许多时光，在散步、用餐时聊天，也在更正式的访谈环境中交谈。他向我谈起他早年的人生理想，他的著作的起源，以及他对欧洲和美洲泛滥的技术和工业化所带来的文化危机的广泛感受。

我们谈到了他的偶像——克尔凯郭尔、尼采、济慈、雪莱、华兹华斯、乔治·艾略特、托马斯·哈代和马修·阿诺德等人，他们本能地意识到自己所处的时代不再以传统宗教和社群作为信仰和共同价值的源泉。事实上，梅认识到，心理治疗本身既是现代弊病的一种症状，也是一种不适当的疗愈方法。他看到社会中有许多人正过着一种由匿名的他人所决定的空虚生活。然而，他也认识到人们对真实的渴望，对认识自我的渴望，这往往是人们寻求治疗的动机。1994年6月，就在他于85岁去世的几个月前，我们最后一次见面。通过我们的谈话、通信，以及他大量的信件、日记和收藏品，还有他发表的作品与日益增多的心理学史文献，我觉得已经准备好将从中获得的素材编织成一个引人入胜的故事，展示罗洛非凡的一生。

也许有人会问，为什么梅的生活和工作，或者说宽泛的人文主义心理学，深受西方科学、宗教和文化的影响，会让深谙自己的历史、精神生活和智慧典籍的中国读者感兴趣？当然，对美国文化和历史的好奇心无疑起到了一定的作用。然而，我认为还有一个更深刻的原因。梅将自己的使命视为回应日常生活变化危机中人类对意义的基本需求，而中国在过去几十年中也经历了巨大的变化。她以螺旋式的发展进入了制造和研究领域，她见证了数百万人从传统的农村生活走向引领了这场经济革命的城市就业。毫无疑问，对许多人来说，这些变化意味着更好的生活，但也会让人迷失方向，需要个人勇于面对变化，减少对曾经似乎坚不可摧的生活方式的依赖。

我希望你会喜欢这本书，因为它向我们展现了罗洛·梅及其生活和思想，我也期待你能对他在你所处的文化中的魅力做出自己的判断。

罗伯特·H.阿布朱格

得克萨斯州奥斯汀市

2024 年 1 月

译者序　偏爱梅这样的心理学家

罗洛·梅讲过这样一个故事：

　　一位心理学家，也许是我们中的任何一位，在度过漫长、多产的一生后，来到了天堂门口。他被领到圣彼得（St. Peter）面前接受常规的审判。一位白衣天使助手将一个文件夹放在桌上，圣彼得打开它，阅读着，眉头紧锁。

　　沉默让人不安。这位心理学家终于忍不住了，打开他的公文包并大声喊道："看！我的132篇论文的复印件！"

　　圣彼得慢慢地摇了摇头。这位心理学家又从公文包的更底层翻出一些东西："还有我的科学成就奖章！"

　　可圣彼得依然眉头紧锁，默默地注视着这位心理学家的脸。最后，圣彼得开口了："优秀的人，我知道你是多么勤奋。你被指控不是因为你的懒惰，也不是因为不科学的行为。"

　　"好吧，是的，"这位心理学家表现得极其坦诚，承认道，"在做博士论文研究时，我确实对数据动了一点手脚。"

　　但圣彼得说道："这份文件中并没有记载什么道德上的过失。你和你后面那位一样高尚。无论你是行为主义者、神秘主义者、机能主义者、存在主义者，还是罗杰斯主义者，这都和指控无关。这些都是小罪。"

接着，圣彼得响亮地拍了一下桌子："你受指控，是因为你把一切过分简单化！我们给了你一座大山，你却竭尽一生之力用它来造鼹鼠洞——这就是你的罪过。你把人类的悲壮之举变得平庸。他在流浪冒险，你说他是跳梁小丑；他在忍受苦难的折磨，你说他是装模作样；当他鼓足勇气采取行动时，你却说什么刺激和反应；人类拥有热情，当他在教室里热情地演讲时，你管它叫'基本需求的满足'；当他放松下来，看着他的助理时，你却称之为'紧张的释放'。你把人塑造成你童年时代的拼装玩具，或者主日学校的格言所刻画的形象，而这两者一样可怕。

"一言以蔽之，我们让你在但丁式的戏剧中生活了72年，而你却日日夜夜在玩一些小把戏！把一切过分简单化！你有什么要辩护的？你说你是有罪还是无罪？"[1]

有罪还是无罪？这是对每一位心理学家的灵魂拷问。

我偏爱梅这样的心理学家，因为他不把人"过分简单化"，因为他不把任何事"过分简单化"——他看到了"焦虑的意义"，他强调"人的自我寻求"，他说要重建"爱与意志"，他认清了"权力与纯真"，他说要有"创造的勇气"，他理解了"自由与命运"，他为我们"祈望神话"，他坚持"对美的寻求"。

梅指出，焦虑能够使我们摆脱无聊，使我们更加敏锐，使我们保持生存所必需的张力。一个人有焦虑，表明他有活力。就像发烧一样，焦虑证明了个体内心在进行一场斗争。只要这场斗争继续下去，人就有可能找到建设性的解决方案。他告诉我们，焦虑与自我的发展息息相关："一个人越有创造力，拥有的可能性就越多，也越有可能面对焦虑……当一个人面对焦虑、经历焦虑并最终克服焦虑时，自我的积极面也会随之发展。"[2]

梅发现，我们生活在一个焦虑的时代，人们表现出极度的空虚和孤独，但他同时指出，生活在这样一个时代，"少数幸事之一就是我们不得不去认识自己"[3]。这个时代的不确定性给我们上了最重要的一课，那就是，我们到底有没有在关键的时刻表现出诚实、正直、勇气和爱？"自由、责任、勇气、爱以及内心完整"是人自我寻求的目标，虽然未曾有人完美地实现，但它们"为我们走向整合的过程赋予了意义"。[4]

没有爱的意志会成为操纵，没有意志的爱会变得放纵。有时，我们紧紧抓住对方，试图说服自己，我们感受到的就是爱；我们没有意志，因为我们害怕如果选择了其中之一，就会失去其余的一切。如此一来，梅指出，"即使我知道我是谁，我也无足轻重，因为我根本无从影响他人。下一步是冷漠，再下一步就是暴力，因为没有人能长期忍受自身无能的麻木状态"[5]。而爱与意志由以迸发的源泉，在梅看来正是"原始生命力"。

原始生命力是指任何足以控制整个人的自然功能。梅说道："一个人若能认识到自己像其他所有人一样，也具有不好的一面，明白原始生命力既可以为善也可以为恶，而且知道自己不能否认它，没有它就无法生活，那么，这就是相当大的恩惠了。"[6]在梅看来，生命是善恶的混合，没有纯粹的善。如果没有恶的潜能，也就没有善的潜能。人生不是脱离恶，才能成就善；而是尽管有恶，依然为善。因此，虚伪的纯真是暴力的温床，而权力来自勇敢地斗争。

梅指出，勇气（courage）和法语单词"coeur"（心脏）源于相同的词根，因此，就像心脏把血液输送到胳膊、腿和大脑，使其他身体器官发挥功能一样，勇气使所有的美德成为可能。人生在世，我们常常"被召唤去做一些新的事情，去面对一片无人之地，去进入一片没有熟悉路径也没有前人指引的森林。这就是存在主义者称之为虚无焦虑的东西。面对未来，意味着跃进未知的世界，而这需要一定程度的勇气，这种勇气没有先例可循，也很少有人意识到"[7]。

生命源于自我的创造。梅罹患肺结核的经历让他领悟到，把自己完全交给医生，处处听从医生的建议，他的病情不会有任何好转。结核杆菌在他自己体内，不是在医生体内，而且医生对这种疾病知之甚少（当时确实如此），因此他必须为疾病的痊愈承担责任。他必须承认，以前的生活方式是导致自己患病的主要原因。他也因此学会了倾听自己身体的声音：在需要休息时就去休息，在有力量时就去锻炼。梅说道："我对命运的参与直接增加了我恢复健康的自由度。"[8]

对命运的参与实际上还包括创造一个人的神话。梅认为，现代社会中的许多问题，包括狂热崇拜、药物成瘾，都可以追溯到神话的缺失。事实上，心理治疗在当代的诞生和发展，正是缘于神话的土崩瓦解。心理治疗就是"寻找一个人自己的神话"[9]。梅深情地说道："在这个艰难且往往毫无意义的世界里，神话对于保持我们心灵的活力、给我们带来新的意义至关重要。关于永恒的一些方面，如美、爱、伟大思想，都会在神话的语言中骤然出现或娓娓道来。"[10]

什么是美？"美是一种能同时给我们带来欢乐和平静的体验。其他事情会给我们带来欢乐，然后再带来平静，但在美中，这些是同一体验。美是宁静的，同时也是令人振奋的；它增强了一个人活着的感觉。美不仅给我们带来惊叹之感，同时也带来一种无限和静止的感觉——这就是为什么我们说美是永恒的。"[11]梅在希腊教书期间经历了"精神崩溃"的痛苦，继而在一片绚丽的野生罂粟花中经历了一次人生顿悟。他发现了生活中的美，周围世界中的美，当下的美。

　　我偏爱梅这样的心理学家，因为他是一个真实的人，是生活在现代社会和文化中的一分子，在红尘中跌跌撞撞、浮浮沉沉，进出黑暗与光明，体验空虚与意义，承担自由与责任，在焦虑中前行，勇敢地创造，他可能并不比我们活得更幸福，但他似乎完成了自己的使命，他是一位"受伤的治愈者"，为我们带来了宝贵的精神财富！

　　我偏爱梅这样的心理学家，因而难以忘记发现其英文版传记的那个激动人心的夜晚，感谢作者阿布朱格四十年如一日，孜孜不倦，为梅立传。我们有幸翻译了这部精彩绝伦的传记，具体分工如下：郑世彦翻译了致谢、序言，王澜翻译了1—13章、24—25章、后记，张晓、郑世彦翻译了14—20章，王子元、郑世彦翻译了21—23章，郑世彦审校了全书并最终定稿。本书全面反映了梅的工作和生活，内容涉及广泛，译本错讹难免，敬请广大读者指正！

郑世彦

2023 年 11 月 11 日

参考文献

　　[1]罗洛·梅.心理学与人类困境[M].郭本禹，方红，译.北京：中国人民大学出版社，2010：8-10.

　　[2]罗洛·梅.焦虑的意义[M].程璇，郑世彦，译.杭州：浙江教育出版社，2023：509.

　　[3]罗洛·梅.人的自我寻求[M].郭本禹，方红，译.北京：中国人民大学出版社，2008：前言1.

　　[4]罗洛·梅.人的自我寻求[M].郭本禹，方红，译.北京：中国人民大学出版社，2008：234.

　　[5]罗洛·梅.爱与意志[M].宏梅，梁华，译.北京：中国人民大学出

版社，2010：1.

[6]罗洛·梅.权力与无知[M].郭本禹，方红，译.北京：中国人民大学出版社，2013：236.

[7]罗洛·梅.创造的勇气[M].杨韶刚，译.北京：中国人民大学出版社，2008：2.

[8]罗洛·梅.自由与命运[M].杨韶刚，译.北京：中国人民大学出版社，2010：270.

[9]罗洛·梅.祈望神话[M].王辉，罗秋实，何博闻，译.北京：中国人民大学出版社，2012：40.

[10]罗洛·梅.祈望神话[M].王辉，罗秋实，何博闻，译.北京：中国人民大学出版社，2012：7-8.

[11]May, Rollo. *My Quest for Beauty*[M].New York: W. W. Norton, 1985: 20.

注：在引用以上中文版图书时亦参考了原著，故引文在词句上可能有出入。

序　言

　　罗洛·梅曾开玩笑说，在第一次世界大战时期，也就是他的青年时代，他周围的人"认为荷马是贝比·鲁斯击打的某种东西[1]"，除了《圣经》之外，他父母拥有的唯一一本书是约翰·班扬[2]的救赎故事《天路历程》(*The Pilgrim's Progress*)。梅用这句俏皮话来纪念他自己的进步——从密歇根州小镇的平凡出身到二战后美国最有影响力的心理学家和公共知识分子之一，并在国际上享有盛誉。他的著作——《焦虑的意义》《人的自我寻求》《存在》《爱与意志》《权力与纯真》《存在之发现》《创造的勇气》等——在美国和海外吸引了数百万读者，揭示了人们在现代世界中对意义的探索。在梅看来，这个现代世界对更高尚的真理和共同价值越来越迷茫和不确定。《精神的奥德赛：罗洛·梅传》这本书揭示了梅的内心世界和公共生活，以及它们与那些侵蚀传统并全新定义自我、治愈和精神生活的现代性力量的交会。

　　梅最关注的是现代性对日常意识的影响。他认为，对技术和科学的高估，以及现代生活和大众文化的规范化，使男男女女陷入了错误

　　1　荷马（Homer，约前9世纪—前8世纪），古希腊盲诗人。贝比·鲁斯（Babe Ruth，1895—1948），美国职业棒球运动员。homer也有本垒打的意思。——译者注

　　2　约翰·班扬（John Bunyan，1628—1688），英国著名作家、布道家。——译者注

的选择，产生了深深的无力感、孤独感和冷漠感。他并不寻求回归"旧价值"或传统宗教，而是寻求通过勇敢地拥抱个人自由和责任，促进个人和社会的复兴——不仅为自己，也为整个社会。

梅与战后的许多公共知识分子有着同样的担忧。在二十世纪四五十年代，艾里希·弗洛姆（Erich Fromm）、大卫·里斯曼（David Riesman）、大卫·波特（David Potter）、威廉·怀特（William H. Whyte）、万斯·帕卡德（Vance Packard）和约翰·肯尼斯·加尔布雷斯（John Kenneth Galbraith）等人关注在繁荣的表象下明显的异化迹象。在很大程度上，他们的解释依赖于政治学、心理学、社会学以及历史学的视角和方法论。他们共同为这个时代描绘了一幅万花筒般的图景，这一点表现在令人回味的书名中，如《逃避自由》（*Escape From Freedom*）、《孤独的人群》（*The Lonely Crowd*）、《富庶之民》（*People of Plenty*）、《组织人》（*The Organization Man*）、《地位追求者》（*The Status Seekers*）和《富裕社会》（*The Affluent Society*）。梅的著作在很大程度上借鉴了这些解释，但更直接地针对精神上的焦虑、抑郁和空虚感，这些似乎是那个时代所特有的。他通过对古希腊哲学、克尔凯郭尔、尼采以及保罗·蒂利希的新正统新教神学的沉思，极大地丰富了源自弗洛伊德、阿德勒和奥托·兰克（Otto Rank）的基本精神分析框架。

梅成功地吸引了广泛的读者，这不仅源于他文字的力量，也源于他将心理学、哲学和宗教思想融合成有意义的形式。他表现出一种独特的民主和美国人的感性，他的写作不是为了阐明某种理论或信仰体系的细节，而是为了激发一种智力和情感上的参与感，这种参与既有教育意义，又有治疗意义。他的写作风格符合他在新教中心地带的出身，就像朴实的牧师布道一样。梅的行文融合了各种思想和见解，既有欧里庇得斯、康德和加缪等人的名言，也有从报纸上摘取的日常事例。通过这种方式，他试图证明大多数人可能不熟悉或只知道名字的思想家与他们自己生活的关联。一些评论家指出他的散文具有布道性质，这并不总是赞美之词，然而，梅的演讲和著作在最佳状态下是精妙的、引人入胜的、具有时代精神的布道，许多人至今仍认为它们具有现实意义。

梅的声音是发自内心的。他的父亲是基督教青年会的外勤秘书，母亲是虔诚的卫理公会教徒，他年轻时的愿望是接受尚未明确的"宗教工作"的召唤。他选择在协和神学院学习，于1938年毕业，并在教会担任了几年牧师。在协和神学院，他跟随传奇传教士哈里·爱默生·富司迪（Harry Emerson Fosdick）学习布道术，并与伟大的流亡神学家保罗·蒂利希结下了终身友谊。即使在他放弃基督教信仰，投身精神分析事业并倡导存在主义之后，他仍然继续强调人类的爱、超越、勇气和创造力——大多数人认为这正是人类境况的本质。在梅职业生涯的大部分时间里，他都在帮助心理学理论和心理治疗领域为这些维度腾出更多的空间。

梅的一生本身就引人入胜，如果将其视为现代美国文化核心戏剧的一部分，其意义就更为重大——自由派新教作为文化仲裁者的衰落和"治疗"观点的兴起，同时改变了许多美国人理解生活中情感和精神问题的方式。批评家们对已故的菲利普·里夫[1]所称的"治疗的胜利"感到着迷，有时也感到震惊，有些人在其表现中看到了美国文化的成熟，有些人则看到了一场静悄悄的文化灾难。梅本人也对这种发展感到担忧，并在晚年论述了脱离共同神话的个人主义的危险性。

1　菲利普·里夫（Philip Rieff, 1922—2006），美国社会学家、文化评论家。他写了很多关于弗洛伊德及其遗产的书，包括《弗洛伊德：道德家的心灵》（*Freud: The Mind of the Moralist*，1959）和《治疗的胜利：弗洛伊德之后信仰的使用》（*Triumph of the Therapeutic: Uses of Faith After Freud*，1966）。——译者注

因此，梅选择《天路历程》来象征他的成长经历并非偶然，即使这本书标志着他卑微的起点，但它仍然与他一生关注的核心问题产生了共鸣。梅利用心理学和广泛的哲学框架来回答令朝圣者痛苦的问题："我该怎么做才能得到救赎？"而这个问题通常采取了新的形式，没有那么宗教化。在梅的第一本书中，他将成功的治疗等同于宗教体验，将"从神经症到人格健康的转变"与"体验宗教的意义"相提并论。在第二本书中，他将"圆满的人格"等同于"被救赎的人格"。后来，在《德尔斐神谕作为治疗师》（"The Delphic Oracle as Therapist"）一文中（写于他投身存在主义的巅峰时期），他指出，神话的洞见来自"启示"的成分和心理分析一样多，"埃斯库罗斯和索福克勒斯以及其他戏剧家之所以能写出伟大的悲剧，是因为神话包含了宗教维度"。对梅来说，"我该怎么做才能得到救赎"不过是"做人意味着什么"这一基本问题的变体。在梅成熟期的作品中，与世界和他人进行充分的创造性相遇成为他衡量有意义生活的标准。

* * *

梅职业生涯的演变提出了一个复杂但重要的问题：梅所信奉的人生哲学与他个人的选择、思想和行动之间有什么关系？这个问题的探究对于一个直接与生存核心问题作斗争的人来说尤为恰当。我一直认为，任何一个对爱、生命的意义或者意义本身执着追求的人，在这个过程中不可能不经历痛苦。梅本人曾打算写一本自传，并将其命名为"受伤的疗愈者"。人生伤害重重，既有自己遭受的，也有施加于人的。爱也来之不易。幸运的是，他表现出极大的勇气，在没有事先审查或限制的情况下向我提供了大量私密的个人和专业手稿——信件、日记、梦境分析、草稿和布道词，以及漫长人生中经常揭示真相的珍贵瞬间。我感到很荣幸，能够深入了解梅几乎整个成年生活的意识和人生经历。这种私密的视角使我能够从内而外地书写梅，而不是试图将他的一生完美地融入心理学、宗教或哲学历史的现有叙事或争论中。

读者可能想知道，为什么书中只提到了他的三个孩子——鲍勃（Bob）、阿利格拉（Allegra）和卡罗琳（Carolyn）。在这个项目的早期，他们集体表示不愿意接受采访，也不愿让自己的生活在我对梅的生平描述中扮演实质性角色。我尽可能完全尊重他们的意愿，因为我知道，写一本涉及在世者的传记牵涉到极其重要的伦理维度。他们从未试图阻碍我的工作进展，我们之间所有的接触（主要是通过卡罗琳）都建立在信任和鼓励之上。

这本书的诞生源于一次偶然的谈话。20 世纪 80 年代中期，我的朋友、已故的约翰·瓦斯康塞洛斯（John Vasconcellos）来奥斯汀出差，他是加州立法机构中一位富有人情味和影响力的议员。我们邀请他到家里共进晚餐。大约在吃甜点的时候，他表达了一个发自内心的担忧。卡尔·罗杰斯（Carl Rogers），这位被约翰尊为良师益友的杰出心理学家，最近身体不适。约翰想知道是否会有人为罗杰斯写一本传记，以充分体现他的重要性。我表示同情，并向他保证会有人写这本传记。我没有想到约翰的下一句话是："鲍勃[1]，你应该写写卡尔的事。"对此，我简单地回答说："不。"

我本可以就此打住，或加上一句"手头事情太多，委员会工作太繁重"，或者老生常谈的学术回应——这不是我的领域。相反，我告诉他，作为传记作家，必须与传主有某种直觉上的联系，而罗杰斯并没有打动我。我补充说，如果我要写一个心理学家，那应该是一个表露自己情感的人，比如罗洛·梅。就在我说这些话的时候，我还在

1　罗伯特的昵称。——编者注

想这些话从何而来。我只读过梅的一本书（《创造的勇气》），这本书对我的写作有很大影响。我也只听过他的一次公开演讲。可以说，我对他的内心世界一无所知。

我也没有时间去想，为什么我认为梅是一位更合适的传主。约翰几乎立即做出了回应："下次你来旧金山湾区，我们找罗洛聚一下。"一年后，我们三个在索萨利托（Sausalito）的一家咖啡馆见面。与梅在一起是一种享受，但我不知道我是否真的对他讲述自己的人生故事感兴趣。他也不一定急于让一个陌生人写下他认为有些混乱的人生。因此，除了传记的事，我们什么都谈了，而约翰不耐烦地坐在那里，像第一次约会场合上的媒人，等待着撮合一桩交易，并对当事人的扭怩作态感到好笑。梅和我交换了地址和电话号码。我给他寄了几本我的书，之后便投身于研究他的工作和生平经历。

这段"热恋"持续了三年多，我曾多次造访梅在蒂伯龙的家和在新罕布什尔州霍尔德内斯的避暑别墅。我们谈到了彼此的工作、他从牧师到治疗师的转变、越南战争、水门事件、性和爱，以及里根总统时期的美国命运等。我们沿着蒂伯龙的悬崖散步，俯瞰天使岛；沿着新罕布什尔州森林中的小溪散步，偶遇河狸坝。我们逐渐彼此信任，1991年，梅允许我不受限制地使用他的文件。我同意为他写传记。梅和我建立了一种相互尊重的关系，这种关系有时会引发温暖的相遇，在这种相遇中，我们都对自己和对方更加了解。他敦促我全面地呈现他的生活——他的思想、成就、缺点、困扰和脆弱。数十年后，我终于完成了这项任务。直到现在，我才逐渐理解梅的魅力，以及它对21世纪生活的意义。我仍然对我的"餐桌宣言"的起源感到困惑，但我并不后悔它把我带上了这条漫长而生动的道路。

CONTENTS
目　录

第一章 "美国缩影"

　　1987年8月下旬，经过一上午的烦闷写作，罗洛·梅从新罕布什尔州夏季别墅的小工作间里走出来，收到了美国心理学会授予他终身成就金奖的消息。彼时78岁的梅已经在公共和专业领域的聚光灯下活跃了近40年，他一直担心，自己和自己的作品很快就会被人遗忘。"我深受感动，"第二天他在日记中写道，"同事们给了我很高的评价——这让我热泪盈眶。"这项荣誉来得正是时候，因为梅知道，他正在写的也许是他的最后一本书——《祈望神话》（*The Cry for Myth*）。

　　《祈望神话》总结了梅先前潜心钻研的主题，但其中包含了新的亮点和焦点：神话在现代性中的瓦解，以及文化与个人需要在这些总体性叙事中构建意义、回忆和归属感。在他对神话和意义追寻（从希腊文化到阿历克斯·哈利[1]的《根》）的阐释之下，当代个体的任务是在一个没有共同意义的世界里，为自己的生活找到一种令人信服的叙事。梅将自己的成熟职业生涯献给了精神分析，而今，他将治疗定义为"寻找一个人自己的神话"。他提醒人们，无意识的个人叙事具有囚禁的力量，但也蕴藏着自由的可能性，通过讲述新的故事，人们就能够看见枷锁，重获释放自我的记忆。他还引用了加拿大女性主义诗人苏珊·马斯格雷夫（Susan Musgrave）的预言之诗："你被锁在一种/你选择/去记忆的/生活中。"

　　梅不仅为读者写作，也为自己写作。在创作《祈望神话》的同

　　1　阿历克斯·哈利（Alex Haley，1921—1992）：美国黑人作家，1976年出版了长篇家史小说《根》（*Roots*）。——译者注

时，他也在重塑对自身生命故事的深刻理解。就在他收到美国心理学会奖项通知的几周之后，他记下了一个不寻常的梦：

> 我住在家里，和爸爸妈妈一起。爸爸直到早上才回家。我知道有些不对劲，但不知道是什么事——没人会告诉我……然后，我听见爸爸在妈妈的房间里说话。我意识到他们又吵架了。我感觉空荡荡的，就像过去的感觉一样——我没有任何依靠，仿佛世界是陌生的。我预想到一种凄凉的生活，一种寂寞、空虚的痛感——任何事情都比那种感觉要好……一切都孤零零的……而我在其中徘徊。

"这是我童年时代的神经症，"他在日记中写道，"那个世界悲伤、孤寂、空虚。终于，我在78岁的时候，做了一个关于童年的清晰的梦！！"他说，那是他终生"忧郁"的"根源"。

然而，一切并非如此简单。在成年后的大部分时间里，梅一直被类似的梦所困扰，并为之着迷。作为一名精神分析师，他在这些梦中寻找这种特有的悲伤和愤怒的来源。人们对梅早年生活的了解，是事实与他自己高度主观且不断演变的记忆的混合，这很难使人对梅的童年怀有一种平衡或客观的感觉。然而，梅从他青年时代的回忆、梦境和噩梦中，编织出了一个清晰的个人神话。这些浓缩的剪影奠定了他对勇气、爱和创造力的最深刻的公共思考。即便他在从古至今的伟大文化潮流中寻找意义，他也通过有意识和无意识的个人体验，来为自己和大众进行解译。那么，要理解罗洛·梅及其重要性，我们就必须从一个孤独青年的朦胧记忆谈起。

* * *

"我是个地地道道的美国人，"罗洛·梅在 1972 年自称，"实际上是美国中西部人。"他提到，他家乡的文化融合了"慷慨、友善、敢于冒险和尝试"与"暴力和金钱至上"，以及对"想得太多"的恐惧。这就是"美国的缩影"。梅于 1909 年出生在俄亥俄州的埃达镇，在密歇根州的十几个小城镇里长大，体验到了一个充满活力和变化的世界。在那些日子里，新的磨坊、农场和工厂点缀在田野和树林间，小男孩们在那里寻找印第安人的遗迹，牧师们则在交织着闲言和祈祷的教堂里宣扬虔诚与善行。在家庭晚宴上，老兵们对内战的回忆与关于最新款汽车和双翼飞机特技飞行员的激动人心的报道，争相引人注意。美国四大都市中的三个——芝加哥、底特律和克利夫兰——将伊利诺伊州、密歇根州和俄亥俄州的城镇与食品加工和重工业联系起来，并通过铁路和五大湖航运将之与世界的其他地区相连。从家庭农场到底特律的装配线，从居民自诩白人新教徒的小镇到新移民和非裔美国人社区，中西部地区对罗洛和许多其他人来说，不仅是美国的缩影，也是美国愿景的缩影。

这种浪漫的景象与污浊的现实相冲突。罗洛在文法学校读书时，中西部地区的作家们正用文字抒写着小镇里令人窒息的狭隘而虚伪的生活。在埃德加·李·马斯特斯（Edgar Lee Masters）的《匙河集》（*Spoon River Anthology*）中，死者祈求重生，"将小镇从他心中斩草除根"[1]；而在舍伍德·安德森（Sherwood Anderson）的《小城畸人》（*Winesburg, Ohio*）里，居民们展现了一个充斥着愚钝灵魂、隐秘激

---

1 《匙河集》是一部大胆创新的诗集，以平白直叙的墓志铭式的语言描绘出了一幅美国乡村画卷——长眠在墓地里的 250 位村民以自由诗独白的形式诉说他们的秘密、梦想和失败。有人认为《匙河集》是诗集版的《小城畸人》。——译者注

情和家族疯狂的悲惨世界。人们可能会逃往大城市，但在那里，城市的堕落和不公正吸引了诸如西奥多·德莱塞（Theodore Dreiser）和厄普顿·辛克莱（Upton Sinclair）这些声讨现实的作家。

梅所处的中西部地区与"小城"或"匙河"类似，但有其自身的光明与黑暗。他的父亲厄尔·塔特尔·梅（Earl Tuttle May）是基督教青年会（YMCA）的外勤秘书，收入仅能让梅一家勉强维持中产阶级的生活。同样重要的是，他的工作涉及创建并支持密歇根州各地的基督教青年会分会，这就意味着他要不断地背井离乡，这给家庭带来了可以预见的问题。罗洛在十几个城镇度过了他的青春，这使他很难交上朋友，而其他孩子也常常欺负或嘲笑这个新来的笨拙男孩。频繁的搬家让他无法与任何一个地方维持联系，也让一个讲究实际敬虔的卫理公会教派家庭变得充满张力。

没有人比罗洛的父亲更强烈地感受到教会的召唤。大家都叫他E.T.，他是个身材匀称、相貌英俊，甚至风度翩翩的人——身高五英尺六英寸（约 1.7 米），天生擅长讲故事，是个有天赋的教师，而且善于结交朋友，在招募基督教青年会支持者方面极其成功。厄尔的祖父米尔顿·梅（Milton May）曾经是弗吉尼亚州一个富有的奴隶主，在南北战争前解放了他的奴隶，并把他们带到了俄亥俄州。米尔顿和妻子有一个早夭的女儿和两个儿子。大儿子刘易斯（Lewis）在学校教过书，担任过治安法官，经营过杂货店，投票支持过共和党，据说还酗酒成性。他娶了埃玛·塔特尔（Emma Tuttle），至少从家族传统来看，她是个具有艺术气质的人，性情多变，虽然体弱多病，但很漂亮，而且是民主党人。1880 年 1 月，她在第一个孩子夭折后，生下了罗洛的父亲。

关于厄尔的早年生活，我们所知甚少，主要是来自家族的传述。厄尔的父母向他灌输了强烈的正直感和服务精神，但他高中毕业后却身陷迷茫。他在文法学校教了几年书，1902 年进入印第安纳州的瓦尔帕莱索大学（Valparaiso University）学习。瓦尔帕莱索从一所师范（教师培训）学校扩展为一所地方性大学，并在早期获得了学术上的卓越声誉。然而，厄尔并没有充分利用学校的新课程。无休止的常规课程和学习令他感到窒息。只有友谊、基督教青年会的活动，以及一段混乱乃至灾难般的恋情支撑着他。

他需要逃离，于是决定去基督教圣地（Holy Land）朝圣。对一个年轻人来说，这样的漫游并不新鲜；而对一个严肃的基督徒来说，这一目的地也不算奇特。他整个夏天都在卖地图，以筹集旅行资金，并于 1903 年 12 月从纽约出发。途中，他在开罗停留，在一座清真寺里观察每日祈祷，在一群贪图小费的小贩的陪同下游览了金字塔，还参观了一个景点——导游向他保证，法老的女儿就是在那里救出了婴儿摩西。在耶路撒冷，他参观了古神庙的西墙[1]和一座犹太会堂，但游览主要集中在基督教的圣地。

厄尔的旅行从表面来看有关宗教寻求，但在他的日记和家信中，却未曾提及任何敬畏、启示或重获信仰的瞬间——无论是在欧洲大教堂的阴影下，还是在伯利恒[2]或耶路撒冷。在他的日记中，耶稣踏过的土地并不比一座崭新的奥斯曼[3]火车站更令人兴奋。事实上，他似乎更关心礼节，而非宗教体验。参观梵蒂冈和古代基督教遗址时，他对天主教弥撒之美避而不谈，却对意大利人在周日仍"像在工作日一样"忙碌而惊讶不已。他被真正挑起的似乎只有性渴望，他在日记中写道，在前往亚历山大港的船上，"放荡的女人"重新激起了"老麻

1　西墙（Western Wall）：又称哭墙（Wailing Wall），犹太教把该墙看作第一圣地，教徒至该墙必须哀哭，以表示对古神庙的哀悼并期待其恢复。——译者注

2　伯利恒（Bethlehem）：耶稣降生地，位于耶路撒冷以南。——译者注

3　奥斯曼（Ottoman）：指土耳其人建立的奥斯曼帝国（1299—1923）。——译者注

烦"，并引发了"一场奇怪的梦"。

　　3月中旬，厄尔已经高高兴兴地回到了俄亥俄州舒适的家中。他参加祈祷会，担任当地辩论比赛的评委，并在杂货店里给父亲帮忙。9月，他尝试在瓦尔帕莱索大学重新开始，但这段假期既没有改善他的学习习惯，也没有增进他对大学"科学"课程的投入。在日记中，日复一日，他只是写下"大学"这个词，只有一次，他写了"沮丧"。圣经集会和祈祷会是他校园生活的亮点，基督教青年会成了他的第二个家。

　　也许就是在基督教青年会上，厄尔遇到了热情而迷人的玛丽·玛莎·华盛顿·鲍顿（Mary Martha Washington Boughton）。玛蒂（人们这么称呼她）是卫理公会教徒、贵格会教徒和天主教徒的混合后裔，有法国和英国的血统（以及，这个家族确信，其血统中有一支来自乔治·华盛顿家族）。玛蒂的母亲生了一个孩子，后来在南北战争中失去了丈夫。八年后，母亲与威廉·埃里克·鲍顿（William Eric Boughton）再婚，定居于密歇根州的一个农场，又生了六个孩子。玛蒂是她最小的孩子。在玛蒂还小的时候，她母亲就去世了，玛蒂的父亲把她交给亲戚抚养。在没有双亲的家里，玛蒂差不多成了一个住家女佣，即使她同时还在为学业而努力。罗洛记得他母亲反复讲给孩子们听的一个故事：七年级时，她因为家务负担过重而成绩不及格，但她恳求校长让她升学。玛蒂的愿望实现了；她努力学习，提高了成绩，并把自己的意志归功于新的基督教信仰。

　　这般承诺和一小笔遗产让她得以入读瓦尔帕莱索大学。厄尔遇到的玛蒂是一个眼睛明亮的红发女人，一名追求教育和事业的20世纪"新女性"。她选修了很多领域的课程，但主修教育学。她和厄尔于1905年结婚。同年，瓦尔帕莱索大学授予玛蒂一张师范文凭，专业是学前教育，而她的新婚丈夫没有毕业就离校了。这对新婚夫妇搬到了俄亥俄州的埃达镇。厄尔在那里的北俄亥俄州大学（Ohio Northern University）完成了大学学业，玛蒂则在教堂做义工，开了一家小杂货店来维持生计，并建立了一个朴素的家。厄尔做过各式各样的工作，最后才找到称心的职位，成为基督教青年会的组织者。

在玛蒂第一次怀孕前，我们不知道梅夫妇的婚姻生活中有何喜忧，但孩子一出生，这个家庭就变成了情绪的战场。玛蒂于 1907 年 5 月生下一个脾气暴躁的女儿露丝（Ruth），女儿难以捉摸的行为浇灭了新生带来的喜悦，加重了父母的婚姻压力。也许他们感到失望，就像露丝后来争辩的那样，因为她不是个男孩。玛蒂在露丝出生的一年多后再次怀孕，并于 1909 年 4 月 21 日生下罗洛·里斯·梅（Rollo Reece May）。厄尔在前一天下午离开，去处理基督教青年会的事务，三四天之后才回来。玛蒂确信，他当时正和情人在一起；而六十年后，罗洛和他姐姐还在为母亲当时的怀疑而争吵——在罗洛出生的时候，如露丝所说，他的父亲正"和另一个女人乱搞"。无论如何，儿子的出生激发了玛蒂的幻想，促使她为儿子取了一个特别的名字。"罗洛"是雅各布·阿伯特（Jacob Abbott）在 19 世纪中期非常畅销的基督教儿童系列图书中的主人公。从《罗洛学说话》（Rollo Learning to Talk，1835）到《罗洛在罗马》（Rollo in Rome，1858），一代又一代的美国儿童都追随着主人公男孩而成长，这些图书也于 20 世纪初多次再版。

阿伯特笔下的罗洛是基督教教育下的模范儿童，接受新教美德的培养，并以高尚的成年人作为榜样。罗洛当然也受到了某种形式的基督教熏陶，尽管其中浸染了他母亲的爱所带有的悲痛色彩。她溺爱他，将他看作特别的孩子——一个注定要成就大事的长子。罗洛成了她既爱又恨的亲密对象，负担着她对厄尔风流韵事的绝望和怀疑。"母亲需要我——父亲四处游荡——和别的女人在一起——她把我搂在怀里——我拥有了她的乳汁和抚爱。"七十多岁时，罗洛在日记中潦草地写道。而母亲难以捉摸，常常精神错乱，上一分钟还抱着他，下一分钟又对他大喊大叫。

肉体的惩罚填充了绝望的心理操纵。体罚是那个时代文化中的常态，但玛蒂的精神状态诱发了极端而频繁的惩罚。罗洛记得自己不止一次被鞭打屁股，还有很多次被棍子抽打腿肚子。他记得每天放学后，他都会在开着的窗户或门外聆听，努力辨识母亲的情绪。由于压力，他开始尿床，而这又进一步激起了父母的愤怒。罗洛在年龄足够大的时候，建了一个树屋来远离家里的战场。后来，他意识到这是他终生习惯中的一种模式，即在身体和精神上都退居高地——那是他能够"投身世事"的安全之地，但"代价是独自摸索、孤身一人、只身前行、栖居山顶"。

随着家庭日益壮大，玛蒂也愈发消沉。1911 年，她又生了一个儿子，唐（Don）。第二年，她生了二女儿多罗西娅（Dorothea）。1915年，三女儿约娜（Yona）出生，而在露丝之后看来，约娜的出生诱发了玛蒂的"一场严重的心理崩溃（两个半小时）"。她持续抑郁，且不断加深。罗洛记得他曾经带一个朋友回家，却发现他的"母亲穿着脏兮兮的裙子，坐在房间中间给孩子喂奶……地板上到处是沾满棕色排泄物的尿布，还有一两个玩具和一些书"。罗洛的姐姐曾质疑他对父亲几乎总是缺席的遗憾之情。"如果爸爸在我们小时候更常回家的话，"露丝在信中写道，"家里就会有更多的争吵和混乱，可能还会有更多孩子。"事实上，玛蒂于 1922 年又生了一个孩子——刘易斯·"帕特"·梅（Louis "Pat" May）。

罗洛确实记得那些"欢乐的时光"，比如在一个周日早上，他的母亲大声喊道："我们去野餐吧！"然后动员全家人一起做三明治，而她自己去烤了一个蛋糕。在这个时候，父亲可能会为他们示范如何在桦树上荡秋千，或者表演一些其他有趣的绝活。罗洛回忆道，当亲戚们来拜访时，厄尔有时会戴上一顶土耳其毡帽，穿上红丝绸灯笼裤，系上他从圣地带回来的腰带，并在惊讶的众人面前挥舞一把闪闪发光的短弯刀。

记忆的更深处是那些夜晚，孩子们听着通风口传来的威胁和哭喊声。厄尔曾邀请底特律基督教青年会办事处的一位同事为他们做夫妻咨询，并带领他们祈祷，但毫无帮助。没过多久，玛蒂尖叫着从卧室里跑出来，挥舞着一把剪刀，威胁着要自杀。厄尔从她手中夺走剪刀，但随后就冲出了房子，并声称他要永远离开。罗洛还记得，玛蒂把孩子们聚在厨房的灶台旁，哀叹着他们孤独的未来。一个小时后，她起身，提起墙上的电话，最终在一家旅馆找到了厄尔。"厄尔，"她简短地说道，"孩子们想要你回家。"至少是在梅的记忆中，他回家了。

这就是家庭生活中的闹剧，梅会在亲密的朋友面前，偶尔也会在公共场合谈及这些故事，但他会用更幽默的方式讲出来。然而，他与母亲和姐姐的相处经历给他的生活染上了悲伤的色彩，扭曲了他对女性最深切的渴望。他惧怕她们的力量，但通过拯救她们，他可以感受到自己的力量。在他爱情和婚姻中的艰难时刻，在他为此周期性寻求心理治疗的时候，这种模式不断地显现出来。一次，在罗洛和他的精神分析师进行了一场尤为艰难的治疗后，他记下了一幅萦绕在他脑海中的画面，心中弥漫着愧疚："母亲——面带愁容，走在路上，长袜褪去一半……无缘无故地弓着身子……母亲坐在那里，目光呆滞，无缘无故地不吃早餐……露丝脸色阴沉，嘴角朝下，眼神像是疯狂的印第安人，满怀憎恨，仿佛一只随时准备跳起来的狼或疯狗……"

相比于厄尔蒸蒸日上的基督教青年会事业，玛蒂和露丝的凄惨命运显得尤为黯淡。罗洛的父亲以支持者的热情和圣人般的激情投身基督教青年会的工作，他布道、筹集资金、开展体育项目、帮助问题青年，并在全州各地建立新的分会。厄尔将自己在密歇根州每一个城镇和村庄做出的努力，都看作在现代性的喧嚣中维护并传播基督教价值观的全球性努力的一部分。基督教青年会成立于英国，于 19 世纪 50 年代在美国创办，早期旨在帮助远离家乡的青年，特别是那些被城市诱惑包围的青年。南北战争结束后，它在美国的分支拓展了其使命，引导年轻人（最有可能抛弃传统价值观的群体）将活力投入对身体和政体的改革与巩固中去。

跨越镇、市、县、州和国家，基督教青年会建立了一个紧密相连的活动网络，通过加强"家、教会、学校和市政当局与社区的社会、娱乐、教育、道德和精神生活的联系"，将"社区生活基督教化"。

美国的基督教青年会把这些一般性承诺转化为渐进式的改革计划。它资助非裔美国人的教育和道德提升项目、废除童工、保护工人免受"危险机械、职业疾病和死亡"的伤害。它支持员工建立组织的权利，并致力于消除贫困。它还发起禁止酒精饮料的运动。基督教青年会的积极分子想象自己正站在全球精神和物质进步斗争的前线，想象"一个'世界性的力量'……不仅在北美，也在东方、黎凡特[1]、拉丁美洲和欧洲……奠定新的社会和宗教秩序的基础"。

厄尔对基督教青年会改革运动的承诺，为他带来了社区群体的尊重乃至爱慕，但在家里，他体会到的只有冲突感。露丝的记忆可能也代表了玛蒂的记忆。"他管理的每个县级分会里的商人和专业人员都很尊敬他，"她在 50 年后指出，"女人们相当宠爱他。"基督教青年会的同事们也"崇拜"他。然而，露丝尖刻地讽刺道，厄尔就谦卑和效法"我们共同的主"进行了"令人陶醉的"布道，却几乎总是回避家庭责任。她回忆说："他从未与妻子和孩子们分享过他获得的荣誉。"

1　黎凡特（the Levant）：指位于地中海东部的一个广阔的地理区域。——译者注

当厄尔把爱洒向他心爱的基督教青年会"男孩"时——他们有幸直呼他为"厄尔"——梅一家只感到被"拒之门外"。不过，至少在一个方面，露丝愿意为她的父亲辩护。她像玛蒂一样，认为他的不忠行为是必然的。她想象他陷入了"低级本能"与基督教生活之间的斗争，但相信他最终经历了"令人震撼的宗教体验，皈依，并看见了光明"。然而，即使厄尔在皈依之后不再拈花惹草，她也同样确信，这并没有给家里带来多少安宁。

厄尔对罗洛的影响尤其复杂。儿子在父亲身上看到了基督教的召唤，并且已然开始寻找自己的使命。然而，他也内化了玛蒂对厄尔忽视家庭的愤怒，并承担起了母亲助手的角色。他渴望得到父亲的尊重和关注，但也试图超越他的成就，避免沾染他身上的虚伪。父子之间的爱从来都不纯粹，而在精神分析师看来，罗洛的一些内在冲突可以称为俄狄浦斯情结。不过，对罗洛来说，他与厄尔的竞争和疏远有着更为复杂的根源，并且伴随着他的整个人生。

1921 年，罗洛十几岁时，厄尔带着一家搬迁到了密歇根州的马林城，他们在那里住了将近五年，一家人似乎平静了一段时间。马林城是一个约有 3700 名居民的城镇，与加拿大隔着圣克莱尔河，位于底特律的东北方 50 英里处。其居民从事农业、造船业以及糖和盐的提炼工作。几乎 90% 的居民都是土生土长的白人；462 名"外国人"不是加拿大人就是德国人，只有 6 名亚洲人，没有非裔美国人住在马林城。

这与邻近的底特律形成了鲜明的对比。底特律当时是美国的第四大城市，人口近百万。德国人、波兰人、希腊人以及其他移民占总人口的 29%，另外有 4% 是来自南方的非裔美国人。29 家不同的汽车制造商雇用了近 15 万名工人，而汽车工业只是该地区几个重工业中规模最大的一个。底特律的勇气、多样性、活力与贫穷，在马林城周围麦田和玉米田里的农民看来，成了一种挑战、诱惑以及恐惧的对象。年轻的罗洛也曾怀有这种恐惧，并对底特律的工业噪声和恶臭产生了特别的厌恶。他更喜欢他的小镇上宁静和独处的空间。

正是在马林城里，罗洛和他的父亲更常待在一起，并发现了一系列共同爱好。他们会在家附近的草场上大声朗读和聊天。夏天，在基督教青年会的营地上，他们会去苏必利尔湖钓鱼，或者静静地欣赏周围的美景。罗洛后来把他对大自然的热爱归功于与父亲共处的这些时刻。最重要的是，他记得父亲帮助他在这个世界上获得了一种胜任感。父亲允许罗洛尝试新的活动并且犯错。有一次，他们在房子后面搭建一个门廊时，他让儿子为某个地方挑选最合适的木板，然后耐心地等待，直到罗洛通过反复试错，找到了合适的木板为止。能力、自立、对自身技能的信心——所有这些都是父亲精心灌输给儿子的品质。

厄尔也乐于接纳罗洛的自主行为，比如，他会收听儿子自制的矿石收音机——可以接收到底特律的WJZ电台；在晴朗的夜晚，还能收听到一个亚特兰大的电台，里面播放"红发音乐人"温德尔·霍尔（Wendell Hall）的节目。罗洛回忆道："他会把听筒放在耳旁，我很确定，他领会到了一些有关奇迹的东西。"事实上，厄尔甚至还就收音机的奇迹布道过一回。

尽管如此，罗洛在寻找自己在这个世界上的位置时，还是经历了青少年特有的孤独感，这种孤独感因为被夹在常常敌对且不可靠的父母之间而加剧。虽然厄尔教给了年轻的罗洛很多东西，并为儿子的成就感到欣喜，但罗洛长久以来的感觉是，他孤单地活在这个世上，被边缘的社会与情感环境中的不安全感所摧残。他后来向密友讲述的一个故事近乎自怜：罗洛决定参加一个飞机模型比赛，他仔细地用裹着丝线的涂漆电线制作了轻木侧支架、螺旋桨和三英尺长的机翼，并从轮胎内胎上剪下一大块橡皮带，来给螺旋桨提供动力。经过一个月的努力，罗洛在后花园测试了他的模型，却眼看着它坍塌成"一堆废墟"。他两手空空，独自参加了评审会，见到了几十架漂亮的模型——那是"富家子弟"用购买的预制零件组装成的模型；这些孩子还带着父母来观看评审会。罗洛嫉妒这些孩子，后来他又把这种感觉与另一种感受联系在一起——尽管他有梦想和天赋，却永远不会有所成就。富家子弟们享受的优越条件对他来说简直就是一记耳光。"我知道这些东西从来都不属于我，"他晚年时写道，"一段'穷小子'的奇特经历，应该说是神话，一直伴随着我，从未平息。"

因此，高中时代的罗洛是一个温和的矛盾体——一个英俊、苗条的少年，身高六英尺，神色中却流露出一丝犹豫不决的笨拙，映射出内心的混乱。内疚、愤怒、崇高目标、恐惧和抵抗的旋涡在家中掀起，令他在这个世上的存在也局促起来。他按部就班地完成了学业，三年内修完了通常需要四年的课程，但大部分成绩都是B，勉强达到了学校设立的大学入学标准——尽管这所高中的智商测试证实他智商超群。他也参加橄榄球赛，但一直是"替补选手"。在一个关于自我定义的象征性故事中，他记起在一场比赛中，他是球队中唯一一名能阻挡对手达阵得分的球员，可他故意绊倒，结果对手赢了。多年后，他寻思道："我在害怕什么——害怕身体上的成功？"他担心自己缺乏勇气。他确实在公共演讲方面表现出色，赢得了全县的演讲比赛，并带领辩论队取得了胜利。也许，演讲台上的奖牌帮助他塑造了一个魅力十足的形象。

当其他人——尤其是女性——寻求他的陪伴时，这种光芒往往会黯淡下来。罗洛感受到强烈的欲望，但又激烈地压抑自己。像许多年轻人一样，他也是通过传闻、笑料和机缘巧合第一次了解到性的。他珍视自己一年级时对一个金色卷发女孩的迷恋，以及在后花园和女孩男孩们的天真游戏。他经历了青春期正常的尴尬，后来依旧记得在学校的派对上，跳舞带来的难以忍受的亢奋和困窘。一切都让人蠢蠢欲动。但在罗洛的家里，性被赋予了额外的内疚与怀疑。有段回忆概括了这一点。他记起自己在大约九岁的时候，和一个女孩在后花园"玩耍"时，玛蒂唱着《信徒精兵歌》，从屋里跑出来，狠狠地鞭打了他一顿。厄尔曾经采取了一种不那么暴力但同样直接的方式，聘请了一名基督教青年会的演讲者，分别教育了他的儿子和女儿，教导他们有关"生殖"的知识，并敦促他们禁欲。对罗洛来说，将美德等同于禁欲，以及他对父亲的不忠行为的无休止怀疑，让这个本来就敏感的话题变得更复杂了。

罗洛被学校、家庭以及他自己对于主张和成功的冲突所笼罩，但尽其所能地找寻到了满足与平静。送报纸、在杂货店当店员，以及在夏天卖马车冰激凌，帮助他赚了一些零花钱，激发了他独立的愿望。他在长途漫步中感到最自由，特别是在圣克莱尔河畔。这条河成了他的伙伴，它的过去在他的想象中赫然在目。他知道在1875年，巨大的木筏载着200万板英尺的橡木，从贝城运送到水牛城；还有尼娜号、平塔号和圣玛丽亚号的复制品，为了1893年的世界博览会驶向芝加哥。然而，对罗洛来说，更重要的是，这条河象征着永恒和壮丽，有时也象征着大自然的残酷力量。他喜爱平底船拖着房屋在雾中来回穿梭时的静谧之美，也喜欢狂风撕扯着码头和房屋，滔天巨浪使船只相撞，又将破碎的残骸冲到岸边。夏天，他在一个废弃的煤矿码头边游泳；冬天，他乘坐自制的冰船在冰封的圣克莱尔河上疾驰；春天，他敬畏地看着每年解冻时期的巨大冰块，"像我们玩弹珠游戏时弹击的玻璃玛瑙一般透明"，敲击着挡在它们前面的所有东西。他后来描述这条河："在我的孤独和偶尔的沮丧中，它是一种慰藉，它分享了我的欢乐。"

这条河给了年轻的罗洛一处地方来思考那个令人不安却又无法回避的问题：他要如何度过他的一生？这一问题在不知不觉中呼应了约翰·班扬的《天路历程》中的基督徒提出的焦虑疑问："我该怎么做才能得到救赎？"无论他的家庭生活如何戏剧化，塑造了他的卫理公会和基督教青年会文化都给出了一个独特的答案：为人类服务。他父亲对基督教青年会的奉献为他树立了最好的榜样。拥有了一个特别的名字，罗洛难道不应该获得一个特别的未来吗？命运成了一种渴望，不仅是因为他父母的期望，还因为他在学校和同龄人中的边缘地位。完成伟大的使命，也许就能让他摆脱家庭的苦难和孤独。也许如此，他就能成为世界上的伟大人物。

不论童年的伤痛让罗洛感到多么踌躇、疏离和"怪异"，它们都塑造了他作为一名作家和心理学家所关心的议题。他在日记和梦中再现了早期的痛苦和失败，以此激励自己取得成就。如果他曾在球场上表现得懦弱，他就会为一个全新的心理学时代找到"勇气"的含义；如果说，来自母亲和露丝那爱恨交织的复杂信息，曾让他对女人的承诺保持谨慎，却又痛苦地渴求她们的爱，他就会去寻找方法来修通现代社会中的爱与亲密关系。这一点在罗洛坎坷的宗教生活中体现得淋漓尽致。信仰、崇高的理想和家庭的混乱所组成的嘈杂音调，将他引向了终身的精神冒险，一场颠覆传统同时也明确了他追求核心的冒险。

在青年时期，罗洛对命运的想象在他 1926 年高中毕业时收到的一本诗集中得到了表达，这本诗集是山姆·沃尔特·福斯（Sam Walter Foss）的《路边小屋》（*The House by the Side of the Road*）。诗的第一节宣告了他想象中的未来：

> 有些隐居者过着与世隔绝的生活，
>
> 在自我满足中安宁度日；
>
> 有些灵魂，像星星一般，远离尘世，
>
> 伫立在孤寂的苍穹；
>
> 有些先驱开辟自己的道路，
>
> 在路的尽头；——
>
> 但让我住在路边，
>
> 成为人类的朋友。

罗洛将基督教的利他主义铭记于心。他要从谦逊里寻求伟大。他也许会通过成为"人类"的朋友而找到友谊，因为他还未曾与真实的男女建立过这样的关系。他还不知道"路边的小屋"会是什么样子。它会是一个小镇牧师的简朴小屋，或一座附属于当地基督教青年会的房子，还是会涉及某种更宏大的、尚不为人知的使命？

福斯的诗从未作为文学作品流传下来，但其激起的力量却始终伴随着梅。在80岁高龄之际，他还记得诗中的每一个字。在他去世的那天，他书房里的告示板上还钉着一份泛黄的诗稿。

第二章 "深切的渴望，强烈的冲动"

1926 年，罗洛·梅怀着一种强烈的使命感进入了大学，但还不清楚自己将走向何方。父亲在基督教青年会工作时树立的榜样，还有他作为母亲"助手"而被赋予的殊荣，都为他指明了"宗教工作"这一职业方向。余下的一切，甚至是梅自己的精神生活，都不甚明了。他希望能找到自我，并收拾好他那凌乱的情感和野心。由于大学没能为他提供逃离家庭困境的机会，这一任务就变得更为艰难了。厄尔要求基督教青年会把他调到东兰辛[1]，这样露丝和罗洛就可以在"家庭财力允许"的情况下住在家里，同时进入密歇根州立大学（Michigan State College）读书。正如一名大学管理人员后来在奖学金表格上所写的："家里的……孩子比钞票还多。"

东兰辛在某种程度上为罗洛提供了丰富和激荡的学术生活。密歇根州立大学的教职工和三千多名学生形成了一个自成一体的社区，与密歇根州的首府兰辛无缝融合在一起。校园文化让罗洛接触到了新的人群、新的着装风格、更自由的性观念，以及探索思想、文学和艺术的开放氛围。少数较富裕的学生沉浸在 20 世纪 20 年代神话般的生活中——爵士乐、摩登女郎、飙车、狂欢派对和非法酒会。而罗洛和大多数学生面对这种寻欢作乐只会瞠目结舌。他们大多思想严肃，预备在工业化的大城市里工作，或在日益机械化和商业化的农场里劳作，或者像梅那样，寻找与他新生的理想相匹配的使命。

密歇根州立大学前身是密歇根州立农学院，成立于 1855 年，旨在推动科学农业的发展，保持该州经济的发展处于巅峰状态。然而，

---

1 东兰辛（East Lansing）：美国密歇根州东北部城市。——译者注

到了世纪之交，有限的课程设置却让密歇根州立农学院在日益城市化的世界中处于弱势，而其他公立高等教育机构则依靠职前培训和人文教育而蓬勃发展。令人担忧的状况比比皆是：入学人数下降，教师流动迅速，以及州农业委员会的控制。20 世纪 20 年代，自第一次世界大战的战场归来的士兵挤满了那些开设商科和人文学科的学校，却避开了农学和兽医学。密歇根州立农学院克服了农业委员会及其立法同盟的阻碍，在 1921 年开设了新的文理课程。到 1925 年，学校已经有了足够的变化，便换了新的名称：密歇根州立农业与应用科学学院（名字的后半部分得到了农民游说团的支持）。1926 年秋天，罗洛第一次踏入的正是这个新命名的校园。他学习了学院新开设的文科基础课程——英文写作、文学、西班牙语、欧洲历史、基础动物学和公共演讲，还选修了鸟类学、绘画、装饰、设计和宗教教育等课程。他的成绩还不错——一连串的 B，中间夹杂着 C 和 A。尽管如此，他在大学一年级还是陷入了混乱。身处新校园，却和家人同住，使他错过了成千上万来自密歇根农场和小镇的年轻男女所体验到的离家兴奋。他也比大多数同学都年轻，是一个笨拙、尴尬的"小镇人"，被剥夺了宿舍或寄宿生活带来的友谊。学校的课程、作业和课外活动，与父母想让他帮忙照顾弟弟帕特的期望产生了冲突，尽管厄尔和玛蒂之间日益激烈的争吵也冲击着整个家庭。

作为一个小镇上的"好"孩子，他没有钱，也没有社会地位，而大学生活中充斥的自由放纵的玩闹和阶级势利，让他感觉很难受。"在大学校园里，我觉得自己被孤立在群体之外。"多年后他回忆道。住在家里，没有"社交影响力"，让他觉得自己是隐形的、无足轻重的。校园里的"大人物们"轻视他，觉得他"一无是处"。当然，他也害怕自己一无是处，于是想方设法让自己与众不同。

除了在英语课上，他几乎找不到什么灵感。系主任约翰斯顿

（W.W. Johnston）教授激发了他对文学想象力的热情。文学和孤独帮助罗洛将自己视作一个敏感的反叛者，迷失在农场男孩、工程师和被宠坏的势利小人中间。他梦想成为诗人，诗歌成了他灵感的源泉。最终，他在志趣相投的人群中找到了朋友，他称其为校园里的"少数派、改革派"，这些年轻的男女乐于与彼此做伴，并炫耀自己的道德优越感，蔑视那些他们认为愚蠢的大多数人。

尽管如此，罗洛还是常常与他的"改革派"伙伴保持距离。虽然这种友谊很吸引人，但在他早年的生活中，几乎没有与同龄人保持亲密的经验。他从未在同一个地方住过足够长的时间，他也为自己的家庭生活感到羞耻，不敢邀请朋友们到他家里。而现在，在一个接受他的群体中，他仍然感觉到疏离，只有在别人需要他的支持或建议时，他才会敞开怀抱，成为"他人的朋友"。然而，他经常提供一种好心但居高临下的基督教式"帮助"，而非一种更近似友情的拥抱。一个密友曾经这样忠告罗洛："我不喜欢你的喋喋不休，'盲目乐观'，总是'太过温和'。你就不能偶尔强硬一点吗？"

虽然亲密关系仍旧是个问题，但文学和校园里更自由的智识生活，让梅在寻找自己立足于世的位置时，展开了对思想与意义的激情探索。他与罗斯科·布洛斯（Roscoe Bloss）以及"改革派"中其他四人联合起来，创办了一份售价五美分的双周刊物《学子》（The Student），"致力于在密歇根州立大学的校园里寻求真理"。布洛斯专注于具体的言论自由问题、学生选举和大学政治，而梅则探讨"宏大的"主题：道德、殉道、意志和反叛。

罗洛尤其想要寻找男子气概的典范，他对行动本身的崇拜不亚于对任何特定的事业。他的价值观与其父和基督教青年会的价值观相仿，尽管带有反叛的、自传体的色彩，且在思想上不大相同。在第一期刊物中，他着重介绍了西奥多·罗斯福（Theodore Roosevelt）的大学生涯，将之描述为一段由弱者转变为强大领袖的传奇故事。梅描绘罗斯福"与其他年轻的大学生别无二致"，除了他那"让生活变得更有价值的坚不可摧的决心"。也许梅想到了自己在高中球场上的懦弱表现，于是他强调了罗斯福对年轻人的不朽忠告："生活就像打橄榄球一样，要遵循的原则是奋力冲向底线，不犯规，不逃避，但要奋力冲向底线。"

梅还用粗体字印刷了一段摘抄，节选自阿尔伯特·哈伯德（Elbert Hubbard）描写传奇的美西战争的小册子《致加西亚的信》（*A Message to Garcia*），并提出了关于勇气与男子气概的问题。书中讲述了一个"名叫罗文的家伙"，不顾一切地将麦金莱总统（President McKinley）的密信送到古巴反抗军领导人手中。梅在开篇点明了书中的教导："年轻人需要的不是书本上的知识，也不是对这个或那个的指导，而是挺直腰板，这样才能心怀忠诚，迅速行动，集中精力；去做事——'把信带给加西亚'！"然而，对梅这一代人来说，没有什么战场密信需要传送，人们也无须在战争中受苦或牺牲。

罗洛的确找到了一场值得他用灵魂去参与的战斗，即在一个趋近民主和工业化社会的世界中捍卫个性。他在《我们是奴隶吗？》（Are We Slaves?）一文中大声疾呼："顺从的铁箍已经牢牢地束缚住了大多数美国人民！"教育不再培养"性格与个性"，而是教授学生"适应"这"庞大工业体系"的技能，只有勇敢的人才能够面对"被风暴席卷的世界"！他宣称"最强大的人将走上一条孤独之路"，并构建了一座象征着勇气的美国万神殿：林肯、惠特曼、爱默生和梭罗。而基督站在所有人之上："社会称祂为激进分子、狂热分子，并大肆辱骂祂。如果祂没有成为个体的力量，你我今天就不会存在于此了！"梅将这些杰出的人物视作独行者，表明了他自己对于"成为某人"的最初感受。这种在一个循规蹈矩的世界中对个人自主性的关注，将成为梅毕生著作的核心主题。

结果，在同一期《学子》上，一篇不那么英雄主义的文章导致了该刊物的下架。1928 年 4 月，梅的编辑同事罗斯科·布洛斯猛烈地抨击了密歇根农业委员会（该委员会曾试图解雇密歇根州立大学的校长），声称密歇根州立大学"根本不是一所大学，而是一个政治游乐场，校长的职位是政党候选人的诱饵，这所学校则是州长用以节省开支的州立机构，用来掩盖其他部门的贪污行为"。学校暂停了布洛斯的职务，并训斥了梅，而梅在管理部门的监督下接任了《学子》的总编辑职位。梅避免直接发表有争议的言论，但找到了其他方式来谈论那些令人尴尬的议题。比如，在一个"开放论坛"栏目中，他刊登了一个学生的"意见"，该学生将布洛斯的争议性报道——只是"新闻失误"——与一家当地报纸更大胆的意见相比，该报写道："接受密歇根州立大学校长这一职位，大约等同于断送了职业道路。"到学期结束时，尽管罗洛试图维持人们对布洛斯事件的注意力，或许布洛斯还可以因停职而赢得荣誉，但他只是再次受到了训斥。这种毫无英雄气概的牢骚无疑令他失望。不过，编辑《学子》这一工作帮助他明确了自己的志向，并在世界上留下了自己的痕迹。

罗洛在宗教信仰方面的斗争不那么明显，却更加深刻，正是在他加入"改革派"和《学子》编辑部的那几个月里，这种斗争达到了高潮。"我突然意识到，"几年后他回忆说，"对上帝的看法……我从父母那里继承来的信念——相信上帝是一位伟大的父亲，总是亲自守护着他的孩子们——已然变得空洞起来，对我的生活毫无意义。"他从"真""善""美"等永恒的理念中获得了一些慰藉，但他觉得这些理念都太过抽象了，难以缓解"那种深切的渴望，那种强烈的冲动——想要在宇宙中找自己的归宿"。他时常发现自己"极度孤独"，陷入"绝望的魔咒"。他最终宣告自己是个无神论者，但同时也寻求精神上的安慰。

他求助于一名富有魅力的年轻诗人兼英语助理教授本内特·"巴克"·韦弗（Bennett "Buck" Weaver）。韦弗出生于1892年，在威斯康星州的一个农场长大。1916年，他在密歇根大学（University of Michigan）攻读博士学位，并加入密歇根州立农学院的教师队伍，成为一名维多利亚时代文学专家。他还是一位积极、进步和热心的基督徒。1922年，韦弗的宗教倾向使他接受了双重职位，主管东兰辛人民教会（Peoples Church）的宗教工作与宗教教育，并担任大学社区的基督教青年会秘书一职。韦弗与牧师纽厄尔·麦丘恩（Newell McCune）一起，协助启动了麦丘恩所称的"伟大实验"，将教会重新构建为一个充满活力的活动中心，为密歇根州立农学院的学生和教职人员提供基督教教育、社会行动和神职服务。韦弗还发起了"大学基督教会议"系列讲座，邀请全国宗教领袖在会上讨论时事。

梅一家刚到东兰辛就加入了人民教会，而韦弗很快就认识了这家人。罗洛被这位年轻的诗人所吸引，他的精神生活给罗洛留下了深刻的印象。韦弗坦率地谈及自己的长处和缺点，说需要寻找自己的宗教真理，这让罗洛深受感动。韦弗认为，信仰是寻求内在、个人智慧和神秘体验的产物。他很少强调神学的正确性或行为的必要性，而是注重"人格"的成长，反映了一种有关生活意义和行为的自由派观念，与厄尔的基督教青年会中的准则和态度相一致——至少与他在公共生活中宣扬的那些相一致。

巴克·韦弗是罗洛一生中追随的众多新精神领袖中的第一个，他的出现恰逢其时。在他们关系的早期，他帮助梅度过了一段格外严酷和孤独的抑郁期——在基督教传统中，这种抑郁的核心被视为一种不断加深的"罪的信念"。韦弗哄劝梅，使其情绪得到改善；而在这种心境中，梅莫名想起"古往今来的许多人都在祈祷中获得了全然的安慰"，并借由"找到一个充满人性的、慈爱的上帝"而克服了孤独。事实上，韦弗带领梅获得了他的第一次"皈依体验"。曾有一刻，在孤独的房间里，梅突然听到了熟悉的话语："到我这儿来"，以及"我将送你一位圣灵"。他跪倒在地，试图祈祷。"当我跪在那里时，好像突然透过紧闭的双眼看到了一束光；我感到一丝温暖弥漫在我孤独的心里——终于出现了一个有人性的上帝，给了我真正持久的安慰！"

巴克·韦弗对罗洛的影响远不止这一次宗教体验。事实上，梅很快就将他的治疗方法具体化，把它视作咨询和生活中最真诚、最具关怀的人际关系典范。他珍视韦弗那种"爱我并相信我"的能力，能够出于"个人喜好"，而并非出于传教的冲动，对像他这样的人产生特别的兴趣。巴克·韦弗定义了何为"人类的朋友"。

1928 年夏天，罗洛和父亲一起，在威斯康星州日内瓦湖城（Lake Geneva）附近的基督教青年会营地工作。在那里，他沉浸在自然、友谊和对自身状态的沉思之中，也在考虑接下来的秋天该做些什么。韦弗曾建议他，可以考虑转到一所更适合他的兴趣和天性的大学，于是罗洛在 9 月初回到东兰辛，向韦弗寻求进一步的咨询，也向他爱戴的英语教授约翰斯顿寻求建议。梅的宗教经验、与韦弗的友谊，以及重新投身父亲的基督教青年会圈子，都指引着他走向宗教领域的未来。他觉得密歇根州立大学在这方面给予他的帮助微不足道。

韦弗建议梅申请欧柏林学院（Oberlin College），他认为欧柏林学院是罗洛的最佳选择，因为它在人文学科领域很出色，而且有着悠久的基督教活动传统。欧柏林学院成立于 19 世纪 30 年代，曾是废奴主义的沃土，是黑人和妇女教育的先驱，培养了学生对各种改革的热忱。南北战争结束后，欧柏林学院成为最进步的宗派学院之典范，配备了一批富有朝气、受过大学教育的专家，致力于将广泛的人文教育与基督教结合起来。在亨利·丘吉尔·金（Henry Churchill King）担任校长期间（1902—1927），狂热的自由派基督教信仰与对所有领域（包括圣经研究）的批判性学术理念逐渐融合。正如欧柏林学院的一位历史学家所言："强调个人救赎和个人道德准则的旧福音派信仰，正在让位于一种新的信仰——将对个人价值的尊崇与社会救赎相结合。"

这些价值观对罗洛来说并不陌生。他曾在韦弗关切的辅导中体验过这些价值观的作用。梅了解欧柏林学院的名声，也读过金写的一本鼓舞人心的书，但直到 1928 年秋天，他才想到在那里读书的可能性。在欧柏林这样的私立学校上学，要承担学费、住宿费和伙食费，这似乎从来都不是他的选择。而此刻，无论代价如何，这已成为他精神上的迫切需要。

罗洛决定亲自去申请。就在学期开始前，他搭便车来到了 210 英里外的欧柏林。如果我们相信他通常准确的记忆的话：他提着行李箱，口袋里揣着 5 美元，走了半个街区来到校园，寻找他的教育机会。他一眼就看到了纪念拱门，它是为了纪念在义和团运动（the Boxer Rebellion）中遇害的欧柏林传教士。这座建筑高贵的新古典主义设计和其中的一句铭文让他敬畏不已："殉道者的血是教会的种子。"当他看到纪念碑上的名单时，突然感觉"来对了地方"。这不是一所像密歇根州立农学院一样的、他所谓的"乡间学院"，而是一所以使命、命运甚至殉道为荣耀的地方——而这一切正是梅所梦想的人生。

在彼得斯礼堂，梅遇到了神学教授兼男子学院院长博斯沃思（E. L. Bosworth）。这位院长已经读过韦弗和约翰斯顿关于罗洛的信件，以及他匆忙填写的申请表。韦弗强调了"他无私的体贴……他对信仰的无畏和'坚持不懈'的品质"，认为欧柏林学院将提供一个"合适的环境"来供罗洛深造。约翰斯顿将罗洛描述为"一个高尚、心地纯洁、正直、有理想、具有独立思想和判断力的年轻人"。梅在自己的申请中表达了一种渴望——"通过在博学的基督教教授的指导下学习，与真诚、目标明确的同学交往，从而获得发展和教育"。梅和院长就基督教青年会、基督教承诺以及梅的志向聊了一个小时，然后博斯沃思宣布："好的，你被录取了。"

支付学费和生活费则完全是另一回事。梅的父母以6%的利息借给他350美元，而他同意在1932年之前还清。他已经在基督教青年会营地挣了90美元，并计划每年夏天继续在那里工作。他靠打工、学院贷款和小额奖学金凑齐了剩下的钱，并立即开始寻找负担得起的住宿。他调查了一个被学生们称为"穷人之家"的寄宿合作社，但没有空房。最终，罗洛在东学院街的一名教师家里找到了一个房间，并凭借在厨房帮忙抵偿租金。他依靠类似的工作取得了在女生宿舍进餐的机会，该女生宿舍被昵称为"梵蒂冈"，因为在那里可以看到彼得斯礼堂（一个关于圣彼得大教堂[1]的玩笑）。第二年，他搬到了男生楼，担任宿舍顾问，不过继续和女生们一起用餐。

生活在大学环境中本身就是一种历险，而学生关系紧密的欧柏林似乎更像是一个大家庭，而非一个机构。在宿舍楼和整个校园里，罗洛找到了密歇根州立大学所没有的接纳、友谊和亲密。"'梵蒂冈'的同学们完全接纳了我。"他回忆道，"每个人都很爱我，我想我也爱他们。"在校园里，每个人在遇到熟人时都打招呼。有一次，他在寻找房间时敲错了门，迎接他的不是寄宿学生，而是刚刚退休的亨利·丘吉尔·金本人。金和这个年轻人亲切地闲聊，还把他送到了正确的地址。罗洛为欧柏林优雅而纯真的氛围着迷。在"梵蒂冈"，这个"乡下男孩"学会了男人帮女人挪椅子以及其他的"礼貌仪式"。他"成

---

1 圣彼得大教堂：位于梵蒂冈的一座天主教宗座圣殿，由拉斐尔、米开朗琪罗等建筑师设计并完善，是世界上最大的教堂、最杰出的文艺复兴建筑和天主教会最神圣的地点。——译者注

功了"，被那些他一直认为比他优秀的人接纳了。

　　这种友善、优雅，以及找到精神家园的难以言喻的感觉，帮助梅开启了一个崭新、愉悦而严肃的智识世界。有一段特别的记忆概括了欧柏林在他生命中的意义。在第一堂希腊语课的研讨会上，他凝视着桌子中央一只漂亮的希腊花瓶复制品。"我从前经常看着它，好奇地想，人类怎么能做出如此精美的东西呢？我不知疲倦地看着它。"他回忆道。古希腊文化研究成了一扇门，穿过这扇门，艺术、哲学和文学在他的生命中获得了核心意义，即使其他课程也唤醒了他对后来的西方传统的认识。那个学期的课程——莎士比亚与十六、十七世纪的戏剧，《圣经》在历史与文学中的价值，还有文艺复兴时期的建筑，英国小说，美国文学和哲学导论——使他的头脑中充盈着新颖而富有启发性的想法。

　　梅还在教职人员中发现了新的男子气概的模范，他们不惧于按照自己的理想来生活，并且尊重自己的情感。梅的政治学教授奥斯卡·亚西（Oscar Jászi）令他着迷，后者是一位流亡的匈牙利爱国者，也是一战后短期政府的成员。亚西为课堂带来了一种由悲剧经历所调和的政治感。最重要的是，罗洛受到了一位传奇的英语教授查尔斯·韦杰（Charles Wager）的影响。韦杰早在 25 年前就来到了欧柏林学院，是欧柏林学院对人文科学之追求的精神化身。他教授古典文学和英国文学，并敦促学生追求知识和道德上的卓越。

　　梅清楚地记得韦杰在两个学期的维多利亚时代散文课中的最后一堂课，他在课上谈到了"永恒的真理"，以及休息、独处和对个人命运之信仰的重要性。韦杰朗诵了一首诗，它后来成为罗洛一生中最爱的诗歌之一，即乔治·艾略特（George Eliot）的《噢，我可否加入那隐形的唱诗班》（"Oh May I Join the Choir Invisible"）。艾略特以格外优美、如宇宙般恢宏的语言，表达了对实现崇高成就的渴望，罗洛最初在山姆·沃尔特·福斯的《路边小屋》中窥见过这种渴望。"噢，我可否加入那隐形的唱诗班/由那些涅槃重生的人组成/他们的降临使人心善良。"

作为罗洛的导师，韦杰为这个年轻人的生活、性格和课程提供指导。这就是欧柏林学院的教育方式。学生们经常在课外与教授交谈，如在宿舍、寄宿家庭或在附近教师的家中。周日晚上，他们会请求去教授的家里聊天。他们从知识聊到道德再聊到个人，而这种亲切的氛围也巩固了教授作为道义权威的理念。

欧柏林学院为罗洛提供了一种特别的智力滋养。教授们在持续一学期或一学年的课程中，通过让学生们阅读原始文本和浅显的综述，介绍了整个西方艺术、哲学和文学的传统。他们认为，给生活带来意义和美是他们的使命，并鼓励学生评价一篇文章或一件艺术作品的实用价值和理论意义。在一次作业中，梅的哲学教授要求学生们自行评判威尔·杜兰特（Will Durant）不久前出版的《哲学的故事》（*The Story of Philosophy*）中提出的各种体系。罗洛做出了巧妙的回答，从柏拉图到尼采等众多思想家身上分别撷取"微小的"真理，然后汇集成一篇《哲学中的哲学》（他取了这样一个标题），"几乎是最完美的哲学"。在六页半的篇幅里，他将古希腊以来的西方伟大思想归纳为几个类别：

> 古老的苏格拉底似乎对我们说"寻找真正的智慧"，他是对的。柏拉图说"梦想美好的乌托邦"，让我们这样做吧。亚里士多德给我们的启示是"要博学"，我们当然应该遵循这一准则。培根恳求我们"要科学"，斯宾诺莎表示"要看到宇宙的统一性"，伏尔泰说"别把生活看得太严肃"，卢梭建议我们"顺应你的天性"，康德说"要倾听责任发出的微

小声音"，叔本华告诉我们"万物背后皆有伟大的意志"，斯宾塞则宣称"宇宙是一场宏大的演化"，等等。我们能否拓展思维，观察到所有这些哲学中隐藏的统一性：如果可以，那么我们便拥有了古往今来的真理之综合，拥有了哲学中的哲学。

这篇论文揭示了梅后来对于综合（synthesis）的主张，以及通过整合自古以来的伟大思想来分析当今问题的早期倾向。它也标志着梅首次尝试理解尼采的哲学，而后来，他称赞尼采对他转向存在主义产生了重要影响。当时，梅注意到，尼采的"思想在他人的世界中格格不入，因为尼采在他自己的世界里也是孤独的"。然而，梅并没有忽视这个孤独的人，而是用了几乎整整一页的篇幅来介绍他，比留给其他任何思想家的篇幅都要多。他叙述的口吻反映了他对这位哲学家的认同，也展现了《圣经》用语与心理学描述的惊人呼应。"他的声音仿佛在荒野中哭泣，"梅写道，并为尼采赋予了施洗者约翰（John the Baptist）的角色，"他不正常且心理失调，他的观念扭曲而不健康，但他却是一个深具诚意、饱经苦难的哲学家。"在罗洛的解读中，尼采对"超人"的呼唤，实则是"要求坚强、勇敢地生活"，类似于"施洗者约翰说'我来到这里，是为了让你们的生命更丰盛'"。罗洛在尼采的人格中看到了一种反基督教的基督（anti-Christian Christ）的悖论，并在很早就揭示了流行心理学词汇与宗教词汇是如何融合的。

梅的努力得到了B+的分数，这比他在欧柏林学院的大多数成绩都要好。尽管他在智力和精神上有所觉醒，但按照惯常的标准，他仍然是个有些平庸的学生。总体来说，他的成绩都是B，但在一门哲学课上得了C+，还在他最喜欢的一门韦杰的维多利亚时代散文课上得了C。他只在《圣经》和希腊语课上得了A。教授们注意到了他的课堂发言和其他创造性的迹象，因此对他的成绩感到疑惑。一位心理学教授特意告诉他，根据学校的记录，他的智商超过了97%的学生。那么，为何他的成绩如此平庸呢？

多年以后，梅解释说，这主要是由于他父亲的狂热世界观——一个充满社团和委员会的世界——与他新的求知热情之间的冲突。而通常情况下，智力会落败。实际上，除了工作和课程之外，他似乎参与了校园里的所有活动。在第一个学期，他加入了基督教青年会委员会和其他学生团体；那年春天，他还成为《欧柏林评论》（*Oberlin Review*）的工作人员。他在大学四年级时参加了更多的活动：继续负责《欧柏林评论》的工作，主持基督教青年会的委员会会议，在学生会执行委员会任职，加入欧柏林远足社团，在欧柏林管乐团演奏，还在"梵蒂冈"主持牧师工作（即带领每顿餐前的祈祷）。他付出了巨大的学业上的代价，但并没有造成严重的后果。有一个学期，梅因为旷课被扣了两个学分。教授看到罗洛对希腊语的热爱，敦促他在大学四年级继续学习，不过，据教授回忆，梅"控制住了"自己，"变得更像一个中西部人"，放弃了希腊语，以便专注于课外活动。

欧柏林学院的自由派基督教的承诺，确实通过其服务传统指导了罗洛的活动。当了解到学院在废奴主义、妇女权利、社会福音和国外传教等改革活动中的领袖历史时，他对学院的神圣目标有了更深刻的理解。在他的周围，学生和教授们讨论着当时的重大事件——社会主义、战争、美国内政，以及1929年10月后的股市崩盘。梅总结了他在那些年的态度："我是个不折不扣的社会福音派。我崇尚自由主义。我会投票给社会主义者。"

罗洛旋风般地参与非学术活动的积极姿态，尤其是他对其他同学的帮助，都被人看在眼里。欧柏林学院备受爱戴的公理会牧师詹姆斯·奥斯汀·理查兹（James Austin Richards）和其他人都对罗洛作为非正式咨询师和知己的能力尤其印象深刻，这一角色与罗洛宣称的"宗教事业"的前途相一致，深受韦弗的榜样影响。理查兹在协助罗洛申请大学四年级的助学金时写道："在一群年轻人中，在讨论关于基督教人生观的一些困惑时，他表现得最成熟、最积极。"这位牧师注意到，梅似乎已经"拖住了一些来找我解答精神困惑的小伙子，并且试图帮助他们"。理查兹补充说："在我最感兴趣的事情上，校园里没有人比他更有帮助了。"

罗洛是一个善解人意的咨询师，他有效地帮助了那些需要帮助的人；然而，和同龄人做朋友还是让他觉得有些不自在。在界限清楚的情境中，他自信的外表掩盖了内心深处的羞怯、不安和笨拙。虽然他已经不像在密歇根州立大学时那样备感疏离，但在某些方面，欧柏林学院让他自身的矜持更加令他难以忍受了。他没法再归咎于制度，他必须直面自我。他向理查兹牧师寻求建议，向他坦白了自我怀疑、虚伪和试图"放弃"时的极度沮丧。理查兹告诉他："让我们搞清楚一件事，你对自己太不公平了。"他安慰罗洛，说他是"学校里最优秀的人之一"，他只是受到"自卑情结"的折磨。就这样，也许是平生第一次，梅听到有人用宗教和心理治疗的术语来分析他心中的不安。

听到一位福音牧师使用"自卑情结"这个词，也许让梅吃了一惊。他回忆起大学里唯一接触到的心理学，是在一堂充斥着统计数据的枯燥课程上，而且他对精神分析这门学科几乎一无所知。正是牧师辅导工作，为梅开启了心理治疗领域的大门。到了20世纪20年代，西格蒙德·弗洛伊德、卡尔·荣格，尤其是阿尔弗雷德·阿德勒的精神分析理论和治疗技术适时地渗透进了美国人的需求和敏锐感知，成为自由派基督教中最先进的领域之核心。教会和基督教青年会中的许多人发现，精神分析的思想启发了古老的宗教问题，而其临床方法有望为教牧研究的特别领域带来激动人心的创新。

自 19 世纪中叶以来，新教徒对心理学和宗教经验的兴趣一直在增长，并在 1902 年威廉·詹姆斯（William James）出版《宗教经验种种》（*The Varieties of Religious Experience*）后达到了顶点。1906 年，波士顿伊曼纽尔圣公会教堂的三名医生和两名牧师举办了关于身心联系和道德生活的系列讲座，这是融合心理治疗与宗教的第一次重大尝试。后来，他们开设了一家诊所，从医学和精神的角度开展情感咨询。然而，最直接地将心理学引进教堂的是詹姆斯在哈佛大学心理学院的第一个心理学博士生斯坦利·霍尔（G. Stanley Hall）。1909 年，作为克拉克大学的校长，霍尔赞助了荣格第一次以及弗洛伊德唯一一次在美国的讲座。后来，他还大力支持阿德勒在美国的工作。他自己的学术研究致力于将科学、道德和宗教相结合。他最著名的成果是关于青春期的大量研究。他还撰写了两卷本的厚书，重新诠释了基督教信仰，名为《心理学视角下的耶稣基督》（*Jesus, the Christ, in the Light of Psychology*）。

梅接触到心理学与精神之间对话的可能性，始于欧柏林学院的一门名为"宗教经验类型"的课程，该课程的主要阅读材料就是詹姆斯的《宗教经验种种》。他和理查兹的谈话也让他接触到了基于心理学的宗教咨询。而后，在 1929 年夏天，他参加了由日内瓦湖城基督教青年会学院主办的咨询讲习班。罗洛参与了有关宗教、婚姻、性和青少年咨询的心理学新见解的非专业研讨会和讲座。正是基督教青年会议程中的这一鲜为人知的方面，促成了梅对心理治疗的接受。

基督教青年会学院的讲习班邀请了一些德高望重的人担任主讲。心理咨询课程的第一位演讲者是哈里森·埃利奥特（Harrison Elliott），他是《心理学对宗教的影响》（*The Bearing of Psychology on Religion*，1927）和《耶稣如何解决人生难题》（*How Jesus Met Life Questions*，1920）等书的作者。埃利奥特将斯坦利·霍尔的观点巧妙地应用于具

体的生活情境中。正如梅在埃利奥特的第一场讲座后指出的："新兴
的心理学和精神病学研究让人们能够更有效地解释信仰在促进个人发
展方面的力量。"后续的讨论则强调了阿尔弗雷德·阿德勒的"个体心
理学"，并提议将人类的需求看作一系列阿德勒式的从坏到好的发展
过程：

　　被忽略　→　被尊敬

　　身体痛苦　→　身体健康

　　失败　→　掌控

　　不被爱　→　被爱

　　担忧　→　心灵平静

　　循规蹈矩　→　勇于冒险

埃利奥特指出，耶稣强调"目标"，他将罪恶看作缺陷，并非为
了谴责，而是为了改正。现代的咨询师也可以仿效基督，引领来访
者走上富有成效的人生之路。当然，这样的智慧打动了罗洛，在他看
来，这既是对他人，也是对自己的最好忠告。

与罗洛关心的问题密切相关的是"埃利奥特夫人"的讲座，她
是哈里森·埃利奥特的妻子，也就是基督教女青年会未来的主席格蕾
丝·劳克斯·埃利奥特（Grace Loucks Elliott）。她试图澄清人们对异性
的误解，并以正确的视角来理解性欲。她谈到两性之间的误解，尤其
是男孩和男人倾向于将女性理想化为天真无邪的（因为女性被教导要
隐藏她们的真实感受和欲望）。她解释道，女性和男性一样，有强烈
的性冲动，只是方式不同。正如罗洛所记录的："女孩有更多与性有
关的情绪，因为她们的性器官是看不见的。男人的感觉集中在一个地

方，而女人在感受，却不知道感觉从何而来。"

在谈到基督教婚姻中的性时，埃利奥特夫人在开场白中讲道："没有人会像步入婚姻那样，在一无所知的情况下开展一项商业活动。"埃利奥特夫人声称，婚姻中的性，绝不是一个要被污名化或"克服"的东西，实际上，它是"力量、激情、生命力和活力的基本源泉。性能够将男人和女人结合为完整的一体"。它是"生活中最光辉的部分"，尤其是当丈夫和妻子一同达到高潮时。她把解释如何达到那种恩典般的性状态的任务留给了基督教青年会学院的院长约翰·昆西·埃姆斯（John Quincy Ames）。他详细地介绍了性交的阶段、性兴奋的方法、婴儿性欲的例子，以及通奸、卖淫和同性恋等"不合要求的"性行为方式。在那些不合要求的情况下，性快感并非产生自真正的结合，尤其相较于婚姻中完美的共同高潮。这种相互性带来了"精神上的推动力——与上帝更紧密地相连"，而"调情"和"性爱抚"（让伴侣中的一方达到高潮）则不然。

自慰也是如此。在某种意义上，埃姆斯对单独的性行为提出了更尖锐的批评，而不是简单地称其为严重的罪行（sin）。正如梅在埃姆斯的讲座中记录的："自慰者这么做，是因为他们是生活中的失败者。"这样的断言让他感到不安，因为他花费了很多时间谴责自己，认为自己沉迷于自我享乐。于是，他仔细地聆听埃姆斯说道："没有什么比自我贬低更影响我们发展自己的基督教人格了。"埃姆斯引用阿德勒的观点，将社交和身体上的"不足"归咎于童年时父母的暗示。他建议人们与咨询师坦诚地交谈，让咨询师直率地分析并给出建议。埃姆斯对这些未来的咨询师们说："在诸如性的方面，与当事人交谈，提供事实，让他意识到同样的问题也困扰着其他所有人。"

罗洛非常激动，请求和埃姆斯进行私人咨询，在咨询中，他承认对自己的习惯极其担忧。"我的不自在，"罗洛在记录埃姆斯的诊断时说道，"主要是由于我的性问题，即相信我和别人不同，因为我自慰，而我以为别人不自慰。"造成这种感觉的原因是，他年轻时曾被人"嘲笑"他的生殖器，而且他的父母从未谈论过性。埃姆斯向他保证，"百分之九十九"的男孩都会自慰，罗洛可以去和信任的朋友交谈来证实这一点，然后他就会意识到他跟大家"在同一条船上"。

我们只能间接地了解到这些和其他讲习班带给梅的直接影响。尽管与埃姆斯的会面给他带来了明显的助益，但他并没有将心理学术语当作日常用语来使用。相反，他的词汇表达主要受到基督教，尤其是文学探索的影响，特别是维多利亚时代的诗歌和散文的影响。甚至当梅在基督教青年会学院学习心理治疗的基础知识时，他还经历了一场缺乏基督教特色，但充满了维多利亚式敬畏的信仰更新。"我记得，我在这个营地的小路上走着，"60年后他回忆道，"小路上没什么特别的东西，但我体会到一种与上帝交融的感觉……嗯，我非常喜欢华兹华斯的一句诗：'我们感觉到一个超越汝的存在，栖息于夕阳的光辉里、无垠的海洋中和清新的空气里……'我的宗教信仰很像那些维多利亚时代或浪漫主义诗人的信仰，比如雪莱、济慈和华兹华斯。"

梅的毕业规划反映了欧柏林学院毕业生普遍存在的理想主义。他在"基督教宗教工作"中看到了自己的未来，并计划成为一名传教士，然后进入纽约协和神学院（Union Theological Seminary）。他曾希望能够作为欧柏林学院著名的山西项目[1]中的一员去往中国，但没能

1　山西项目（Shansi Project）：20世纪初，孔祥熙从欧柏林学院毕业回到山西太谷，创建了铭贤男校和贝露女校。后来，欧柏林山西纪念协会（Oberlin Shansi Memorial Association）成立，以支持孔祥熙在山西的教育工作，并开启了欧柏林学院毕业生前往山西的传统。参见 https://www.shansi.org/history。——译者注

入选。欧柏林学院还曾提名他为罗德奖学金[1]获得者,但他在竞争中提前被淘汰。不过,他遇到了一位来自希腊萨洛尼卡[2]的教会学校安纳托利亚学院(Anatolia College)的招聘人员,被说服去那里当老师。1930 年 6 月毕业时,梅为离开欧柏林学院而难过,但又为希腊宏伟的遗址和新生活的开始而激动不已。

1　罗德奖学金(Rhodes Scholarship):1903 年依照英国矿产业大亨西塞尔·罗德(Cecil Rhodes)的遗嘱而设立,是一项国际性奖学金,被称为"本科生的诺贝尔奖",是世界上竞争最激烈的奖学金之一。——译者注
2　萨洛尼卡(Salonica):现称塞萨洛尼基(Thessaloniki),是希腊北部最大港口及第二大城市,以拥有大量的拜占庭建筑杰作及一些重要的奥斯曼帝国、犹太人的建筑而知名。——译者注

第三章 "我必须改变我的生活"

1930 年 9 月，罗洛·梅从兰辛乘火车到纽约，然后登上了一艘开往希腊的货船。他是美国公理会差会（ABCFM）派往旧奥斯曼帝国的教师团队中的一员。美国公理会差会负责所有的行程安排，给罗洛签发了去纽约的神职人员通行证，并为他预订了一艘从美国出口公司租用的一战时期的改装货船。从兰辛到萨洛尼卡的途中，罗洛时刻受到美国公理会差会的监督。

不管监督有多严密，罗洛都将这段旅程视作一次伟大的解放。他只在密歇根州和俄亥俄州的小城镇生活过，被美国中西部的新教文化所环绕。21 岁时，他期待着能够漫步于标志性的希腊文化遗址中——当他还在欧柏林时，就爱上了那里。罗洛常常一个人待在他那窄小的房间里与甲板上，呆呆地望着大海，沉浸在梦境般的思绪中，或者写些日记。他继续用浪漫主义诗人的诗句来表达自己的感受。早些时候，他引用了马修·阿诺德（Matthew Arnold）的《自立》（"Self-Dependence"）中的诗句：

> 让我，让我凝视着你，
> 感觉自己变得像你一样广阔！

或许他还想到了诗中的其他几句：

> 下定决心做你自己；并且知道，
> 找到自我的人，就摆脱了苦难！

他并不总是孤身一人。罗洛发现自己被一个名叫伊丽莎白·韦弗（Elizabeth Weaver）的年轻女子所吸引，她自愿去安纳托利亚女校任教。两位传教老师一起聊天、观赏飞鱼和海豚，度过了漫长的时光。他和伊丽莎白发展出了热烈的友谊，并如他在大量日记中写下的那样，他已经坠入爱河。他痛恨自己的羞怯，从未鼓起勇气表达过真实感情，甚至从未得到一个吻。

当罗洛看见葡萄牙和西班牙的海岸，而他们的船如此靠近非洲海岸时，喜悦之情压倒了沮丧，他觉得自己仿佛能闻到摩洛哥的柠檬和橘子树的气味。有一天，当雾气散去，罗洛惊讶地看到了帕特农神庙和雅典卫城，他高声朗诵了拜伦赞美诗中激动人心的诗句：

> 希腊群岛呵，美丽的希腊群岛！
> 热情的萨福[1]在这里唱过恋歌；
> 在这里，战争与和平的艺术并兴，
> 提洛岛崛起，福玻斯[2]跃出海面！

在雅典的比雷埃夫斯港口，安纳托利亚学院的代表会见了梅和他的教师同事，并把他们带到一艘改装过的游艇上。第二天早晨，他们驶进了萨洛尼卡。当罗洛走下船时，他便踏入了一个对基督教有着深远意义的城市。在使徒时代，保罗[3]在当地传教并建立了一个基督教社区，他写给皈依者的信成为《新约》中不朽的《帖撒罗尼迦前后书》（*Epistles to the Thessalonians*）（萨洛尼卡在希腊语

1　萨福（Sappho，约前630—约前560）：古希腊著名的女抒情诗人。——译者注

2　福玻斯（Phoebus）：希腊神话中太阳神阿波罗的别名。——译者注

3　保罗（Paul）：耶稣基督同时代的人，后来成为基督教最伟大的传教士。——译者注

中读作"Thessaloniki"）。这座城市本身由马其顿国王卡山德（King Cassander）于公元前 315 年建立，并以他妻子的名字命名。

数百年来，萨洛尼卡在希腊、罗马、拜占庭和拉丁基督教的统治下，经历了繁荣与冲突的更迭，每种文化都为其艺术、建筑和民族社群留下了印记。穆斯林的统治始于 1430 年。在接下来的四个半世纪里，土耳其人将萨洛尼卡建造成了通往奥斯曼帝国的繁荣和国际化的西大门。他们在很大程度上得到了庞大的塞法迪犹太人 [1] 群体的帮助——在 1492 年西班牙驱逐犹太人之后，正是这些穆斯林迎接了这群犹太人。19 世纪，欧洲的企业家用铁路将萨洛尼卡与西欧连接起来，并将萨洛尼卡的港口修建得更加现代化。萨洛尼卡众多的犹太人定下了这座城市的文化基调，但他们也与土耳其人、希腊人、保加利亚人和西欧人和谐共处。这是一个繁华的口岸，是一座仅次于曾经的君士坦丁堡的繁华之都。

然而，在 1930 年，梅和他的教师同事们遇到的是一个黑暗而流着血的城市，一个饱受天灾人祸摧残的苦难之地。19 世纪末 20 世纪初，由于巴尔干地区民族主义的激烈竞争和奥斯曼帝国统治的日益动荡，这座城市的繁荣景象开始崩溃。腐败和混乱破坏了社会秩序，激发了由土耳其国父凯末尔·阿塔图尔克（Kemal Atatürk）领导的民族主义运动。萨洛尼卡是阿塔图尔克的诞生地，后来则是"青年土耳其党人"起义的总部，在那次起义中，人们建立了宪法和议会，并于 1909 年推翻了苏丹的统治。然而，土耳其很快就卷入了 1912—1913 年的巴尔干战争，失去了马其顿和萨洛尼卡。萨洛尼卡于 1912 年成为希腊的一部分。1914 年，第一次世界大战爆发后，萨洛尼卡成为协约国对抗土耳其的主要阵地，后者在同盟国的胁迫下加入阵营。

1　塞法迪犹太人（Sephardic Jewish）：被西班牙或葡萄牙驱逐的犹太人。——译者注

萨洛尼卡逐渐成为成千上万名希腊和亚美尼亚难民的目的地。随着战争爆发，土耳其人开始怀疑，亚美尼亚人和希腊人——在民族主义动荡时期的外国人和基督徒——是危险的颠覆分子。仇外心理很快就发展为一种消灭小亚细亚地区的希腊人和亚美尼亚人群体的一致行动。从1914年底开始，一直持续到20世纪20年代中期，数百万人被戕害或驱逐——那些在土耳其邻国居住了几个世纪的人们，如今发现自己成了迫不得已的流亡者。萨洛尼卡位于土耳其的边境，因此成了难民首选的目的地。希腊人则把难民们安置在市区周围的棚户区。几十年后，希腊人称萨洛尼卡为"难民之都"或"可怜的母亲"。与此同时，在1917年，一场据说是意外的火灾烧毁了城市中心区的三分之一，摧毁了许多年代久远的迷宫般的社区。至少有七万人无家可归，其中三分之二以上是犹太人。

安纳托利亚学院成了萨洛尼卡的土耳其出逃难民的庇护所。1886年，美国传教士在奥斯曼帝国的梅尔济丰（Merzifon）一所神学院的旧址上创办了这所学校，它很快就变成了小亚细亚地区的新教和西方文化的重要前哨。然而，它的传教目标和大批的亚美尼亚学生引起了当局的怀疑，甚至政府的官方批准也没能使它免受偶尔的攻击。

在第一次世界大战和土耳其对抗亚美尼亚人的战役中，这所学院实际上成了待宰羔羊。1915年，土耳其士兵有条不紊地围捕了梅尔济丰的亚美尼亚人（占该市三万人口的一半），并将他们带到山上处决，埋在乱葬岗。不顾学院校长乔治·怀特（George White）的抗议，土耳其士兵冲破学校的大门，掳走了他们能找到的所有亚美尼亚人——教师、家属和学生。土耳其当局于1916年5月关闭了这所学校。1919年后，阿塔图尔克领导的民族主义运动，以及土耳其与希腊重新陷入敌对状态，摧毁了安纳托利亚学院在土耳其存续的所有希望。校长怀特最后在萨洛尼卡为学校找到了一处新址，将教育难民儿童作为该校最紧迫的任务。到 20 世纪 20 年代末，安纳托利亚学院及其姊妹学校美国女子寄宿学校已经在哈里拉乌（Charilaou）郊区购置了楼房，并开始了对数百名希腊和亚美尼亚青少年的教育工作。

当梅和同事们前往位于城市郊区的校园时，石砾路变成了泥泞小道。平地和山坡上遍布用镀锡铁皮、废木头或油桶仓促搭建的帐篷和棚屋。衣衫褴褛的难民家庭在稍微富裕的邻居家垃圾堆里寻找食物，他们默默地注视着衣着整洁的新来者，而这些美国人也遇到了他们在国内未曾见过的贫穷与绝望景象。

罗洛旋风式的历史之旅很快就变成了乏味的日常。他和其他教员以及许多行政人员一起住在人事楼。他教授英语、（新教）基督教和《圣经》。他每天早上 7 点钟起床，和其他老师一起吃早饭，然后冲到"四合院"去上 8 点 15 分的课。接着，他带领学生做礼拜，继续上课，直到 12 点 30 分，休息吃午饭，然后回到教室和自习室，一直到 4 点 15 分。秉承基督教青年会健全身心的传统，梅还管理着体育委员会，并经常在其他时间辅导学生手球、橄榄球和篮球。有时下午，他会在城外东边的霍尔帝亚蒂山（Mount Hortiati）山脚下散步。他常常站在这片不起眼的高地上，看着夕阳在海湾对岸的奥林匹斯山后落下。不过，这算不上一种舒适的生活。萨洛尼卡美丽的秋天很快就被短暂且寒冷的冬天所取代。狂风暴雨将街道变得满是泥泞，而夜间的严寒使车辙和水坑都结上了一层冰。

罗洛的职责和日常生活，以及他经受的身体不适，都是传教教师生活的典型特征，这是他的成长背景为其所预备的角色。与此同时，正像一些传教士所经历的那样，异域文化和他试图将之改造为虔诚基督徒的百姓也在诱惑着他，迷乱着他的精神。他先是从教科书上寻求理解，学起了现代希腊语和希腊近代史。然而，他周围的美丽与神秘很快就吞噬了他的想象力。梅尤其被学生们的举手投足打动，他们似乎沉浸在一种悲剧性的知识中，这种知识超越了梅自身经验的世界。他们也显得轻松自在，不受新教中关于美德、勤奋和清白的教义所束缚。这些男孩的名字——普拉顿、亚里士多德、苏格拉顿、阿伽门诺斯——都令他着迷，让他联想起古希腊时期。作为传教士，他将他们看作有待启蒙的灵魂，但同时也被他们的放荡不羁所吸引。

悄无声息地击碎梅心中关于智慧和权威的脆弱外壳的，并不只有那些男孩。罗洛受到无处不在的美的诱惑。奥斯曼帝国的建筑、拜占庭的教堂、点缀着希腊和罗马遗址的原始牧场，那色彩、面孔、奇特的语言和笑声、夸张的手势，甚至是耀眼的阳光，所有这些都唤起了他的渴望。有时，他只是漫步在萨洛尼卡喧嚣而繁忙的港口，去感受它的声音、色彩和芳香。而多年以后，他的脑海中依旧能够浮现出这样的画面："帆船从小亚细亚驶来，甲板上高高地堆满了橙子。"

罗洛利用学校的假期周游各地，并在日记和家信中记录了他浪漫的探险。他的第一次重要旅行是在 1931 年的复活节。当时他登上一艘意大利小船，去参观曾被称为君士坦丁堡，但不久前被土耳其人正式更名为伊斯坦布尔的城市。他给家里寄了一封长达五页、行距甚密的信件，当语言变得苍白时，他就在信的空白处画满船只和尖塔。他陶醉于视觉上的美感和感官上的惊喜——启程时，满月"像一个硕大的橙色圆球，从萨洛尼卡的山丘后面升起"；返程时，他乘着一趟"走走停停"的火车，穿越色雷斯和马其顿的战场。他品尝着"上等的晚餐"，看着"萨洛尼卡城中成千上万的远处闪烁的金色灯光越来越暗"，还发现月光下驶过的其他船只如此迷人，以至于他需要将其勾勒成画。他在早餐时翻阅旅行指南，或坐在那里入迷地听同车乘客讲述伊斯坦布尔和一战的历史。他们穿过达达尼尔海峡，来到达达尼尔要塞，十二门巨型大炮守卫其间。罗洛在天亮前就醒来，瑟瑟发抖地站在甲板上，想第一眼就看到"轮廓黯淡的尖塔直插云霄"。

罗洛如饕餮一般饱览了伊斯坦布尔。"高耸、厚实而坚固的"城墙激起了他的恐惧，仿佛一个深洞，被处决的囚犯被抛尸其中，然后漂浮到海上。博斯普鲁斯海峡的汽船之旅让他发现了"难以言喻的"美，被废黜的苏丹宫殿里的利剑、珠宝和金镜也是如此。然后是琳琅满目的集市——"到处都是色彩！红色、黄色、橙色、艳丽的毯子、鲜艳的服饰、抛光的黄铜烛台和托盘、气味浓烈的香料、馥郁的香水、水果、食物，应有尽有！"

梅对伊斯兰的感情更为复杂。他参观了一座又一座清真寺，欣赏它们宽敞的圆顶内饰，"地板上铺着鲜红华丽的地毯，伊斯兰教的'牧师'站在高处主持礼拜"。他参加了一次穆斯林礼拜，被预备性的净礼和"300名穆罕默德信徒整齐鞠躬祈祷"的有节奏的跪拜所震撼。然而，他觉得有必要否定他所看到的一切，便将那些祈祷者比作"一群正在操练的士兵"，并强调他"无法认同他们的宗教"。与伊斯坦布尔传教委员会办公室的熟人一起参观这座城市之后，他的言辞变得更加尖锐："历史清楚地表明土耳其人都是杀手……现代土耳其人仍然觉得自己不可碰触基督教。"通过对希腊的浪漫认同，他重申了对土耳其人的厌弃。"在希腊人实现他们的梦想，从土耳其人手中夺回（伊斯坦布尔）之前，"他有意识地以拜伦勋爵的口吻宣称，"这座城市将不过是一场历史的盛会。但是——作为希腊人——总有一天我们会夺回我们的古城！"

1931年夏天，梅前往意大利这片更安全的文化沃土。他在那不勒斯和罗马完成了一次旅游的朝圣——他参观了艺术博物馆，敬畏地伫立在古老的废墟中，和在一群人中间看见了教皇，在小餐馆里大快朵颐——同时却感到极度孤独。北上至佛罗伦萨后，他的运气就变了。当他走下皮蒂宫的台阶时，看到了来自欧柏林的查尔斯·韦杰，并高兴地喊出了他的名字。韦杰还记得他的样貌，这让他受宠若惊，但当教授请求看他的家庭照片，以便瞥一眼钱包内印着的姓名时，他感到了淡淡的失望。尽管如此，他还是被教授的善良打动了。韦杰熟练地领他游览了佛罗伦萨，带他去喝茶，并且当梅告诉韦杰，自己住在一家廉价旅店的破旧房间时，韦杰还主动邀请梅去他那更豪华的住处。罗洛接受了邀请。他们一起旅行，一同讨论文学与生活。

因为这次相遇，在随后的旅途中，梅开始与韦杰密切地通信。罗洛对法国阿尔卑斯山的美景赞不绝口，但抱怨他"厌倦自我"。韦杰反驳说，梅似乎是"世界上最不符合这种描述的人"。这位教授提到了一些新伙伴，一名年轻的美国高中教师和一名 21 岁的德国学生，他带着他们到处参观，还特别兴奋地描绘了从他的窗户看到年轻男子和男孩在亚诺河（Arno）沐浴的景象。他还透露了对罗洛的特殊感情，在回应梅表达的"越来越孤独"时，他提到"我们佛罗伦萨人都喜欢被人想念"。在下一封信中，他写道："我不明白你为什么要收藏我的信件。在你的一生中，友谊和爱恋的信件是不会少的。你很有吸引力。"韦杰主动表示，梅是他的"天赐之物"，只是遗憾他不能待久一点。他若有所思地问道："你觉得，为什么一个人真正渴望拥有的人，却几乎总是在别的地方？"

他们是一对奇怪的组合，一个是精力充沛的理想主义青年，一个是 64 岁的老于世故的教授兼美学家。两个人都沐浴在对方的光芒中。梅享受着他最喜爱的教授对他的悉心关注，韦杰则被罗洛迷住了。韦杰称赞他不仅精力充沛、长相英俊，而且对文学和艺术的鉴赏能力也很强。几年后，他们在通信中谈及拜伦时，他写道："你自己就是个诗人，我的罗洛，一个实实在在的诗人。"

多年之后，当梅听说韦杰是同性恋时，便对教授对他的关注感到好奇。然而，这样的同性吸引在当时很常见，往往充满强烈的情欲，但只是偶尔才会引发性关系。梅对教授的感情并不复杂，就像韦杰的许多学生对他怀有的感情一样。事实上，年轻的罗洛在与女性和同龄人的亲密交往中感到局促，在与诸如巴克·韦弗和查尔斯·韦杰这些导师的交往中，却能够自然地投入。

回到希腊后，在安纳托利亚学院的第二年，罗洛开始滑向危机。他在欧洲的第一年深受启迪，但也让他失去了平衡。在意大利的几个月，他深感孤独，只有在遇到韦杰后才稍有宽慰，现在却又面临新学期的苦差事。同事们令他感到厌倦，他也嫉妒"他的"男孩们对两位新教师的关注。这些都是更深层问题的最初症状。很简单，面对新的经历，他的宗教信仰和自我感知开始崩溃。他回忆道："随着时间的流逝，我发现我的习惯和原则，这些来自典型的中西部小镇童年的习惯和原则，比如勤奋工作、忠诚、正直等，离我越来越远了。"

开学四个月后，梅开始与自己的灵魂做斗争，这种斗争在那些宗教苦行者身上由来已久，他在日记中把这种自我批判记录为"对生活的新思考"。他探讨了自己在世上的存在和举止的方方面面、别人对他的看法，以及他与上帝的关系。首先是更新他的信仰的策略：对于自欺（bad faith），他需要更多的信仰；对于孤独，他需要顺应；而治疗自我关注，他需要回归上帝。他写道："在上帝的恩典中，我逐渐学会回到上帝的怀抱。"他力求"做一个上帝之子、被耶稣所爱之人，除此之外一切都不重要"，并遵照"你们要完全"（Be Ye Perfect）的诫命而活。梅宣称："我相信上帝正日复一日地引导我，使我有能力更好地侍奉祂——其余的都不重要。"

梅将自己的问题主要归咎于"自然"原因——新工作的困难、思乡之情、对异国文化的日常适应，以及同样重要的，他"对贝蒂的爱慕"所引发的"不安"——贝蒂（伊丽莎白的昵称）是他在船上迷恋的对象，但他却无法鼓起勇气与身在安纳托利亚女校的她联系。他发誓，在未来的几个月里，他要"少一点不耐烦，多一点精力"去工作。他要学会爱他的"同事和男孩们"。他请求上帝给予他单纯的美德——耐心、勤奋、勇气、信任和爱。他宣称："我不需要担忧，我不是将军；我只是祂的士兵。"

每宣誓一次，罗洛似乎就更加迷失。为了显得更严肃，他蓄起了胡子，但他的脸上只显露出越来越多的绝望。他每天工作到精疲力竭，却一天比一天孤独。很快，他就卧病在床。三月初，他干脆停课了。其他老师为他代课，院长和夫人邀请他跟他们一起住在可以俯瞰校园的山上。他们给他出主意，并照料他直至恢复健康。罗洛花了几周的时间才恢复体力，但依然深受困扰，而院长家舒适的环境对他不安的情绪几乎是一种侮辱。

罗洛再也无法克制自己，他踏上了一场非同寻常的宗教朝圣之旅，就像他的自我审视计划一样，同属于宗教传统中的庄严行动。1932 年 3 月 23 日晚上 10 点左右，在与院长进行了一次深刻的谈话之后——这次谈话切中了他绝望的要害——他决定登上霍尔帝亚蒂山。这一想法刻不容缓。不管当时正下着冰冷的雨，不管山脚在几英里之外，也不管山顶高耸于城市的上空，罗洛沿着泥泞的牧羊小道艰难地上路了。凌晨 4 点左右，当他到达山峰的第一处高地时，雨变成了雪，但他的身体一刻不停地前行，因为有一个念头指引着他："我必须改变我的生活。"

黎明时分，他到达了山顶下的一个小村庄。村民们刚刚起床，就看到一个身材高大的年轻人，衣服上结满了霜，跌跌撞撞地走进卡芬尼奥村（Kafenio）。罗洛操着简单的希腊语和手语，租了一个楼上的房间，一直睡到第二天下午。他起床后走下楼，看到十几个人挤在烧炭的铁炉四周。他们穿着羊皮袄子和带流苏的黑色鞋子，喝着咖啡和茴香酒，在炉子的平顶上烤着小鱼；而外面正下着雪。这些人点头微笑，示意这个样貌奇怪的人加入他们，一起坐在炽热的炭火旁。

梅从口袋中拿出一个小本子，开始默默地书写。很快，其中的一个人问道："你在写什么？"（Ti graphíte?）罗洛用蹩脚的希腊语回答："什么是生活。"（Ti ine Zoeis.）他们都开怀大笑起来，一个人说："很简单。如果你有面包，你就吃；如果没有面包，你就饿死。"罗洛实际上有两个问题：为什么他的生活和意义感会崩溃？他真正的使命是什么？这就是现代版本的班扬之问："我该怎么做才能得到救赎？"他花了三天中的大部分时间，一页又一页地记着潦草的笔记，开始重新划定他的生活和信仰的界限。他为新的"人格"设定了"真实"和"自发"的目标，这个议题来自他在基督教青年会学院遇到的心理学化的基督教。然而，这些沉思的不同寻常之处在于，它们赤裸裸地揭示了危急存亡的事项——精神上的生与死。

罗洛从"我现在的处境"开始，承认"认真和热忱"给他的教学披上了光彩的外衣。他把"微不足道的工作"做得很好，并且"遵循了指示"。他仿佛是"机器上一个可靠的齿轮，但仅此而已"。他惊恐地预见自己在接下来的二十年"沿着勤勉的传统之路滑行"，成为"一个还算成功的传教士，'尽力'传道，不辞劳苦地接触和号召教徒"。这一问题在他与安纳托利亚学院学生的交流中变得尤为严峻。他似乎更感兴趣的是"做好"传教士的工作，而非真正地与"男孩们"打成一片。他与学生的几次自发接触给了他一种"强烈而真实的快乐"，而这只会凸显其他大多数交流中"被迫而不真诚的感觉"。这不仅仅是因为那种强调"接触"以劝人皈依的传教观念，在他看来是不真诚的，还因为他痛苦地意识到自己在这方面像极了厄尔——上帝的推销员，而那是他不喜欢的。"在潜意识里，我喜欢自己在这些接触中被人看见（大概是被安纳托利亚学院的负责人看见），"他潦草地写道，"如果我在罗马遇到了这些男孩中的某一个，我应该不会特意和他交谈，和他一起去某个地方……所以我'接触他们'的原因只是想要做好我的工作。"

罗洛将人分为"接触对象"与"有个性之人",其中有两层含义。他反感这种传教观念,即将个体当作推进个人或宗教事业的手段,而不承认个体的独特品格。但事实上,他开始怀疑他自己的特殊性是否得到过认可。从那年秋天他回到安纳托利亚学院开始,他的感觉就是,同事们对他展现的所有"尊重和善意",也是他们会"向其他人丝毫不差地展现的——而我是罗洛·梅这一事实并不会带来任何不同"。他甚至怨恨院长及其夫人在他崩溃后对他的照料,"他们并不顾及我是谁,而是别有用心,为了在(他们)自己的王冠上缀上星星"。

罗洛将"人格"定义为一个人独一无二的天赋。他和其他许多自由派基督徒一样,开始相信对人格的承认是基督教的核心。保持对自己和他人的独特性的尊重,可以通过多种宗教方式表现出来:避免对他人产生愤怒或淫欲的想法,把另一侧脸颊转向他人,以及"把你的外套也给那些向你索要衬衫的人,以此表明你的人格比物质更有价值"[1]。有趣的是,尽管梅描述了深刻的基督教品格,但他却发现,现代社会的本真人格在本质上几乎不涉及基督教,甚至根本不涉及"宗教"——而属于"艺术家"和"哲学家"。他声称:"哲学家和艺术家是幸福的,因为他们的人格就是自己生活的主宰。"他还进一步指出:"艺术家是众人眼里最具个性的人,而文学家最能识别他人的个性。"

或许罗洛已经不自觉地开始怀疑,自己是否太过于离经叛道了。他把笔记的下一部分命名为"耶稣怎么想?"(后来某天,他记下了这段话:"我的主要启示还是来自基督教——必须让它更加合理化。")他假设天父上帝为人类创造了一种意识,鼓励他们相信"生活是美好的"和"人类本来都是兄弟"。梅得出了一个自然的结论:"生活的方

---

1 《马太福音》有曰:"有人打你的右脸,连左脸也转过来由他打。有人想要告你,要拿你的里衣,连外衣也由他拿去。"——译者注

式就是允许一个人借助自然和良善的本能去表达，去除束缚带来的影响，让人自由地去爱。"

在他看来，抵制自我解放，既是国家的缺陷，也是个人的缺陷。是什么阻碍了广大美国人——具体而言是罗洛——去"单纯"而自由地爱？他解释道，是"清教徒的思想……认为上帝是一个严厉的监工；认为生活和人都不是良善的，所以我们必须战斗——与自己、自身本能以及与他人战斗，以此获得救赎"。在美国人的心灵中，一种"清教徒式的"传统对抗着"天生的本能，如自发地爱"。然而，这些本能却可以战胜传统，成为"救赎"的潜在来源。"既然如此，"他写道，"皈依真实、真正的宗教始终是有可能的。"

"真正的"宗教承认个体的独特性，而非关注集体的"灵魂拯救"。欧柏林学院的巴克·韦弗、韦杰教授和理查兹博士都曾对"作为罗洛·梅的我感兴趣"，这些例子便为改变带来了希望。他们的行为阐释了"真实"的"主要原则"："人格是我们身上真正有价值的东西——它最初是上帝赋予我们的。它是我们的自我。一切违背它或不是由它自发促成的行为，都是不诚实的、矫揉造作的，是对我们自己和上帝的谎言，永远不会奏效。"

因此，最好的生活不能由死记硬背的规则来定义，而要借由"表达"真实的自我来实现。他再次将这种能力与基督教的品格区分开来。他总结道："许多非基督徒身上展现的对人格的自然、自发而真诚的尊重，比如一些普通人展现出来的礼貌，比许多基督徒对人格的人为而训练有素的尊重要好得多。"他不认为这是对"自我表现派"或"放荡不羁者"的"辩护"。自律，也是人格中自然而真实的一部分。然而，其核心必须是一个人对自身天赋的欣赏。

罗洛不停地写着，试图正式地总结出他所谓的"我的神学"。他从"上帝是父亲"开始，"我们继承了他的一部分"，而"每个人的自我，每个人最核心的、最有价值的部分，就是人格"。人格就是"上帝与我同在"之体现。"所以，我，就是上帝的一种表达。"他继续写道，"由此可见，我人生的最终命运、我的目标，就是表达上帝。"罗洛解释道，这种表达不是仅仅涉及"侍奉"上帝，或者涉及"存在"、"信仰"或"爱"，而是包含所有这些状态。他总结道："'最高善'（summum bonum）——最好的生活，来源于自由而自发地表达这些状态。"而问题是，即使是最具善意的基督徒，也没有信心相信精神自由。

那么梅自己呢？当他回忆起自己在密歇根州立大学和欧柏林学院劝说朋友皈依基督教时，"那种不纯洁的虚伪感……令他极度厌恶"。虽然梅还没有接受精神分析，但他已经把这些问题追溯到父亲的影响："他关注'应该'和'必要'，很大程度上受责任驱动。他不知道如何放下自我，也不知道如何沟通。（尽管他是一个品格高尚的人。）"梅觉得自己简直在照葫芦画瓢。高中时，他就"喜欢完成任务，将他人作为达到目的的手段"。在欧柏林学院时，他"以极大的热情去学习"，但他的"私心"是"完成任务"，而不是"志在学习"。

他发誓要改变。他不会再仅仅因为"应该这样"或"看起来不错"而在早晨祈祷。他告诫自己："不真诚的祈祷是不可能应验的。"他也不会再加入早餐桌上虚情假意的闲聊。"早餐桌上的'早安'往往是不真诚的，"他总结道，"除非是回应别人，否则完全不用说。"最后，在课堂上，他要减轻"对学生态度的过度敏感"，并与学生保持更远的距离，从而"将教学变得更客观"。对于上帝和学生，只有"真实"行得通。

梅在山顶上的启示预示了关于本真自我的议题，几十年后，当他从基督教转向存在主义的视野时，这一议题将会成为他写作的重心。事实上，他年轻时在山顶上的沉思，虽然明显植根于精神上的痛苦，却显示出自由派新教的特征 [1]，仿佛邪恶并不存在于世。罗洛强调自由、纯粹与简单，只是顺便想知道"坏事是否也是人的自发表达——暂无答案。但若是这样的话，生活的准则就是表达美好，而非糟糕的部分"。

对一个 23 岁的年轻人来说，这种对邪恶的忽视似乎很平常，不过在后来的日子里，梅却将他对悲剧的敏感归因于他在希腊的那些岁月。在希腊，他看到了政治动荡和大屠杀的结果，并逐渐理解几千年历史所凝聚的悲剧性智慧的深度。他将自己的"精神崩溃"部分归因于这种环境下的生活对他那脆弱的美国式乐观造成的挑战。然而，他的反思并未触及欧洲的黑暗主题——没有触及难民、贫穷、种族杀戮或是灾难。显然，在霍尔帝亚蒂山上，最重要的事是自我的恢复。陌生的环境催化了梅的沉思，但这些沉思在很大程度上仍旧是自给自足的。

为了真正改变自己的生活，梅寄希望于一种基于本真性的崭新信仰，以此取代基督教日常生活中固有的陈规旧则。还有什么关于精神的更特别的理解能够引导这种直觉？还有什么行动带来的精神领悟能够定义这种本真性的生活？当罗洛怀着对新生活的无畏感下山时，这些问题还尚未得到解答。

　　1　自由派新教的特征是乐观、自信，认为人们能够把握自己的命运和世界历史的进程。——译者注

第四章　艺术与阿德勒

在接下来的两年里，罗洛花了大部分时间，努力在言语和行为上过一种真实的生活。他依旧憧憬着基督教"宗教工作"的召唤，但从《圣经》和其他宗教来源获得的启发越来越少。相反，他着迷于维多利亚时代晚期和二十世纪早期的作家——约翰斯顿、韦弗和韦杰曾把这些作家描述成精神先知，并被这些作家在怀疑面前渴求确信所深深吸引。梅在日记中引用了他们的诗句，塑造了一个寻求灵魂的浪漫主义自我形象。马修·阿诺德在《多佛海滩》（"Dover Beach"）中凝练地描绘了一种现代的威胁："信仰之海/……退向夜风的呼吸/退过世界广阔阴沉的边界/只留下一滩光秃秃的卵石。"

梅将艺术家理想化为永恒的仲裁者，但这只是当时一种重要的文化倾向，这种倾向在个人生活中的影响更深更广。1929年，评论家约瑟夫·伍德·克鲁奇（Joseph Wood Krutch）将之命名为"现代性情"（Modern Temper）。克鲁奇认为，科学"已经摧毁了一切信仰的基础"。他指出，许多人已经转而将艺术家视为"上帝"的替代，但那只是一种徒劳之举。许多人狂热地信奉艺术具有精神启示的能力这一观念，将其视为艺术家瓦西里·康定斯基（Wassily Kandinsky）所谓的"当下没有灵魂的生活"的解药，梅就是其中之一。

梅觉得，仅在博物馆里欣赏艺术作品是不够的。只有创造的过程才能让人与自身的神性部分交流。梅有一些与生俱来的天赋，也在大学里上过绘画课程。一年前，他从伊斯坦布尔寄出的信中有时还会配上线条图画。然而，1932年春天，他开始有意识地将艺术视为他独特个性的表达。他开始通过素描本和画笔重新认识这个世界。他将在一生中周期性地拾起这个主题——很久以后，他还会赞美"创造的勇气"，并将其作为一条通往独特自我的道路。

紧随着山顶启示而来的，是一种全新的精神上的开放和表达。1932 年 4 月，在学院的东正教复活节假期期间，梅和安纳托利亚学院的一群师生一起游览了阿托斯圣山（Mount Athos）。阿托斯半岛是一个著名而又神秘的景点。公元 6 世纪时，一些僧侣住进了阿托斯半岛，并在 885 年拜占庭皇帝统治期间，将此半岛视为其专属领地。1060 年，为了确保不让肉欲诱惑玷污僧侣们的修行生活，政府禁止女性甚至农场的雌性动物在半岛上生活或游览。

梅在给父母的一封信上叙述了他的阿托斯之旅。他描述阿托斯是一个既破旧又肃穆的地方，在半岛上弥漫的寂静中，只有树林摇曳的低语、浪涛拍岸的撞击，以及鸟儿的鸣叫和合奏。他开玩笑说这是原始的过夜静修所，"完全没有弹性"的床上铺着"闻起来像马厩味"的毯子。由于宗教信仰的巨大分歧[1]，罗洛和僧侣们成了奇怪的伙伴。然而，在另一种意义上，罗洛对精神世界更深层次的理解，使他在面对简陋的卧室时，能够将这种难以言表的、几近神秘的共处浪漫化："令我惊讶的是，当一个人融入修道院的氛围，像僧侣那样接受自然时，这些东西就几乎毫无影响了。"

梅对世界的全新拥抱，也体现在他对阿托斯圣山上所遇之人的大胆刻画中。他用文字和图像，描绘了一个长着"小翘鼻"的塞尔维亚记者，还有一个"身材魁梧的僧侣"——他的一个同伴称其为"塔克修士"[2]。在画僧侣的时候，梅设法捕捉到他浓密胡须下的某种粲然而难以捉摸的微笑。与之前信件中简易的船只和城垛的插画相比，他画

1　阿托斯半岛上的僧侣信奉的是东正教。——译者注

2　塔克修士是传说中罗宾汉的同伴，他被描述为一个胖乎乎的不修边幅的修士。——译者注

的"塔克修士"看起来勇敢而亲切。梅开始了一种全新的、激烈而直率地欣赏"他人"的过程。

回到安纳托利亚学院几周后，当梅在学校周围的田野里散步时，他在某种程度上经历了一种艺术层面的醍醐灌顶，其强烈程度不亚于之前的任何一次宗教体验。"爬上一座小山后，我突然发现自己置身于一片没过膝盖的野罂粟田中，野罂粟长满了山坡，"他回忆道，"那种景象很华丽：到处是灿烂的深红色和猩红色，罂粟花优雅地弯向一个方向，然后又弯向另一个方向，形态可爱……我站在那里，沉醉其中，完全被这番景象迷住了。"华兹华斯描述一万朵金水仙"轻快地舞动着它们的头"的诗句浮现于他的脑海。他觉得自己不得不"跪在罂粟花丛中，把它们画下来"。

至少，他在四十多年后是这样描述这段经历的。当时，他小心翼翼地在家信中写下了他新发觉的爱好："我正在画画——今年夏天可能会画很多——也会寄给你们一些。绘画将成为我的伙伴、一个让我感到不那么孤独的爱好，也会带来很多乐趣，有助于我更精确地观察这个国家，也许我还能画出一些不错的作品。"

罗洛还顺带向父母汇报，6月20日至7月4日，他将前往维也纳，跟随"闻名世界的阿德勒博士"学习心理学课程。正如他后来叙述的那样，梅注意到了安纳托利亚学院张贴的阿德勒研讨会的公告，并抓住了直接了解这门新科学的机会。他在基督教青年会学院听说过阿德勒，但从未在以往的日记或信件中提到过他。他也从未提到过心理治疗或精神分析这两个词。梅很可能觉得，之前由牧师提供的诊断，不是心理学之"科学"，而是"宗教"的一个方面——尽管是一个渴望吸收对人类意识最新理解的自由教派。在梅对人格的新追求中，还有什么比接近这种洞察力的原始来源更自然的事呢？

阿德勒的理论可以如此轻易地融入自由派基督教，这表明对传统文化构成威胁的"现代性情"甚至能够从非基督教来源提供新的精神滋养方式。毕竟，在最能够确定的方面，阿德勒的领域和生活与梅或那些热衷于阿德勒理论的自由派新教徒是截然不同的。而他们所共有的，是对社会使命的共同兴趣和对变革之可能性的乐观态度。阿德勒于1868年出生在一个被同化的奥地利犹太家庭，他从事医学事业，并发展出了深刻的社会主义信念。他在维也纳的一个犹太工人区开了一家诊所，在那里熟悉了穷苦工人的问题。在其第一本重要著作《裁缝行业健康手册》（*Health Book for the Tailor Trade*，1898）中，阿德勒指导裁缝们了解工作中常见的健康危害因素，并主张提升医疗行业的行动力，让人们了解这些危害。

不久，弗洛伊德便邀请这位年轻的医生加入一个非正式的讨论小组，这个小组后来被称为"星期三心理学会"。在维也纳犹太人聚居的利奥波德（Leopoldstadt）区，该小组成员在弗洛伊德家中齐聚一堂。阿德勒觉得这些会议既令人振奋，又使人沮丧。弗洛伊德的深刻见解让这位年轻的医生相信，他曾经单纯地认为是客观社会条件产物的行为，是多么根深蒂固。尽管遭到弗洛伊德的反对，阿德勒还是改编了弗洛伊德的理论，将其应用于对抗他所认为的社会和经济对大众造成的情绪痛苦。他将战场从无意识领域转移到了家庭和学校。他的心理治疗流派希望能够纠正残忍、溺爱或不尽责的家长所带来的有害影响，以及贫穷和疾病造成的严重创伤。当梅于1932年遇到他时，他的"个体心理学"理论已经成为欧美心理学实践和大众观念中的一股强大力量。

个体心理学的核心是几个相互关联的概念。阿德勒认为，人类的存在围绕着一种基本的冲动，即从无助和自卑走向掌控和优越。这场戏开始于完全依赖母亲乳房的婴儿。疾病、遗传、社会条件、错误的教养或意外事故，都可能会扭曲一个人长大后与他人关系中的自我意识。"自卑情结"——一种强化和常态化的自卑感，就是困扰的主要来源。它将人束缚在一个行动受限和虚假补偿的世界中，使他们无法克服无助感，而常常被包裹在隐秘或公开的优越感幻想中。这种"虚构目标"（guiding fiction），只是在意识层面上被隐约理解，却塑造了个人对世界的反应。

弗洛伊德设想，个体心灵处于本能与社会之间不可避免的、永恒的斗争之中，结果是压抑或升华；而阿德勒认为，神经质的、保护性的自我沉溺（self-absorption）是一种文化病症，可以得到改善。弗洛伊德的保守目标是实现本能与内化的文化束缚之间的妥协；阿德勒更崇高的目标则是在个人与社会之间达成更愉快的理解，在他人与个人的需求之间达成一致。在阿德勒的构想中，通过再教育来改变文化，就可以解放个体，使其获得有益的社会感（social feeling）而非自我怀疑及其后果。在 20 世纪 20 年代和 30 年代初，阿德勒获得了越来越多的赞誉，尤其是在美国。事实证明，相比于弗洛伊德极端的悲观主义视野，阿德勒对社会变革的乐观计划更为大众所接受。

梅在维也纳郊外山上一家简朴的旅店安顿下来，靠近阿德勒位于塞默灵（Semmering）的住宅。他感到有些焦虑和失落（正如他在个人笔记中所写，"松散的……未整合的……毫无计划"），但也愈发准备好以一种全新的视角看待自己和世界。1932 年 6 月 21 日一早，课程就开始了，一直持续到 7 月初。课程包括阿德勒和其他人关于生活的通识讲座、治疗技术研讨会，以及由阿德勒的一名助手进行的个人分析。

梅的课堂笔记表明，这位维也纳心理学家的观点很容易被接受，可以轻松融入这个美国年轻人关于个人精神生活的新生观念。阿德勒从心灵（soul）的神秘定义讲起。梅在笔记中记下了阿德勒的说法，称心灵是"太阳的一部分，宇宙的一部分。心灵不是由社会关系所塑造，而是为了社会关系而塑造的"。阿德勒对比了他自己与弗洛伊德关于婴儿乃至人类的观点，这也让梅深受震撼。"弗洛伊德学派的人说，孩子一出生就是食人者——食母亲的血肉，"罗洛认真地记录道，"其实不然——孩子等着被喂奶；当下需要的是合作。"阿德勒反对弗洛伊德的阴暗看法，并提出了个体心理学的愿景：构建"一个理想的世界，一个人人都试图美化他人生活的目标"。他声称："发展社会兴趣的能力是遗传而得的，属于所有人。"这是自由派基督教和基督教青年会的基本教义。事实上，罗洛在这段笔记旁边的空白处草草写道："参见天国（Kingdom of Heaven）。"在后来的一堂课上，阿德勒的一名同事声称，世界动荡的主要原因是不平等，而个体心理学的目标就是建立一个"地球合众国"，（根据罗洛的课堂笔记）"平等＝尊重每个人的人格尊严"。

　　然而，最让罗洛叹服的是阿德勒对个人症状的分析。在这位精神分析学家描述受损的社会感和"器官劣势"之间的关系时，梅不禁联想到他小时候被诊断出的心脏问题（心动过速），而他从来没想过这与他的个性有什么关系。"我的心脏问题是一种逃避身体责任的借口吗？"他问自己。他似乎也从没承认过他与兄弟姐妹之间的竞争。不过，一堂有关手足竞争的课唤起了他的回忆，令他疑惑起来："难道我对露丝的失败感到满足？"

　　研讨会上的分析师莱昂哈德·赛夫（Leonhard Seif）更深入地探索了梅的躯体症状。赛夫是德国个体心理学的领军人物。与经常在课堂上讲笑话、跟患者聊天的阿德勒不同，赛夫擅长讲严肃的道理。他告诉这名年轻的美国人，他的害羞、童年时的尿床以及自慰都源于他是一个"被宠坏的孩子"[1]，这种情况常见于有一个姐姐的长子。这不是

　　1　根据阿德勒的观点，被宠坏的孩子依赖性强、独立性差，以自己为中心，缺乏合作能力。——译者注

嘲讽，而是在解释一系列令人困惑的感受——自我意识、对他人想法的过分敏感、无助、与他人的距离，以及同时存在的自卑感和优越感。

当然，赛夫将这些感受归咎于错误的教养方式。梅的尿床经历给这个年轻人带来了无尽的痛苦和羞耻，它源自一种"器官方言"，是在对父母那令人有压力的要求"说不"。梅的虚荣心、他对着装细节的关注，以及他对自己身体某个部位的忧虑——比如，他觉得自己的鼻子太小，也让赛夫震惊。正如梅在日记中所写，赛夫猜测："一定是有人在你小时候对你说过什么，导致你过分强调审美细节。"而他的建议是什么呢？

> 因为你是个被宠坏的孩子，你对生活要求太多，对自己的自卑有夸大的看法。你越是学会肯定地球、世界和自己，你就会感觉越好。你的自卑感也让你看见并纠缠于他人的弱点。

阿德勒的另一位同事埃尔温·克劳斯博士（Dr. Erwin Krausz）进一步复杂化了罗洛的个人分析。在读完梅的自我分析后，他称赞了梅的文采，但也指出，这本身就是一个需要分析的症状。他说："如果一个人喜欢自省，那是有原因的；找到原因，不要与自省纠缠。"克劳斯建议他思考："当一个人自省的时候，会发生什么？"梅通过内省来逃避哪些行动或领悟呢？克劳斯的问题困扰着梅，并预示了梅的存在主义治疗的一些基本原则：你现在感觉怎么样？为什么？

阿德勒的理论对梦也有特别的研究。弗洛伊德强调，被记住的梦境片段是一扇通往永恒的无意识世界的大门，其中满是恐惧和欲望，人们可以在这个世界中尽情探索，以获得对心灵的洞察。阿德勒接受弗洛伊德对梦和释梦的实用性的强调，但认为他的诠释框架太过狭隘。相反，阿德勒认为梦是普通意识的延展，不过采取了混乱或伪装的形式。它们可能是有用的，但对个体心理学来说几乎无关紧要。他确信，随着神经症患者的好转，他们的梦会越来越少。事实上，有一位美国同事曾在早餐时问候阿德勒："我想您昨晚肯定做了个好梦。"谁知阿德勒竟然回答："我从不做梦！"

尽管如此，阿德勒还是鼓励参与研讨会的人记住并诠释他们的梦。对梅来说，这是一种全新的体验。痛苦的自我审视、道德主义、精神练习、革新计划——这一切都反映了一种局限于时间和地点、枯竭于想象和叙事的意识状态。不管罗洛在文字或符号之外感受到了什么，不管他在无名的忧郁或强迫性的活动中被什么东西攫住，他都以刻板的现实来定义自己的生活，以简化的道德视角来审视自己的生活。因此，记录梦境这一简单的行为，成了一种不可思议的解放。肤浅的视角变得深刻；线性的时间变得延缓；地点、姓名和人物，已知的和未知的，创造出一种超现实的个人景象。感官的、骇人的、古怪而意味深长的梦，为罗洛的自我审视赋予了不可思议的维度和不容置疑的意义。

罗洛在塞默灵记录了一个梦，生动地说明了他最终所看到的无意识不受约束的创造力。这个梦预示着他将回到马林城，以他刚刚获得的自由、信心和渴望的形象，重塑他的高中岁月。梦的结尾出现的意象则暗示着他已准备好应对生活的任务，也许还会与露丝和解：

> 我回到了家——回到了马林城的房子里。还没决定那晚应该和谁约会。西装还没熨好，后来终于把棕色西装熨好了。我想和一个可以亲吻的漂亮姑娘约会……开着我们

的福特车去另一个城市；我开着车……在户外吃了自助晚
餐——当时我选了佩格（Peg）和我约会；她坐在一排女孩
的最边上。我们几个人试图在一艘船上找份工作；我路过船
舱的窗户，看到船长和主管正在开会，说："你们需要一个
好会计。"我当时抱着一只猫。后来，我和某个人坐在一起，
我们两人都有猫——我想，那个人是露丝。

无论我们如何分析这个梦，它的出现都要归功于阿德勒及其助理
的理论和鼓励。阿德勒学派的分析强调个人生活的更广泛的社会背
景，其宏大主题是克服扭曲个人和社会行为的自卑感。要理清梦的所
有复杂含义，阿德勒学派的分析是一种非常重要的工具，尽管这一工
具并不完备。不到十年，梅就开始认为，阿德勒对现实的理解过于简
单化。然而，他在塞默灵的经历标志着他在探索人类心理方面迈出了
重大的第一步。

梅还从赛夫那里得到了一些直接的建议。赛夫告诉这个局促不安
的人："不要管别人，让他们按照他们的想法去做。我们管好自己的
事情。道德家让我们感到自卑，是想要控制我们。你缺乏勇气。你
必须鼓起勇气——去做一个简单的、自然的自己。"他们还建议梅，
以开放的心融入这个世界，冲破恐惧和羞怯的阻碍，去真正地拥抱
他人。

梅听从了他们的话，尤其释放了他此前被束缚的性欲。研讨会上
自由的氛围、远离安纳托利亚学院和密歇根州对传教士的约束，以及
一次偶然的际遇，都有助于他的这一努力。第一步是失去童贞。诗人
苏珊·格里芬（Susan Griffin）是梅晚年时结交的朋友，她记得梅讲过
自己失去童贞的故事，这段故事显然已经染上了奇幻色彩。梅回忆
说，他旅店里的一位伯爵夫人招呼他去她的房间里吃糖果，然后耐心

地把他带到了床上。他向格里芬描述自己是"一个特别严肃的年轻人，很害羞，在这类事情上完全没有经验"，当他走进伯爵夫人的房间时，他"僵硬而犹豫不决"。"她从门边走过去拥抱他，"格里芬复述道，"紧紧地抱着他，然后分开，抱住再分开，抱住再分开，直到他们之间产生了一种不可抗拒的力场。"梅告诉这位诗人，这段有韵律的舞蹈，是他所经历过的最具情欲的时刻。

第五章 "勇敢地发展"

正如梅所说的，在阿德勒研讨会的最后一周，有一天，他正在描画旅店窗外的树木，突然听到街上有个女人叫他。这个陌生的美国女人问他是否想参加一个去东欧的绘画考察团。她介绍自己名叫埃尔玛·普拉特（Elma Pratt），是国际艺术学校的校长，并邀请他下楼聊一聊。梅回答道，他没有钱（350美元的学费和开支在1932年是一笔巨款，远远超出了他的负担能力）。普拉特和梅做了一笔交易——他可以"作为一名高级男伴"加入考察团，后来他解释道，也就是陪同诸位女性艺术家探索欧洲的夜生活，帮她们搬行李、预订火车票和酒店。作为回报，他将获得考察团正式成员的待遇。他迅速接受了这个提议。梅成了一名贫穷但英俊的艺术家，而那些女性大多来自在全球日益严重的经济大萧条中幸存下来的家庭。

普拉特遇见梅是偶然的，但也充满了巧合，由此促成了这次交易。尽管年龄相差20岁，但他们同属美国中西部寻求现代基督徒生活的人群。在罗洛寻找人生意义和使命的时候，普拉特显然已经找到了她的意义和使命，并且能够理解他的追求。梅没有记录他们的交流，但他们肯定谈到了欧柏林。埃尔玛·普拉特出生于1888年，在欧柏林镇长大，1912年毕业于欧柏林学院。她来自一个富裕的家庭，毕业后多次前往欧洲旅行。在美国加入第一次世界大战后，她在法国的联军部队中为基督教青年会工作。在1922年，当被问及欧柏林如何塑造了她的生活时，她回答说，它"激起了我心中深刻的渴望，想要认识上帝，并利用这种知识来摧毁所有与祂不同的东西——从而为我的同胞服务"。在普拉特看来，这意味着对世界和平与理解的热切追求。

到 20 世纪 20 年代中期，普拉特的传教热情集中在艺术方面。她在维也纳参加了绘画课程，并在波兰犹太同事玛丽亚·韦尔滕（Marya Werten）的介绍下，了解了波兰的民间艺术——舞蹈、音乐、手工艺和绘画。与当时许多画家和音乐家一样，韦尔滕希望保护被现代性所威胁的传统习俗，并通过民间传统来增强民族自豪感。普拉特非常喜欢这种体验，在韦尔滕的帮助下，她于 1928 年创办了国际艺术学校。他们为美国艺术家组织游学活动，探索欧洲艺术和乡村民间艺术的当代发展。普拉特希望通过自己与艺术和乡村生活的接触，激发其他人对文化的理解。

这次游历开始于约瑟夫·宾德尔（Joseph Binder）的画室，他们在这里住了两周。宾德尔是一位著名的维也纳平面艺术家，在 20 世纪 20 年代和 30 年代初，因对广告业和海报设计的贡献而闻名。他在广告、海报、水彩画和素描中，融入了现代主义大胆而朴素的丰富色彩和果决线条。就性格而言，他散发出一种维也纳人特有的快乐、直率和机智。宾德尔的作品帮助梅定义了他生活于其中的视觉世界，他本人也在一定程度上满足了梅对于艺术家作为先知的构想。宾德尔曾访问过美国，并且和阿德勒一样，欣赏美国新鲜而自由的活力。梅对他说的每一句话和展示的每一种技巧都表现出热切的接纳，这让宾德尔满心欢喜。两人的初次见面让他们结下了终生的友谊。

宾德尔的画室还为另一场重要的会面提供了场所。在国际艺术学校中有个成员叫伊莎贝拉·洪纳（Isabella Hunner），或者叫"贝茨"（Bets）——她更喜欢别人这么称呼她。贝茨 28 岁，比罗洛大 5 岁，在她的家乡巴尔的摩，她已经开始画收费的时尚肖像画，但她渴望拥有"真正的"艺术家的生活。她身材娇小、聪明伶俐、能言善辩，爱情经历丰富，而且有一种叛逆的性格，这使她的少年联盟[1]形象更加立体。罗洛和贝茨彼此吸引。他们聊个不停，一起游览了维也纳的博物馆、咖啡店和宫殿。他们观看了歌剧，听了交响乐，还穿着暴露的欧式泳装在公共泳池晒太阳。罗洛第一次真正体验到浪漫情调，以及随之而来的不安全感和嫉妒。在维也纳的最后一个周六的晚上，两人游览了美景花园（Belvedere Gardens）。当他们坐在一个大型喷泉的边沿上时，贝茨向罗洛表白了。他回应道："我也爱你。"在这个夏天余下的时间里，他们几乎形影不离。

艺术家们从维也纳出发，前往韦塞利（Veselí）——捷克斯洛伐克摩拉维亚地区（今属捷克）的一个小镇。他们乘坐的巴士在崎岖的道路上嘎吱作响，乘客一边吸入黑色的尾气，一边眺望车窗外壮丽的捷克乡村。普拉特和韦尔滕早已安排韦塞利的居民穿着传统服饰在宽阔的街道上行走；而当艺术家们下车时，一群身着艳丽服饰的女学生向他们表示热烈的欢迎。第二天，他们参观了一户人家，罗洛用蹩脚的德语和房主聊起了其现在生活在美国的儿子们。当地居民为这些美国人举办了一场传统的摩拉维亚婚礼，并为他们提供了服装，以便他们能够"入乡随俗"。

阿德勒、赛夫和克劳斯都会对梅的"放纵"感到骄傲。当这群人经过捷克斯洛伐克和波兰时，他跳舞、喝酒、庆祝，进入一种心醉神迷的状态。罗洛和贝茨徒步旅行，在田野里做爱。他们身上的气味和新割的干草气味融合在一起，令人神魂颠倒。将近五十年后，梅仍然记得这种"珍贵而美妙"的感觉，一如他生命中其他美好的感觉——他被"带进了一个新的世界"。

---

1 少年联盟（Junior Leagues）：由社会活动家玛丽·哈里曼（Mary Harriman）于 1901 年创立的女性志愿组织，旨在解决环保、扫盲、家暴、育儿等社会问题。——译者注

在国际艺术学校的旅行结束时，贝茨留在了欧洲，在安纳托利亚学院开学前的三周里，和罗洛一起旅行。他们穿过巴尔干半岛，前往萨洛尼卡，坐在三等车厢的木制座椅上，在乱七八糟的行李箱和邋遢身体散发出的气味中，吃着煮鸡蛋；他们亲吻着，在彼此的怀里睡去。罗洛带她进入这座城市和学校，把她介绍给老师和行政人员，还给她指了远处的霍尔帝亚蒂山。

两人放弃了参观学院的必要礼节，乘火车前往雅典，并委托一名出租车司机载着他们穿过地峡，前往伯罗奔尼撒，然后向南来到科林斯附近的萨罗尼克湾（Saronic Gulf）的一处海岸。在科林斯附近，使徒保罗曾对那里的居民说："男人最好不要碰女人。"罗洛和贝茨在一个偏僻的海滩上搭起帐篷。九月晴朗的天空下，清澈湛蓝的海水轻轻拍打着沙滩。他们在白天的大部分时间里赤身裸体，吟诵诗歌，为彼此画素描，也描画粗犷的海岸地形，时不时地跳进凉爽的海水中。他们谈论阿德勒、艺术、创造力和爱。孤独的罗洛宣称阿德勒的"社会兴趣"正确恰当，叛逆的社会名媛贝茨则坚持艺术家要隔绝于世。他寻求生活的理想与典范，她则主张以体验的方式拥抱生活。他们在月光和星光下做爱。一天晚上，他们去了纳夫普利奥镇（Nafplio），在长长的码头上散步，而渔船正载着当天捕获的鱼归来。他们牵着手，凝视着一座被夕阳染红的水面所环绕的岛屿堡垒——布尔齐（Bourtzi），罗洛还记得贝茨用一声惊叹打破了沉默："今天真是美不胜收！"

但当下已是九月，是分别的时候了。他们回到雅典，罗洛与贝茨吻别，登上返回萨洛尼卡的夜车。回到安纳托利亚学院后，他回忆道："我茶饭不思……因为每一个举动都让我想到贝茨。我仿佛看见她就在我眼前，感觉到她近在咫尺……"而贝茨在他离开后的第二天写道："最脆弱的时刻是黎明时分，头顶没有松枝和星星，东方没有玫瑰色的光芒，西方没有你和白色的月光，没有浪花翻腾，也没有柔风低语。"整个秋天，梅都在为那个幸福的世界哀悼，不分时间和地点。他再也不会体验到如此炽烈的爱情了。

梅很难重新开始教学，不仅仅因为他想念贝茨。爱情和心理学，以及投身艺术实践，早已点燃了梅对发展前景的想法；而事实证明，重新接受学院强加给他的种种限制，令他痛苦不堪。罗洛再次神经紧张起来。1932 年 10 月，他在日记中透露，这种紧张是"对我留在塞萨洛尼基生活的抗议"。他自言自语，陈述了在安纳托利亚教书的好处和他应尽的义务，但也表达了他对更广阔世界的渴望。最后，他找到了解决办法，给自己的情绪下了一道直接的命令："所以，让我喜欢上这里的生活吧。"然而，现在他拥有了阿德勒思想的敏锐视角，他自身无拘无束的创造力，以及爱和性放纵的经历。他明白，塑造一种新生活，需要的不仅仅是山顶上的启示、超我的命令，或是简单的自我克制；相反，他必须努力实现一种新的生活方式。正如他在离开贝茨一个月后的日记中所写："改变之道是发展，而不是突然转变。勇敢地发展。"

他的新勇气在家信中得到了展现。在写给"母亲、父亲和全家人"的信中，他公开提到了自己与贝茨的关系，尽管其中明显涉及了性关系，并且两人都不认为这段关系会持续下去。"她和我在夏天成了非常亲密的朋友，"他坦言，"她是我最亲密的女朋友……我们很爱彼此，虽然不是那种走向婚姻的爱，因为她（比我大 5 岁）在巴尔的摩工作，而我在这里工作。"

另一个变化迹象来自他日记中的沉思，宗教宣誓（religious tests）变成了心理分析，他把自己的紧张描述为一个"被宠坏的孩子"，试图"逃避责任"并"跑回家找妈妈"。他摒弃了"宗教"，因为它的指引太过简单，至少一般人是这么理解的：

　　　　宗教是为了让生活变得更容易吗？通常情况下，答案
是肯定的：人们所有重大的问题都会得到解答。人们会有一
个明确的标准来判断一切，生活因此变得更加简单。然而，
生活实际上并非那么简单。教徒常常把宗教置于真理之前；
他使生活符合自己的标准，从而亵渎生活。所有的事情都
是别有用心——没有什么是自发而为。

　　"我必须自愿放弃自己，"他宣称，脑海里又回响起赛夫博士的建
议，"自愿把自己交给生活，接受它的冲击；自愿不再总是思考，不再
有意识地'自我审视'，而是允许我的意识和思维自发而为。"简而言
之，这个命令是——停止接受命令。

　　罗洛以心理学的语言取代基督教的语言，这带有一种奇怪的讽刺
意味。正如克劳斯在阿德勒研讨会上指出的，对梅来说，内省既是一
种有用的分析工具，也是一种需要观察和分析的神经质特征。正是分
析的过程促使罗洛一直在"自我审视"，以一种新的形式履行着他作
为基督教徒的虔诚。事实上，他一生都执着于强迫性的自我审视。阿
德勒的理论和术语帮助他驯服了言语上自我鞭挞的倾向，但新的词汇
并不能完全消除一个旧习惯所包含的道德目的。

　　心理分析确实让梅对自己的使命有了更清晰的思考。像他这样
充满精神热情的人，需要的不仅仅是一份工作，而是一种召唤。直
到 1932 年夏天，梅还经常把这种召唤描述为"宗教工作"，他指的是
担任牧师或是在类似基督教青年会的机构中打杂。而他最近的心理觉
醒，以及对大多数宗教日益批判的看法，为他提供了一系列令人迷惑
但丰富的新选择。一个摆在眼前的选择就是成为一名精神分析师。成
为一名阿德勒学派的治疗师，既符合他的精神承诺，也能满足他的
求知欲。1932 年 11 月，他把这个想法告诉了贝茨，并附上一封内容

相似的信,请她转交给阿德勒。贝茨对他的选择表示欣喜,但又说:"那当然是你的领域——但有一点除外。"她还记得,他们详细地讨论过生活以及"我们年龄和阅历差异的各种迹象"。他需要"大量的阅历",才能"真正理解他人的烦恼"。阿德勒的疑虑则更实际一些,他没有质疑梅是否适合从事心理治疗工作,而是指出,在美国他首先需要成为一名医生,"当然,学医是一件艰苦的事情,至少需要5年的时间"。

贝茨和阿德勒缺乏鼓励的回应迫使梅更系统地考虑这个问题。1933年初,他画了一张图表,以寻找"社会需求和我个人能力之间的交点"。他的才能包括"与人打交道"和"通过想法"来帮助他们。他需要有挑战性的工作,这样他才不会"宠溺"自己。他需要"令人振奋、讨人喜欢的同事",以及阅读和学习的"文化氛围"。"向这类人开放的工作"包括教学、布道、基督教青年会的活计,以及社会服务。罗洛怀疑,作为教师,他能否与"一个人真正重要的方面"合作,而教会似乎也无法对社会做出"真正而重要的贡献"。余下的就是基督教青年会和社会服务的工作了。他觉得自己在安纳托利亚学院还算有用,但他渴望回家看望家人和朋友,"在自己的同胞中间获得生活的激励,那里的人们兢兢业业"。他要继续接受正规的教育。他写道,"我必须学习,才能在世界上立足",去找到自己想要的东西。此外,他还感到了"精神上的饥渴"。

梅关于使命的持续而自我沉迷的辩论,丝毫没有提到这样一个事实:1933年初,全球经济跌至谷底,失业、政治动荡和人间苦难在欧洲和美国已经持续数年。他没有提及这些并非因为缺乏信息。就在1933年新年前夕,梅向贝茨和查尔斯·韦杰征求了关于返回美国的意见。身处巴尔的摩的贝茨表示反对,特别是因为胡佛总统任命的一个委员会刚刚承认,这个国家"正走向混乱与革命"。她认为,富兰克林·罗斯福在 1933 年 3 月的就职典礼不会带来太大的改变。几天之后，罗洛写道，他更强烈地想要回国，因为家里出了麻烦，他母亲迫切要求他回家。贝茨重申了她的想法，认为他应该待在希腊。"你想象不到这个国家现在是什么样子，"她强调道，"不管你家里多么需要一个和事佬——再考虑一下吧。别忘了，为了他们，也为了你自己，你必须考虑到你的未来，而现在，这里没有未来。"

韦杰已有一年多没有和梅通信了，他回复了一系列非常私人的信件，以黑暗的怪念头开头，以绝望收尾。韦杰渴望见到罗洛，但像贝茨一样，他认为梅应该留在原地。工作机会很少，学院已经解雇了很多英语和音乐教师。"我们举行了一次选举，你可能听说了，"他在谈到罗斯福时打趣道，"现在我们要喝掉所有我们喜欢或能忍受的 3 度啤酒。"[1] 3 月，他对罗洛留在安纳托利亚学院的决定感到高兴，他写到，作为英语系主任，他在大萧条灾难面前的个人遭遇："每一周，我都会收到穷困潦倒的已婚哲学博士递交的申请。"到了 4 月底，尽管罗斯福勇敢地上任并施行了最初的紧急措施，但韦杰比以往任何时候都要悲观。"就我而言，"他写道，"我看不到任何希望。我不知道你对这里发生的事情了解多少，但相信我，年轻人，前景并不乐观……我们正在冰上滑行——每个人都是如此——在早已破裂的冰上滑行，冰下的水异常寒冷。"

这种对美国国内形势的悲观评价，不仅加剧了梅对未来的担忧，也削弱了他的自信心。他感到焦急、厌烦、困惑且不知所措，而忏悔者"自我审视"的倾向，又促使他罗列自己的罪行。最重要的是，他感到了深深的孤独和自我疏离。这一次，当他深入自己的灵魂，寻找通往真理和意义的道路时，他运用了阿德勒的理论来"客观化"自己

[1]　1933 年 3 月，罗斯福就职后兑现了废除禁酒令的竞选承诺，规定啤酒酒精含量不超过 3.2%，此举旨在帮助美国摆脱经济大萧条。——译者注

的处境。他在不经意间做出了一个讽刺性的决定，不再以陈词滥调充当真实的自我，而是直面自我欺骗——他的生活仿佛都依赖于此。由于长期无法与人融洽相处，他甚至回想起自己在密歇根州立大学和欧柏林学院"激进"和"破格"的时刻；而这种"俗套的非常规"，与其说是真实的，不如说是庸俗的。"我当时在攻击大众（因为我觉得自己是局外人）。"他评价说，这种习惯比单纯的"随大流"还要"低一等"。

梅对他的"性伦理"也不满意，并分析了最新的"实验数据"。他对贝茨的爱的激情基于"自然的欲望，反过来欲望又以相爱为基础"，而相比之下，最近在萨洛尼卡的两次不幸的冒险却不那么令人愉快。两个女人都不"想要'它'"，其中一个（在随后的几周内）感到"非常懊悔"。他意识到自己被欲望所驱使，把这些女人当成了物品。关于"它"是什么，我们永远也不会知道，因为在他的日记中，"它"涵盖了从热吻到爱抚到性交的全部内容。显然，罗洛觉得是他强迫她们做这些事，并为此感到内疚，因为这违背了他将个人视作独立个体而非物品的基本原则。然而，他的内疚感，至少当他在日记中允许自己面对它时，最终与这两个女人没有什么关系。当他匆匆将话题转到一个他认为恰当的对比时，关于这方面朴实无华的伦理启示才凸显出来："一个人在晚上自慰后，第二天早上感到难为情，因为他把自己当作了一个客体，而非主体……这让他自我贬损——因此他缺乏勇气，感到难为情。"

事实上，罗洛的孤独和自我疏离导致他沉迷于寻找分析自身状况的新方法。他表现出对知识和洞察力的渴望，这种渴望远远超出了对罪恶的识别和纠正。他密切地观察自己的情绪，寻找清晰或混乱、快乐或抑郁的规律。他从玛丽·贝克·埃迪（Mary Baker Eddy）的《科学与健康》（*Science and Health*）中寻求智慧。他钦佩这位基督教科学家只思考"好的想法"为其生活带来热情和方向，但他也觉得，对邪恶视而不见终将导致灾难。实际上，他认为，"只思考正确想法的计划"对学院的一些传教士领导来说，也是一个难题。

他甚至欣然接纳基督教以外的宗教知识。在拜访当地犹太教妇女波莱特·瓦尔森（Paulette Varsons）的家时，他全神贯注地听着她母亲讲述犹太教的历史和信仰。他指出："犹太教和新教非常相似。"但又补充说："基督教让信徒变得懒惰——'想想野地里的百合花，它们不需劳作……'[1]"尽管罗洛仍然毫不在意经济大萧条对自己生活可能的影响，但他开始认真思考更广泛的和平与公正社会的问题。他信奉伯特兰·罗素（Bertrand Russell）的"社会改造原理"（principles of social reconstruction），该原理试图通过建立一个健全的社会来结束战争，这个社会助长人类积极的热情，而非限制人们并使其走向毁灭。而从阿尔伯特·史怀哲（Albert Schweitzer）那里，他接受了这样一种观点：虽然第一次世界大战后文明在衰落，但个体行动仍然可以拯救人类。

他现在不仅思考个人的真实，还思考如何在20世纪复杂而又危险的世界中，成为那个"路边的人"。梅为自己已然拓宽的生命寻找英雄。他早已不再将父亲视为榜样，而今甚至拒绝将耶稣视为行动的楷模："我们为什么不说，'安纳托利亚学院的杰出校长康普顿（Compton）会这样做吗？'或者'史怀哲会这样做吗？'"

然而，问题是该怎么做。随着罗洛24岁生日的临近，一本新书在基督教领域引起了轰动，并将梅的职业规划重新引向了牧师。《再论传教》（*Re-Thinking Missions*）是美国平信徒调查团任命的一个委员会所做的报告，它批判了过往工作的狭隘和偏执，特别是在与本土

1　此语出自《马太福音》6:28。——译者注

文化有关的方面。这份报告带着宽广的胸怀和合作的精神，重新诠释了传教工作的总体目标："与其他国家的人民一起寻求对上帝的真知和真爱，在生活和言语中表达我们从耶稣基督那里学到的东西，并努力在世俗生活中实现祂的精神。"该报告重申，这一事业"不仅需要自我牺牲的精神和彻底的奉献，还需要道德勇气、高度的智慧和对冒险的热爱"。

这些建议在今天听起来并不具备革命性，在1932年也不是什么新观点。然而，它们触及了一个20世纪普遍存在的问题——单一宗教真理的正确性，以及就此而言，在一个多民族和多信仰的世界中的文化优越感。《再论传教》在当地教会和传教团体中引发了争论，并引起了公众的广泛关注。1933年3月底和4月初，在安纳托利亚学院举行的一场讨论帮助梅克服了作为"传教士"的不适感，而且一反常态地重新激发了他对"宗教工作"的兴趣。他在日记中写道："在传教事业中，有两个截然不同的阵营——一个认为自己无所不知，另一个不确定自己是否全知全能。"在学院里，这两种阵营都能找得到，而他更喜欢那些"只是帮助他人寻找信仰的人，他们处在更谦逊的位置"。那些无所不知的人似乎"对生活的领悟更少一些"。简单地说，正如他直言道，"传教运动最大的缺点就是傲慢自大"。

《再论传教》中有一条训诫对梅来说意义独特："能够真正地理解、真诚地爱和同情与你一起工作的人们。"然而，1933年4月中旬，当梅和同伴在希腊中部游历时，在他真正遵循这种信念而生活时，梅自身的局限性暴露了出来。在靠近拉里萨（Larissa）的地方，他们遇到了一个大约有40顶帐篷的吉卜赛人营地。梅认为这肯定是一个巡回马戏团，因为帐篷的周围有四头熊、两只猴子和"无数凶猛的狗"。他最感兴趣的是那些女人。他看到一个十几岁的女孩冲着路边的小贩喊叫，旋即从帐篷里跑出来，开始和小贩讨价还价。另一个大约17

岁的女孩，拿着一只装满水的大铜罐，走到罗洛面前要一支烟。他被她那深棕色的大眼睛和"柔软而精致"的肌肤所吸引，快速地为她画了一张素描。他还画了一个正在给婴儿喂奶的"美丽"女子。当他煞费苦心地用铅笔勾勒出她褴褛衣衫的细节时，她大笑了起来。

梅不仅对他们的文化一无所知，而且完全不了解他们被奴役和孤立的历史，他把自己的担忧投射到了这帮贫困的人身上。他将他们与东欧农民进行对比，在他看来，东欧农民的高贵和矜持代表着"文明的壁垒"。相比之下，"吉卜赛人自由的希腊生活"则是一种"糖霜"[1]。罗洛思索着"吉卜赛人有趣的心理特征"：

> 他们直视你的脸，从不关心你是谁。这种流浪生活孕育了艺术……忘记过去的一切，只为当下而活。他们跟随当下的冲动，无拘无束地生活。从他们的成就来看，这是一种懒惰的生活（孩子在帐篷里脏兮兮的）——但对其他过着传统生活的人来说，这是对艺术生活、对鼓励自由浪漫的巨大贡献。

这些观察表明，无论做出多么衷心的承诺，要实现《再论传教》的目标都困难重重。

春季学期结束时，罗洛想起了去年夏天的历险，并渴望再次体验那种感觉，于是他前往维也纳看望阿德勒，并加入了国际艺术学校的又一次旅行。"维也纳一点没变，"他写道，"'一切都希望渺茫，但也不完全如此'——所以他们跳着舞，欢笑着，尽其所能地用轻快和美丽来掩饰现实。"罗洛逛了博物馆，观看了维也纳爱乐乐团和国家

1　糖霜（frosting）：粘在食物表面的一层白糖，比喻吉卜赛文化是生活调味剂，被挡在现代"文明的壁垒"之外。——译者注

歌剧院的演出，聆听了阿德勒的系列讲座，重燃了与约瑟夫·宾德尔的友谊，并在户外咖啡馆喝咖啡时欣赏了美丽的年轻女性。

　　然而，在维也纳街头生活的乐趣中，经济萧条和奥地利左右翼运动的冲突加剧了迫在眉睫的混乱感。梅从瓦尔森夫人那里了解到反犹主义，并对纳粹占领德国期间发生的反犹暴力感到震惊。在一家咖啡馆，一个"黄发、红脸的奥地利人"（在为纳粹辩护时）告诉他，"犹太人控制着报刊（就像控制电影院一样），所以他们总是'自鸣得意'，煽动对外邦人的仇恨"，这让罗洛几乎无法容忍。罗洛与维也纳大学的一名美国学生聊天时，这名学生向他讲述了自己亲眼看见的一起反犹事件。罗洛在日记中写道："他说，看见50个身形高大的纳粹分子袭击一个犹太学生是多么令人作呕。"在他的日记中，这些触目惊心的时刻与他在维也纳的感官享受几乎无缝融合。一幅画或一幢建筑、街上陌生的男男女女或路过的熟人、歌剧院的华丽外饰——罗洛用栩栩如生的文字勾勒出每一个瞬间。

　　到了7月，梅和宾德尔一起前往基茨比厄尔（Kitzbühel），开始了艺术之旅。当普拉特的学生们抵达这个明信片般完美的小镇时，梅的热情达到了顶峰。他寻找旅行团中的女性，（至少他自己说）难以抗拒她们的魅力。他首先找到了伊莎贝拉，在她刚到的那天，就和她一起去游泳；而第二天，他们的深刻哲学交流就变成了身体交流——"突然，我们开始接吻了"。这让他和其他女性的交流也顺理成章了。事实上，正如罗洛所说的，这种"成为彼此的一部分"的过程产生了强烈的情绪，并引发了一个令他眩晕而焦虑的梦，他梦见自己被困在一处很高的地方，摇摇欲坠。

　　也许，在无意识层面，梅知道他正在走向堕落。一周后，当他和一个名叫埃达（Ada）的女人沿着一条"迷人的小溪"散步时，他碰了碰运气，大谈自己的人生观，借此向她示爱。她却不以为意，指责他在说教，并请求他不要"把他的哲学牵扯进每一次谈话中"。那天晚上，在基茨比厄尔大饭店的一次舞会后，另一个女人拒绝了他的求爱。他对感官愉悦的期待崩塌了。他辗转反侧，难以入眠。欧洲现在似乎成了一块"鸡肋"，艺术学校也"没有意思"。他想要回家。他在日记中写道："在我的幻想中，我见到母亲、父亲、唐和所有的家人，世界突然充满了生机和色彩，充满了希望。"只是第二天早上他和普拉特的谈话，让他断了立即离开的念头。他咨询了宾德尔，而宾德尔以维也纳人的简洁回应道："我认为你待在希腊完全是浪费时间。"一天后，他已经做出了决定，至少他不会回到安纳托利亚学院了。

然而，求爱被拒和思乡之情并不是导致他想回家的唯一原因。他还觉得自己"脱离生活的磨炼和坎坷太久了"。"我的心召唤我回美国，"他在日记中写道，"我最想做的事是学习；我决心游说我在美国认识的所有人，借足够的钱去上协和神学院……我的勇气告诉我，要回到生活中去。"普拉特为他提供了一份在纽约艺术学院办公室的工作。罗洛下定了决心之后，便从安纳托利亚学院辞职，并请求学院将他的衣物打包寄到纽约。学院回信说，他们很乐意把罗洛的东西打包寄出，但在打印信件的末尾，院长手写了一段话，指责罗洛对学院的承诺太过轻率。

不到一周，罗洛就随艺术学校回到了维也纳，准备去布达佩斯进行最后一次艺术之旅，然后返回美国。他还抽空拜访了阿尔弗雷德·阿德勒：

> 我几乎可以说我爱那个男人！和他握手的时候，我的心里充满了温暖——那种完全自在的舒适感觉，也是我喜欢和他交谈的原因！
>
> 当你见到他时，他就会给你勇气。他相信你；你因此

变得强大，可以畅所欲言。在他面前，你不会觉得尴尬。这得益于他毕生致力于理解和帮助他人所形成的性格。遇到一位像阿德勒一样的人……会使你对他人产生一种流动的爱，使他们灵魂中的爱蔓延开来。

罗洛预定了前往纽约的"欧罗巴"号汽船船票，途中与约瑟夫·宾德尔做伴。由于惧怕德国和奥地利发生的事件，宾德尔在美国多所艺术院校和大学谋得了两年的教职。当他们乘坐火车穿越希特勒执政的德国，前往不来梅港时，梅在眺望田野时随口说道，他本以为会看到"短剑"而不是青草。宾德尔立即把他拉到男厕所，低声说，在德国说这样的话是不安全的。

他们登上船，离开了局势日益紧张的德国和奥地利，来到了虽然麻烦不断但事态更平和的美国，这让两人感到了些许宽慰。对罗洛来说，在船上甚至还有机会最后一次体验单纯的浪漫关系——这次是和宾德尔认识的一名年轻舞者。1933 年 8 月底，"欧罗巴"号抵达纽约。

第六章 走向无条件的领域

1933 年夏天，梅回到美国，急切地想要投入生活，寻找自己在"宗教工作"和心理学领域的使命。他避开了心理治疗方面的培训，选择在纽约协和神学院的进步宗教环境中继续深造。他已经打消了成为牧师的念头；而就在几个月前，他更加深刻地认识了经济大萧条，并提出了关于现代宗教工作的理想模式："用最少的神学和最多的教导，指引人们如何应对社会和经济困境。要培训社会工作者。"尽管协和神学院比他梦想中的神学院更传统一些，但它代表了自由派新教和基督教社会运动的前沿。一个人不可能找到一个比纽约更有活力的城市，在其先进的思潮中寻求一席之地了。

然而，几乎从梅抵达纽约的那一刻起，一系列的挑战和复杂情况就降临了。在收到家中动荡的消息后，他不得不在开学前迅速前往兰辛市。家中情况令人震惊。唐和厄尔动手打了起来，而他的父母像往常一样陷入了争斗。最糟糕的是，露丝最近跑到孟菲斯市，找了一个陌生人，并迅速和他上了床。同样迅速的是，这个陌生人抢劫又抛弃了她，结果她还怀孕了。厄尔和玛蒂开车送露丝去底特律堕胎，唐陪着他们，实际上是为了保护姐姐免受母亲的虐待。家中回荡着内疚和相互指责的声音，但暂时还保持着完整。

梅发现，纽约不是一个容易让人爱上的地方，至少一开始是这样。它是世界上最令人兴奋的城市之一，但对一个来自密歇根小镇的年轻人来说，它又有点让人晕头转向。作为文化和政治动荡的重要中心之一，纽约在各个方面都令梅所熟悉的其他地方相形见绌——人口数量、嘈杂程度、贫富差距、种族和宗教的多样性，以及紧张局势。

1930 年，三分之一的纽约人口来自国外；500 万（约三分之二）的人口中，其父母中至少有一方来自国外。俄罗斯人、匈牙利人、爱尔兰人、意大利人、波兰人、德国人、法国人、中国人、希腊人、东欧犹太人，以及不计其数的其他移民，将美国最大的新教大都市变成了一个移民城市。天主教徒和犹太教徒共占纽约人口的一半以上。同样重要的是，来自南方的非裔美国人以及来自加勒比海和非洲的移民，已经将毗邻协和神学院的哈勒姆区（Harlem）变成了当地居民和许多外人眼中的黑人世界的"首都"。

梅在大萧条最严重的时候来到这里，面对的是一个充满苦难的城市。四分之一的劳动人口处于失业状态，成千上万的家庭依靠政府救济维持生存。纽约引以为傲的金融界已然崩溃。凄凉的领取救济物资的队伍，以及在美丽公园中安扎的"胡佛村"营地[1]，仿佛是对曼哈顿浮华外表的严厉斥责。哈勒姆区距离罗洛的宿舍只有几个街区，早在1930 年，它的失业率就已经达到了 50%，而随着大萧条的加重，情况也逐渐恶化。每天，市政当局都会将 10 到 20 户黑人家庭赶出他们的公寓，让他们露宿在人行道上，周围是他们微薄的财产。许多人只能依靠当地企业和慈善机构组织的食物救济和施粥棚来填饱肚子。

1933 年的大萧条唤起了梅的同情，但也引发了他偏狭的恐惧。在新教上流阶层构筑的一小片绿洲中，奖学金和学校食宿并未提供多少保护，使他免受人类贫困的残酷冲击。他对纽约人粗鲁的一面感到恼火，他总结道："纽约人的生活环境如此糟糕，怎么能指望他们有礼貌呢？"

新学年的开始也不顺利。罗洛的疟疾几乎即刻复发，医生说他一

---

1 大萧条时期美国各地失去家园的贫困人口所建造的简陋露营地，人们把它叫作"胡佛村"（Hooverville），用来讽刺胡佛当局面对金融危机的束手无策。——译者注

定是在希腊感染上的（但他在日记和家信中没有提过这一疾病）。10月的大部分时间，他都住在医院。高烧、畏寒和可怕的幻觉袭击着他的身体和心灵。他在医院做的一个梦总结了他的状态："我在一个被敌人袭击的房间里。我锁上了所有门窗——但没有试图反抗。"一周后，他做了一个梦，梦中他的体力正在恢复，但生活依旧困难重重。他记录道："一个持枪的人走进一个房间，我、妈妈和爸爸都在那里；我抓起一把枪，无所畏惧地和他交火。"正如他在日记中所写的那样："过去的这一个半月——就是一场噩梦。"他可以预见，这一学期余下的时间充满了挑战。梅精疲力竭地回到课堂，有三门功课没有完成，只有一门宗教史课成绩优异。

尽管起步不顺，但梅在协和神学院越来越感到兴奋。他将自己推进了一场风暴的中心，这场风暴持续冲击着这个国家的宗教生活，也日益影响着公民生活。自南北战争以来，多元化、科学、神学现代主义，以及工业资本主义造成的经济不平等，已经侵蚀了新教化美国任何宗教团结或社会统一的表象。原教旨主义和福音派教徒反对自由派基督徒尝试将《圣经》历史化，反对他们以人格主义的观念来理解上帝的存在和力量。宗教体验的本质、圣经直译主义，以及教会应该如何（或者是否要）应对20世纪30年代可怕的社会经济形势，推动了教派内部的分裂和教派之间的对抗。

还在基督教青年会和欧柏林学院时，罗洛就已经接触到自由派的人格主义和社会活动方面。然而，在这个特殊的时期来到协和神学院，则将他推向了自由主义运动的中心。协和神学院由新派长老会（New School Presbyterians）于19世纪创立，如今明确致力于融合信仰与广泛的宗教之历史和哲学研究。自1926年起，亨利·斯隆·科芬（Henry Sloane Coffin）担任协和神学院的院长，他领导的教职团队包括当时一些最具影响力的新教神学家：莱因霍尔德·尼布尔

（Reinhold Niebuhr）及其曾在耶鲁大学任教的弟弟H.理查德·尼布尔
（H. Richard Niebuhr）、哈里·爱默生·富司迪，以及于1933年底入职
的著名德国激进神学家保罗·蒂利希（Paul Tillich）。尽管他们在神学
基础和方法上存在一些分歧，但他们对莱因霍尔德·尼布尔在1927年
出版的《文明需要宗教吗？》（*Does Civilization Need Religion?*）一书
中提出的问题，都做出了肯定的回答。他们在培养新一代的牧师和平
信徒领袖的同时，也在报纸专栏、杂志文章、电台广播和流行书籍中
向全国宣教。每个人都推动了美国基督教的改革及其在公众话语中的
地位。

这样一来，他们直接反映了罗洛在这个世界上不断发展的使命
感。罗洛的日记记录了每天涌现的新想法和新愿景，而它们激发了他
一贯尖刻的自省。富司迪在晨边高地河畔教堂的著名布道，给罗洛留
下了格外深刻的印象。富司迪是一位独立、现代的浸信会教徒，他曾
直率地捍卫自由主义，反对20世纪初原教旨主义的暴动，因此成为
自由派新教徒的英雄。然而，大多数美国人所了解的富司迪，是一系
列畅销书的作者，引导人们度过日常生活中的危机。因此，他成了乐
观的、人格化的基督教愿景的代言人，并成为美国最受欢迎的传教士
之一。

梅早已熟知自由主义神学的基础；然而，他从未听过比富司迪的
定义更简洁的表述：自由派基督教的目标是"把宗教中最重要的事情
放在首位，让仪式、信条和教会的细节从属于基督教的主要目标——
创造个人品格和社会正义"。难怪梅"感到富司迪的布道使他重新皈
依了宗教"。罗洛第一次听到富司迪的布道，就使他为"对我和现代
人来说有益且可接受的宗教"制定了自己的标准。这种信仰必须"要
求并使用人类的勇气"，鼓励"人类团结一致"，并且"不能违背人
类的智慧，而应与之合作"。梅尤其被富司迪的这一观点所吸引，即

"终极价值"可以在"人格"中找到。

梅还注意到，富司迪的见解似乎描述了自己的挣扎。他一直觉得自己是一个所谓的"差等生"，这种感觉在他开局不利的第一个学期似乎得到了印证。然而，正如罗洛在日记中所写的那样，富司迪提醒他的信徒："爱迪生、瓦特、牛顿、达尔文、休谟……年轻时都被认为没出息、愚笨。'某种伟大的东西紧紧抓住了他们。'"富司迪还谈到在一个被战争、经济萧条和血腥霸权的兴起所颠覆的世界中，意义究竟何在的问题。当梅听到"疯狂世界中的理智个体"的演讲时，他被富司迪的观点所吸引，后者坚持认为社会中的大部分"危机"，"实际上源自内心，而非外界"，因而人们仍然可以为个人关系注入意义。

这样的想法似乎很有启示性，而非简单的陈词滥调，它反映了1934年新生的心理化的宗教文化。它也含蓄地表明了富司迪因为第一次世界大战而面向内在的转变。他曾是战争活动的热情支持者，不料却看到了死亡和毁灭的灾难性后果，以及不公正的《凡尔赛和约》。事实上，战争经历使他变成了一个和平主义者。

与富司迪相比，莱因霍尔德·尼布尔在政治上更为敏锐，却较少坦言其热情。据称，他是一个富有激情的人。罗洛注意到的第一件事就是他"完全不压抑自我……全然沉浸在他所谈论的事情当中"。尼布尔的职业生涯始于1912年，当时他担任贝特尔教堂（Bethel Church）的牧师，贝特尔教堂是底特律郊区一个小型的"进步"德裔美国人集会场所。像富司迪一样，年轻的尼布尔热情地支持美国参加第一次世界大战（并严厉批评了那些不参与战争的德裔美国人），但他逐渐对残酷的环境和普遍的战争感到失望。20世纪20年代初期，他成了一个坚定的和平主义者。然而，他对于人类良善的看法不如富司迪那么乐观，早在20世纪20年代中期，他就开始从内部批判在他看来过于阳光的自由派基督教。

尼布尔的这种世界观部分源于他在贝特尔教堂的经历，在那里，他目睹了亨利·福特（Henry Ford）等人将底特律从一个宜人的城市变为一个拥挤、肮脏和贫穷的工厂城镇。尼布尔开始宣教，教导基督徒有责任采取行动来反对社会的不公正，不管做得多么不完美。很快，他就摒弃了他所认为的乌托邦式的社会福音运动，转而支持马克思关于阶级斗争的思想。1929 年底，尼布尔加入了社会党，甚至在 1932 年成为社会党的国会议员候选人，当时该党认为，由于经济萧条日渐加剧，他们将获得一大批追随者。然而，上至总统候选人诺曼·托马斯（Norman Thomas），下到国会议员候选人尼布尔，都惨遭失败，令人沮丧。

尼布尔的激进行为使他果断放弃了和平主义。到了 20 世纪 30 年代初，在争取劳工权利、社会正义和国际和平的斗争中，他主张使用强制手段，而非基督教之爱。在梅进入协和神学院的前一年，尼布尔出版了他最具影响力和最伟大的作品之一《道德的人和不道德的社会》（*Moral Man and Immoral Society*），他在书中迈出了一大步，提出了这样的观点：在实现社会目标或抵制侵略性的恶行时，公然的暴力甚至也是合理的举措。

尼布尔放弃和平主义的决定震惊了他的朋友和同事。一些人认为他正在远离基督教，走向世俗政治，因为他的观点有力地挑战了自由派基督教的主流假设。然而，尼布尔近来对人性的悲观看法反而激发了他的坚定信念，相信人类迫切地需要信仰的指引。他认为，只有通过上帝的恩典，人类才能有道德地行事。简而言之，他设想了一种"新正统"神学，它拥护上帝的主权，同时也激励不完美的男女与无知、贫穷和暴政做斗争。除了哈里·沃德（Harry Ward，协和神学院的资深伦理学家、激进和平主义者和美国民权同盟的联合创始人），尼布尔比任何教员都更关注 20 世纪 30 年代的社会和经济危机。

虽然梅与尼布尔的关系从未亲近过，但这位神学家的基督教伦理学课程，让罗洛和许多其他学生在神学院及更广泛的社区走向了社会激进主义。"也许有必要发起革命，"罗洛当时写道，"一个人不可能每周听三小时尼布尔的课，而不对这一问题进行沉思。"1933 年 12 月初，他和其他几名神学院学生加入了激进的工业民主校际联盟，在华丽的天安堂（Church of the Heavenly Rest）举办的周日礼拜上进行抗议。该教堂的牧师亨利·达林顿（Henry Darlington）曾公开支持加州州长为圣何塞（San Jose）私刑 [1] 背书。罗洛和其他人轮流举着一块牌子，上面写着："他必须被钉在十字架上多少次？"他还在杰里·麦考利（Jerry McAuley）的救助会 [2] 中为穷人和流浪汉演奏长号，这件事倒没什么争议。1934 年初，他还为"先锋青年"（Pioneer Youth）工作，这是一个劳工社会主义组织，为工厂工人和失业者的子女提供娱乐。

罗洛认为，参与这些活动体现了阿德勒式的健康与基督教的美德，即将自身沉浸在有益于社会的活动中。不过，他也担心自己会在人群中失去本真的自我。他左右为难，而在神学院收获的知识也帮助不大。他聆听了一位特邀嘉宾的演讲，同意"试着帮助他人"是治愈苦恼的良药。然而，一周前，另一位讲师却采取了不同的策略——"时刻跟随内心的光芒"。两者都蕴含基督教和心理学的意义，但它们相互矛盾。有一次，罗洛觉得自己的信仰深受影响，在服务三个月后离开了高度政治化的"先锋青年"，把精力转移到协助赫尔曼·赖西格（Herman Reissig）的助理职位上，后者是布鲁克林一位对社会福利感兴趣的牧师。

1　1933 年 11 月，圣何塞一名 22 岁男子被绑架并惨遭杀害，愤怒的民众冲进监狱，拖出两名疑犯并处以私刑，加州州长对此公开表示赞许。——译者注

2　杰里·麦考利曾是一名浪子，后来在监狱中幡然醒悟，皈依基督教，出狱后在纽约贫民区创办救助会，帮助了大量贫穷和无家可归的人。——译者注

当事情涉及协和神学院时，政治对罗洛来说变得更复杂了。1934年冬天，一群曾举行抗议活动以支持华尔道夫酒店员工的激进学生，将注意力转向了神学院。他们指责神学院的领导虐待员工，并发起提高食堂员工待遇的运动。大部分学生都签署了一份请愿书，敦促成立一个教职工委员会来调查工作环境。当该委员会提交了一份被一些人认为批判不够充分的报告时，激进分子们大声嘲讽起来，并以一个大胆的恶作剧作为回应。五一劳动节那天，一名激进分子爬上神学院的主楼，把星条旗换成了一面红旗。科芬院长和董事们颇为不悦，公开谴责了这些活动分子。

这些事件将梅带到了一个决定性的时刻。无论他有多少社会主义情怀，他与协和神学院及其使命已经紧密相连，并开始怨恨激进分子对协和神学院的不尊重。当《基督教世纪》（*The Christian Century*）杂志嘲讽行政部门对活动分子的批评时，他给该杂志写了一封并未发表的信。他反驳了科芬院长试图限制言论自由和政治活动的说法。梅发起攻势，指责激进的学生不关心协和神学院的基本使命。他报告说，一名激进分子曾告诉他："我本来就不该来神学院。我不想做一名牧师，我应该成为一名医生。"梅的观点代表了协和神学院中许多自由主义者的观点，他们都觉得自己夹在社会正义与尊重协和神学院这两个对立的理想之间。甚至连尼布尔也认为激进分子做得太过了。

总而言之，在协和神学院的第一年，尽管其政治倾向愈演愈烈（或许正因为如此），梅确定了自己对宗教的承诺。4月，在梅25岁生日的几天后，他总结道："去年秋天，我还认为自己是一个人道主义者；现在，上帝已经是我个人的朋友。彼时，凡是日常物质生活中不能确定的事情，我都迟疑不决；而现在，即使不是时时刻刻，至少在我最活跃的时候，我生活在蒂利希所说的超越的、'无条件的'

（unconditional）领域[1]。"梅对信仰的肯定时而坚定，时而动摇，但这种对宗教的新承诺可谓恰逢其时。而且，他还援引了蒂利希令人叹服的术语——"无条件的"——来描述这种将为其精神生活指明坚定方向的活力。

1　蒂利希认为，人最终所关切的问题，是人对自身存在及意义的关注，"这是一个终极的、无条件的、整体的和无限的关切的问题"，所谓终极关怀（ultimate concern）。——译者注

第七章 "我不会成为虚伪的基督徒"

1934 年春末,在协和神学院的第二个学期快要结束时,梅收到了母亲的消息:厄尔永远地离开了这个家。这并不是一个完全让人意外的消息,但它让玛蒂陷入了疯狂。她恳求罗洛回家,哪怕只是一小会儿。他无法拒绝。1934 年 9 月,他到达东兰辛,希望在那里停留几周,然后继续学业。然而,在接下来的两年中,他大部分时间都留在了那里。起初只是一个简单的家庭救援任务,后来却变成了一个关键的转折点,让他发现并开始实践自己的人生使命。

罗洛不情愿地回到家里。他一到家就意识到,这个家的正常运转需要靠他来维持。最大的问题是玛蒂。"母亲试图把一切都控制在 15 年前的水平,"罗洛在日记中写道,"那时,我们懦弱地活着,从不敢向上和向外发展。"尽管母亲每天都会出现精神崩溃的新迹象,但在接下来的 60 年里,罗洛的记忆始终定格在一件事上。他和约娜与母亲发生了激烈的争吵,母亲以一种他后来所谓"疯癫"的情绪,威胁着要给他们看看"阁楼上的婴儿"。罗洛困惑地转向 19 岁的约娜。他的妹妹解释说,玛蒂把露丝流产的胎儿保存在一只罐子里,要是她被激怒了,就会把它拿出来,举起它威胁厄尔或孩子们。罗洛冲到阁楼上,抓起罐子,迅速把它埋在后院。

罗洛发誓他要守在家里,像厄尔从前不在家的时候一样,保护兄弟姐妹不受玛蒂怒火的伤害。他成了约娜忠诚的保护者,对她在母亲暴怒面前的无助深感怜惜,而且她温柔的脸庞和举止也叫人怜爱。当玛蒂拒绝给约娜换新衣裳时,他带她到市中心买了一件新外套。后来,他资助约娜在密歇根州立大学读书,即使他自己也负债累累。他还帮唐付了艺术学校的学费。此外，他还成了 12 岁的帕特的代理父亲，陪同他参加学校里的亲子活动，鼓励他跳出家庭的情感牢笼。露丝是最难应对的挑战，罗洛作为家庭监护人的责任，使他们之间的爱恨交织变得更加复杂了。露丝在堕胎后精神变得越来越不稳定，罗洛有好几次把她从灾难的边缘救了回来。有一次，她在被一个新的情人抛弃之后去了佛罗里达，并试图在那儿自杀。佛罗里达的警方介入，在她口袋里的纸条上发现了罗洛的电话号码，于是打给了他。当她回到家后，罗洛试图用信仰和希望的话语来安抚她。露丝只是简短地回应："别惹我，大男孩。"

罗洛一家需要他尽可能久地留在东兰辛，而一个特别的职业机会使他一直待到了 1936 年。巴克·韦弗当时在密歇根大学教书，但仍与兰辛的基督教青年会有联系，于是帮罗洛一并安排了三份兼职工作：密歇根州立大学的咨询师、人民教会的学生主管和基督教青年会的学生秘书。在 1934 年，任何工作都是一件幸事，而对梅来说，这些职位还是一个非同寻常、出乎意料的机会，使他能够将"宗教工作"与咨询工作结合起来，而几乎不受约束或监督。

对当时的他而言，宗教使命是最重要的。正如他在 1934 年 10 月写给人民教会执委会的信中所说，他的目标是"让宗教融入校园"。他认为，他的首要任务是吸引大量不同类型的学生参加基督教青年会和教会的活动。为了给学生提供"启发和宗教体验"，他在周日上午开设了一系列宗教课程。他还创立了一个"新生委员会"，在见面会上教授学院的传统；他自豪地指出，这些会议"多次登上校报的头条"。清晨的祷告会、周五晚上的欢乐之夜（也会跳舞），以及周日中午的"斯巴达基督教青年会论坛"（由教职工或罗洛本人带领讨论"宗教或性格建设的主题"），让每周都很充实。

罗洛策划了许多教育活动，强调个体个性的发展，也强调宗教任务的共性。例如，一期名为"我们能从其他宗教中学到什么？"的系列讲座（涵盖了诸多精神领域：神智学、天主教教义和儒家思想），还有题为"甘地的宗教"、"希伯来宗教"和"伊斯兰教"的演讲。讲师包括教授和研究生，还有一名拉比和一名牧师。他还宣传了基督教的社会使命和尼布尔的政治议题。斯巴达论坛则呈现了1934年密歇根州州长社会党候选人和一位非裔美国民权活动家的演讲。梅对这一系列活动激进的政治基调既惶恐又自满，他在《密歇根州立新闻》关于这些讲座的报道中潦草写道："这一系列事件让我们陷入了困境。"

为了推进基督教青年会和教会的机构目标，他还策划了一个新颖的访谈项目，邀请了大学名录中五分之一的男生接受采访，讲述他们的宗教生活。罗洛向每个学生问了几个引导性的问题，但大部分时间都在倾听，因为每个学生"都打开了话匣子，滔滔不绝"。他与形形色色的学生进行了150多次半小时的会谈：

> 在这些学生中，有校园男生联谊会的主席、足球健将、思考过宗教并更加坚定信仰的聪明学生、参加所有教会活动但从未想过原因的好孩子、校园里总是"郁郁寡欢的"无神论者、被牧师禁止与大学基督教青年会有任何瓜葛的保守路德派、教规森严的荷兰改革宗、简化了的一神论者、A等学生和不及格的学生……

梅的报告强调了学生群体对自由派宗教的基本友善，以及在校园里开展适当活动的必要性。这份调查报告的欢快基调表明，梅不仅采取了一种活泼的组织方式，而且他对那些没有开窍的人抱有一种传教士的蔑视，尽管他在希腊曾欣然接受《再论传教》中的观点。在一份未发表的手稿中，他讽刺了那些抵制基督教青年会和人民教会中的"我们"的各类"他人"。"无所事事的学生"在20世纪20年代的大学生活中十分常见，他们大多沉溺于"喝酒、狂欢和逃课"，上大学只是因为"无事可做"。罗洛指出，尽管经济萧条减少了这些学生的数量，但他们还是能被识别出来：相当聪明、富有，并且安于享乐。他解释说，他们实际上私下里都很"忧郁"，因为"生活没有意义"。一个典型的"无所事事的学生"很少去教堂，"从不参加主日学校或青年会"，并且觉得这样做的学生"在智力上不如他"。梅指出，犹太学生"通常属于这一群体"。

"原教旨主义"学生同样也有问题。他们通常来自密歇根州北部或上半岛的小镇，在一个高于平均水平的德裔或斯堪的纳维亚裔美国家庭中长大，信奉路德教，并且他们就读密歇根州立大学是为了职业培训，而不是为了文化熏陶。这类学生"远离校园生活，倾向于成为个人主义者"，拒绝"跨宗派主义"，无法想象亚伯拉罕·林肯会是"一个适合布道的主题"。他们相信"宗教的根本是教义"，"对与其他学生讨论宗教不感兴趣"，并且觉得"自己已经拥有了'唯一真正的宗教'"。梅甚至不认可某个虔诚的路德教学生的身体和行为特征，指出他握手时"犹豫而颤抖"，说话时"局促不安"。这种思考不仅说明了罗洛的信仰中好斗的一面，也体现了他的观点与阿德勒心理学的融合。排他的"原教旨主义者"和"个人主义者"一样，都是大众理解的社会福利的敌人，而把他们引向这一境地的不良教育，正通过他们存在于世的方式毫不掩饰地暴露出来。

这份报告阐述了梅对于自由派宗教"敌人"的看法，但该报告及其方法似乎与梅曾经表达过的担忧不一致，他担忧宗教"利用"个体来实现隐秘的个人和组织目的。他利用与数百名学生的私密咨询来进行特定的宣传，这很难适合所有的受访者。无独有偶，梅还在国家期刊《基督教教育》（*Christian Education*）上发表了一篇基于该研究的文章：《男生肖像》（"Portrait of Men Students"）。这是他发表的第一篇专业文章。

梅从一开始就知道，这样的工作可能会违背一些纯粹的原则，比如永远不要物化他人。与巴克·韦弗的一次坦诚交流使他明白了这些活动的益处。尽管如此，他还是担心，不诚实的动机可能会让一个人"从骨子里堕落"。"我不会成为一名虚伪的基督教徒，"他在日记中写道，"如果我不能在神职岗位上保持真诚——做一个真正的人——那么我就离开。"他相信，一个牧师、管理者或咨询师可以不受诱惑而保持"绝对真诚"，而作为一个真诚的基督徒也意味着他"不能容忍人与人之间的隔阂"。

如果在一个机构中工作的实际问题意味着他可以在这个世界上追求这种真诚，但成败参半，那么在私下，他可以保持"绝对真诚"并获得回报。因此，他在 1934 年 9 月的一篇日记中写道：

> 我与上帝的盟约，就是去年 6 月我得到这份工作时立下的盟约，现在更新了：我将为祂做所有的一切。对于我在这份工作中承担的每一项任务，我都带着这样一种理解，即我是为祂而做的。

还有 10 月的一篇：

> 昨天，我每时每刻都像是在恋爱。我心中洋溢着一种奇妙的快乐，几乎忍不住想要去奔跑——快乐的能量充盈体内。我一遍又一遍地告诉上帝，我爱你！

罗洛通过一系列"在树林里"（in the woods）的宗教体验，获得了对这种信仰宣示的信心。在 1934 年 10 月的一次经历中，他"草草记下"他所看到的超凡景象和他所做的祈祷，其结尾是："愿我能知晓并理解生命的答案；愿我能受到人们的尊重，这是影响他人的必要条件；愿我能全身心地为这些年轻人服务。"他试图将这些愿景融入日常生活：有规律地锻炼、吃饭、休息、阅读，以及与学生会面。在罗洛这样一个宗教达人（religious virtuoso）的生活中，表面上世俗的议题成了入圣的方便之门。

这意味着罗洛必须继续梳理他的基本工作。他开始认为，自己不仅仅是一名"项目组织者"或"快乐传播者"，相反，他选择了一个更非凡的使命，一种"更重要的处境"，这对一个 25 岁的年轻人来说格外具有挑战性。他将成为"一名教师，宗教咨询师"，一个"必须知晓生活的答案，并将其传递下去"的角色。他需要沉思自己的生活，并以最严肃的态度研究宗教、心理学和哲学。然后，他要准备好去理解并帮助他的学生来访者。这不是一项小而简单的任务。首先，梅觉得自己需要成为学生的榜样。1935 年 1 月，在他担任咨询师的第二个学期，他发誓要过"尽可能简朴的生活"，将"舍离"作为关键主题，以支持他那更宏大的使命。这涉及他的浪漫生活和性生活。从前对女人的迷恋从他的日记里消失了，他只是偶尔会提到一次充满挣扎的自慰经历。

梅对学生的公开训导强调了"压力"的"健康"发泄途径，以及避免强迫性地追求性满足。他给学生的一些建议刊登在 1936 年 2 月《娱乐》（Recreation）杂志的一篇短文中，名为《让你的娱乐更具创造性！》（"Make Your Recreation Creative!"）。他父亲厄尔本来也可以写出这样的呼吁，为青少年和年轻人提供无害的娱乐，以免他们走向生活的阴暗面：

　　　如果年轻人因为没有更好的方式度过周五夜晚，而跑
到露天酒吧，频繁出入公共舞厅，花钱去看一部平庸的电
影，我们不能视若无睹……如果你的儿子或女儿所能找到
的娱乐就是在露天酒吧跳舞，或者沉迷于色情电影，那么
世上所有的道德说教都不会有多大作用。我们可以肯定这
一点，我确信无疑；这种淫乱的调情往往是由于年轻人没
有更有趣的事情可做。亲热派对更有可能出现在一个枯燥、
空虚的夜晚，而非一个快乐而真正有趣的夜晚。

　　如果说《让你的娱乐更具创造性！》体现了基督教青年会对罗洛
的公众愿景的持久影响，那么这与更为坦率和探索性的咨询环境是有
些矛盾的。由于保密和时间的流逝，我们无法了解梅的咨询对象、他
的咨询技巧，或者具体的咨询成败。基于两个简单的原因——培训项
目处于起步阶段，没有广泛使用的教材，当时的咨询师培训与当下的
培训不可同日而语。此外，罗洛也没有接受过这项工作的正式培训。
他认为自己很幸运，能遇到巴克·韦弗这样鼓舞人心的榜样，还有各位
来自欧柏林学院和基督教青年会学院的辅导员。在塞默灵，他接触到
了阿德勒流派的理论和实践，这也永久地拓宽并充实了他对心灵的理
解。他咨询的首要目标是，从自由派基督教的立场充分地发掘并表达
学生的"个性"。很多学生都接受了这项挑战，在单次或多达三四次
的会谈中，与他讨论主要的困境和恐惧、爱情和工作中的抉择。

　　显然，正如梅在给人民教会的报告中所写的，他发现咨询是他的
工作中"最令人满意"的方面。他不断思考自己的抱负、防御、失
误、信念，以及它们如何影响他的咨询效果，从而完善他的方法。他
也非常关心前来咨询的人，在日记中花时间琢磨他们的命运和未来。
李需要"指导——这是我必须给他的"，而哈里需要"很多改变，要

么逐渐改变，要么'改头换面'"。有时，他甚至称赞自己："你对格特鲁德的诊断很正确。（你主要通过人们的行为举止来了解他们。）"

因此，梅在兰辛的"宗教工作"方法，至少反映了 20 世纪自由派新教（也可以说是美国文化）中根深蒂固的一种张力：协调个人需求与社会需求。作为一个自由派基督徒，在咨询工作中，他允许自己在经验、思想和个人建议方面有很大的自由，以鼓励个人成长。他试图在自己和他人身上激发出真正的"个性"。但作为机构和公众的代言人，他找不到比道德说教更好的语言了。他还不能确定一个合适的解决方案，但他后来会如愿以偿。

罗洛在阐明人民教会使命的同时，也在处理他认为最紧迫的个人问题。他感到自己被"某些性格上的弱点"所困扰（自他与阿德勒会谈以来，他一直在努力克服这些性格缺陷），其中大部分"与'被宠坏的孩子'的倾向有关"。他猜想，如果他能够克服这些弱点，就可能拥有"功成名就"的人生。如果不能克服，他的人生就只能"平平淡淡，免不了受挫，就像爸爸的人生那样"。他知道，要想"功成名就"，不仅要解决自己性格中的矛盾，还要向伟大的人学习伟大的思想。他在协和神学院遇见过这些人；1935 年，他回到协和神学院参加了一期暑期课程。

第八章 "集拉斯普京、雪莱、凡·高和富司迪于一身"

1935 年 7 月，当梅从兰辛登上开往纽约的火车时，我们无从得知他的想法，但他成功地帮助了家人，并在校园里成为小名人，这让人觉得他注定会有所成就。他计划在秋天回到兰辛，但他希望协和神学院的暑期课程进一步为他影响这个世界做好准备。26 岁时，他准备为人类设计一种"精神发展"。他的日记展现了一个年轻人在创造力、欲望、痛苦的自我意识以及智力胆识方面所经历的剧烈变化，也流露出一种自诩为天才艺术家的孤独而好胜的自我思考。他在日记的开头引用了一些伟大思想家的名言，包括歌德的一句话："没有哪个伟大的创造不是在孤独中完成的。"还有荣格说的："人类的每一次精神发展都源自精神上的痛苦。"桑塔亚那（Santayana）和瓦格纳（Wagner）的话语也提供了类似的智慧。他呼喊道："我在茁壮成长！"仿佛在一场智力竞赛中，他已经"超越"了那些老师和同辈人。

对一个有才华、有创造力的年轻人来说，梅的远大理想并不罕见，他的特殊感和使命感自出生起就得到培养。然而，他对个人命运的强迫性思考也反映出阿德勒式的症状，而这在塞默灵的个人分析中未被提及。阿德勒和他的助手让梅感到震惊，让他意识到了性格中的一些缺陷，尤其是儿时的自卑感，这种自卑感促使他回避亲近的关系。阿德勒学派为梅的生活提供了一种新的叙事，但正如他与女性交往的经历所展现的，他并没有完全克服被女性控制的恐惧。他总是掌握着主动权——无论是作为老师、咨询师，还是家庭的拯救者——他觉得最安全的方式就是在权力和距离的基础上实行利他主义。阿德勒可能会称此为一种扭曲的生活方式（Lebensstil，字面意思为"生活方式"，但比现今的词有更深刻的含义）；它是一套从童年开始形成的行为方式，当人们找到一种与他人和整个社会联系的方式时，便建立起来。

梅希望协和神学院的暑期课程能帮助他克服"性格上的弱点"，并帮助他更深入地接触当今的思想潮流。他努力学习，在尤金·莱曼（Eugene Lyman）的"宗教思想的当前趋势"等课程中收获颇丰。莱曼的阅读材料包括卡尔·巴特（Karl Barth）和埃米尔·布伦纳（Emil Brunner）的神学，约翰·杜威（John Dewey）、沃尔特·李普曼（Walter Lippmann）、阿尔弗雷德·诺斯·怀特海（Alfred North Whitehead）和亨利-路易斯·柏格森（Henri-Louis Bergson）的哲学，以及几本不太知名的哲学家、科学家和神学家的书。梅还上了一门宗教教育课，在课上，他写了一篇论文，评论荣格最近出版的《寻求灵魂的现代人》（*Modern Man in Search of a Soul*）。他对荣格的解读，展现了他对现代心理学理论日益加深的理解，以及他在阐述复杂的观点或结果时对白话的偏爱。例如，在对比弗洛伊德关于梦是愿望满足的观点和荣格为梦赋予的更丰富的含义时，梅指出，对荣格来说，"梦（扮演了）目的论的角色，为个人的生活风格'加油打气'"。

梅还被荣格的治疗方法所吸引。相较于弗洛伊德学派对性冲动的探究、阿德勒学派对"权力驱动的无意识运作"的关注，荣格概括了一种更具精神性的阶段式结构：宣泄、解释、教育和转化。事实上，这一过程与其他疗法并没有太大的不同，但荣格用一种契合梅的精神性语言表述了出来。"两种人格的相遇就像两种化学物质的接触，"梅在谈及荣格的心灵炼金术时写道，"如果发生了反应，那么两者都会转变。"正如梅所指出，"医生的人格品质成为治疗中的重要因素"。

因此，梅强调了宗教与心理学结合中的一个核心问题，即道德判断。他认为，宣泄是治疗中最重要的阶段之一，并赞扬天主教会认识到了它的力量。然而，他怀疑新教牧师是否能够"将其个人的道德偏见与人们的宣泄分开"，而评价宣泄者"对任何治疗来说都是致命的，因为面对牧师先入为主的道德判断，患者是不会尽情宣泄的"。此外，未受过心理技巧训练的牧师很可能"主观上"同情患者，却不知道"何时收回同情心，不满足患者的需求"。梅还认为，在转化阶段，牧师也难以轻易地敞开心扉，进行自我改变。"这需要更强的道德灵活性，"他写道，"如果一个牧师想成为有效的咨询师，他就得少一些先入之见。"

梅称牧师关注的对象为"患者"，显示出他对心理治疗世界观的强烈信服，但他的论文是在宗教教育课上写的，也为宗教领域总结了一些经验教训。认识到无意识的力量后，他开始怀疑宗教培训的效力，宗教培训强调"外部规则"，赞成给予创造力最大的机会。"荣格做出了宝贵的贡献，他指出了我们的基本假设的假想特征，"他补充道，"从而引导我们对所谓的普遍法则不那么教条。"事实上，梅还论证了"暗示、直觉、警告"的有效性。

荣格书中"心理学与文学"（"Psychology and Literature"）一章引发了罗洛篇幅最长、感触最深的总结，以及他对全书最深刻的认同。他写道："我发现，我认同荣格关于艺术理论的基本观点。那些被他精妙表述的观点已经在我的脑海中盘旋了数年，尽管我始终明白，任何努力深入艺术内在根源的艺术理论都不可能在逻辑上得到证实。"荣格将艺术家——不论是画家、诗人、作家、音乐家还是作曲家——置于个人意识与宇宙意识的交汇点。特殊的境遇和遗传因素赋予了艺术家探索"集体无意识"的力量。荣格笔下的艺术家通过个人的创造力表现了"集体人"的心灵。因此，梅支持荣格纠正大众对艺术家的偏见。"普通人"认为艺术家"不能适应生活"，而且"自我中心"，然而，尽管表面如此，梅表示，他们表达了"人类内心深处的恐惧、希望、欢乐、悲伤，以及所有的精神体验，因此他们是最社会化的人"。

　　梅在日记中也讨论了相关的内容。他自问道："我本质上是个艺术家吗？"并列举了他对艺术和文学的热爱以及专家证言作为证明。他回忆道，韦杰称他为"行动派诗人"，富司迪说他的布道"如音乐一般"。梅甚至称他在基督教青年会的学生调查项目和系列演讲"本质上就像艺术作品一样：受灵感的启发而构思，在辛勤的努力下完成……其过程仿佛雕刻一尊伟大的塑像"。他还论证了精神分析在现代精神中可能扮演的关键角色。"通过对人类动机的深刻分析，"他写道，"心理治疗向我们大胆展现了现代宗教本质上自私的基础……如此一来，我们就能够取其精华，去其糟粕。"在弗洛伊德的重大变革中，心理治疗成了通往真正宗教的坦途。荣格派疗法支持人们信仰"上帝、人类的自由和不朽"。梅也为阿德勒找到了一个角色，并总结道："宗教领袖……自己也接受了心理治疗的恩惠，一劳永逸地治愈了他们在职业上的自卑情结。"

　　梅自己的"自卑情结"对他的性生活和浪漫生活的影响，超过了对其职业生涯的影响。他仍然不自在、脆弱，并深深地渴望赢得女人的心。他最初回到兰辛时，这些执念曾让位于家庭和工作，但当他回到协和神学院参加暑期课程时，它们又卷土重来了。他觉得自己已经取得了一些进步；他写道："就承受女孩离弃以及我吸引她们的能力而言，我正在逐渐成长。"在他的创造力、精神性和多情的天性融合之前，他是不会快乐的。梅发誓，他会"比我听过的任何男人都更热烈地爱一个女孩"，并"为她写出世上最优美的诗"。简而言之，他不仅要彻底革新宗教，也要彻底改变那种宫廷之爱[1]。

　　1　宫廷之爱（courtly love），又叫骑士之爱，尤指中世纪骑士对贵妇人的忠贞但无结果的爱情。——译者注

然而，当性、爱情和婚姻的幻想吞噬了罗洛的意识和无意识生活时，现实以清醒的方式介入其间。他迷上了一个同学M——她神秘、性感并且极其聪慧——当他们在一起时，两人完全般配。他幻想着和M结婚，但她总是令他想起他那聪明却精神错乱的姐姐露丝。她太男性化、太神经质、太好胜了，而且太容易挑起醋意（当梅和她讨论心理学时，她借另一个男人——"精神科医生朋友"——的权威来反驳梅）。尽管如此，承诺一段关系的想法还是引发了梅仪式化的自我评价，就像一个自恋者、奋斗者和圣人的结合体。他站在一面全身镜前审视自己，发誓要更自信地站着、坐着和走路。在M取笑他的"露齿笑"后，他为自己的笑容而烦恼。他练习与人对视并直率地说话。在一次会议中，他将自己和其他从事学生宗教工作的同事相比，感到自己"在智力、想象力、人格魅力、精力和主动性方面……明显优于他人"。然而，他像圣徒一般停顿了一下，接着说，这并不是"自满或骄傲"的理由。

毫无疑问，爱情和欲望的问题也侵入了他的梦境。在一个梦中，罗洛修好了一辆旧福特汽车，疯狂而危险地开上了街。他记得当时的感觉是，下次他最好"坐进车里，按常规操作"。在另一个梦中，他和M寻找一个可以安顿下来的地方，找到了"一个古老的巴洛克式"的场所，伴随着另一股自我控制的冲动，他立即用挂毯遮住了华丽的花饰。在另一场逼真的梦境中，他在一位名人的"娘娘腔"儿子的课堂上，坐在她的旁边。老师让梅离开教室，因为他在和他的女性朋友说话。"'该死的……'"他冲老师叫喊，"然后我没再说什么，只是缓慢地拿着我的东西，走出了教室……我的心里有种隐秘的骄傲，因为我以一种男子气概、粗俗的方式脱口而出。"梅想要证明，尽管他是一个有名的基督教青年会成员的儿子，但他不是"娘娘腔"，而是一个"男子汉"。尽管如此，他并没有庆祝自己的胜利，而是指出了

"在非常规环境下出风头的危险"。

在做了最后这个梦的第二天，罗洛在日记中记录了一组引人注目的画面。他描述了M在课后等他的情形，"那个女孩有着丰满的手臂和胸部，浓密的棕色卷发飘在身后"。然而，他的注意力却转向了另一个女人，"她波浪般的金发反射出点点光芒，鲜红的嘴唇与彩色连衣裙的明亮色调相配，与洁白的牙齿形成对比，清澈的蓝眼睛映衬着她可爱的笑容"。M有了情敌——梅新的爱慕对象弗洛伦丝·德弗里斯（Florence DeFrees），她有着大理石雕塑般的古典女性气质。

这个夏天，罗洛在纽约只待了不到两个月，但回到兰辛时，却已然变得更为专注、自信和从容。他承认，在暑期课程开始前，他始终"'漠不关心'——有些愤世嫉俗"。1935年9月，他已准备好为世界做出伟大真实的贡献。他将这种个人的命运感与他父亲"卑躬屈膝、曲意逢迎的态度"以及"基督教青年会众的不真诚"进行了对比，而他至今仍然能在自己身上发现这两种特质，并试图将其"彻底根除"。矛盾的是，这意味着他必须致力于以真诚的精神重塑基督教青年会和人民教会："我是否寻求为上帝服务？让我通过服务学生、做好我的工作来达成这一目标吧。"

这就是罗洛在9月说的"侍奉上帝"的意思。然而，几个月后，他对兰辛这方小世界越来越不耐烦，并急于挑战它的狭隘界限。他变得更加大胆，基于自己在欧洲的经历，而非基督教青年会最先进的教材，给学生团体做关于约会和亲密关系的演讲——"性的角色"。他继续自我教育，研究奥托·兰克的近期作品。兰克背叛了弗洛伊德，但罗洛发现他比弗洛伊德或阿德勒更令人信服，因为兰克强调个体的独特性，强调一种寻求解放个人精神和创造潜力的疗法。在兰克的启发下，梅在日记中创造了一个新的口号："勇敢地、充分地活在当下，就是把自己从过去中解放出来。"

　　梅有时会通过文学的视角来表达自己的命运感。他阅读了乔伊斯（Joyce）的《一个青年艺术家的画像》（*A Portrait of the Artist as a Young Man*），并记住了其中著名的倒数第二段，仿佛这段话反映了他最深刻的灵魂："欢迎，啊，生活！我准备第一百万次去迎接经验的现实，并在我心灵的作坊中，铸造出我的民族中尚未被创造出的良知。"乔伊斯的文字在罗洛的心中激起了叛逆的呐喊："这狂妄的傲慢——什么都要做，什么都要体验，什么都要爱——而谦逊似乎在阻止它。请保持这种反叛的傲慢吧。"他对"一切"都表现出狂热的欲望。充满吸引力的未来，"以光辉激励我前行"，激起了一种"浮士德式的渴望"。"我打算读遍所有的书、了解所有的事，"罗洛宣称，"然后，做出卓越的贡献。"他发誓尽快完成在协和神学院的学业，这样他就能够释放"内心涌现的强大力量"。

　　"这可能是有史以来第一次，"他宣称，大概是指他的个人历史，"我觉得找到了自我。"他将这一发现体验为一种超越的状态，打破了"一个人潜意识的障碍，被压抑的想法跃然而出"。也许他还记得荣格在《寻求灵魂的现代人》中令人震惊的表述："我们所理解的'模仿基督'，是我们应该复制祂的生活——如果可以这么说的话——模仿祂的圣痕（stigmata）；还是在更深层的意义上，我们应该像祂一样，过上自己真实的生活？"然而，一种持久的孤独感裹挟着他的热情，让他更需要把自己视为一个拥有特殊力量的孤独灵魂。在一些神秘的时刻，他确信自己拥有通灵的洞察力："我可以通过心灵感应，从我遇到的人的头脑中感知我的样子。"

　　梅为了分享他"真正"拥抱"一切"的体验，在基督教青年会开设了一门大胆而富有启发性的课程——"现代生活中的宗教"，每周两次。梅横跨了心理学、艺术和政治领域，专注于当代文化中最深刻且最有争议的问题。他从介绍一个个哲学家开始，从希腊哲学家讲到斯宾诺莎、康德、威廉·詹姆斯、杜威、怀特海，还介绍了威廉·欧内斯特·霍金（William Ernest Hocking）和尤金·威廉·莱曼（Eugene William Lyman）的"宗教现实主义"；然后是一个个主题单元：科学与宗教、宗教与现代文化、宗教与现代社会议题。

他把每个主题都设计得极具争议性，但辩论带来了进步和革新。他对现代艺术的生动论述，强调画家的目标是"穿透表面，描绘美本身"，不是描画事物本身之表面，而是探究其"平衡、和谐、韵律、变化和统一"。至于"宗教艺术"，他拥护康定斯基的观点，认为它不是为了描绘"宗教主题"，而是为了刻画"生命的意义"。"好的艺术作品都具有宗教性，"他宣称，"劣质的、丑陋的艺术作品是非宗教性的，不论这幅画的主题是什么。"信仰本身就带有明显的现代色彩："相信美的原则是宇宙的根基，就是对生活抱有宗教般的态度。"

"生活"包括了政治和社会，用宗教的方式来表达看似"世俗"的议题，使梅得以强调犹太教和基督教的先知传统及其与当代社会的联系。例如，在1936年，战争就是对基督教良知的重要挑战。尽管"有组织的基督教"支持战争在历史上时有发生，但他与成千上万的新教牧师和许多平信徒站在了一起，"拒绝支持战争"。在其他问题上，罗洛指出，"杰出的"新教徒支持节育，但他承认这一问题"争议很大"，而神学没有提供明确的指引。至于劳工与管理层的关系，以及资本主义的未来等核心问题，基督徒"在两种欲望之间左右为难，一种是希望保留工厂所有者的资金储备，另一种是支持工人罢工，以争取更平等的工资"。他还指出了基督教左派，尤其是莱因霍尔德·尼布尔和社会福音传统，对回避宗教的运动持有的矛盾态度。

在科学和宗教的问题上，他拒绝接受"机械论观点"，这种观点认为人类的每个行为都有自然的因果关系。相反，他指出，新科学的精髓在于，决定论只适用于"有限的人类经验领域"，而无法解释人类意识最重要的方面。至于基督教信仰中的永生观念，梅认为肉体的永生似乎存疑，但他断言，"本质上的真、善、美是永远不会消失的"。他承认，这主要是一个有关信仰和臆测的问题，但"心灵研究（传心术等）"则暗示了一些永生的迹象。

"现代生活中的宗教"这门课是综合、诠释和思考的精心杰作。虽然罗洛意识到有改进的空间，但他似乎还是很高兴。参与课程的人——既有学院的学生，也有社区的成年人——都收获了"许多观点""关于宗教的重要作用的概念""关于宗教是什么的新想法"。这给罗洛带来一种难得而纯粹的满足。"我很——享受，"他补充说，"我想他们也很享受。"

这门课程的成功巩固了梅的雄心壮志，他意识到这不仅源于天才，也源于某种疯狂。春天，当罗洛倒数着在兰辛的最后几周时，他沉浸在一场喜悦和浪漫自恋的自我反思中。他觉得自己现在"是个古怪的人——一半是恶魔，一半是天使；一半软弱而多愁善感，渴望逃避最微不足道的痛苦，一半又坚强而顽固，'罪恶不断'"。"啊，"他感叹道，"集拉斯普京[1]、雪莱、凡·高和富司迪于一身。"然而，尽管他如此矛盾、行事无度，他还是提醒自己，他已经让主管部门很满意，一位基督教青年会理事称他是"所有校园中最优秀的学生领袖之一"。最重要的是，他稳定住了家庭："唐成功了！约娜稳住了。母亲也平静下来了。"

他继续用第三人称，沉醉在一段段个人往事中，为自己的情感放纵辩护：

> 回顾过往——那段扭曲的、火山爆发般的日子！一个

1　拉斯普京（Rasputin, 1869—1916），俄罗斯帝国神父，尼古拉二世时期的神秘主义者，被认为是东正教中的伴狂者之流。——译者注

不幸的家庭——一个自卑的男孩——在欧洲度过的三年绚烂时光，在生活、心理和艺术方面都多姿多彩——然后在纽约的一年，与疾病和许多其他事情顽强对抗——接着返乡……接管一个破碎的家庭。不仅仅是破碎的家庭，还有崩溃的家人，神经质的母亲和兄弟姐妹。啊！在那样的背景下，我会自然而然地过上何种安宁的生活呢？

他称自己在兰辛的那两年是"一种苦修"和"一段奴役期"，是为整个家庭赎罪。至于他在基督教青年会和人民教会的时光："我把我的生命之血洒在了这片土地上，让它肥沃。"然而，殉道也有其价值。"我变得更强大、更坚定、更老练、更有洞察力了，"他写道，"因为我在这里艰苦奋斗过。"

梅继续反思了几天，认定他激烈变化的情绪是其创造力所固有的。"我很神经质！"他自称，但这并不是一个"毁灭性"的和"最终"的诊断。相反，它是"对某种不寻常的生活，对我这个奇怪的人的客观评价"，这就是真正的创造力的关键。任何领域的伟大艺术和艺术格调都是在克服神经症的斗争中被锻造出来的。没有神经症，就没有艺术。

对爱情的自恋幻想是罗洛神经症的另一种表现，尽管它们很难上升到艺术的高度。他在夏天与M和弗洛伦丝的交往令他在情场中更加自信，但回到兰辛后，他却很少有机会磨炼他的情爱技巧。也许正是由于缺乏新近的经验，他才在1936年5月和6月，把自己的"恋情"史描绘成"现代拜伦"一般"混乱"而"反复无常"的生活。尽管他在"宗教与现代文化"课程中批判"战后十年间异常而病态的性兴趣"，如今他却（在日记中）自豪地把自己描绘成一个寻求真爱的唐璜（Don Juan）。

然而，他认为自己是一个与众不同的唐璜，一个随时准备提供"最值得称赞的无私服务"的基督教骑士。他想到了一种独特的尝试，尽管他完全能预料到"社会对这一行为的强烈反对和大惑不解"。利他主义的最高境界是，将自己的男性身体在性爱中交给一个从未体验过男性魅力或任何形式性快感的女人。这与以其他方式奉献自己并无不同，除了这将是"一种更极致的无私——凡人很难理解"。问题是要找到一个配得上这份馈赠的女人，而在东兰辛，他只找到了一个符合他更高艺术品位的女人。弗朗西丝（Frances）有一颗"希腊式的头颅……丰满圆润的胸部和臀部"，但最重要的是，她有一种"情调、魅力"和智慧："她是我在东兰辛遇到的第一个不需要'改造'的女孩。"

这个充满孤独的内省和幻想无拘无束的世界，完全以自我为中心，使梅能够为自己勾勒出不同寻常的命运。在1936年7月28日一篇题为"关于我的神学院生涯的思考"（"Thoughts for My Seminary Career"）的日记中，他将自己重塑为一个先知。"我听到你在呼唤，弗朗西丝，我听见你在呼唤——'我能相信什么？'"他在日记中对他的新欢窃窃私语，"弗朗西丝，我将甘愿为你找到这些答案。"9月初，当他在科罗拉多州休假时，这种对命运的憧憬达到了高潮，他宣布自己的人生目标：

> 我明确感到宗教和现代文化领域有一项崇高的工作在召唤我。每当我疲惫或虚弱的时候，我都期盼着那项工作。我必须做好准备。现代文化呼唤我，我们正站在重生的门槛上——在艺术、心理、文学、哲学和政治等领域，还有宗教领域。但宗教尤其需要领袖。我正适合做那个领袖。我感受到了召唤。我要做好充分的准备，然后我们拭目以

待。我们最需要的就是宗教启蒙和领导。世界在呼唤——我必须付出。

我将成为一个伟大的继承者——继承惠特曼、易卜生、凡·高、阿德勒、金克尔[1]以及兰克和荣格等等。

我听到所有这些人（朋友和受辅者）都在呼喊：带我走向美丽、智慧而美好的生活方式——让我看到并爱上一个善良的上帝。

而全世界的人都在借他们之口呼唤。我爱他们——我爱所有人——我将给出一个答案。我自己不再需要什么——这是为上帝而做的工作。

1936年9月，罗洛·梅回到曼哈顿，去协和神学院完成他的学业。

---

1 金克尔（Fritz Künkel，1889—1956），德国精神病学家、心理学家，阿德勒最有名的学生之一。——译者注

第九章 "伴侣的选择"

如果说 1936 年夏天，科罗拉多州的广阔风光激发了梅对未来的幻想——这幻想如同西部的天空一般清澈无垠，那么，回到曼哈顿和协和神学院的生活则呈现出更冷峻的现实。"回到这座城市没有让我欣喜若狂，"他在日记中反省道，"我的目标太崇高了，而这座城市太丑陋了。"与埃尔玛·普拉特共度的"激情之夜"，确实让他重温了在欧洲经历的"创造性、自由、激情、真诚、戏剧性、有趣"的时光。相比之下，协和神学院的生活则显得"了无生气"。罗洛抱怨说，他上了太多的课，而这些课对他却没什么用。

不过，其他方面的情况正在好转。梅已经在基督教青年会的圈子里赢得了创新咨询师的声誉，他因此收到了一份邀请——1936 年 12 月，在三年一次的大学教会工作者会议上发表演讲。几个月后，他的演讲以"学生咨询的艺术"（"The Art of Student Counseling"）为题发表在《基督教教育》杂志上，为精神生活领域提供了一种别出心裁的咨询形式。他将咨询的"核心奥秘"定义为如何改造灵魂。他将咨询想象成一种神职，而牧师/咨询师拥有"某种作用于人格深层的恩典"。梅解释说："上帝赐予了我们恩典，使我们能够理解他人的问题。"这在本质上是一个超越科学分析的"宗教"过程。当实践者"'开始'进入咨询的奥秘时刻"，他便进入了一个"全然共情"的境界，在这一境界中，他会"透过那些惊恐的眼睛来观察事物"，变成"那些结结巴巴说话的人"。这种"出神的"共情类似于一种宗教体验。"你会感觉自己神奇地离开了自己的身体，"他写道，"进入了这个学生的身体……你会感觉到他的痛苦和绝望——当他告诉你，在农场他父亲是如何打他的时候，你会感到每一击都打在你自己的身上；当他描述他在高中时是多么害羞时，你能感受到那种羞怯仿佛一把燃烧的刀子，带着他曾经经历的悲伤，刺穿你的神经。"

哈利·博恩（Harry Bone）博士当时就在听众席上，他对梅的大胆演讲印象深刻，并邀请梅参加 1937 年 3 月由哥伦比亚大学基督教学生委员会主办的研讨会。他们做了一场题为"个人生活的宗教资源"的讲座。此前，梅没有见过比他大十岁的博恩，但他们似乎注定要相遇。20 世纪 20 年代，博恩作为一名自由派基督徒开始了他的职业生涯，并广泛参与了关于性、青年和婚姻的公开辩论。作为婚姻和性咨询方面的专家，他与格蕾丝·劳克斯·埃利奥特一同为基督教青年会赞助的大学男女关系委员会服务。他们领导的小组讨论涉及宗教、婚姻和性的各个方面，并于 1929 年发表了他们的研究成果——《青年的性生活》（The Sex Life of Youth）。梅在基督教青年会学院学到的许多东西，都来自这本书以及埃利奥特本人。这本书的主要章节包括"人类的性饥渴""订婚前的岁月""复杂的因素""爱抚""自慰""伴侣的选择""订婚期间""何时结婚""宗教与性"。

《青年的性生活》虽然篇幅短小，却有着丰富的心理学、人类学和社会学理论，几乎将两性关系和性行为的各个方面都相对化了。它鼓励人们通过婚姻中的健康性行为来促进男女之间的亲密和成熟。这本书不赞成自慰，但只是因为自慰孤立了个人，并滋生出婚姻中不切实际的性期望。至于同性恋，埃利奥特和博恩支持同性之间的"亲密友谊"，但称同性恋是一种后天习得的不幸行为。他们建议人们摒弃同性恋的欲望，去体验异性恋的爱情和婚姻的全部欢乐。他们还用历史视角的进化论来支持女性近来获得的自由："我们所了解的'男性化'和'女性化'特征并不是天生的，而是几乎来自训练和环境的影响。"博恩和埃利奥特在参考书目中没有列出一本"宗教"书，而是推荐了现代性别和性学作品中最重要的作者：哈夫洛克·蔼理士（Havelock Ellis）、玛格丽特·桑格（Margaret Sanger）、爱德华·卡彭特（Edward Carpenter）、玛丽·韦尔·丹尼特（Mary Ware Dennett）和本·林赛（Ben Lindsey）法官。

到了20世纪30年代，博恩扩展了他对"宗教工作"的看法，将心理治疗纳入其中，并在巴黎师从奥托·兰克。兰克是弗洛伊德圈子里的背叛者，他提倡的疗法注重在分析师与患者之间建立更自由的对话关系，并坚定地专注于"此时此地"。与弗洛伊德不同，兰克在性方面也有些激进。事实上，博恩还是他的学生时，兰克就已经与阿娜伊斯·宁（Anaïs Nin）有了婚外情。宁是亨利·米勒（Henry Miller）的情人，也是她所在的艺术家和作家圈子里的情欲日记作者。博恩效仿他的老师，试图勾引宁，但兰克警告他不要这么做。尽管宁欣赏博恩"高高的眉骨、含笑的双眼、美式的风度"，也渴望"彻底征服博恩"，但他们从未成为恋人。

梅和博恩的合作在诸多方面都意义重大。梅更多地了解了兰克的理论，后者认为神经症源于被压抑的创造力，并在治疗过程中强调"此时此地"的对话——所有这些都将成为梅后来的治疗方法中的关键方面。在20世纪30年代后期的各种危机之中，梅也成了博恩的患者。最终，与博恩的关系让他在自由主义宗教圈子里获得了一定的声望，尽管他尚未取得协和神学院的学位。没过多久，他就收到邀请，为东海岸的教会团体举办关于学生咨询、爱情和婚姻的讲座。有一次，特拉华州威尔明顿的基督教女青年会邀请梅为一门"年轻人"课程——"思考婚姻"——做主题演讲。在大多数方面，罗洛提供的都是常识性的建议。正如当地报刊的头条所写："基督教女青年会课程中的年轻男女被建议，不要仅仅为了让女性做饭或让男性提供支持而结婚。"梅以《青年的性生活》为指导，告诫人们不应当有"婚礼成就婚姻"的浪漫想法，他指出，男人与女人成功的婚姻建立在日常生活的细节之上。他的见解主要反映了自由派基督教圈子里的普遍观点。他指出，历史上曾存在多种形式的婚姻，但直到最近，婚姻才使女性从属于男性。如今，女性"所处的地位有别于 19 世纪。她们显然已经获得了解放"，她们有选举权，可以获得与男性几乎相同的教育，并且"可以在婚姻中建立真正的合作关系"。梅强调，解放和大致平等并非使女性和男性完全等同，他们在基本的生理、心理和气质上是不同的。"女性无法踏入男性所在的众多领域，并和男性做得一样好，"他指出，"而在女性的领域中，男性也无法与女性旗鼓相当。"然而，梅自信地断言，作为个体，他们会更清楚地了解彼此。

梅在探讨婚姻问题时表现出的从容和权威，可能会让听众认为，梅自己的亲密生活——不论已婚还是未婚——也充满了类似的理性与自信。当然，事实并非如此。1936 年 9 月，梅回到纽约，继续困扰于性、女人和他自己的行为，困扰于"婚姻决定"（他这样称呼它）对其在世使命的影响。每个月，他的生活中都上演着各种各样的浪漫、幻想和恐慌。他遇到了旧爱，却觉得她们不够好。在他想象中的伟大使命的阴影下，玛莎带来的是"茫然的失望"，而弗洛伦丝"对去年夏天琐事的歪曲叙述"也未能"鼓舞"他。他比她们更加成熟吗？失望之情并没有阻止他在几杯酒下肚后，与弗洛伦丝进行"性放纵"（可能是"激烈的爱抚"），尽管第二天他感到自我"厌恶"。"那些东西是不必要的，"他反省道，"除了破坏我内心的安宁之外，几乎毫无价值。"基督教骑士的性爱就到此为止吧。现在，性成了他的绊脚石。罗洛要做的是征服世界，他发誓要过上"一种自主的、从容的、在自身创造性冲动下前进的生活"。

然而，激情压倒了罗洛的英雄誓言。在接下来的两年里，尽管专业领域的成功增强了罗洛在公众面前的信心，但他仍然被爱情所折磨。他寻求婚姻生活带来的日常回报——性亲密、稳定、陪伴，以及成为对方生活中最重要的人，这些正是他在演讲台上向他人展现的关系所包含的元素，但是与谁步入婚姻，付出什么代价呢？有一种代价是他不会付出的，那就是和一个会挑战他的女人在一起，不管约会时他感受到多大的吸引力。这些男性常见的欲望和恐惧，被罗洛与他生命中影响最大的女性——他的母亲和姐姐露丝——的混乱关系所加剧。露丝和玛蒂也是不幸的女性，她们的生活被社会强加于她们的限制所摧毁。即使在当时，罗洛可能也是同情她们的，他被那些聪明而情感丰富的女性所吸引，但又害怕陷入同样熟悉的抑郁和绝望。

这也许可以解释，为什么罗洛最初被玛莎吸引，而最后拒绝了她。这可能也是他再次见到弗洛伦丝时，起初反应冷淡的原因。弗洛伦丝是一个有些拘谨和矜持的女人，似乎不太需要他的密切关注。罗洛与她在一起更有安全感，尽管他害怕卷入其中，也担心她不能分享他那自由而充满创造性的世界。在埃尔玛·普拉特家度过那一晚后，他开始思考，他是否只是受到了弗洛伦丝的性吸引。他发现她在智力和情感上都很"单调乏味"。他对她的感觉，是"将她视若孩童一般的某种同情，对她的'可爱'的某种认可，还是一种强烈的怜悯"？几天后，这种犹疑的惊人原因浮出了水面。弗洛伦丝的某些特质令他想起了"母亲那种马虎、缺乏勇气的习性"！要是他娶了她，而她真的变成像他母亲那样怎么办？他惊呼道："易卜生之笔也描绘不出那种悲剧的质感！"他要"慢慢来"，不让她挫败他那"老成、勇敢、自由的自我，不管他是否犹豫不决"。

在某种程度上，梅可以通过降低择偶的重要性来解决这些冲突。他承认，徘徊在"其意识边缘"的感觉是，他"生命中的使命是工作"，婚姻应当服从于他的使命，"在这种情况下，弗洛伦丝就可以了"。尽管如此，他还是对弗洛伦丝做了一番强迫性的评价，一如他惯常对自己做的那样。她"在身体层面"合格了，用罗洛的话来说，"轻而易举"。"在智力层面，"他指出，她"差强人意"。她"和我有共同的兴趣和学习领域，有共同的语言，等等"。至于她的精神生活，"她很优秀——兼具我的理想主义和崇高的无私精神，而且她会像所有人一样，极大地推进我的工作"。对罗洛这样一个心怀使命的人来说，弗洛伦丝似乎是一个完美的选择——也许太过于完美了。

当然，梅摇摆不定的观念更多与他自己的内心冲突有关，并非与"真实的"弗洛伦丝有关。她并不是罗洛心中所想的那种"单调乏味"的人。她出生于弗吉尼亚州诺福克的一个富裕家庭，毕业于伦道夫-梅肯女子学院（Randolph-Macon Woman's College），然后搬到纽约，在哥伦比亚大学教育学院获得硕士学位。她修读了哥伦比亚大学和协和神学院的课程，为从事宗教教育事业做准备。弗洛伦丝还参与了工会活动和跨种族理解委员会。她向罗洛展现了她的美貌、智慧和活力，但这一切都被她在南方教养环境中形成的矜持和顺从所过滤，几乎被掩盖了。与M不同，弗洛伦丝允许罗洛在某种程度上支配自己，尽管她努力保持自身的意志。

爱情为这样的女性带来了特别的挑战。1937年2月，弗洛伦丝向一个朋友坦言，自从"幸运或不幸地坠入爱河"以来，她一直感到深深的困惑。她觉得自己称之为"不幸"是在"亵渎"。它更像是头脑与心灵之间的冲突——"我一直生活在情感层面上，而我的理智生活受到了压抑"。她觉得自己瘫痪了。"从现在开始思考和计划未来的可能性，这对我来说太难了，"她抱怨道，"这意味着我没法再为自己想象一种不同的职业，而明年或后年的任何工作都成了某种权宜之计——对我来说，这几乎和我们两个天各一方的念头一样令人难以忍受。"就在当天下午，冲突已经显而易见。一名来自纽约州奥尔巴尼的牧师希望她担任他所在教堂的宗教教育主任，但是，他希望她能够承诺两年的任期。弗洛伦丝爱上了罗洛，又想着早日结婚，于是放弃了这一考虑。尽管她与罗洛之间存在"困难和误解"，但弗洛伦丝还是做出了许多牺牲，因为她感觉到，在每一次疏远之后，他们都"巩固了感情基础，建立了更深的关系"。

那么她是如何形容罗洛的呢？他是"一个可爱的人，在很多方面都很迷人"。他"极具艺术修养"，"在智力方面与我相当，或更胜一筹"，而且他是一个"虔诚的人，能够强烈地感受到神的召唤，但对于牧师职业的本质以及他作为牧师将如何行事，却有着激进的诠释"。"亲爱的，我爱他，"她在写给一个女性朋友的信中说道，"我可以毫无保留地告诉你，一想到他，我就再也感受不到那种令人沮丧的渴望和心痛了。"

有时，距离有助于缓解他们关系中的压力。1937年夏天，罗洛担任缅因州斯托宁顿一所教堂的临时牧师。他给弗洛伦丝写了一些好笑的信，语气就好像他们已是夫妻，主要是嘲讽那些教徒对他天马行空的想法和关于牧师的"激进诠释"充耳不闻。他画了一系列水彩画，描绘了教会生活的荒唐本质，还写了一部关于牧师生活的"短剧"。剧中主角是一名新上任的公理会牧师梅（打着一条颜色鲜艳的领带），他发现自己被两个老妇人和一个年轻女孩包围。她们请他唱歌，当他拒绝时，她们告诉他，传教士总是（"在镇上穿着比利·桑戴[1]式的套装，聚在一间写着'全福音传教公司'字样的谷仓里"）为她们表演。他答应了，但唱的是《逐一劝导》（"Win Them One by One"），而不是她们要求的《为流血的耶稣而战》（"Fighting for the Bleeding Jesus"）。他唱错了所有的高音，而且还跑调了。在短剧结尾，牧师梅退场，走向了大海。他"点了一支烟，望着大海"，剧本中写道，"他

1　比利·桑戴（Billy Sunday，1862—1935），美国福音传道者。——译者注

思考着生活的无限变化、严肃和愚蠢，畅快地抽了一会儿烟"。罗洛的戏剧只是温和地表达了他对一些教民的蔑视。他向弗洛伦丝喊道："天啊，如果这就是牧师的工作内容，我应该赶紧离开！"

回到纽约后，罗洛对弗洛伦丝的态度又矛盾起来。他会盯着其他女人看，甚至偶尔会风流一番。"我并不深爱弗洛伦丝，"他在1937年12月坦言，"否则这些暧昧都可以避免。"与此同时，他又难以抑制地想要完全占有她，控制她的每一个想法。一想到别人会影响她，他就怒不可遏。他最强烈的嫉妒集中于弗洛伦丝对劳工和"跨种族"事业的承诺。他纠结于弗洛伦丝与一名劳工组织者的特殊关系，尽管她断然否认，但他确信他们已经发生了性关系。虽然他自己也同情社会主义者，但他对劳工运动产生了一种"奇怪的敌意"，并意识到他对她的嫉妒和复杂感情激发了一种自恋的偏执，以为左派势力要来对付他。"我有种感觉，他们会把她带走，"他反思道，"可是我自己不愿照顾她。"他想象着激进分子会引发"道德混乱"，并"利用"弗洛伦丝。他甚至在阅读《共产党宣言》时感到不适。他们首先会带走弗洛伦丝，然后会"拿下"他，因为他在"这种个人主义、这种哲学"上浪费时间。他担心，如果革命来临，"我会被击垮"。

罗洛感到反复无常，犹豫不决，自1932年和1933年参加阿德勒的研讨班以来，他第一次接受心理治疗，这次是哈利·博恩担任治疗师。梅和博恩的会谈表面上聚焦于"婚姻决定"，但在博恩的指引下，他意识到自己的冲突有多严重。而且，他生动地理解了移情的现实。首先，他意识到自己在调整对话，以赢得博恩的道德认同，希望从分析师那里"获得结婚的决断"，尽管他在咨询室外的感觉完全相反。随着治疗的深入，博恩帮助他看到，他把弗洛伦丝与他母亲混在了一起，"我对弗洛伦丝的蛮横态度——毫无根据的嫉妒，甚至对她的态度和兴趣，都体现了我想要她完全听命于我"。

1938 年 1 月的头几个星期，罗洛无法摆脱他的嫉妒之火。后来，他似乎经历了一次突破。一天晚上，他梦见两个女孩带他去聚会，其中一个是"帮派"成员。那个"帮派"成员跟他回了家，他让她躺下睡觉，而自己躺在另一张床上。突然，她出现在罗洛的床上，身体"上下起伏"，"阴部紧贴着我"。她吓坏了他。罗洛觉得她有性病，而他没有避孕套。"和她发生性关系的念头，"他回忆当时的感觉，"在我看来似乎非常邪恶。"他还回忆起，梦中"她改了名字，而且是外国血统"。尽管如此，他还是感到一种迫切的性冲动，考虑"要不要回家"拿避孕套。结果，他醒来时发现是一场春梦。

那个梦使他次日一整天都很不安。他无法解释，也害怕它的含义。那天晚上，他像往常一样虔诚地祈祷，祈求上帝为他指明"正途"。他在日记中回忆道："突然体验到一种感觉，来自上帝的一句话，说我应该得到安宁，我没必要如此努力，我的努力实际上是一种傲慢。然后，祂接过了我的重担；我感受到了安宁，无论是对自己还是对弗洛伦丝；那种愚蠢的嫉妒不再困扰我，从夜晚到早晨我都享受着安宁。"

然而，这种"安宁"很快就销声匿迹了，因为他内心对结婚的辩论卷土重来。各种各样赞成的理由占了上风。他在 1 月 30 日写道："昨晚，我觉得我确实想和她结婚：（1）我想和人结婚；（2）那样的话，我就可以更好地工作。"有时，他会感觉到对她的浪漫爱意，比如当他和弗洛伦丝沉浸在唐人街节日的喧闹中——"我这辈子还没哪个下午玩得这么开心过！"第二天，他撕掉了他曾爱过的女人的照片（贝茨·洪纳的除外）。十天之后，就在他每周与哈利·博恩会面的前一天，他又开始对她那个劳工组织者男友耿耿于怀："我的脑海中升起了可怕的情绪，幻想带来了嫉妒！"与博恩的会面结束后，罗洛陷入了更深的不安之中。他发誓要在结婚之前克服他的神经症，但这些勇敢的话语都变成了自怜的哀号：

> 上帝啊，我没有要求出生！生在那个家庭并不是我的错。我身陷泥潭。我并非（出于）邪恶，才让弗洛伦丝受罪，才让彼此纠缠不清。我在生活中徘徊，渴望活出自我，却不知如何是好，性会悸动，而 28 岁的我依然孤独。我找到了一个爱的人，结果却不太对劲。上帝啊，请把书本、艺术和所有东西都烧毁吧！我不会再祈求变得伟大或与众不同。我会放弃一切。让我做一个简单的男人，爱上吾妻。

然而，在春天的某个时候，他决定摆脱弗洛伦丝。"你在计划你的未来，没把我考虑在内，不是吗？"他漫不经心地在一封闲聊的信中提到。第二天，他写信给她，感谢他从她那里学到的一切，仿佛他们的关系已经走到尽头。

这一切都快把弗洛伦丝逼疯了。"我不相信我生来就是为了承受你给我的压力，"她写道，"我像笼子里的松鼠一样团团转，找不到出路。"让罗洛感到不安的是，弗洛伦丝越发冷淡地接受了他的判断，认为这段关系不合适。"我深深地感谢这一切的发生，"她在分手提议信中写道，"我被肉体交配的强烈体验蒙蔽了双眼，觉得我们在所有的层面上都达到了相同的和谐。我现在明白了，要实现这一成就还有很多事要做。"

弗洛伦丝的同意似乎产生了魔力，暗示在梅对她不客气的时候，她可能也会以牙还牙。不到一个月，他们就定下了结婚日期。1938 年 6 月 5 日，他们结婚了。梅并未对他的反复无常做出任何解释。

第十章　保罗·蒂利希

　　罗洛·梅需要一个新的榜样和向导，一个全方位的导师，一个可以理解并塑造他的使命的人。根据他自己的乐观估计，他的"成长"早已超越了厄尔，甚至超过了巴克·韦弗和查尔斯·韦杰——他在大学时最敬爱的老师。他需要爱，需要亲密，需要一个勇敢而全新的父亲角色。保罗·蒂利希成了那个人选，尽管他们的关系花了些时间才建立起来。蒂利希和梅被彼此的爱好、个性和朦胧的情欲关系所吸引。他们都热衷于探索现代境遇，热衷于从艺术、科学、哲学和神学各个方面来进行观察。梅对心灵和灵魂大胆、不受拘束的探索，在与蒂利希的对话中第一次得到了有效的实现，这种对话一直持续到1965年这位神学家去世之时。蒂利希和他的妻子也示范了一种实验性的、有时是折磨人的性冒险，尽管没有解决罗洛与女性之间关系中的问题，但这种冒险在某种程度上引导了他。

　　1934年1月，梅和蒂利希不期而遇。圣诞节假期，罗洛正要离开空荡荡的黑斯廷斯学生宿舍（Hastings Hall）时，看到了一个"迷茫的"身影向他走来，然后为这个人指了路。这个陌生人的容貌令他震撼，"有着一颗狮子头，浓密的头发遮住了高高的前额；面色红润，面部并非由曲线勾勒，而是由平面构成，好似塞尚的肖像画"。不久之后，他看到了一张海报，上面预告了保罗·蒂利希的一系列讲座。蒂利希来自德国，刚刚加入协和神学院的教师队伍。"他的名字对我来说并不重要，"罗洛在多年后写道，"但是那些标题——'精神分析的精神内涵''现代艺术的宗教意义'——还有卡尔·马克思和共产主义，以及当代文化中的其他重要方面，让我激动不已。"梅和十七八个同学参加了讲座，同时参加的还有数量差不多的教职工。令他惊讶的是，站在讲台上的正是他在宿舍楼里帮助过的那个人。与此同时，蒂利希已经在第一节课的学生中注意到了他，并评论了他那张有趣的脸。

这种感觉上的化学反应，帮助他们跨越了身份、年龄和文化之间的鸿沟；而蒂利希在使用新语言时偶尔令人羞愧的笨拙，也起到了同样的作用。有一次，蒂利希说"情趣和驯服"（spice and tame），引起了学生们的尖叫，于是他把这个短语改成了"驯服和情趣"，而他实际想说的是"时间和空间"（time and space）。在笑声中，蒂利希那张令人难忘的脸涨得通红。罗洛给他写了一张便条，解释了美国人的不拘礼节，并向他保证，他们的笑声并不是在嘲弄他。蒂利希找到他，告诉他那张纸条让自己如释重负。

从这些入门的讲座开始，蒂利希对梅的思想影响就显而易见了。正如罗洛在 1934 年春天的日记中所写的那样，蒂利希认为人们需要心理学的洞察力才能"找到我们真实的存在"，而这消解了罗洛心中隐约感到的关于心理学与宗教的冲突。在蒂利希所讲的"无条件的"领域，罗洛为自己最深切的超越时刻找到了归属。这种早期的吸引力、友好，以及对重新定义超越（transcendent）的共同热情，预示着这将成为两人之间的重要纽带。

尽管蒂利希和梅所处的文化和年代差异甚远，但这些天生的共同倾向还是将两人联结在了一起。蒂利希比梅年长 23 岁，1886 年出生于柏林附近，父亲是一个路德教会的乡村牧师。随着他父亲在德国教会中的地位不断上升，全家搬到了柏林，小保罗的世界也变成了普鲁士贵族的世界。在这个特权的世界里，蒂利希展现出了一种想象力、脆弱性和同情心，而这通常与"普鲁士人"这个词毫不相干。这是一种历经创伤之后的敏感。1903 年，也就是蒂利希受坚信礼的第二年，他深爱的母亲去世了，这让蒂利希伤心欲绝，以至于他直到晚年才提起母亲。

这种忧虑使蒂利希重申了对教会的承诺，即使过程有些曲折。蒂利希在柏林、图宾根（Tübingen）和哈雷（Halle）学习神学，并决定成为一名神学家。很快他坠入爱河，并于1914年9月28日结婚。然而，和其他数百万人一样，蒂利希井然有序的生活被第一次世界大战打断了。婚后第三天，他应征加入德国军队，成为一名牧师。在战场上，他为死者祈祷，帮忙挖掘坟墓。然而，战争很快就开始对他造成损伤。1916年5月，他所在的部队加入凡尔登战役后，他写信给父亲说："地狱在我们的周围肆虐。这是难以想象的场景。"在接下来的几个月里，他多次因压力过大而崩溃。"我总是有一种直接而强烈的感觉，我已经不在人世了。"他在给一位友人的信中写道。唯有在发现了尼采的《查拉图斯特拉如是说》之后，他才重获信仰，尽管这种信仰彻底背离了传统的路德教。他写道："通过思考因信称义的观念所得出的逻辑结论，我早就想通了无上帝之信仰的悖论。"

蒂利希生活中的黑暗混乱仍在继续，当他回到家时，面对的是一个不忠的妻子，一个遭遇200万士兵死亡、数百万人伤残、军事失败和政治革命的破败之国。然而，他和德国很快就都走上了新的道路。他与妻子离婚，开始了新的性探险。德国持续不断的文化动荡，不仅丰富了蒂利希充满活力和探索性的性生活，而且促使他投入文学、音乐、绘画和舞蹈等现代主义新文化的怀抱。他的学术生涯始于柏林大学，这所大学是魏玛共和国先锋派浪漫主义的中心，这也帮助他投身于这个实验性的世界。

蒂利希在他周围聚集了一个被称为"凯洛斯学圈"（Kairos Circle）的团体，这个名称源于他最经久不衰的一个神学和历史学概念，也是梅后来精神发展的一个核心。与本质上毫无意义的线性时间"克洛诺斯"（chronos）相反，"凯洛斯"在古希腊语中表示一种性质上更具意义的时刻或机会。在基督教中，它用来表示神圣干预或显化的重大时刻。蒂利希的用法更具历史色彩，他认为"凯洛斯"是指这样一个时期——社会变得动荡，神和魔鬼的力量可以从根本上改变人类意识和社会。这个概念总结了他对战后 20 世纪 20 年代的感觉，即神圣复兴和抵御恶魔般灾难的特殊时刻。

这些宏大的元历史概念倾向于抽象，而不太观照世俗之事，甚至在神学家之间，蒂利希的"凯洛斯"概念的确切含义自 20 世纪 20 年代以来也一直存在争议。然而，蒂利希的意图在他的《宗教状况》（*The Religious Situation*）一书中得到了生动的体现，这本书批判了现代社会将精神生活寄托于当代音乐、舞蹈、文学和绘画的现象。该书的核心在于追寻精神上的统一，这种统一能够使这个因资本主义和粗制滥造的科学变得物质和有限的世界重现魅力。蒂利希称赞尼采、斯特林堡[1]和凡·高为这一事业中的"三豪杰"。他认为，这些作家和艺术家比许多"宗教"作家或画家更好地捕捉到了"宗教"愿景。他指出："塞尚的一幅静物画或凡·高的一棵树比乌德（Uhde）的耶稣像更具神性，这并不夸张。"像奥托·迪克斯（Otto Dix）这样的德国表现主义画家和恩斯特·托勒尔（Ernst Toller）这样的作家，"揭示了社会环境中的魔鬼崇拜"，朝着"充满信念的现实主义"状态迈进。

蒂利希在现代文学和表演中也发现了神圣的意义。一些诗人，比如莱内·马利亚·里尔克[2]"直接转向了宗教"，而斯特凡·格奥尔格[3]"强烈抗议资本主义社会的精神，因为它将所有事物都还原至相同的水

---

1 斯特林堡（Strindberg，1849—1912），瑞典作家、戏剧家。——译者注

2 莱内·马利亚·里尔克（Rainer Maria Rilke，1875—1926），奥地利著名诗人。——译者注

3 斯特凡·格奥尔格（Stefan George，1868—1933），德国著名诗人。——译者注

平、相同的肤浅和精神贫瘠"。现代舞蹈，以德国舞蹈家兼编舞家玛丽·魏格曼（Mary Wigman）对亚洲和非洲文化的表现主义的借鉴为例，通过"为空间赋予内在内容和结构"的集体舞以及"试图揭示形而上意义的富有表现力的姿态"来攻击个人主义。

在个人道德和伦理层面，尤其是爱情、性和婚姻方面，蒂利希再次意识到，有必要彻底改变那些已沦为伪善的做法。现代社会的婚姻已经被新教教会剥夺了神圣的特质，充斥着虚伪、冷漠和不忠。在爱情中，就像在艺术中一样，本真性至关重要。然而，在资本主义社会中，爱情是难以实现的。他谈道："在爱情及相关领域中，自给自足的有限性所带来的痛苦，在无数个体的悲惨命运中显现出来，我们需要突破有限，达至超越，在此基础上重建性道德。"

蒂利希践行了他的主张。自由恋爱在魏玛先锋派中相当普遍（无论蒂利希是否为其赋予了崇高目标），因此他的第二次婚姻——1925年与汉娜·维尔纳（Hannah Werner）的结合——建立在对自由和实验的承诺之上，也就不足为奇了。几乎从他们结婚之日起，两人就公然开始了婚外情，试探着自由恋爱的极限并挑战资产阶级生活中的其他禁忌。然而，对蒂利希来说，寻求身体上的亲密和"突破"，似乎既是一种行为准则，也是一种强迫行为。蒂利希有意识地将性自由和艺术自由理想化，以此来掩盖他母亲和深爱的妹妹的死亡、战争岁月以及第一任妻子的背叛所带来的情感重创。

蒂利希在法兰克福大学度过了他在德国的最后几年，结识了马克斯·霍克海默（Max Horkheimer）、西奥多·阿多诺（Theodor Adorno）以及法兰克福学派的其他人。对蒂利希和法兰克福学派来说，1933年春天希特勒上台对他们的生死存亡构成了威胁。这对犹太学者和像蒂利希这样的左翼政治人士来说无疑是一场灾难。在纳粹统治的第一年，就有1684名学者被大学停职，蒂利希便是其中之一。1933年5

月 10 日，他眼睁睁地看着一群纳粹暴徒在法兰克福将犹太人、共产党人、社会主义者和其他遭新政权蔑视者的著作付之一炬。他自己的作品也在焚毁之列。

当纳粹接管德国的大学时，协和神学院和哥伦比亚大学伸出了援助之手。协和神学院的教职工以最大度的姿态，投票决定拿出他们工资的 5% 来聘请蒂利希。11 月初，蒂利希抵达纽约。他忐忑不安地接受了这个邀请，因为他和其他欧洲人一样，以为美国是一片粗俗和反智主义的土地。他在德国的职业生涯正如日中天，却被迫流亡国外。然而，他怀着一种尼采式的激情，开始重建生活；在发现自由派新教徒和美国更自由的宗教文化比德国更乐意听取他的激进观念之后，他更是心潮澎湃。不过，汉娜和保罗的个人癖好令其周围的人有些不安。让同事们大为失望的是，这对夫妇经常在市中心观看滑稽表演，在哈勒姆区观看更具异域风情的性表演，并举办"魏玛"风格的颓靡派对。

正是在 1936—1937 学年间，梅和蒂利希之间非正式的导师关系发展成了一种意气相投、亲密而广泛的关系。他们一起谈论艺术、心理学和政治。虽然蒂利希仍旧是老师，但梅与阿德勒（1937 年突然去世）和宾德尔（定居纽约）之间的交往和友谊，以及他热烈的美国中西部式的纯真，都吸引着这位见多识广的欧洲导师。蒂利希将梅介绍给了一群杰出的流亡知识分子，包括马克斯·霍克海默、西奥多·阿多诺、库尔特·戈德斯坦（Kurt Goldstein）、欧内斯特·沙赫特尔（Ernest Schachtel）、赫伯特·马尔库塞（Herbert Marcuse）、艾里希·弗洛姆和弗里达·弗洛姆-赖希曼（Frieda Fromm-Reichmann）。不论是法兰克福学派的成员、格式塔心理学家、新马克思主义者，还是科学家，他们都和蒂利希对现代性有着相似的批判，强调在资本主义和实验科学的主导下，统一和人性化的存在观已然衰落。

　　不出所料，蒂利希同意指导梅的神学荣誉学士论文《现代心理治疗与基督教神学关于人论的比较》（"A Comparison of Modern Psychotherapy and Christian Theology in Respect to Doctrine of Man"）。虽然这篇论文是在蒂利希的关注和点评下完成的，但它反映了罗洛自己在协和神学院课堂上积累的思想和经验，以及他在兰辛时的阅读、思考和咨询的经历。梅以清晰、严谨和独创的方式，将心理治疗理论和基督教神学相提而论，发现"心理治疗在分析人性的过程中，揭示了基督教神学的基本问题，但由于对人的理解不足而无法解决这些问题"。他认为，心理治疗出色地分析了人类"存在"状态的复杂性，而基督教确立了上帝的概念，这对于描述人类在世的真实状态是如此"重要"：它描述了"存在的根本张力"。这就是蒂利希所说的"无条件的命令"（unconditioned command）和人类生活中有限的"存在性"事实之间的冲突。

　　梅通过回溯"心理治疗的根源"——自希腊人意识到人类客观和主观之间的分裂起——开启了他对宗教和心理学的比较。他快速地介绍了卢梭和尼采，以及他们对非理性和个体的赞美，然后提出了19世纪生活的割裂，尤其是科学、市场和工业化导致的结果。梅引入了弗洛伊德、荣格、阿德勒和兰克的革命性见解，因为他们试图将非理性的复杂性和完满性重新注入对人性的理解。梅认为，弗洛伊德对无意识和基本精神分析理论的"发现"是最深刻的，尽管弗洛伊德的决定论和将宗教拒斥为幻觉的观点似乎有所局限。阿德勒提出的家庭和社会的分析框架被证明是更有用的。与此同时，梅也发现，弗洛伊德关于本能和文化之间不可避免的冲突的核心思想，比阿德勒的乐观看法更有说服力。奥托·兰克则通过强调创造力，以及对内疚和创造力之间关系的洞察，为人性的精神分析描述增添了一个重要的维度。荣格的理论最接近上帝的概念，但是，梅总结道，荣格的上帝最终只是反映了个体无意识与集体无意识之间的关系。

梅认为，如果没有关于人和上帝的最广泛的概念，这些对人类本性的片面解读——"力比多""权力意志""自由和内疚"，以及"个体无意识"作为"集体无意识"的入口——都是不充分的，而宗教提供了这种广泛的概念。在基督教中，亚当的堕落开启了人类存在的基本张力，这是基督教的人论之核心。人犯下罪孽，却渴望救赎。人本不配得到恩典，但当恩典降临时，却医治了他的罪。它将人与无限重新联系起来，在上帝命令亚当和夏娃离开伊甸园，进入一个充满劳作、苦痛和死亡的有限世界之前，人本是无限的一部分。梅认为，只有恩典，才能够提供真正的心理健康。

梅的荣誉论文是他对宗教与心理治疗之间关系的第一份重要陈述，在概念、问题和起源方面都有新的突破。例如，他对克尔凯郭尔（Kierkegaard）的理解——他在蒂利希的讲座中了解到克尔凯郭尔，其著作刚刚开始出现英译本，其方式对美国神学来说相当新颖，尤其是精神分析的视角。协和神学院的读者认可了梅的原创性贡献，神学院的图书馆也授予其殊荣，将梅的论文与硕博士论文并排陈列。梅的荣誉论文也预示了他后来的兴趣。克尔凯郭尔和尼采这样的人物，最终为梅奠定了一个迥然不同的人生计划——从基督教本身转向存在主义。这篇论文对"人论"或"人类学"的主要关注也将以本体论的形式重新出现。因此，梅的论文既是一篇总结，也是一篇序言。

如果说这篇论文包含了梅一直关注的问题，那么它也有美中不足，预示着梅最终与基督教神学霸权渐行渐远。一位机敏的研究生朋友E.M.弗莱明（E.M. Fleming）赞同梅的基本观点，即心理治疗不同于基督教，没有发展出一种形而上学，因此代表了一种不完备的"人论"。但他不同意梅的假设，即心理治疗永远无法发展出自己的形而上学立场。他认为，梅说心理治疗提供的治愈不够完全，但这只是一种先验的论断。弗莱明争辩道："我认为，你在没有充分论证的情况下，就假定这种基督教概念框架是唯一可操作或有效的框架，这种假设过于武断了。"梅最终同意了这一点。

这篇论文极大地巩固了蒂利希与梅之间的思想纽带，反过来又使他们的关系变得更加亲密和包容。梅与弗洛伦丝的婚姻也加深了这种联结，因为蒂利希觉得弗洛伦丝很有魅力。梅夫妇和蒂利希夫妇很快就开始一起社交，年长的夫妇带头，把他们介绍给了纽约的流亡者社群，还向他们介绍了一些相似的性实验，这些性实验在纽约的艺术和知识分子圈子里很流行，但被神学院的许多人深恶痛绝。

这个方向的进展始于1938年春天，当时，弗洛伦丝参加了蒂利希在附近一所大学的一场讲座，之后两人开启了首次"真正的"交谈。蒂利希邀请弗洛伦丝在校园里散步。他在树荫下坐下来，开始就他们的会面编织一张幻想之网，并邀请她一起想象。他就像一个优秀的德国民间故事讲述者，在故事中加入了妖精、巨魔和精灵，这些预示着一个盛大的结局。正如梅在蒂利希去世后所讲述的，这位神学家请弗洛伦丝来为故事结尾。"她不是一个轻率的人，但她回应说，"梅叙述道，"我们会躺在一起。"第二天，两人都把各自的故事版本告诉了梅，梅说"很高兴他们俩都度过了愉快的时光"，并骄傲地强调他并没有嫉妒。"尽管没发生什么肢体上的接触，"梅写道，"但这是一种心理上的重演，再现了庄园领主夺去新娘贞操的旧习俗。"不论罗洛当时对两人的初次会面感受如何，他不会永远都不心怀嫉妒，也不会笃定两人后来的会面是单纯的。实际上，在情欲的游戏中分享自己的妻子，至少突显了梅在学徒生涯中的极度混乱。

第十一章 "热爱生命的宗教"

　　自从遇见阿德勒之后，梅对"宗教工作"的使命感就很少集中于牧师工作本身，而是果断地走向了与治疗的有力结合。然而在大萧条的最后几年，当梅即将从协和神学院毕业时，他已经结婚，为了养家糊口，担任牧师一职似乎成了最明智的选择。1937年底，新泽西州维罗纳第一公理会教堂通告需要一名牧师，罗洛便申请了这一职位。他布道试讲的成功——他在日记中写道，一名有影响力的教徒称这是他听过的"最好的"布道——鼓励他放下疑虑，幻想成为"一名伟大的传教士"。这为梅提供了安全感和社会地位，而这以其他方式并不易获得。心理咨询尚未成为一种职业，承诺的回报也少得多。总的来说，心理治疗还处于起步阶段，尽管梅很成熟，但他没有接受过这一领域的正式培训。如果他希望以心理学来振兴宗教，从而在宗教领域中留名，那么成为一名牧师似乎是最好的途径。他设想，除了以传教士的身份脱颖而出，他还要创办一个"'心理诊所'，或许可以指导当地的精神病院，开展相关工作——推广心理学并与人们交朋友"。

　　这般愿景来自梅对牧师职责及其可能性的长期而深刻的矛盾心理，而其中的阴暗面，已经在他创作的关于缅因州牧师梅的幽默剧中显现出来。1938年，他在一篇未发表的文章《小镇牧师的职责》(The Role of the Minister in a Small Town)中更加严肃地思考了这个问题，这篇文章同样基于他在缅因州担任牧师的短暂经历。梅描述了一个有思想、有情感、会犯错的牧师如何沦为"小镇神圣性"的肤浅象征，就像娼妓是罪恶的化身，而不是一个真正的人。他抱怨道："难怪小镇上那么多牧师都变成了瞻前顾后的变色龙。如果一位牧师想通过真正的道德行为、虔诚的上帝崇拜和诚实的基督精神为其社区做出真正的贡献，他就会拿起武器反对这个角色。"

他束装待发，接受了维罗纳教会的邀请，并于 1938 年 10 月 4 日接受圣职。在这场群星荟萃的任命仪式上，有赫尔曼·赖西格的经文课、保罗·蒂利希的布道，以及亨利·斯隆·科芬对牧师责任的传达。然而，在随后的几个月里，梅重塑教会的努力却屡遭碰壁。在政治上保守的教堂会众之间，在日复一日的行政事务当中，他感到窒息。多年后，他开玩笑说，除了在葬礼上，他很少看到"真正的上帝崇拜"。这样的氛围更促使他在布道中倡导"真正的道德行为"，其中涉及时事的布道非常之多。他进步的政治理念激怒了许多会众，比如，当他拥护西班牙的保皇党事业时，就激怒了一名在当地高中教授西班牙语的教会成员；在另一场为"郊区基督徒"的布道中，他指责听众就像他自己教堂的会众一样，在精神上停滞不前，对穷人冷漠无情。

不过，他设置的最具争议的主题也许是反犹太主义。在蒂利希和其他人的教育下，他认识到纳粹主义的罪恶，也相当了解当地的反犹太事件，便直率地谴责犹太人的敌人，无论其身处德国还是美国。1938 年 11 月，在"水晶之夜"（一场纳粹针对德国犹太人的致命的、有组织的暴乱）几周后，梅在布道中专门讲述了犹太人在基督徒手下的受害历史。他承认，这不是"最受欢迎的布道"，而是鼓励教会成员，当他们对犹太人或黑人产生偏见时，要认识到："我不喜欢他，是因为我的民族迫害了他的民族。"通过这样的自我理解和悔悟，一个人才有可能"瞥见上帝的国度"。梅还经常拜访当地的犹太会堂和友联市（Union City）附近的圣约之子会舍（B'nai B'rith Lodge）。当反犹太事件发生时，他成了犹太人的基督教支持者，成了他们在媒体和市政厅面前的保护者。在公开演讲中，他将民主的命运与战胜美国反犹太主义联系在一起，并强调了《旧约》中犹太教与基督教信仰的统一。犹太社区对他的努力深表感激，并向他赠送了一幅特别的卷轴，赞美他与犹太人民的友谊。

总而言之，尽管梅面临沉重的挫折，但或许也正因为如此，维罗纳的会众才得以激发出他身上最好的一面。当他面对当地教会的问题和权力时，他能够坦率而勇敢地将他的公众形象之梦转变为现实。书写一部关于"有思想的"牧师面临的困境的剧本是一回事，而直面挑战则是另一回事。作为一名牧师，他可以充分地参与自由派基督教的团体，以及不同宗教信仰者为了改善种族关系、促进社会正义所做的努力。30 岁那年，梅成功地从一个前途无量的学徒成长为充满活力的成年人。

牧师一职还使梅在更广泛的受众面前，树立起心理咨询创新者的形象。梅早期的文章、演讲以及与哈利·博恩的合作，已经为他在基督教青年会圈内外赢得了响亮的名声。当时，一家重要的宗教出版社——阿宾顿出版社的编辑听了梅的一次演讲，建议梅将他的讲座写成一本书。1939 年秋天，《咨询的艺术》(*The Art of Counseling*) 出版了。这是新教和心理治疗情投意合的有利时机。从 19 世纪的后几十年开始，自由派新教徒就已经被心理学所吸引，把它当作一扇精神世界的窗户、一幅灵魂的科学地图——可以在现代社会取代他们所反对的圣经直译主义。19 世纪末 20 世纪初在波士顿上演的短暂的伊曼纽尔运动 (Emmanuel Movement)，将医疗护理与基于心理学的心灵对话相结合，以治疗各种疾病。但除此之外，宗教和心理学的交会主要涉及争论超越性经验的本质、基督教传统语汇和参照系的现代化。美国心理学界的杰出人物，如威廉·詹姆斯和斯坦利·霍尔等人，都参与了这场辩论。

然而，在 20 世纪的前 30 年，尽管学术心理学决然地远离了精神和宗教问题，但心理学的词汇和方法开始渗透进教牧关怀的领域。

在这一领域中，与梅的理念最接近的是基督教青年会的专业人士哈利·博恩、哈里森和格蕾丝·劳克斯·埃利奥特。梅已经在基督教青年会学院和协和神学院体验过他们对心理疗法的激进应用，哈里森和格蕾丝·劳克斯·埃利奥特于 20 世纪 30 年代都在那里任教。此外，在更早的一代，其他试图利用心理学来协助宗教工作的重要人物也与协和神学院有过接触。安东·博伊森（Anton Boisen）的工作灵感就来自他自己和其他人的精神病发作记录；他于 1911 年从神学院毕业，开始从事各种教会工作，包括第一次世界大战期间在基督教青年会工作。严重的精神疾病发作和住院治疗中所涉及的启示性的宗教觉醒，启发他提出了注重精神因素的治疗方法。牧师约翰·萨瑟兰·邦内尔（John Sutherland Bonnell）以一种独特的方式处理精神问题，他的《教牧精神病学》（*Pastoral Psychiatry*，1938）成为神学院的标准教材。他将"精神病学"的通常用法重新定义为"治愈人类的灵魂"，并将基督教作为一种医学工具。萨瑟兰受到他父亲的启发，其父是加拿大一家精神病院的护士，对患者的工作充满了精神上的爱和教导，而他的第一次职业经历就是追随父亲的脚步。

因此，心理学活跃于宗教领域，为理解人性提供了新的工具，也为更有效的教牧关怀提供了可能。梅的《咨询的艺术》也许是第一部别出心裁之作，将精神化、心理治疗的人性观与对咨询师和来访者之间关系的深刻描述相融合。它预示着梅后来发展的存在主义视野，也展现了他后期作品的广阔视角。与哈里森和格蕾丝·劳克斯·埃利奥特所著的《解决个人问题：心理咨询手册》（*Solving Personal Problems: A Counseling Manual*，1936）相比，这本书的独特性更加明显。埃利奥特夫妇全面地介绍了该领域及其理论、方法和治疗目标。他们认为，正如梅在其荣誉论文中所写的那样，注重精神因素的心理咨询可能比传统的教牧工作更有效。然而，即使在他们探讨"咨询师和咨询情况"的时候，也没有任何病例史能够佐证他们的论述。《解决个人问题》一书远离了咨询会谈中的情绪纠葛，注重规则和框架，但欠缺"感受"。

相比之下，《咨询的艺术》则展现了一幅亲力亲为的画面以及对人性的新颖诠释。相比于精神病学或分析性心理治疗，梅忠实地接受了心理咨询的谦卑地位，尽管如此，他还是以生动的语言表达了心理咨询的戏剧性，以至于读者几乎不知道他描写的是治疗行业底层的努力。他将咨询师塑造成了一个能够综合"心理治疗技巧"的英雄角色，因为他"在理解他人的同时，也参与了自身的探险"。似乎是为了论证咨询的重要性，梅以斯宾诺莎、苏格拉底和尼采的句子作为整个讨论的引言，含蓄地表明了咨询的深刻性，以及咨询师在咨询过程中的精神陪伴。

梅没有在书的主体部分展开哲学探讨，而是立即带我们进入咨询室，描述了一段个案史："乔治·B走进我的办公室时，给我留下了非常深刻的印象。他有六英尺多高，体格非常匀称，外貌英俊。他热情地握着我的手——虽然有点过于激动，然后目不转睛地看着我，以一种缓慢而谨慎的声音说话。"乔治是一个校园反叛者，他力图改造制度和人民，同时也为了增强自己的伟大感。然而现在，他正在经历一场情感危机，从狂躁转向抑郁和极度的孤独。学校卫生官员建议他退学。梅以他自己的方法做出回应——"更深层次的心理学理解"。

梅专注于乔治对成名的热情，以及他想要支配身边每个人和每件事的"巨大野心"。他指出："家中二胎往往表现出夸张的野心，因为他们早年想要努力赶上或超过头胎。紧随女孩之后的男孩尤其如此，因为女孩在早年发育得更快。"乔治（还有梅）就是如此，他的姐姐在他之前进入大学（同一所大学），而且成绩优异。他无意识地在一种自卑感中挣扎。一开始，他拒绝接受梅的理论，但最终还是有所领悟。他变得更加友善，转向了宗教工作，并且不到一年就被选为校园基督教协会主席，被公认为"杰出学生领袖"之一。

尽管乔治经历了完美的阿德勒式转变，但对梅来说，乔治的改变涉及更困难、更重要的任务，即将其天赋从内在的破坏性转化为外在的创造性。"那些曾把他引向神经症边缘的力量，"梅指出，"如今开始提升他真正的领导力和声望。"他宣称："对张力的内在平衡越敏感，创造力就越强。"因此，陀思妥耶夫斯基、尼采和凡·高都经历过精神病，但当他们与疯狂和平共处时，就得以释放自己的创造力，从而丰富了人类世界。乔治的天赋也可能开花结果，使周围的人受益。

梅在长达一章的概述"人格的图景"中阐述了他的论点。这一章拓展了他荣誉论文中的一个主要观点：我们需要一种丰富的人类存在观作为心理治疗的基础。这一章的开头便问道："人是什么？"梅在丰富多彩的回答中，以更甚于其荣誉论文的方式，强调了心理学家——特别是弗洛伊德、荣格、兰克和阿德勒——描述人性的能力。他称赞弗洛伊德是这些理论家中最伟大的一位，这位大师发现了"深刻而强大的无意识领域"，并纠正了维多利亚时代人们对性的看法。最重要的是，他通过驱力理论揭示了人性的一个重要部分。梅也批判弗洛伊德低估了自由意志的力量，只强调人性中"丑陋"的一面。他承认，精神分析作为一种疗法，设法为患者寻求自主空间，但他也指出，人们很容易将弗洛伊德视为生物决定论者。

梅转向创造力的拥护者奥托·兰克，以寻求更有说服力的自由理念。兰克的理论拒绝了简单的"意志自由"，而是"将自由描述为（人的）整体存在的一种品质"。"我们必须承认，个体通过创造性意志创造了自己的人格，"梅总结道，"而神经症正是由于患者无法建设性地表达意志。"对兰克和梅来说，塑造自我的自由和责任是成功生活的基石。通过描述荣格所谓的自性之路，梅强调了人类身份的另一个重要维度。"个体化"的过程通过这位瑞士分析师所称的"集体无意识"，即无穷无尽的性格类型组合，将个人的发展与整个人类联系起来。梅以阿德勒的独特见解收场，后者强调对权力和意义的追求，并推论道，毫无根据的自卑感会将这种努力扭曲为反社会或孤绝的行为。

梅在这一章的结尾讨论了宗教对人类意识的作用，在这种衬托下，人类意识似乎比以往更具开放性和创造性。他摒弃了将心理健康等同于内在和谐的普遍说法，认为最具创造性的生活是以持续的奋斗为标志的。"我们不希望完全消除冲突，"梅辩称，"那会使人停滞不前——相反，我们希望将破坏性的冲突转化为建设性的冲突。"在这一点上，他同意弗洛伊德的观点，即内在冲突是人性之基础，既带来神经症，也创造出文明。但不同于弗洛伊德，彼时他认为宗教是人类存在的基本要素。梅以内疚为例，根据他的定义，内疚源于人们感知到已发生之事和它应有的模样、完美与不完美的状态之间的差距。梅以一段简短的文字总结道，内疚证明了"人性中上帝的存在……这是上帝持续影响人类世俗生活的体现"。

《咨询的艺术》随后将话题转回咨询室。梅完善了之前一篇文章中的观点，强调"共情"是发生在咨询师与来访者之间的"关键过程"。他将"共情"定义为"一种（相比于同情）更深刻的人格认同状态，在这种状态下，一个人感觉自己融入了另一个人，从而暂时失去了自己的身份"。只有具备共情能力的咨询师才能真正地理解和影响来访者。他援引《学生咨询的艺术》中一个男孩被打的例子，再次强调了共情产生的几乎是身体上的认同。虽然在之前的文章中，他将共情描述为一种宗教的奥秘，但在《咨询的艺术》中，共情变成了一种状态——咨询师的"自我或精神状态……暂时与来访者的状态融合；他和我的心灵成为一体"。

这种共情并不像今天这一词语的通俗用法那样，依赖于两个人之间相似的经历。他认为，在咨询中，"咨询师回想往事"是无足轻重的，因为这种记忆的关联"源于自我中心，而共情正是自我中心的对立面"。相反，共情是指两个人之间的一种沟通，类似于一些人所说的"心灵感应"。一个人如此全面地进入另一个人的心灵，几乎没有隐藏的余地。这就是重点。他写道："世界上没有比心理上的袒露更净化人心的体验了。"这种袒露在共情的真诚性原则中也带有"道德的一面"。当一个人表现得好像能真正读懂对方的心灵时，欺骗是"不可能"发生的。

在《咨询的艺术》中，共情、袒露和对咨询师生活的侵扰都围绕着一个难以解释的事实：这些个案史在许多重要方面都像是梅的自传。家中老二乔治·B的故事，与罗洛和露丝之间的斗争以及他在密歇根州立大学和欧柏林大学的经历有着惊人的相似之处。"布朗森先生"是后面关于忏悔的一章中的主要角色，他在某些方面也与梅相似。作为一名宗教哲学教授，布朗森有工作过度的问题。有趣的是，他也是家中第二个孩子，有一个姐姐。布朗森的父亲是一名牧师，与厄尔身份相似。此外，罗洛还评论了布朗森的一个梦，仿佛在分析自己面对露丝流产胎儿的创伤经历："我正在爬梯子准备进入我们家的阁楼。当我爬到顶端时，一只猴子从阁楼的一个绿盒子里跳出来，吓了我一跳，然后我就从梯子上摔了下来。"梅写道："一切都结束了，因为布朗森明白，他不再需要和姐姐竞争，也不需要再害怕那只奇怪的猴子。"这或许也是在安慰自己的一个噩梦。

在书的最后一部分"终极思考"中，自传体的叙事也发挥了作用，不过不是直接地陈述事实，而更多地反映了梅日益增长的宗教实验意识。在"咨询师的人格"、"道德与心理咨询"和"宗教与心理健康"这三章里，他彻底背离了先前关于宗教与心理学关系的观点。他在荣誉论文中强调，只有基督教神学才能赋予心理学洞察以终极意义。然而，《咨询的艺术》却强调了虚伪宗教的角色（表现为以自我为中心的完美主义和道德主义的狭隘），它"束缚生活，使生活变得贫瘠，从而破坏了丰富生活的可能性"。"真正的宗教"也不是指基督教本身，而是指"对生命意义的基本肯定"——这只存在于清除了其神经质倾向的基督教中。因此，心理治疗和宗教并行发展，共同创造了一种新的统一："这便是从神经症到人格健康的转变。这也就是体验宗教的意义所在。"

梅明确表示，这种方法可能会修正人们普遍接受的个人道德观。有趣的是，梅在写"道德与心理咨询"这一章时，他与弗洛伦丝的婚前关系正面临决定性的危机，即使他建议她搁置两人的关系、规划没有他的生活，这一章的观点也已形成。他向她宣称，"道德与心理咨询"这一章是"我写过的最好的东西"，肯定会引发"一些讨论"。他的观点是："力比多贯穿整个结构，而这一结构最终是逻各斯（logos）和上帝（或一个方面）。"他声称是弗洛伦丝启发了他，让他明白了情感完整的真正含义。"你让我对纯洁和贞洁有了新的认识，"他指出，"这是我母亲过去所主张的，而我却认为是肤浅抵抗的东西。"

在"道德与心理咨询"这一章中，几乎看不到玛蒂关于"纯洁和贞洁"的观念。而在蒂利希的社交圈内，以及在蒂利希夫妇的个人影响下，梅向弗洛伦丝的求爱经历，很有可能帮助他摒弃了"一套特定的道德标准"，而支持"道德的创造性和个体性"，后者基于个体的自我表达和本能冲动（即弗洛伊德的本我、柏格森的"生命力"、尼采的"意志"，或简单地说是"创造性冲动"）的个人转化。根据他后来关于"原魔"（daemonic）的概念，他认为，人们可以通过创造性地对抗这些驱力，将其转化为善或恶。梅认为，这种道德上的创造性代表了勇气和成熟。一个人甚至可能需要直截了当地反抗旧规范，就像一个名叫"珍妮斯"的来访者所做的，去一家酒吧喝个"酩酊大醉"。这并非一时的放纵，而是引领她找到了"热爱生命的信仰"，在大学里选择了新的专业，并最终获得了令人满意的工作。一个有才华却深陷压抑和不满的年轻女子，就这样过上了一种"自发""真诚""有创意""有勇气"的生活。

梅并不担心这些事件会导致个人的混乱状态，因为他相信，普遍的社会结构限制了人们的表达和道德原型，就像荣格的"集体无意识"塑造了每个人最深层的意识一样。根据梅的说法，它是"人类道德的心理仓库，由各种各样的道德模式组成，而这些模式居于人类存在的根源"。因此，人们可以"深入自己的内心，发现道德结构的模糊轮廓"。最重要的是，在不断变化的社会习俗和原型的模糊影响之外，还有着宗教领域的天才。这些信仰的创造者——"耶稣、圣方济各，以及一连串的人们"——能够"穿透自身无意识的深渊，探入人类的集体无意识"。他们已经将信仰转化为普遍的道德准则，适用于我们每个人。梅总结道："这就是我们关于道德问题的解决方案：通过普遍的结构实现本能的自我表达。"

《咨询的艺术》获得了巨大的成功。阿宾顿出版社在广告中对这本书大加赞扬，其中包括莱因霍尔德·尼布尔和安东·博伊森的赞誉之词。一名评论家称，梅"洞穿了惯常的道德标准，触及了生活的宗教基础或'恩典道德'，是对基督教文献的丰厚贡献"。其他评论家则称赞该书对心理咨询师很有实用价值。不过，也有一些人告诫读者，梅的建议，尤其是关于共情的建议，可能会被初出茅庐的心理咨询师误解，因为他们太容易在咨询过程中释放自己的情绪了。

无论是其对咨询情境的描述，还是从本能与各种内外秩序的斗争中形成的意义理论，《咨询的艺术》都开始为梅未来的工作设定议程。创造力及其与本能的强烈却模糊的关系、体验时刻中每一个细节和维度的重要性、对简单的道德教条的拒斥——这些都成了他的典型主题。不太明显但同样持久的是，他将自传体的材料伪装成第三人称的个案史。人们可能会正当地认为，这种做法充满自恋和局限，杂糅了梅的主观体验和他人的现实。然而，不管是好是坏，他成功地将一种近乎强迫性的对自己人生故事的讲述，转变为对人类处境的不断演变的解释。弗洛伊德、詹姆斯和其他人已经开创了在个案史中描述自己的先例。有趣的是，梅对自我圣洁的不懈关注，激发了他持续地、创造性地探索人类的普遍问题："我应该如何生活？"不管梅的第一本书的语气多么权威，事实很快就表明，他并未找到一个明确的答案。

第十二章　"人类的治疗师"

《咨询的艺术》出版几个月后，罗洛收到了北卡罗来纳州一名年轻的卫理公会牧师的来信。这位牧师说："你的书激发了我新的决心，如果有可能的话，我要摆脱我人格上的障碍……以免它们紧紧缠绕我，致使我彻底崩溃。"在教会工作的第一年，这名牧师就见过心理咨询师，其时他结婚已有两年，还有一个 8 个月大的儿子，但他仍然觉得自己的"婚姻很失败，没有别的原因，只是因为我自己在婚前和婚后令人困惑和反常的动机"。他的痛苦"几乎让人瘫痪"，但他希望梅能帮助他。

这位牧师的来信，是罗洛在其著作问世几个月后收到的许多信件之一。他的许多读者都在冗长的信中绝望地描述他们的个人问题。大纽约地区的一些人想要预约咨询，其他牧师也把他们最棘手的个案转介给他。在教会工作了一年多后，梅再次投身于公共牧师和治疗师的角色。为了世人的福祉而住在"路边的房子"里，通过书籍传递精神生活的新愿景——这一角色也许会实现他几年前在科罗拉多州山顶上的梦想。它为梅的生活和事业——牧师，婚姻，以及如今的作者身份——这一骄人的开端又增添了一分色彩。

1939 年底，罗洛收到了一个最激动人心的消息，弗洛伦丝怀上了他们的第一个孩子。40 多年后，他还记得长子罗伯特（Robert）1940年出生的那一刻，那是他人生中一个重要的转折点。"过去我和这个世界并没有真正地联结，"他后来解释说，"我在这个世上一直是个局外人，直到我的第一个孩子出生……从那时起，我才与世界建立起真实而深刻的联系。"对一个初为人父的人来说，这并不是什么罕见的反应，但对罗洛来说，这一反应尤为深刻。一直以来，他的追求充满了狭隘的自恋。他在探索这个世界和他自己的意识，但除了对密歇根州的家人之外，他几乎没做过什么承诺；即使是对家人的承诺，他也主要是从个人成功和殉道的角度出发的。现在，他有了为人父母最基本的责任感。他在突然之间成年了。

婚姻的充实、初为人父和事业上的成功，都赋予梅一种胜利的人生观。无论在人前还是在书中，梅都成了一位睿智的咨询师。然而，在他自信的文章和公众形象背后，却潜藏着深刻的冲突。在某种意义上，这个冲突已经不为他所察觉。人们很难想象，他就像那名牧师和其他寻求建议的人一样，处于身体和精神崩溃的边缘。很快就有迹象表明，事情并非一切顺利。身兼两种职业，还要养家糊口，这些都助长了梅对工作难以遏制的渴望。为人父母为梅的婚姻赋予了新的维度，但也给他带来一种明显的束缚感。弗洛伦丝则经历了婚姻的冲击，因为和她结婚的这个男人直到婚礼前，几乎从未停止过对他们爱情的怀疑，而婚后，他又把大部分时间都花在他的教堂会众或巡回演讲上。孤独和普遍的不安全感在她心中累积，因为她不再是罗洛日夜相伴的性伴侣。她为了婚姻的厮守而放弃事业，却常常独自一人待在牧师住所里——怀孕使她日渐丧失行动能力，后来又完全奉献于婴儿照料。

与此同时，罗洛的教众中不乏崇拜他的年轻女性，她们被他的布道和英俊的外表所吸引，还把他比作电影明星雷蒙德·马西（Raymond Massey）。他在巡回演讲中也受到了类似的奉承。他对弗洛伦丝的持续而矛盾的心理，一种被困在并不确定的婚姻中的感觉，弗洛伦丝怀孕对他活跃的性欲造成的压力，以及他对自己独特命运的自负信念——所有这些都驱使他与一名教会工作人员发生了婚外情。对梅来说，这件事自有其重要性；因为他在《咨询的艺术》中仔细构建过自己的道德体系，并在书中问道："那么，我们应该如何生活？"

　　梅也许重新开始了他自己的心理治疗，或者以其他方式直接解决了他所面临的问题。结果是，他写了另一本书。《创造性生活的源泉》（The Springs of Creative Living）交织着两条线索——基督教与心理学的惊人融合，以及隐藏在个案史和评论中的一部充满个人冲突、拒斥和愿望的精神自传。这本新书从《咨询的艺术》的实用心理治疗转向了关于人类创造力和幸福之源的宗教声明。作为一本面向更广泛读者的书，它自然包含了更大胆和更确定的陈述。不过，考虑到这本书的内容和创作时间，它也揭示了一个正在解决自己人生矛盾的作者的灵魂。

　　这本新书的大胆主题在其副书名"人性和上帝的研究"（"A Study of Human Nature and God"）中显露无遗。梅借用尼古拉·别尔嘉耶夫（Nicolas Berdyaev）的话语强调了这种关怀："'人'是我生命中的主导思想——人的形象、他的创造性自由和他的创造性宿命……现在，我们必须再次认识到，对人的重新发现也是对上帝的重新发现。"梅主张将"基督精神"而非简单的宗教（如《咨询的艺术》中所描述的）作为人类意义的首要来源，并介绍了在基督教传统中寻求个人精神真理时，心理学和心理治疗的概念的有用性。这不亚于试图通过心理学的视角，重申和重估基督教的核心思想与价值观，以此来定义现代生活的意义。他向读者保证，尽管《创造性生活的源泉》听起来乐观向上，但它并不是"心灵鸡汤"或"生活指南"；相反，该书"努力理解作为一个人的意义"。与尼布尔的观点一致，梅反对自由派基督教的轻松乐观主义，也反对信仰保守派严格规定的道德观，而是就生命之精神世界的光明与黑暗提供了一种心理学的观点。

　　因此，梅加入了二十世纪二三十年代的作家行列，他们意识到，在现代性的文化剧变之下公众"对意义的渴望"，更不用说大萧条和美国参与二战的前兆所带来的影响了。梅进入了一个后来被称为"通俗作品"的市场。新兴的广告技术、价格合理的书籍日益占据主导、畅销书排行榜以及"每月书友会"和"宗教书友会"所塑造的品位，都助长了这一市场的发展。有时，这种"通俗作品"会因其所谓的对文学和智识标准的淡化与庸俗化而遭到诋毁，但事实上，它面向的是一群渴望思想和文学体验的以白人为主的中产阶级读者。

在一个充斥着试图以传统术语构建生命和精神之利害的畅销书市场中，梅寻求一种新的方法，以一种对现代读者有意义的方式，将精神分析的洞察力与宗教的永恒追求结合起来。他将自己的方法与最近流行的几本试图以各种形式建构"生命意义"的书做了对比，这些书包括：林语堂的"享乐主义"作品《生活的艺术》；亨利·C.林克（Henry C. Link）的畅销书《回归宗教》（*The Return to Religion*），建议人们专注于"做自己"；沃尔特·李普曼的《道德序言》（*A Preface to Morals*），"像古代勇敢的斯多葛学派一样"，建议人们心怀一种源自"内心安稳"的人道主义态度。约瑟夫·伍德·克鲁奇的《现代性情》（*The Modern Temper*）及其"无意义的福音"（gospel of meaninglessness）同属此类。梅认为，尽管克鲁奇可能为个人提供了暂时的意义，但真正有创造性的生活则需要一种既持久又具备潜力的哲学。

梅一开始就提出了核心问题："许多现代人已经无法在有组织的宗教潮流中满足他们对意义的渴求。"他提出了一些可能的原因，例如，"大型组织导致人们停滞不前，枯燥的布道使人们活力枯竭，'每种制度都以扼杀它赖以存续的真理而告终'，19世纪西方文化的大动荡，等等"。他引用了心理疾病增长的惊人数据，认为心理疾病的"主要来源"是转型时代造成的"精神动荡"——"从农场到城市，从商店到工厂，从浪漫的爱情到随意的婚姻，从个人主义到集体主义，从对和平的信心到几乎连续不断的战争"。梅认为，"人们被迫生活在'边缘地带'……我们必须不断地做出基本的决定，我们被迫生活在危险的刀锋上"。他引用李普曼的《道德序言》（1929）指出，即使是 20 世纪 20 年代的"动荡"和"眩晕"，也无法治愈人们普遍存在的空虚和不满。

梅以卡伦·霍尼（Karen Horney）在《我们时代的神经症人格》（*The Neurotic Personality of Our Time*，1937）一书中的"专业讨论"为指导，宣称大萧条的来临引发了源于物资匮乏的基本焦虑感，这种焦虑感加重了文化中已有的深层精神问题，并使我们在其面前无处藏身。通过将弗洛伊德、霍尼、阿德勒等人的精神分析见解与宗教和哲学的精神及伦理理想相结合，梅希望定义"何种意义能够给我们带来最成功、最满意的生活，并对我们的同胞最有益。找到这种充分的意义，也就找到了创造性——生活乐趣、热情、活力和韧性，而这些都源自整体人格的健全"。通过结合宗教与心理治疗的探索，梅为现代人寻求一条通往最深刻的"意义"的途径。

从这个意义上说，《创造性生活的源泉》回到了梅在荣誉论文和他正式的教牧工作中所关心的问题。然而，他对宗教的定义做出了重大的转变，这个定义在广度上超越了自由派基督教的观点，尽管它尊重自由派基督教的基本方法。他解释道："可以称之为对宇宙的信心，对上帝的信任，对同胞的信仰，或者别的什么，宗教的本质是相信某些事是重要的——预设生命是有意义的。"他接着说，宗教的功能是"帮助人类肯定自己，肯定自己的同胞，肯定他所栖居的宇宙"。无神论变成了"对生命意义的否定"。但有趣的是，赋予生命意义的途径似乎仅限于基督教或非特定的心理态度，而这些态度仍然来自基督教文化。尽管其他宗教传统也是寻找意义的一种选择，但它们并没有被提及。

接着，梅从对意义问题的一般理解转向了夹杂着心理学或神学思考的个案史，两者相互补充，为这一问题提供了一种心理精神的解决方案。正如在《咨询的艺术》中一样，他也讲述了一次临床经历，这次的案主是一个名叫查尔斯·D.（Charles D.）的年轻人，查尔斯的精神探索在很大程度上重现了梅自己的历程。如梅所说，查尔斯寻求心理咨询师的帮助，因为"他无法做出结婚的决定"。这名来访者"外表迷人，金发碧眼，身材高大，体形匀称，虽然有点瘦"。他看上去平静而镇定，说自己是土生土长的中西部人。查尔斯告诉梅，他的父母聪明、勤奋，而且虔诚。他们致力于在儿子身上培养"强硬的性格"，这在一定程度上意味着他们鼓励儿子厌恶性需求。他们的"性知识"课堂主要是警告他不要"做坏事"。他们双方都性格强硬，或许正因为如此，他们的婚姻出现了波折，最终离婚。

查尔斯分享了他的私人日记和信件，它们表明了这个年轻人"在权威主义的意义上具有高度的道德感"。整个大学期间，他一直是个虔诚的基督徒。他花了很多时间祈祷，但很少花时间交朋友。事实上，他非常孤独、惆怅。他交过女朋友，但从未陷入缠绵。"他在大学约会时参加过一些爱抚派对，偶尔有过性高潮，"梅讲述道，"这让他有了一种强烈的负罪感。"查尔斯还被自慰的冲动所困扰，"自慰之后总是有一种强烈的罪恶感，令他下决心永不再犯"。

查尔斯对性的焦虑反映了他父母严格的道德规范和培养"性格"的方法。他在大学日记里写满了关于身心健康、实现崇高理想和道德纯洁的计划。在其中一篇日记里，他展示了一个图解式的计划，"让我的身体保持最佳的状态，只关注正确的事情，控制我的意志"。在另一篇日记《大学四年级的暂定计划》中，他列举了一些规则和方法，借此他可以变得"自由而真诚""努力但不紧张""将亲近上帝作为我生活的动力"。为了克服害羞，他制定了"待人友好的规则，并在社交聚会上反复使用这些规则"。但这些策略无一奏效，有些还适得其反。事实上，"他关于不再自慰的决心，不仅没有帮助他克服这个习惯，反而让他更容易受到诱惑"。

大学毕业后，查尔斯前往埃及的一所美国教会学院教书，在旅途中他爱上了一位美国同胞——一名即将在"附近"学校任教的年轻女子。他虽然经常见到她，但没能表达出自己的真情实感。结果，另一个男人捷足先登了。后来，查尔斯全身心地投入教学，继续在日记中剖析他生命中的每一分钟。这种自省导致了持续的孤独和危机，甚至连他的学生也嘲笑他过分的拘谨和道德上的一丝不苟。他们清楚地看到，他和其他老师并不真正关心他们，而只是把他们当作传教的对象。"我的信念崩塌了，"查尔斯向梅报告，"我的生活一直都不真实、不可靠、不真诚。难怪我交不到朋友，也难怪我一直郁郁寡欢、孤单寂寞。"

这些感受只会让查尔斯更加专注地工作，所以当他遭受"精神崩溃"时，他和周围的人都将其归因于"工作太劳累了"。他尝试了静养疗法。然而，梅指出，"精神崩溃的同时，他意识到自己赖以生存的意义被摧毁了"。因此，精神崩溃的真正原因是一场意义危机："他形容自己的'信念崩塌了'，这在心理层面是准确的。他的生活计划完全泡汤了。崩溃是一场危机，人们会在这场危机中停下脚步，退却一旁，并在治愈中找到新的意义和新的道路。"对于查尔斯在病倒前拼命工作，梅并不感到惊讶，他断言："在心理模式崩溃之前，人类会竭力为它而战。"

在此案例中，梅几乎不加掩饰地透露了自己在希腊的崩溃经历，并对其进行了一种更全面的分析，强调了一些做法的不健康本质，例如，屈从于"权威"宗教，将自我交给一套外部的规则（"十诫或一百诫"），以及崇尚盲目的"决心"而非"自由"。"这样的视角通常出现在那些惧怕生活的人身上，"梅强调说，"他们害怕自己的本能倾向和性欲冲动。"而这些冲动的"枯竭"导致了"灵魂的疾病"。

当然，对梅来说，"权威主义"这个词，不仅让他想到教会内部自由派与保守派之间持续不断的斗争，而且让他想到那个被希特勒、斯大林和佛朗哥（Franco）所统治的世界。但健康的个体会抵抗极权主义的诱惑，无论他们身处教会，还是政治团体或社会。似乎是为了强调宗教与世俗世界的共性，梅引经据典，呼吁人们反抗"权威主义"。他引用了《马太福音》中的"天才寓言"（parable of the talents），赞扬冒险和创造性活动，批判狭隘和防御的思想，并从中领悟"自然赋予人们的本能……必须被利用"。他援引了《新约》中的"法利赛主义"（Pharisaism），将其作为宗教权威寻求"将所有生命简化为规则和格言"的"典例"。他以传统基督教的表述方式写道："这是耶稣和后来保罗的主要任务，即指出这种对外部规则的过分关注，实际上是对上帝缺乏信仰的表现。律法确实会扼杀人的精神。"但他也引用了阿德勒对"循规蹈矩者"的描述，这些人"觉得很没有安全感，必须把全部的生活和生命都塞进规则和公式里，以免他们变得过于害怕"。

梅改编了自己的成长经历，对他自己与阿德勒及其同事的重要会面进行了虚构和评估——在这次会面中，查尔斯从一位匿名治疗师那里获得了新的不过终究有限的人生感悟。治疗师使他相信，"他的道德主义实际上是一种提高自己声望的技巧"，他一直在纵容自己，而他需要忘掉自己，自然而然地转向他人。治疗师"让他获得了自由"，查尔斯变得"崇尚体验"而忘我地生活。他立即加入了一群音乐家，和他们一起游历欧洲，尽情地享受艺术、音乐和女人。这段旅行"浪漫至极"，他的"感官苏醒了"。他爱上了其中一名乐手，在旅行团解散后，他们在海边露营，度过了一段美妙的时光。在接下来的一年里，他与五个女人有过风流韵事。

治疗也渗透进了查尔斯的社会哲学，尽管他仍然认为自己信仰宗教，但他不再祈祷；为了获得道德上的灵感，他转向了"惠特曼的热情洋溢的诗歌"。他歌唱"带电的肉体"（the body electric），认为"普遍理解"是治愈世界紧张局势的良方："若让法国人理解德国人，德国人也理解法国人，他们就会感受到惠特曼笔下所写的兄弟情谊。"然而，当时他身处欧洲，体验到民族之间的深刻分歧，几乎立刻就放弃了这种"大局"观念。尽管如此，他认为惠特曼式的生活体验对"有勇气过丰盛生活的思想和精神之贵族"来说，仍然是可能的。

回到美国后，他着迷于这种新发现的享乐主义和成为"思想和精神之贵族"中的一员。但是，在父母离婚后，他收拾家庭的残局，看着朋友们经历痛苦的分离，心中对"体验"的信仰开始动摇。在永远地摆脱了权威道德主义的束缚后，他对生活在纯粹的、感官的、不加思考的自由中感到绝望。他转向了另一种崩溃，慢慢地意识到，"自由主义"并不比"权威主义"更好，"唯一健康的自我表达是通过结构（structure）来表达"。查尔斯在治疗前的经历表明了现代意识的困境。他发现自己被夹在"自由与决心"之间，在他的内在创造力与世界和上帝的要求之间的张力中，努力找寻某种生活方式。

查尔斯决定，是时候安定下来结婚成家了。他很快就爱上了海伦·R.（Helen R.），并希望娶她为妻。然而，他注意到，在她"只轻微地回应他的热情"时，他对她渴望至极；当她终于热烈响应他的追求时，"他的热情冷却了"。她开始大胆地追求他，这把他"吓了一跳"。与此同时，他开始强烈地嫉妒她对其他男人的任何关注。他经常会列举与海伦结婚的充分理由，但随后又列举一堆不与她结婚的理由，用一种近乎数学的方式来构建问题，却得不到答案。正是这种无力的状态促使他向梅寻求心理咨询。

在咨询中，查尔斯告诉梅，他的问题实际上是，海伦"对他来说不是一个足够'高级'的对象"，尽管她受过良好的教育，有着非凡的魅力，家庭的社会地位也很高。事实证明，查尔斯真正的意思是，她似乎不够"强硬"，难以承受住他的强势个性，而他很快就会厌倦她。然后，他将面临无休止的无聊，或者离婚，而这两个选项似乎都不令人愉快。"（查尔斯）父母的离婚让他相信，"梅写道，"他的婚姻中不能发生这样的事，因此他必须保持高度的期望，谨慎地选择一位妻子。"

有一段插曲强调了这段关系的高度情感风险。查尔斯和海伦已经开始谈婚论嫁，但在一个月后，查尔斯向海伦表示，他对他们的未来有些疑虑。海伦感到震惊和不安，于是和一名激进的劳工组织者交往（她说是柏拉图式的关系），"此人的热情挑战着她，也让她着迷，她喜欢和他长谈"。这使查尔斯妒火中烧。经过一个不眠之夜，第二天他对她大发雷霆，强迫她承认她对他不忠，而不管事实如何。当然，他也厌烦她如此软弱，竟然屈服于他的愤怒。

查尔斯避免思考他自己在这场"虐恋马拉松"中所扮演的角色，而是将自身幻想为一个殉道者。他在日记中写道，真正的问题是他是否应该娶她，因为他们已经上过床，并立下了暂时的誓言。毕竟，他推断，"至少有一个人会幸福"，因为她如此深爱着他。他希望自己能在婚后帮助她成长，并希望有一天她能成为他所爱之人。

这个策略也失败了。查尔斯在启动痛苦的分居后才开始解决这个问题。他相信这会帮助海伦变得更强大。当然，这也迫使他减少对她的依赖，不再把她当作施以"仁慈"的对象。起初，他忍不住不停地给她写信，写满了他对职业的建议和对其他男性的警告。很快，他们都意识到需要打破这种情感依赖的循环，认识到自己和对方都是具有独特品质和责任的个体。最终，他们步入婚姻，从此过着现实的生活。此外，他们还很幸福，如果我们相信查尔斯在婚礼一年后对梅说的话："这是一段美满的婚姻。我们比结婚前想象的还要幸福……我们的婚姻没有辜负我在咨询时经受的神经质痛苦。"

有趣的是，梅认为查尔斯的情况并不是治疗的胜利，而是个人信仰历程的完满结局。"查尔斯性格中真正的缺陷是什么？"他问道，"是什么使他无法做出满意的婚姻决定？"在否认了各种心理学主张后，梅总结道："查尔斯试图扮演上帝（从宗教的角度，我们应该这样表达）……这意味着他不相信自己真的拥有自由；他紧紧地抓住它，以防它逃脱。所以他像上帝一样，细致地评判这个女孩……查尔斯努力使自己成为上帝，这证明了他不相信除自己以外的任何真神。"查尔斯对婚姻幸福的认同表明，"人类生活的准则是接受自身之外有一个上帝，这样他就能够接纳自己的不完美"以及他人的不完美。对这一点的澄清带来了恩典，使查尔斯的故事不仅关乎婚姻的决定，也关乎宗教信仰的转变。

梅从查尔斯的案例中得出了更广泛的经验，这表明他如何坚定地走向了蒂利希和尼布尔的神学所代表的新正统派。他特别谈到了"自由和决心"的基督教层面，认为"现代主义者对原教旨主义的反抗是必然的"，但"自由派福音"过于宣扬"个人自主性"和单纯的"创造之善"。因此，难怪许多人求助于心理治疗师，而不是牧师及其教会。梅认为，通过在令人信服的心理学见解中重新理解基督教的"古老教义"，"我们就能够在'自由正统派'中重新发现基督教关于人性的正统思想，这种思想与原教旨主义不同，它是从真实经验的土壤中生长出来的"。

在接下来的章节中，梅通过鲜明的标题强调了这一论点的细节——"过度的自由令我们疯狂""创造力和罪恶""何为健康的宗教？""幸福""生命神学""恩典与澄清"——从各个方面强调了心理学见解的兼容性，以及它对信仰上帝所提供的结构的需求，这种信仰保留了基督教传统的智慧和信念。"只有拥有一个不属于我们自己的'他者'，"他在书中断言，"我们才能充分地从主观性中解放出来，成为我们自己。"

梅强调了生活在自我与上帝之间的张力中带来的创造性价值，以及不能欣赏两者丰富性之生活的缺憾。他追随阿德勒，强调完美主义的病态和"不完美的勇气"，并发挥了切斯特顿[1]所谓的"原罪的福音"（good news of original sin）。梅争辩道："我们没有成为应该成为的样子，这确实是一种罪过，但这就是人类的处境。"人类的创造性包括了试图达到理想，明白追寻的徒劳，并接受其中的罪疚和悔恨。他特别强调了伴随艺术创造力而来的强烈的越界感和失败感："所以埃德加·德加[2]说，'画一幅画必然带着与一个人犯罪时相同的感觉'，而托马斯·曼[3]也谈到艺术家保留着'珍贵而罪恶的秘密'。"性、性欲和欲望，就像艺术一样——所有这些东西都是原教旨主义者和道德家普遍反对的，正确地看待其中的"罪"，就像正确地看待邪恶一样，是大胆创造的关键。梅总结道："拥有健康人格的人勇于创造，但也能够承认自己所有行为的不完美，能够为自己的成功和失败寻求宽恕。"

梅在该书最后几章揭示了他作品的一个标志——通过将哲学、宗教和心理学的观点融合在一起，他对西方文化进行了广泛而有时令人眩晕的综合。梅对"健康宗教"的定义是，鼓励个人的责任、选择和勇气，尽管他存在不足；"让个体明白，他作为自主的人类是有目的的"，即使这可能意味着他在社会中孤立。然而，它也像加尔文主义

1　切斯特顿（G. K. Chesterton, 1874—1936），英国作家、文学评论家以及神学家，被誉为"悖论王子"。——译者注

2　埃德加·德加（Edgar Degas, 1834—1917），法国印象派画家、雕塑家。——译者注

3　托马斯·曼（Thomas Mann, 1875—1955），德国现实主义作家。——译者注

一样，肯定上帝而"不要求上帝肯定自己"。在最后一章"恩典与澄清"中，梅设想了心理学与基督教的终极融合："这就是耶稣基督的功能。他是人类的治疗师。"

因此，《创造性生活的源泉》提倡在丰富生命和拯救灵魂的事业中，彻底地融合宗教与心理学。在相关领域，这本书在评论界和商业上都大获成功。《出版人周刊》（*Publishers Weekly*）宣称："在众多涉及心理治疗和宗教的有益图书中，这本书尤其出色。"宗教媒体也对其赞不绝口，宗教图书俱乐部将该书列为 1940 年 11 月的精选读物。《基督教福音传道者》（*Christian-Evangelist*）称"在一个充斥着江湖骗子的领域中，这是一部有效且有价值的作品"。《教会管理》（*Church Management*）声称："这本书是千里挑一的。许多章节本身就值这本书的价格。"极具影响力的《基督教世纪》也指出，这是一次重大的探索，拓展了《咨询的艺术》的研究领域，并称其对宗教和心理学文献做了"重要补充"。

私人通信也强化了这些评价。尼布尔在给梅的一封信中宣称，《创造性生活的源泉》"为新教教会开辟了一个思想领域，这是此前从未有过的重大突破"。梅虽然从未见过刘易斯·芒福德[1]，但给他寄了这本书，后者惊叹道："我很高兴认识了一个像你这样思想活跃、道德敏锐的人，能够把旧的神学体系和新的科学体系结合起来，既无损失，也无背叛。"

然而，这一胜利的时刻被梅自己生活中强烈的冲突所打断，这些矛盾体现在这本书的潜台词中。梅评估说，查尔斯在埃及教书时，"在崩溃前的一年里，将越来越多的精力投入工作"；梅还说道，"在

1　刘易斯·芒福德（Lewis Mumford, 1895—1990），美国历史学家，社会哲学家，著名文学评论家。——译者注

心理模式崩溃之前，人类会竭力为它而战"。这些证据实则说明了梅
自己的混乱。

这是查尔斯的经历，也是梅的经历。他写作《创造性生活的源
泉》一书，就是他与个人现实艰苦斗争的一部分。这本书对最终的明
了和信仰的断言，与他周围日益加剧的冲突和困惑形成了鲜明对比。
最明显的是，查尔斯追求海伦的结局就如同梅对自己婚姻的辩护，但
最终的现实却不尽相同。和查尔斯一样，梅在结婚前后都饱受嫉妒、
操纵和深深的怀疑之苦。然而，与查尔斯不同的是，他没能在婚后一
年或随后几年里报告婚姻幸福。无论是由于未解决的神经症倾向，还
是根本上的不匹配，或者两者兼而有之，梅的婚姻都几乎没有和谐的
迹象。不到一年，他就向蒂利希透露，这是一场灾难。

梅的牧师角色也充满了矛盾。他的日常职责、平信徒之间的斗
争，以及教众自以为是的反智主义，都与他在协和神学院所享受的思
想世界形成了强烈对比。事实上，他更喜欢与当地犹太会众在思想和
精神上相伴，在反犹太主义浪潮席卷小镇和全国时，他经常为这些人
辩护。因此，《创造性生活的源泉》第一章以这样的句子开头也许就
不足为奇了："人们遭受人格崩溃，是因为他们的生活没有意义。他
们经常坦率地说，奋斗'得不偿失'，所以为什么不放弃呢？"接着，
他又说了一句更有先见之明的话："这就是人格危机的意义——它是
一种症状，表明某种生活方式的意义已经瓦解，个体必须改变自己，
朝着新的方向重新开始。"

从这个意义上说，这本书可以被解读为梅的最后一搏，试图捍卫
他对个人和职业选择的不稳定的信仰——考虑到他对职业的承诺，特
别是对基督教上帝的承诺。多年后，他承认："在这本书出版大约六
个月后，我意识到，我不再相信自己所写的东西。你可能会说我经历
了一个去皈依（deconversion）的过程。"梅并不是说他拒绝了基督教

的价值观，否认了基督教试图回答的一些深刻问题，或者否定了基督教在更广泛文化中存在的价值。他的意思简单而深刻：他对耶稣的神性、关于超越和来世的教义，以及其他构成基督教核心及其诸多传统的神学信条，已经开始失去信仰。

第十三章 "内心更艰巨的斗争"

在《创造性生活的源泉》前几页，梅描述了一个普通人"约翰·琼斯"（John Jones），当他发现自己生活的"意义"是"虚伪的或不充分的"时，便陷入了"人格崩溃"之中。琼斯没有面对这一事实，而是"沉溺于"无意义的生活，直到"神经衰竭"或崩溃的状态把他击倒，最后，他停下脚步，开始寻找新的意义。1940年，梅意味深长地使用战争的隐喻，声称这些人"丝毫不令人惊讶"，他们"欢迎国家之间的战争，以从内心更艰巨的斗争中解脱出来"。

很久之后，当梅回顾20世纪40年代初的情况时，却很少提及在他周围肆虐的世界大战。那场战争最终夺去了5000多万人的生命。1940年恢复兵役时，他年过三十，已经成家，并成人父，饱受心动过速和疟疾的折磨，根本不是当兵的料。回首当时，他不由自主地将注意力集中于自己的"内心战争"。梅的战争并不像"约翰·琼斯"的处境那样，仅仅是一种简单的意义危机，一种能够以新的、更确定的信仰和目标来直接解决的危机。相反，他面临的是模棱两可的未来和新的选择，他的生活拥有太多的意义，让他穷追不舍，直到精疲力竭。

梅在生活中过度工作的一个原因是《咨询的艺术》和《创造性生活的源泉》大获成功。撰写受欢迎的忠告类文章是一种诱惑，其吸引力不仅来自同事和读者的认可，还来自杂志支付的酬金。作为一个父亲和养家者，梅的经济需求远远超过了牧师的微薄薪水。当宗教杂志请他撰写结合基督教与心理治疗智慧的实用文章时，他热切地回应了请求。话题五花八门。早期的一篇文章驳斥了对待酗酒的说教态度，并通过简短的案例分析，证明了心理咨询对改善导致男女酗酒的人格问题的有效性。1939 年至 1942 年间，梅为广受欢迎的青年会众杂志《朝圣者之路》（*Pilgrim Highroad*）创作了大量作品。"理解和管理自己"系列有九篇文章，很可能来源于梅在维罗纳教堂的演讲，其中探讨了一些常见的问题："什么是个性？""成长的勇气""何谓朋友""如何交友""让我们前进的'动力'""男孩和女孩的友谊""与家人相处""你的良心何时健康？"，以及"成熟的宗教"。每一篇文章都相当于一场小型的布道，其中有《圣经》的章节，还有来自《新约》和心理学关于自我与人际关系的智慧。

正如其早期作品一样，梅在这些文章中颂扬了勇气、信仰、自我接纳和爱等治疗性品质与基督教美德。他强调心理治疗和自由派基督教在关注个体人格方面是一致的。正如他在后来一篇文章中总结的那样："有趣的事实是，对人格的尊重正是基督教对待人的核心态度。我们越是深入讨论社会生活，就越接近耶稣所教导的待人态度。"在另一篇文章中，梅指出，"我们生命中的重要朝圣"是对基督的需要和找寻。他总结道："心理咨询帮助每个人踏上上帝为他选择的朝圣之路。"通过心理咨询，一个人可以认识并塑造"自我的核心，这样上帝的力量就会像无线电波一样，从全身流过"。

梅也拓展了他作为讲师和教师的角色，因为这样能为他带来更多的收入，还能让他不用面对关于婚姻和事业的内心冲突。他曾在暑期研习班和研讨会上做演讲，甚至远赴达拉斯（Dallas），作为主讲人或小组成员参加活动。1941 年夏天，他前往伊利诺伊州埃文斯顿的加勒特圣经学院（Garrett Biblical Institute，现为西北大学的一部分），教授一门名为"学生运动和辅导"的课程，这是他在加勒特圣经学院一系列客座教学的第一次，一直持续到 20 世纪 40 年代中期。1941 年12 月，美国加入第二次世界大战后，梅以他所知的最好的贡献方式，创作了许多关于战争对心理和灵魂之影响的通俗文章。其中一篇文章提出如何克服"战时不安"，另一篇则回答了"战争是否会摧毁我们的价值观"。他没有否认战争导致的大规模破坏和死亡带来的腐蚀性影响，以及对日常道德的挑战，但他也提醒读者，战争形势以某些方式促进了合作而非极端的个人主义。

尽管梅仍然通过演讲、教学和通俗写作与基督教组织有所联系，但他决意离开牧师职位，以正式接受心理治疗的职业培训。他发现，作为牧师，他最喜欢的两个方面——教牧咨询和公共布道——可以通过治疗师的身份更有效、权威地结合起来。他还感觉到，美国社会对心理治疗的热爱刚刚萌发，而教会组织正在努力挽留忠实的受众。蒂利希同意并敦促他更换职业。1941 年初，梅与教会协商改为半职半薪，3 月份搬回了纽约，并在 1942 年完全辞去了他的职务。1941 年秋季，他报名参加了哥伦比亚大学教育学院新开设的心理咨询博士课程。

虽然在很多方面，这都是一次重大的"职业"转变，但梅从神职转向心理治疗领域，显示了他毕生努力的深刻连续性。毕竟，他的新承诺是基于自由派基督教传统中对治愈的虔诚，即在恩典中成长，在人格上成熟，这一使命既超越了神学，也超越了心理学理论。当他打算结束在新泽西的生活时，有一个例子深刻地体现了这种连续性。他同意为一位牧师同事的教区居民提供咨询，这个教区居民觉得，梅对宗教与心理学见解的融会将使她受益匪浅。从 1941 年 7 月到 9 月初，他为她做了几次咨询。

来访者名叫伊迪丝·哈蒙德（Edith Hammond），单身，38 岁，是一名教师、艺术家和音乐家，体重 210 磅，"长期处于四面楚歌的境地"。她曾多次向牧师寻求帮助，但都徒劳无果，最后牧师给了她一本《创造性生活的源泉》。读完这本书，她立即给梅写信，希望他能帮助她克服多年来"不断恶化"的"苦恼和不健康"。她宣称："我渴望找到正常和健康的人格，释放现在或多或少处于休眠状态的能力，特别是要清除恐惧和怨恨。"

在第一次治疗中，罗洛就帮助伊迪丝解决了情感麻木的问题。几天后，她感激地写道，不知何故，他的"若无其事"使她能够"坦露"自己的羞愧和恐惧，而他没有表现出"丝毫震惊的迹象"。她现在明白了"那个通奸的女人被带到耶稣面前时的感受，她感受到了理解，而不是审判"。他照亮了她"内心最隐秘的角落"，甚至在治疗结束后，她觉得自己好像"仍然被你的手（和思想）牵引着，越来越接近黑暗荒野边缘的阳光"。她从身体上体验到了这种解冻——喉咙不再堵塞，姿势更加放松，嘴巴也灵活了——她想知道，是否像梅所解释的那样，也许她经历的所有疾病以及她的体重问题，都是癌症的症状。

然而，随着洞察和解脱，她对未来的矛盾感也随之而来，部分是由梅的著作引发的，这些著作承诺释放创造精神。就在某天早上，她突然开始"自发地忘我地祈祷"，到了晚上，画完一幅水彩画后，她感到了"久违的放松"；而且梅向她保证，自慰是普遍的、完全自然的，这些帮助她从对爱情的强迫和抑制中解脱出来。然而，她知道自慰不能代替"真正的性爱"。她想要梅在书中描述的那种真正的爱，"这种爱会释放'巨大的创造性潜能'，来自一个丰富完整的人格"。不过，她也意识到，无论她的新态度如何，对她来说可能为时已晚。"同龄人中未婚男性太少了，我不知道他们在哪里、如何遇到他们，还有我的身体状况"，都给她的前景蒙上了一层阴影。

8月初，伊迪丝再次写信给梅，要求复诊，即使她仍在记录"生命的展开和绽放"，"在（他的）影响下获得的芬芳"。她还附上了一份单独的报告，详细描述了她拜访老友、饭后与一名新来的单身教师一起抽烟——这些平凡的人际交往是一种启示，是"压抑（正在）消失"的可靠迹象。她自豪地列举了"身体上"的收获：不再疲劳，不再疼痛，不再失眠，"我走路的时候，步履轻盈，全身都在摇摆——很轻快，可以称之为'放任'"，甚至不费吹灰之力就减掉了3磅。而且，她承认自己"对每一个在我生命中给予我帮助的人，都经常产生一种'爱的感觉'"，尤其是对梅。治疗师的爱带给她的谵妄凸显了一个刚露出苗头的问题，她需要与梅讨论这个问题。"你的观点改变了我以前的价值观，"她说，"而新的分寸感还没有形成。"

梅温和地提醒伊迪丝，除了这种情绪释放之外，她还需要努力打造新的生活。他建议两人在9月初安排一次会面。伊迪丝写道，她开始感觉到最初的"光芒"正在减弱，并"意识到转变必然不只是一个瞬间的奇迹"，而是"一种稳健而勇敢的发展"。她比以往任何时候都更迫切地感到需要一种新的生活方式。"你知道，你冷静地容忍我一直无法肯定的行为，这扰乱了我的价值观，"她写道，"我觉得需要有人来帮我构建新的价值观。"他们似乎只再会了一次，就在伊迪丝新学年开始的那天；不久，梅就从维罗纳搬回纽约，开启他新的职业生涯。

哥伦比亚大学教育学院与协和神学院隔街相望，共享一些师资和设施，但就职业前景而言，这两所学院的发展方向截然不同。课程设置就说明了这一点。在第一个学期，梅选修了文化动力学、个案工作、人格适应理论和心理治疗等课程。第二学期包含了更多的个案工作、更多的理论，以及对罗夏测验的使用介绍。当然，梅是个特别的学生，他曾跟随阿德勒学习，在相关领域出版了两本重要的书，在咨询方面发表了广泛的演讲，并在密歇根州立大学（为学生）和维罗纳的教会（为教民）做过咨询。然而，他从未接受过正式的培训或临床督导，他的工作方法也没有经过咨询专业人士的审查。在作为学术心理学支柱的实验科学方法方面，他也没有明显的长处。

如果说梅在正确的时间进入了心理治疗领域，那么他也恰好在正确的地点踏进了这一领域。通过蒂利希，梅接触到了纽约流亡者社群的世界，特别是结识了社群中的心理学家和精神分析师，这使得他转向心理治疗事业的经历比仅仅获得一个学位要深刻得多。到20世纪30年代末，由于希特勒对德国和奥地利犹太人日益严酷的政策，纽约已经成为精神分析实践和讨论的中心。在弗洛伊德学派和其他精神分析学派中，一些最重要的观点已经流传到了英国或美国。就像艺术、人文和科学领域的流亡者一样，分析家们也充实甚至彻底改变了他们在美国所选择的领域。我们只需列举几个将纽约当作新家的神经病学家、精神病学家、心理学家和精神分析师的名字，就能想象到他们的集体影响力了，例如阿尔弗雷德·阿德勒、埃里克·埃里克森（Erik Erikson）、奥托·费尼切尔（Otto Fenichel）、艾里希·弗洛姆、弗里达·弗洛姆–赖希曼、库尔特·戈德斯坦、库尔特·勒温（Kurt Lewin）、奥托·兰克、西奥多·赖克（Theodor Reik）、欧内斯特·沙赫特尔。

梅在欧洲时就曾接触过那些后来成为难民的知识分子，其中最重要的人是阿德勒和约瑟夫·宾德尔，但他与蒂利希的关系则为他打开了一个更广泛的圈子。自1934年抵达纽约后，蒂利希夫妇就一直积极地帮助并结交日益壮大的德奥流亡者群体。他们帮助流亡者找到工作，将他们介绍给有影响力的美国人，并创建了一个活跃的社交世界，在这个世界中，无论从哪点来看，蒂利希夫妇在纽约的公寓有时似乎就像是在柏林。在晚餐派对和鸡尾酒会上，他们高谈阔论，彼此调情，并建立职业同盟。起初，蒂利希试图邀请协和神学院的群体参与这些娱乐活动，但尴尬之事比比皆是。最后，罗洛和弗洛伦丝成了为数不多定期参加这些晚会的美国人。

1937年，蒂利希圈子里的流亡者开始对梅的观念产生直接影响，当时蒂利希把梅介绍给了神经病学家库尔特·戈德斯坦。从那时起，这位科学家的思想就逐步而深刻地充实了这个美国年轻人对心理学和人类存在的思考。两者之间最明显的联系，体现于后来梅对戈德斯坦的"自我实现"概念的使用；但这一概念出现在大众文化中，实际上更多地归功于亚伯拉罕·马斯洛（Abraham Maslow）而不是梅本人。然而，戈德斯坦帮助梅塑造了一种更深刻、更普遍的价值观念，一名对戈德斯坦的工作最有洞察力的学生称之为"为实现个人意义而勇敢行动"的"伦理"。这一愿景将蒂利希和戈德斯坦作为朋友和同事联系起来，尽管他们的背景和工作领域大不相同。

戈德斯坦出生于 1878 年，是西里西亚犹太人，有着广泛的求知欲，这让他首先涉足哲学和文学领域，后来又进入神经病学领域。第一次世界大战期间，戈德斯坦在法兰克福成立了"脑损伤后果研究所"，以设法帮助在战争中遭受脑损伤的士兵康复。他和同事阿代马尔·盖尔布（Adhémar Gelb）开发了许多成功的治疗方法，很快就形成了一个关于心理活动的激进概念。他们摒弃了将各种大脑功能视为特定大脑区域的独立活动的主流观点，而是看到了一幅更完整的意识图景。某个脑区的受损可能引发适应性的策略，利用或限制其他脑区的功能。简而言之，整个有机体会对特定的损伤做出策略性的反应和适应。戈德斯坦认为，这种反应是一种本能的生存机制，或许可以促使神经病学家构建治疗策略，以诱导或引导适应的过程。

戈德斯坦对有机体内在过程的看法，引发了魏玛共和国普遍的知识和科学的骚动，扩展了自 19 世纪晚期以来一直存在的主题。正如科学史学家安妮·哈林顿（Anne Harrington）所说，在 20 世纪 20 年代，戈德斯坦"在医学领域一直努力克服笛卡尔的二元论，并提出了医学诊疗领域的心身疗法"。这一更普遍的运动是不同思想和学科广泛结合的一部分。存在主义者、格式塔心理学家、寻求宗教本质精神重生的神学家（如蒂利希），以及像马克斯·舍勒[1]这样有影响力的哲学家，都感到有必要修补这个因思想上的去人性化而撕裂的世界。

1933年，纳粹夺取政权，开始排斥犹太人和社会主义者，并切断其终身的个人和职业关系，从而重新划定德国整体思想的界线。存在主义哲学家马丁·海德格尔（Martin Heidegger）成了一名狂热的纳粹分子，即使他的犹太学生遭受着流亡甚至更悲惨的境遇。蒂利希离开了德国，而蒂利希的"凯洛斯学圈"里的一名成员、最著名的克尔凯郭尔学者之一埃曼纽尔·希尔施（Emmanuel Hirsch）却站在纳粹一边，认为纳粹是德国的救世主。阿德勒前往纽约寻求庇护，而他的助手莱昂哈德·赛夫（曾是梅的分析师）则成为纳粹德国心理治疗机构中的一员。

至于戈德斯坦，纳粹夺取政权后，他在自己的研究室里被捕入狱，并遭到毒打。直到赫尔曼·戈林[2]的堂兄弟、阿德勒派心理治疗师马蒂亚斯·戈林（Matthias Göring）的介入，才挽救了戈德斯坦的生命，并承诺他可以永远离开德国。戈德斯坦立即前往阿姆斯特丹避难，1935年在洛克菲勒基金会的安排下，他来到了纽约。在阿姆斯特丹期间，在最艰难的条件下，他口述并出版了《有机体的构造》（*Der Aufbau des Organismus*）一书，全面地阐述了生物性驱力的意向性，特别是大脑的"自我实现"功能。该书于1939年出版了英文版，书名为《有机体》（*The Organism*）。1940年，他又出版了一本简短的演讲集——《精神病理学视角下的人性》（*Human Nature in the Light of Psychopathology*），这使他在越来越多的美国心理学家以及其他学者

1　马克斯·舍勒（Max Scheler, 1874—1928），德国著名基督教思想家、现象学泰斗，现象学价值伦理学的创立者。——译者注

2　赫尔曼·戈林（Hermann Göring, 1893—1946），纳粹德国的军政领袖之一。——译者注

中确立了地位，这些学者同样关注将人的研究置于最广泛的哲学和科学背景下。

梅在从教牧咨询师向心理治疗师转变的过程中，受到了诸多流亡者及其人生的重要影响，戈德斯坦只是其中之一。梅是幸运的，当他在研究精神分析的宗教和文化的意义以及可能的合并条件时，一些美国精神病学家和新近从德国来的流亡者正寻求通过社会学、人类学和政治学的见解来拓展精神分析的方法。在大西洋两岸，还有一个重要、实在并引发激烈争论的问题，那就是非医学背景的精神分析培训和实践的资格。

在很大程度上，梅的职业前景正是由这些创造性的、常常相互伤害的专业分歧的性质和解决方案所塑造的，这些分歧催生了新的机构、新的方法和新的实践自由。这一系列分歧中的一个关键人物是卡伦·霍尼，她于1932年从德国来到美国。霍尼是德国第一代接受过完整大学教育的女性。1926年，她成为柏林精神分析研究院的一员；1932年，她接受了芝加哥精神分析研究院的职位；两年后，她加入了纽约精神分析协会和研究所，担任培训分析师和导师。

几乎从霍尼抵达纽约开始，她就在寻找志同道合者，一起探究精神分析的新视角。她与克拉拉·汤普森（Clara Thompson）、哈里·斯塔克·沙利文（Harry Stack Sullivan）、威廉·西尔弗伯格（William Silverberg）、艾布拉姆·卡迪纳（Abram Kardiner）和哈罗德·拉斯韦尔（Harold Lasswell）等人的友谊尤为重要，这些人在美国精神病学和社会科学的传统中，已经开始寻求将精神分析与对人类社会和个体更广泛的研究相结合。在1933年和1934年抵达美国的流亡者中，对梅来说，没有人比艾里希·弗洛姆更重要了，他将社会学、人本主义和精神分析的观点进行了绝佳的整合，并在美国成为一位极有影响力、广受读者欢迎的哲学家。弗洛姆出生于1900年，在法兰克福的一个正统犹太家庭中长大。早年，他沉迷于研究《塔木德》（*Talmud*）并在1919—1920 年间帮助马丁·布伯（Martin Buber）和弗朗茨·罗森茨维格（Franz Rosenzweig）在法兰克福创办了自由犹太学院，这是一个致力于犹太成人教育的机构，旨在复兴德国的犹太文化。弗洛姆后来去了海德堡，撰写了一篇关于不同犹太人解读"摩西五经"（Torah）的比较研究，作为他的社会学博士学位论文。在海德堡研究《塔木德》之余，他接受了弗里达·赖希曼的分析，但不到一年，他们就结束了治疗，开始了一段浪漫关系。两人于 1926 年结婚。弗洛姆也开始接受精神分析培训，在慕尼黑和柏林参加课程并接受分析。

从某种意义上说，弗洛姆在美国塑造了一个德裔犹太人的形象，就像梅从宗教到心理领域的转变一样。弗洛姆和赖希曼虽沉浸于宗教正统观念，但逐渐被弗洛伊德对宗教的拒绝所吸引，走向了一种没有上帝的犹太教、一种充满《塔木德》智慧的启蒙人文主义。他们在 20 世纪 20 年代末的合作，也为德国科学思想的整体发展做出了贡献。事实上，赖希曼曾在戈德斯坦的指导下做过神经内科的住院医生，后者的影响贯穿了她的整个职业生涯。虽然他们的事业蒸蒸日上，但因为两人各自在美国寻求庇护，他们逐渐变得貌合神离。1933 年初，弗洛姆离开德国，前往芝加哥精神分析学院讲学，短暂返回德国后，又于 1934 年 5 月抵达纽约。弗洛姆曾经是法兰克福大学寻求整合精神分析与马克思主义（社会研究所）的先锋教师团队中的一员，他协助哥伦比亚大学重建了所谓的法兰克福学派。赖希曼逃离德国后，1935年加入了沙利文创立的栗树小屋（Chestnut Lodge），一家位于马里兰州罗克维尔的开创性精神病诊所。

正是在美国，弗洛姆与霍尼的生活交织在了一起。他们很快就成了恋人，并开始了一段长达十年的热烈的私人与学术关系。一个由沙利文和他的美国同事，以及弗洛姆、赖希曼和霍尼所组成的圈子，开始挑战弗洛伊德的正统学说。霍尼在一些学术文章和广受好评的著作中发表了新的观点，比如《我们时代的神经症人格》和《精神分析新法》(*New Ways in Psychoanalysis*，1939)。她弱化了俄狄浦斯情结的重要性，将"俄狄浦斯"症状追溯至一系列功能失调的家庭关系。她还挑战了弗洛伊德关于女性心理的观点，尤其是她认为"阴茎嫉妒"源于女性在这个世界上的弱势地位，而非对性别差异的先天生物心理反应。

霍尼被纽约精神分析协会的一些领导层人士视为内部敌人。她的私人问题和理论异见都开始浮现。霍尼的同事们对她在性方面的强迫感到困扰（但他们似乎对研究所中男性成员的拈花惹草不太在意），她有时会把性冲动指向在她那里接受培训的人。在一个以犹太人和男性为主的行业中，她是一个非犹太人和女性，这同样有害无利。其他流亡者可能对她早有怨恨，因为她在纳粹上台之前就来到美国，并且在职业和经济上都有所成就，几乎没经历过他们所遭受的折磨。

这些因素综合在一起，引发了一场反对霍尼及其盟友的内部运动。1941 年 4 月，最后一击来了，纽约精神分析协会正式将霍尼从导师降级为讲师，从而剥夺了她与协会内其他分析师平等的地位，以及担任培训分析师的权利。投票结果是 24 票对 7 票，超过 10 票弃权。她和其他四名分析师离开了会场。两天后，他们递交了辞职信。信中写道："我们只对精神分析的科学进步感兴趣，以保持其创始人西格蒙德·弗洛伊德的勇敢精神，而这显然无法在纽约精神分析协会目前的框架内实现。"与此同时，弗洛姆不仅开始偏离正统的弗洛伊德主义，也开始偏离社会研究所的马克思主义取向。他结合了黄道小组（Zodiac Group）各位成员的见解和他自己思想历程中的领悟，开始用英语发表作品。他的头两篇文章——《意志疗法的社会哲学》("The Social Philosophy of Will Therapy")和《自私与自爱》("Selfishness and Self Love"）——激起了更为传统的弗洛伊德主义者的尖锐指责。

1941 年 12 月，霍尼、汤普森、弗洛姆和沙利文等人成立了他们自己的研究所——精神分析进步协会（Association for the Advancement of Psychoanalysis，AAP）。然而，新的问题很快又出现了。霍尼独揽了这个新研究所的控制权，并做出一项出人意料的举措，拒绝让弗洛姆——当时因为出版《逃避自由》（*Escape from Freedom*，1941）而声名鹊起——成为培训分析师，这无疑与他们日益恶化的私人关系有关。官方的理由则是弗洛姆并非医生身份。弗洛姆、汤普森等人转而从精神分析进步协会辞职，于 1943 年成立了威廉·阿兰森·怀特研究所（William Alanson White Institute）。到 20 世纪 40 年代末，弗洛姆这个非医学出身的分析师已经成为怀特研究所培训项目的负责人。

梅在哥伦比亚大学教育学院开始正式课程的同时，进入的就是这样一个精神分析的叛逆世界。他开始参加精神分析进步协会的课程，学习汤普森讲授的"精神分析基础"；1942 年春天，在新学院（The New School）学习弗洛姆讲授的"社会与精神分析"。这种投身于精神分析研究的效果，几乎立即体现在梅自己持续的咨询实践中；有证据显示，甚至在汤普森的课程开始前，他就开始与"移情"和精神分析意义上的"内疚"交战了。在 1940 年末或 1941 年初的某个时候，他开始接受弗洛姆的培训分析。

梅进入这个令人激动和不安的纽约精神分析世界，部分原因是他参加了一个不同寻常的实验，一个被称为纽约心理学小组的私人研讨会。虽然宗教和宗教体验的本质一直是詹姆斯、霍尔和其他美国心理学先驱关注的核心问题，但对于将一个需要科学基础的新兴行业与关于精神的思辨领域联系起来，大多数心理学家和精神分析师却持谨慎态度。不过，自 19 世纪晚期以来，自由派基督教的神学家们——将人格主义和个体在恩典中的成长视为基督教的核心——看到了心理学在探索心灵内部运作方面的巨大潜能。

　　其中一位重要人物是协和神学院的教授富司迪，他曾向精神分析师寻求建议，以提升他处理教区居民问题的效率，并最终将心理治疗的思想纳入了他的布道和畅销书。安东·博伊森曾因精神疾病入院治疗，在宗教体验和更新的信仰中得到治愈后，他成为马萨诸塞州伍斯特州立医院的牧师，开始尝试将心理学的洞察和宗教追求相结合，治疗精神分裂症以及其他精神衰弱疾病。梅本人也通过讲座、文章和宗教导向的心理学著作对这一领域做出了贡献。

　　纽约心理学小组的成立，部分归功于另一位宗教心理学先驱——苏厄德·希尔特纳（Seward Hiltner）。希尔特纳一直在教会组织内推广牧师的临床培训；1940 年，他和另一些人在全国高等教育宗教委员会的会议上，与弗洛姆就心理学和宗教展开了热烈的讨论。希尔特纳和弗洛姆希望将这场对谈延续下去，于是创办了纽约心理学小组，将不同背景、不同年代、持不同观点的杰出人士会聚一堂。该小组成员主要在其资深成员的家中会面，并尝试培养跨越组织和理论界限的人际关系。

　　在一个心理学、政治和宗教思想的竞争学派大多相互忽视或谴责的时代，这场研讨会的不寻常之处在于，它将荣格学派与弗洛伊德学派（或者至少是新弗洛伊德学派）、基督徒与犹太教徒、信徒与无神论者、心理学家与社会学家、美国本地人与流亡者聚集在了一起。在 1941 年末和 1942 年初的头几次会议上，他们讨论了信仰的本质，并以玛莎·格利克曼（Martha Glickman）、伊琳德·科奇尼格（Elined Kotschnig）和弗朗西丝·威克斯（Frances G. Wickes）为代表（他们都是荣格派分析师），提出了论证"内在经验有效性"的临床证据。在讨论中，蒂利希、弗洛姆和其他人提出了这样的问题：如果没有上帝，信仰还能存在吗？如果没有宗教呢？不同形式的信仰是等效的吗？这场对谈从 2 月持续到 3 月，哈利·博恩和弗洛姆提出了一种信仰的愿景，将信仰视为自主的、个人的福祉，而无须神圣的联结。梅对他们摒弃外部权威的信仰观表示怀疑，认为人类只能存在于"一个比他更伟大的意义结构中，这个结构容纳了他的同胞"，并促使人们"在宗教信仰中使用上帝这个词"。梅补充说，"宗教领域中活跃的个体（苏格拉底、耶利米[1]、约伯、以赛亚）都自发地反对上帝的具体化形态"，但并不反对上帝的权威。这是梅在一场互不相让的辩论中的主要贡献。

4 月，在蒂利希讨论犹太教和各种基督教会的信仰时，宗教的重要性开始回归。他尖锐地反驳了心理学家的心灵内部视角和传统教徒的道德宗教观。他断言："信仰就是合一，坚持那些与我们真实的罪相矛盾的应许必将失败。信仰的对象是上帝的矛盾行为，这在耶稣基督的特质中尤其明显。"对蒂利希来说，"唯一的罪"就是"不信"。鲁思·本尼迪克特[2]从人类学的角度探讨了这一话题。在谈到她和人类学家同事所研究的"原始"社会中无意识的宗教实践时，她指出，信仰可以作为一种理性而非荒谬的现象而存在（弗洛姆胜于蒂利希），但信仰在很大程度上指的是外部力量（蒂利希胜于弗洛姆）。她简短地说："在原始社会，信仰就是生活的一部分。"关于这一主题的最后一次会议专门讨论了信仰的意义，以及他们在之前的会议上所持的立场。

最终，这些关于信仰的讨论似乎没有改变任何人的想法；每个人基本上都坚持自己看待这一现象的方式，并承认各自立场对宗教和文化的影响。然而，制定一套共同的术语来描述高度专业化的神学、心

1　耶利米（Jeremiah）是古代犹大国的一位先知、祭司。——译者注

2　鲁思·本尼迪克特（Ruth Benedict，1887—1948），美国人类学家，代表作有《文化模式》《菊与刀》等。——译者注

理学或人类学立场，往往会使其他情境下可能显得僵化的立场相对化。与参会者的任何个人立场相比，信仰现象变得更具有普遍的宗教、文化和心理学意义。从这个意义上说，该小组的讨论体现了多元社会的一种重要现象，以及群体间相互交流的必要性。一个人开始意识到他人的信仰，并用共同的语言向他人讲述自己的信仰。

从这些不同的角度探讨了信仰这一话题之后，该小组在夏季休会，并决定在 1942 年秋季的会议上探讨爱的心理学。爱，也是极难定义的。弗洛姆从精神分析维度描绘了爱，但也强调了它的伦理维度。蒂利希认为，弗洛姆的伦理人本主义排除了"现实中存在的力量"，排除了爱欲（eros）作为爱的本质的非理性和神圣的力量，也就是爱欲的"拯救元素"，其作用超越了伦理学的范畴。它为个人提供了"与其分离的宇宙元素重新结合的可能性"。爱变成了与宇宙或他人"结合的意志"。蒂利希总结道："在每一种性爱中，甚至在反常的形式中，都有一种结合意志的元素，那就是爱。这是一种本体论上的认同元素。甚至仇恨和施虐也是爱的反常形式。"

在谈论爱的话题时，梅多半保持沉默，甚至比讨论信仰时更沉默。也许他被那些更有名的长辈们唬住了，也许他对自己生活中的信仰和爱仍感到不安，不知道在一种坚定的世界观对抗另一种世界观的交谈中，他能够做出什么贡献。

第十四章 "祸从天降"

梅投身于学校活动及纽约心理学小组令人振奋的讨论，这极大地丰富了他的生活，但也加剧了他的疲惫和烦躁。他似乎有无穷的精力，却在极限的边缘徘徊。"暴躁、疲倦、步履蹒跚地从这里走到那里，回到家只能倒在床上，靠喝咖啡来刺激紧张的神经，靠服用甲状腺素来保持工作状态。"——这就是他当时对自己的描述。他除了工作还是工作——做学生、咨询师、讲师和作家，把操持家务和照顾孩子的任务全交给了弗洛伦丝。在艺术和调情的沙龙文化中，他努力跟上蒂利希夫妇和其他人的步伐，但这让他既解脱又备感压力。不管仅仅是因为疲惫，还是因为内疚以及更要命的对婚姻的绝望感，他向弗洛伦丝承认，自己有时像一条"嘶吼的响尾蛇"。

1942年秋天传来了好消息，弗洛伦丝又怀孕了——尽管这也增加了罗洛的压力，促使他更努力地工作以养家糊口。幸运的是，他已经同意1943年春天在加勒特圣经学院讲授一门课程，名为"宗教作为人格调适的因素"。在加勒特的教学给他带来了急需的财政支持，同时也加强了他与这所著名的神学院之间的联系。然而，罗洛到埃文斯顿没多久，就得了严重的感冒，发烧且夜间盗汗。卧床休息也无济于事，他的病情恶化了；西北大学的医生坚持让他去芝加哥的卫理公会医院进行诊治。医生检查了他的痰液，尽管结果呈阴性，但仍怀疑他患有肺结核。头几天晚上，他的体温达到了顶峰；退烧后，他们把他送到当地的疗养院休养，并做进一步的检查。

得知可能感染肺结核，罗洛变得精神恍惚。这种疾病因其致命的威力而令人生畏。尽管现代医学在治疗方面不断努力，但它仍然是一个重大威胁。1909 年，也就是梅出生的那一年，肺结核在美国人的死亡原因中排名第一，占死亡人口总数的 10% 以上。预防和治疗方面的改进确实有所帮助，但即使在罗洛确诊的那一年，仍有近 6 万美国人死于肺结核。

弗洛伦丝在电话里安慰他，但她还是留在了纽约。她怀孕了，要照顾他们的儿子，还要面对战时旅行的困难，她知道要去见他不容易，而且可能很危险。这个地区唯一的家庭成员就是露丝，但事实证明露丝根本帮不上忙。她离开丈夫和收养的孩子之后，精神崩溃了，来到芝加哥接受心理治疗。罗洛和她共进午餐，告诉她自己得了肺结核，她只是笑了笑，说她才应该是家里那个得肺结核的人（因为她不检点的生活）。然后，她就喋喋不休地谈论起自己的问题。

关于结核病的病因和治疗众说纷纭，但大家一致认为休息有很大的帮助。从忙碌的生活中脱身，只休息了几个星期，罗洛就迅速恢复了健康，完成教学任务，回到了纽约。他怀疑是误诊。到了 4 月，他已经晋升为博士候选人，接受了纽约城市学院的咨询职位，并重新加入心理学小组，而弗洛伦丝到了她怀孕的第八个月。肺结核的阴影开始消散，但工作的旋风还在继续。

4 月也让梅意识到了新的黑暗维度。他之前的咨询对象主要是大学生和中产阶级教堂的教民。20 世纪 30 年代，他曾在希腊和纽约的难民中间，隔着安全的距离，看到贫穷及其影响。为了完成必要的研究，罗洛花了一个月时间在曼哈顿西十五街的慈善机构——因伍德之家（Inwood House），为贫困的未婚先孕的年轻女孩提供心理咨询。这项任务的目的之一是使用定性和定量的评估工具，并创建和验证一些心理学假设。为此，梅学习了各种诊断性测验和量表的使用方法。他请了艾里希·弗洛姆做他的直接治疗督导。梅在因伍德之家的工作满足了课程要求，也为他的博士论文提供了案例素材。然而，也许这些个案会谈最深远持久的影响在于，加深了梅对贫困、反常的家庭状况以及个人悲剧的深刻感受。

因伍德之家成立于1830年，是一家受人尊敬且具有前瞻性的机构。它最初作为希望改变生活的妓女的救助之家，后来扩建为未婚先孕及其他问题女孩的住所。到20世纪初，它已经成为解决穷人的性相关问题的先驱力量，起初是治疗性传播疾病，到20世纪40年代，它采用现代社会工作方法来解决青少年的问题。从大萧条时期开始，因伍德之家接纳了各种宗教派别和种族的女孩，这与其他大多数社会机构实行的教派和种族隔离形成鲜明对比。这是当时开明治疗的典范，与教育学院心理学专业的合作标志着它的现代前景。它为求助者提供专业的、非说教的照护，并让初出茅庐的治疗师有机会处理各种难题。

梅的任务包括评估新来的求助者，并为她们提供心理咨询。他对她们进行个别访谈，给她们做心理测试，并让每个人参加一系列的咨询会谈。她们大多未婚先孕，来自贫困家庭，而且许多人是乱伦的受害者。根据梅的家族史，未婚先孕对他来说并不是什么新鲜事，但他从未想象过乱伦的情况。例如，露露（Lulu），一个有代表性的年轻女子，梅在他的内部报告中写道：

> 露露来自一个海滨家庭。她和一家人住在泽西海岸的一艘驳船上。她的情况是乱伦怀孕；他们几个人睡在一张床上，当哥哥上甲板的时候，父亲就会和露露发生性关系。这种情况大约发生了三次。父亲说如果她说出去，他就会杀了她。父亲曾因为强奸姐姐而被关进辛辛监狱……种种迹象表明，露露并没有主动引诱父亲，也许她曾试图抵抗，但感到求助无门，因为父亲威胁要杀死她。当母亲发现露

露怀孕后，把她打了一顿。母亲（她"认同"父亲，显然站在父亲一边）坚持认为露露应该把孩子带回家照顾。社工们则站在露露一边，表示如果她不想见到孩子（她确实不想），她就不必见。他们正在帮助怀孕后的她搬出这个家庭。父亲有癫痫病的迹象，这可能会给孩子的领养带来困难。

虽然在孩子出生前，露露没有时间接受深入的心理治疗，但与梅的谈话让她对这个世界恢复了些许信任。他主要是询问她过得怎么样，温和地提供一些选择，并让因伍德之家的社工努力创造机会，哪怕只是让她的未来稍微好一点。

弗洛伦丝怀孕的情形与露露形成了鲜明的对比。当罗洛帮助乱伦受害者的时候，弗洛伦丝带着他们三岁的儿子鲍勃去了弗吉尼亚州的林黑文（Lynnhaven）——靠近诺福克（Norfolk），这样她的家人就能一直陪在她身边，直到她在5月8日生下双胞胎女儿阿利格拉（Allegra）和卡罗琳（Carolyn）。罗洛来到这个家时，正赶上孩子出生。接下来的一个月是田园诗般的日子。德弗里斯一家在弗吉尼亚生活舒适，与罗洛和弗洛伦丝在纽约的简陋生活形成了鲜明对比。在这里，梅能充分休息，并享受新生儿带来的快乐。他还帮忙照看鲍勃，陪儿子渡过与母亲暂时分离的难关。在芝加哥经历了"身体崩溃"，又在因伍德之家见识了更严酷的社会现实之后，罗洛对他的婚姻生活有了改观。然而，想到回到纽约之后，需要养活一个更庞大的家庭，以及想要继续工作的渴望，使梅相信他已经恢复健康，可以履行他在加勒特圣经学院暑期项目中授课的承诺，这次他讲授的课程名为"咨询的程序、方案和计划"。

在芝加哥的每个晚上，梅都会给弗洛伦丝写一封信，其中一封信宣称他已经克服了自己最坏的习惯："我确信，真正使我病倒的是我劳累了整整两年！开始休息真是一种解脱……现在我感觉像换了个人。"他为自己以前的坏毛病道歉，辩称自己只是"精疲力竭"。他想起前年夏天在加勒特教书的经历。"每当上课前起床时，我总是感到疲惫，"他写道，"疲惫到我怀疑自己是否能说出话来；每当我想起你和鲍勃在海滩上，我是如此放松，抽根烟强打起精神。"现在，他信心满满地告诉她，他大步走进教室，"就像踩着弹簧高跷，迫不及待地投入一天的工作"。他甚至发现自己可以放松一下。"我只工作到中午，"他说道，"午饭后稍作休息，然后去海滩，欣赏西北大学女学生匀称的双腿，晒晒太阳，游游泳，然后慵懒地度过下午时光。"的确，他经常听到一个细微的声音在耳边低语："这太闲了——你最好再安排一点新工作。"然而，他和"那个声音在战斗"，而且他确信这次会"打败它"。随着休息而来的是欲望。"我要虚度整个夏天一半的光阴，养精蓄锐，"他承诺道，"当我们再见面时，我会变得黝黑健康（并且性欲旺盛）。"

伴随着欲望的还有对未来生活的新愿景。"按照不累死自己的新计划"，他承诺放弃教育学院的教职，专心写自己的论文。"关于做一个更体贴妻儿的丈夫，他有许多想法"，这只是许多想法中的第一个。欲望也带来了暗涌的醋意："亲爱的，请照顾好每一个人，并为我独守几晚空房。"然后，他似乎对这个结尾不满意，又加了一句话："亲爱的，没有你在身边，我感到非常孤独。这便是美中不足。不过，我会撑下去的！"

在这场关于欲望的隐晦而令人不安的讨论中，弗洛伦丝也贡献了一分力量。她一直在帮家里出租弗吉尼亚州山区的夏季客房，她告诉了罗洛一件事，这件事向她证明，即使罗洛不在，她也并没有失去"所有的女性魅力（我想知道，这种魅力是否恰巧增加了？）"。一位来自肯塔基州的腼腆的大学教授为自己和两个女儿租了房间。一天早晨，在客厅里，他为一个女儿向弗洛伦丝打听兰道夫－麦肯学院的情况。他们聊了一会儿，当弗洛伦丝站起来时，他握住了她的手。"他咕哝着什么，"弗洛伦丝说道，"然后开始把我拉进他的怀里！我反抗着，狠狠地盯着他说，'你想干什么？'"弗洛伦丝抽开身子，发誓再也不把房子租给单身男人了。"好吧，"她总结道，"这个经历也让我颇感兴趣，我为此思索良久。我想，我的自尊心有点膨胀了。"

这种微妙的交手一直持续到 7 月底，突然，罗洛又开始咳嗽、发烧和出汗。这次没有出错——是肺结核。他被紧急送往芝加哥的一家医院，他的情况很糟糕，不停地咳嗽，以至于没办法给弗洛伦丝打电话。所以，他草草给她写了一张便条，告诉她这个令人震惊的消息。她立即回信说："我仍然沉浸在最初的悲痛之中，我想还有恐惧。和你分离是如此难受，我只想和你在一起，安慰你。"她向他保证，"一切都会好起来的"，因为他在信中写道，他的病情似乎还处在早期阶段。她询问了诊断和治疗的详细情况，并想知道，如果梅必须在疗养院休养一段时间，是否可以选一个离她更近的地方，比如在夏洛茨维尔或林奇堡。

对他们俩来说，最让人痛心的是，"就像你说的，一切对我们来说都那么美好，这时突然祸从天降"。她决心等待："如果今年秋天你有可能回到纽约，那么这短暂的等待时间也算不上什么。但即使需要等待更长的时间，我们也可以等下去。我会给你寄很多孩子们的照片和日记。我真不想让你错过小女孩们可爱的婴儿期。"她敦促他"照医生说的做，尽快回到我们身边"。

罗洛终于从医院打来电话。一位医生对快速有效的治疗抱有希望。弗洛伦丝的思绪在两种选择之间摇摆不定。她想去芝加哥，但又担心她母亲照顾不了孩子，同时还要考虑额外的花销。此外，她想象罗洛或许只会在医院多住几天，然后去其他地方休息几个星期。这样

的话，她希望他们能在弗吉尼亚或宾夕法尼亚的山区见面。"医生有
没有建议你最好休养六个月左右？"她问道，"你知道我害怕这样的
分离，你也同样讨厌是吧？但现在最好还是听从医生的建议。"她还
重申了自己对未来生活的期待，希望能有"一个朝九晚五的丈夫，像
其他丈夫一样，下班回家，好好放松！我想，我们早该知道，谋事在
人，成事在天"。

结果，医生建议梅去伊利诺伊州内珀维尔的爱德华疗养院。梅于
1943 年 8 月 18 日入院，其诊断是"右肺上叶中晚期纤维化肺结核"。
他的痰液测试呈阳性，血沉测试也呈阳性。X 光片证实了这一诊断。
医生为他做了气胸手术——肺萎陷——并追踪了其缓慢复原的过程。
起初，罗洛预计他将在 10 月前回到纽约。此时，医生告诉他得延迟
到 12 月，也可能是来年的 1 月或 2 月。弗洛伦丝被击垮了。她在读
这封信的时候，正好苏厄德·希尔特纳过来帮忙为双胞胎做婴儿床。
她告诉他这个消息时，失声痛哭。希尔特纳让她坐下来，递给她一支
烟，试图让她恢复平静。"这是个无法回避的事实，实在太难了。"她
向罗洛抱怨说。尽管她称赞罗洛"冷静而勇敢"，但她还是忍不住对
医生和罗洛本人感到愤怒。"我想知道，如果这是一种治疗方法，他
们为什么还没有把你胸腔里的积液抽出来？"她问道，"人们会认为，
你和他们（医生）一样，希望把肺结核的治疗作为毕生的事业。"但
她还是以爱结尾："我时时刻刻都在想你，梦想着幸福的日子。到那
时，这一切都将成为过去的创伤，就像生孩子一样——痛苦将被遗
忘，留下的只有快乐。"

梅的同事和老师对这个消息的反应更为冷静。弗洛姆本人在德国
时也感染过肺结核，后来痊愈了。他要求及时了解梅的病情进展，并
根据自己多年前的经验指出，"对我们大多数人如此匆忙的生活来说，
这种强制的休息可以说是一种巨大的福气"。蒂利希则认为，这可能

会给梅带来他所需要的"创造性停顿"，并希望他不会"过早地打断停顿"。这位神学家建议他"在此期间学习无为的艺术，进行冥想，领悟是其所是的要义！在稳定的'存在根基'及其在一切事物的表现中有一种力量"。

前辈的智慧并没有把梅从厄运和绝望的沉沦中拽出来。在爱德华疗养院的第一个晚上，罗洛因为极度的孤独和沮丧而哭泣。他现在知道没有什么捷径可走。他面临着死亡的逼近，或者接受数月甚至数年的治疗。最重要的是，他想念他的孩子们，害怕不能看到他们长大成人。罗洛终于在 11 月与家人团聚，从疗养院直接前往弗洛伦丝在弗吉尼亚的家。这是很折磨人的经历。对传染病的恐惧支配着他。他不能接触那对双胞胎，更不能亲吻或拥抱她们。事实上，医生建议他们不要待在同一个房间。他可以和鲍勃一起玩，但"不能太亲密"，这意味着要超过一个手臂的距离。1943 年 12 月底，罗洛回到纽约；实际上，他在治疗期间体重增加了 20 磅。尽管如此，但爱德华疗养院的院长和诺福克的医生告诫他不要过分乐观，并建议对他的肺部进行"密切观察"和定期检查。医生告诉他，他可以继续学业，但工作量要减少。

然而，梅无法抑制自己工作的冲动。早在回来之前，他就开始规划不久的将来。他预计在 1 月份开始写论文，并已经在了解毕业要求了。回家没几天，他就答应了一个授课邀请——1944 年 7 月和 8 月在芝加哥麦考密克神学院（McCormick Theological Seminary）做五场讲座。到了 4 月，他又接受了为卫理公会巴尔的摩会议（Baltimore Conference of the Methodist Church）讲授暑期课程的邀请。1944 年 4 月和 5 月，他再次回到因伍德之家，为未婚先孕的女孩提供心理咨询。

然后，在 5 月下旬的某个时候，罗洛的肺积液又开始增多，填满了肺部。

第十五章　萨拉纳克的疗养

　　1944 年夏天，尽管梅取消了很多日程，并休息了很久，但他的病情并没有好转。同年秋天，经过进一步的检查和咨询，以及朋友和医生的一致推荐，梅前往萨拉纳克湖畔的特鲁多疗养院——位于纽约州的阿第伦达克（Adirondack）山脉。这里是他为生存而战的最佳选择。该疗养院由爱德华·特鲁多（Edward Trudeau）博士于 19 世纪末创建，后来发展成一个集实验室、休养别墅和医院于一体的综合机构，到 20 世纪 40 年代中期，它已成为美国最重要的结核病治疗中心。

　　该机构的起源决定了其个性化和人性化的基调。特鲁多曾目睹他的兄弟死于肺结核的折磨，并在自己感染肺结核后，用自己的身体做实验，寻找治愈的方法，将此作为毕生的使命。当特鲁多发现一次宁静的登山之旅改善了他的健康状况时，他进行了实验，发现新鲜空气、平静的休息、美味的食物和适量的运动相结合，能显著地改善他的健康。那是在 1874 年，赫尔曼·布雷默（Hermann Brehmer）博士正在德国的格尔伯斯多夫（Görbersdorf）实施一种更具系统性的新鲜空气与休息疗法。罗伯特·科赫（Robert Koch）在 1882 年发现了结核杆菌，为人们进一步了解该疾病的传播方式铺平了道路。在特鲁多继续与这种疾病进行个人斗争的同时，他和一位同事将布雷默的实验、科赫的突破以及自己的经验相结合，创建了阿第伦达克别墅疗养院，并于 1884 年首次接纳了两名患者。

　　阿第伦达克别墅疗养院成立后，几乎立即开始扩张，并催生了更多的私人疗养院。这种爆炸性增长给萨拉纳克湖村庄带来巨大的变化。19 世纪 70 年代，这个小村庄距离最近的火车站有 42 英里远；到了 1903 年，这里已变成一个繁华的温泉疗养地，拥有两条铁路线，人口已达 4000 人。1907 年，当地医生意识到这个趋势可能会对健康造成危害，于是成立了萨拉纳克湖结核病控制协会（也就是广为人知的结核病协会），主要负责信息交流和人员登记的工作，并协助卫生委员会执行适当的卫生措施，以保证数以千计在萨拉纳克湖寻求治疗的人不会把这里变成疾病的滋生地。

尽管特鲁多疗养院多年来接待过许多知名人士，如作家罗伯特·路易斯·史蒂文森（Robert Louis Stevenson）、斯蒂芬·克莱恩（Stephen Crane）和沃克·珀西（Walker Percy），但它收治了更多的无名之辈。疗养院有很好的包容度，提供各种不同的价位和不同级别的护理，但最重要的是适宜的态度和医生的判断，让病人感到自己的病情还没有发展到没有希望的地步。与爱德华疗养院和罗洛接受治疗的其他医院相比，特鲁多疗养院能够提供更加个性化和人性化的治疗。疗养院和社区都没有把患者污名化。当那些幸运的患者恢复体力后，他们可以与镇上的人自由交往，并经常在治愈后返回该地区度假。医生和工作人员结合各种方法来治疗这种疾病，尽其所能进行手术治疗，但也依靠疗养的治愈能力。医生们知道，患者的态度和看法可以在病情没有恶化的情况下起死回生，所以他们鼓励患者即使面对死亡的黑暗前景，也要阅读、思考并写下他们的经历。

因此，罗洛进入了一个支持性的社区，并参与了一个标准化的疗养方案，以增强他的生存意志。从火车站来到这里后，他在接待中心被观察了 24 小时或更长时间，并根据他的身体状况被分配了一个房间。梅最初在医务室，但很快就搬到了疗养室，在那里他基本上只是卧床休息。随着他的康复，他在"高级小屋"（up cottage）找到了新的住处，医生允许那里的人进行适度锻炼。罗洛的大部分活动都遵循劳拉森·布朗（Lawrason Brown）医生制定的时间表，后者编写的《肺结核康复规则》（1916）乃是全国疗养院的"圣经"。当然，最关键的原则是接触新鲜空气，但布朗也认为，根据患者和疾病的具体情况，每天的计划应该有所不同。

7:30 起床。量体温。如有必要，喝牛奶（可以加热）。温水洗脸。冷水擦拭。

8:00 早餐。

8:30 在户外的椅子上或在床上休息。

10:30 点餐。

11:00—13:00 按要求锻炼或休息。

13:00—14:00 用餐。尽可能减少在室内的时间，不超过一小时。

14:00—16:00 仰卧休息。读书，但不允许说话。

15:30 点餐。

16:00—18:00 按规定量锻炼。

18:00 晚餐。

19:00 待在室外。

20:00 量体温。

21:00 用餐和睡觉。

在所有的季节，梅和其他人每天都会在"治愈门廊"上静卧几个小时，即使在最极端的天气里也是如此。隆冬时节，有时气温低至零下 20 摄氏度，他们披着电热毯，穿着毛皮大衣，戴着连指手套，置身于门廊之上。这种无尽的休息激发了新的和敏锐的感官体验。罗洛学会了通过听送早餐的勤务人员脚下积雪的嘎吱声来判断温度——

嘎吱声越响，天气就越冷。无聊、焦虑、强烈的孤独感、对医务人员平静态度的爱恨交加，以及对似乎无穷尽的静休的绝望——只有通过逐渐增加的少量运动才能略微缓解，这些都促使许多病人进行自我反省、开始精神探求，并思考疾病的起因和疗愈之道。

梅在这三个方面均有所涉及。后来，在多次提及他在特鲁多疗养的经历时（有时以第三人称写成），他把自己的治愈变成了一出引人注目的心理剧，讲述了如何为自己的生命承担责任。他观察周围幸存者和逝者的生活习惯，以及他自己的身体对治疗有无反应的节律。他决定必须自己来控制结核病，自己对康复负责。只有他能"倾听"自己的身体，"感觉到它何时强壮到可以运动、行走……我必须做的就是为自己的疾病负责"。

这些回顾性的描述强调了一个人要对自己的生活负责——在可能的情况下，选择活着还是死去。在某个回顾的版本中，他报告说"内疚感大大增加，因为我不仅是患（had）病的人，也是得（got）病的人。……是我把自己的身体搞得一团糟"。他指出，他"自己曾经的生活方式是错误的"。他认识到这是一种"老毛病"，在希腊的时候就曾让他陷入崩溃。现在，他不得不承认"我没有倾听自己的身体……我的生活远离尘世，而尘世正是消解烦恼之所"。他知道自己不能单纯地依赖医生或药物，他知道自己面临着"内心的挣扎"。但是，直视自我也带来了希望。"如果我对得病有一定的责任，"他指出，"那么我也就有一些战胜它的希望。"梅特别强调，被动顺从极具诱惑力，但会带来可怕的后果。他记得疗养院里有个病人，"一个非常善良的女孩"，大约 20 岁，"对每个人都很好"，看起来很乐观，可到头来这只是伪装。一天晚上，她服用过量的西康乐（Seconal），投湖自尽了。

从梅后来成为存在主义心理学家的角度来看，他后期对患者"承担责任"这一概念的关注是很有意义的。他在特鲁多疗养院的斗争涉及了深刻的精神和宗教实验，以及自我分析和意志力。尽管他的处境基本上是孤独的，但这种孤独并不像他后来描述的那样彻底。他享受着西里尔·理查森（Cyril Richardson）在知识和情感上的亲密陪伴，后者是协和神学院的教会历史教授，也是一名肺结核患者。理查森在一年多前开始接受治疗，当梅在1944年9月抵达时，他已经基本康复，住在疗养院外面的一个休养所，就在萨拉纳克湖旁豪华的公园大道上。他和罗洛是同龄人，在纽约时就略微熟识。在萨拉纳克湖疗养时，他们成了亲密的朋友。

西里尔·理查森是协和神学院校园里最受欢迎的教师之一。他于1909年出生在英国，先在萨斯喀彻温大学接受教育，后来又在协和神学院继续深造。他才华横溢，性格古怪，是个完美的个人主义者。有个在二十世纪六七十年代听过理查森布道的仰慕者，形容他的样子是"一位正统的英国绅士，你可以想象他戴着礼帽、穿着礼服走在伦敦的邦德街上"。理查森说话带有"浓重的英国口音"。他是早期教会的学生，他翻译的具有代表性的教父文献《早期基督教教父》（"Early Christian Fathers"），至今仍然是该领域的标准文本。理查森对诺斯底主义（Gnosticism）的研究，为早期教会后来探索同性恋问题奠定了基础。晚年时，理查森写过有关基督教与生态学的文章。

总而言之，理查森是一位极具感染力、吸引力和创造力的基督徒，他在自己的宗教经历中寻找奥秘和奇迹，并努力扩展宗教对话，包括对超验的暗示和实验。当梅在特鲁多疗养院休养时，理查森与他分享自身的经验，讨论想法，并试图帮助梅战胜疾病。理查森特别希望梅能尝试精神治疗（spiritual healing）。他将自己的"最新进展"主要归功于治疗师鲁弗斯·莫斯利（Rufus Moseley）的"信仰和代祷"，并请求莫斯利也为梅祈祷。理查森对这位治疗师的欣然接纳，显示了美国人精神旅程的丰富多彩。莫斯利是哈佛大学威廉·詹姆斯门下的研究生，当时詹姆斯正在撰写他关于心理学和宗教的划时代著作《宗教经验之种种》（*The Varieties of Religious Experience*）。詹姆斯让他接触到精神治疗，特别是基督教科学派的治疗实践。莫斯利深感被"积极思维"和祈祷的治疗作用所吸引，但仍致力于传统的基督教。他花了一生的时间来解决这个在大多数人看来对立的问题。在涉足基督教科学派之后，他在某次精神幻象中接受了圣灵，并于1910年皈依了五旬节派（Pentecostalism）。到20世纪40年代，他已经成为"最远营地"（Camps Farthest Out）的重要成员；"最远营地"是五旬节派的一项静修运动，旨在将基督教的团契与体验性、治疗性的祈祷结合起来。

理查森反驳了梅最初的怀疑态度，他辩称，人们不必"相信"莫斯利的方法也能得到帮助。他向梅保证："关于心灵感应和预见力，我们所知道的一点是，有意识的怀疑并不会干扰它，只要一个人带着内心的真诚——带着意愿，比如说，虚心求教和努力去做的意愿——来处理问题。"他自己也曾"在这个问题上进退两难——去相信还是不相信"。理查森只是拒绝了"不相信的意愿"。想到自己和罗洛的情况，他指出，个体接受的智力训练越多，就越难以与精神世界保持联系。然而，他认为莫斯利能为他们俩带来疗愈的精神。罗洛有所保留，但和荣格、弗洛伊德、詹姆斯等人一样，他并不排除心灵感应和其他无形交流的可能性。事实上，梅不仅邀请了莫斯利，还邀请了另一位通灵者。在那一刻，他就像理查森一样，为了身体健康以及最终的精神福祉，几乎没有为自己设限。他各方探索，分析整理，然后再探索。

尽管特鲁多疗养院的后勤制度和梅的健康状况有所限制，但梅和理查森一直在进行对话。最多的时候，每周一次，在梅铆足力气并得到医生允许之后，他会走一小段路到理查森的住处，进行几个小时的交谈。大多数时候，他们的通信异常活跃，在相隔仅一英里的情况下鸿雁传书。尽管梅的信件没有保存下来，但理查森的热切话语反映了他们交流时的机锋交错。理查森对宗教和精神体验的评价高于心理治疗，这是一个明显的分歧。在他们通信的早期，他仔细地推敲了"（基督教）心身医学"以及他与普通感冒的斗争带来什么启示——"所有的疾病都是天意：它是内心冲突的身体表达，如果正确利用它，就会滋养灵魂，身体也会因此健康"。然后，他制定了一个"关于治疗层次的研究计划"，其中包括四条通往健康的道路："生理的"、"心理的"、"精神的"和"宗教的"。各条道路并行不悖。像梅一样，理查森也在这些现象之间寻找适当的界限。因此，他指出，"卢尔德[1]的浴池"和"分析师的沙发"是有所不同的。

梅赞同理查森对身心互动的看法，并承认仪式和祈祷的功效。然而，他不接受理查森对精神疗愈和降神会价值的吹捧。罗洛尤其反对理查森对著名的灵媒和信仰疗愈师埃德加·凯西（Edgar Cayce）的好感。当理查森（通过他的未婚妻——她是特鲁多疗养院的护士兼邮递员）得知梅对凯西"一点也不热情"时，他给梅写了一封长达四页的回信。在信中，他向梅坦白，他已经邀请凯西评估自己的情况。他甚至提到，他正考虑在协和神学院开设一门超心理学课程，但他担心自己会因此被"严厉斥责"。"为什么一个基督徒不应该试着去理解《圣经》中的神迹呢？"他抗议道，"相反，却浪费时间去研究什么E、P、D和Q！"（这些字母代表的是现代学者对《圣经》不同部分来源的划分。）

他们俩还讨论了精神分析。理查森接受过哈利·博恩的分析，并希望从自我分析中获得更多。在某次谈话中，梅给了他一些关于这个

1　卢尔德（Lourdes）位于法国的西南角，是欧洲著名的天主教朝圣地，因其神奇的圣水而闻名于世。——译者注

主题的建议。在此之后，自我分析和精神体验并驾齐驱，成为理查森的两大心头好。他向罗洛承认，在深入挖掘并经受"人生中最糟糕的分析风暴"之后，他把自己搞得"有点崩溃了"。这场风暴的部分原因与精神药物有关，因为他把西康乐当作安眠药服用，但很快发现它还有其他作用。"在它的影响下，一些东西浮现了出来，"他说，"而这些东西，正是我清醒时刻意回避的。"

有一次，他花了一整个下午来处理某个长期存在的情感冲突。他变得非常焦虑，当晚服用了西康乐，"对我多年来故意混淆的东西有了非常清晰的认识"。他认为药物给了他"内在的、下意识的信心"来处理棘手的问题，"就像在酒精的作用下，你能趾高气扬地打断老板的鼻梁，而不是当他的受气包一样"。理查森承认，药物诱发的洞察力可能是"夸大而扭曲的"，但他认同西康乐能缩短自我探索所需的时间。"我想我应该写一封信给卡伦·霍尼，告诉她西康乐可以作为自我分析的捷径，"他对梅开玩笑说，"因为事实上，在哈利·博恩为我分析的那些年月里，也只有两次危机经历可与这种体验的强度和进度相媲美。"

罗洛试图帮助理查森从精神分析理论的角度来看待药物引起的幻觉。例如，在与罗洛讨论过西康乐的作用之后，理查森设计了一个系统，通过指出这些"启示"与自由联想和解离的关系来区分之。理查森的言论，不仅在他与梅的对话背景下值得注意，而且作为对致幻药物、宗教体验和心理觉察的初步探索也很有价值，这些探索在二十世纪六七十年代变得更加普遍。

理查森确信，西康乐帮助他超越了价值有限的自由联想状态（"你看着窗外"，然后报告一切），进入了他自己的狂喜状态（"发生解离时，你就在窗外"）。在"自由联想中，你要记录'这个疯子'"；而在"解离状态中，你就是这个'疯子'"。理查森为完全丧失理性意识而欢呼雀跃，称之为真正的狂喜（"真真切切，在弗洛伊德的'窗外'"），并认为这样的时刻与通灵者研究的恍惚状态颇为相似。

理查森经常热情回应梅的建议，但并不总是如此。梅曾寄给他一本卡尔·R.斯托尔茨（Karl R. Stolz）的《教会与心理治疗》（*The Church and Psychotherapy*），这本书在前一年出版，并在教牧咨询界引起轰动。梅把它推荐给了理查森，完全没料到他的朋友会对这部作品恶语相向。理查森抨击它"内容空洞，毫无启发性"，"完全是卫理公会教派的胡言乱语"，"阿宾顿出版社的典型作品"。理查森字字诛心地写道："斯托尔茨有些像卫理公会（基督教青年会）的'外向型'（贬义）咨询师，这些人认为神经症可以通过祈祷和健身操的把戏来治愈……他的书充分证明了牧师们对精神病学一知半解的危险。"我们不清楚理查森是否知道梅的基督教青年会背景、在卫理公会的成长经历，以及曾在阿宾顿出版社出书。也许理查森是知道的，因为他意识到这番咆哮对罗洛来说意味着什么，他补充说："衷心感谢你和其他几个人凭借经验和训练不断上升，最终沿着这条道路创造出一些像样的东西。"

从理查森的攻击中，不难看出他对梅爱恨交加的矛盾情感；当梅去拜访他时，这种情感最容易被点燃。"我的潜意识强烈地想要保护自己免受你的伤害，"他坦白道，"以至于我似乎采取了一种战斗的防御策略——有点像马其诺防线。"理查森对罗洛的每个观点都提出异议，他承认，他这么做其实是想"在你温暖、阳光明媚的花园里放一条恶龙，但我得花很长时间才能成功"。理查森用"象征"手法讲述了一则寓言，他把"米米"和"马肉"[1]——他身上的女性特质和男性特质——放在一起，意识到"米米"需要让自己变成一条龙，才能勇

---

1 米米（Mimi），可能是女子名Miriam的昵称；马肉（Horseflesh），可能指像马一样健壮的肌肉。——译者注

敢地向梅屈服。理查森毫不怀疑，他的朋友"可能会讨厌一条该死的龙出现在这个温暖而阳光明媚的场所"。"我想进入你的花园，但只有把自己变成一条龙才行。"他重复道，"结果是，我们在一起时几乎没有什么进展。只有在事后，我回想起你说过的许多话，我才能明白和感受到一些东西，而这些是你在场时我阻止自己去感受的。"

然而，现在"米米"已经准备好展示自己了。理查森希望他能被邀请去梅在特鲁多疗养院的房间：

> 你会戴上黑色眼罩（结核病患者的标配），带我去你温暖而阳光明媚的花园。按照你的意愿来，我们可以祈祷或读经或干任何你喜欢的事情。但没有什么比你带我去那里更值得高兴的了，那时我会卸下恶龙的伪装。你能为我定个朝觐的日子吗？

朝觐之旅。这当然是事实，因为除了他对罗洛明显的性激情之外，理查森还深切地感受到基督之爱的牵引，在他所爱的早期基督教团体的精神中，这是一种灵魂的结合。他向罗洛保证，他们关于基督教和心理治疗的讨论"触及了生命中最重要的部分"。他需要为"所有的吵闹和喊叫"求得原谅，不过他确信会得到宽恕，因为他们在精神上是惺惺相惜的。"我心中有你，正如你心中有我，"他写道，"这就是友谊的奥秘。只有当'你心中的我'告诉我'你原谅我'时，这种和谐才算完整。"他意识到，作为分析师的罗洛可能会把这样的告白仅仅视为一种投射。"但在这里，我更像是基督徒，而不是分析师。我觉得你已经见证了我的罪过，你要么宽恕我，要么怨恨我。如果是后者，就无所谓什么和谐，我能做的就是原谅自己。但如果是前者，我们就能一起更接近存在的根基。"

理查森渴望有一个灵魂伴侣，也许是一个情人，但他无奈只能接受罗洛眼中的他——一个令人兴奋有时也令人恼火的知识伙伴。从这一点上来说，他们的友谊让人想起罗洛与欧柏林学院的查尔斯·韦杰的关系。在这两种情况下，当面对男性同伴的欲求时，梅都会止步于此。

在与理查森的对话中，梅的语气不那么热情，无疑是被他朋友的"亲密谋划"吓到了——不仅是性方面的，还有精神方面的。如果说理查森对基督教信仰和心灵的创造性扩展正以强大而古怪的方式蓬勃发展，那么梅对特定基督教愿景的承诺正在迅速消退。矛盾的是，促使他调转方向的正是那个激情四射的基督教哲学家克尔凯郭尔。尽管理查森向梅推荐了关于灵媒和超心理学的书，以帮他恢复精神活力，但梅也建议他阅读沃尔特·劳瑞（Walter Lowrie）所写的关于这个阴郁的丹麦人的传记[1]。

克尔凯郭尔站在梅思想转变的中心，事实上，他影响了梅对人类意识的整个概念，也改变了梅的人生轨迹。阅读克尔凯郭尔，不仅帮助梅从结核病中康复，而且为他着手研究的博士论文提供了内在基础，这部论文后来成为他的第三本著作《焦虑的意义》。多年以后，梅谈论了他在萨拉纳克阅读弗洛伊德和克尔凯郭尔的情况，特别是他对两人关于焦虑状态的观点的反应。弗洛伊德的方法区分了现实的恐惧和相对无意识的"神经质"焦虑；前者源于对内心冲突或外部威胁有意识的觉察，后者则弥散在意识中，似乎没有特定的来源。"另一方面，"梅指出，"克尔凯郭尔将焦虑描述为个体在存在与虚无之间的

1　此书应指《哥本哈根的守夜人：克尔凯郭尔短暂的一生》（*A Short Life of Kierkegaard*），中文版由刘邦春、田王晋健主译，上海社会科学院出版社 2023年出版。——译者注

斗争，并接着说明，在焦虑中真正恐怖的不是死亡本身（我们肺结核病人每天都要面对死亡），而是我们每个人的内心都在不停地战斗"，"焦虑是对我们所恐惧之物的渴望"。就像一种"外来的力量，控制着个体，让人无法自行挣脱"。简而言之，哲学家在描述焦虑，分析师在诊断焦虑，而前者的描述呼应了梅自己在萨拉纳克的绝望探索。

梅发现克尔凯郭尔最引人注目的是"信仰之跃"（leap of faith）的概念，以及意志（will）在生活和对抗疾病中的作用。他与理查森讨论了这些问题，理查森也同意梅的看法，一个人若知道什么是"正确的"，就要"让所有的恐惧、恶魔和矛盾情感浮现，在恐惧和信仰中与它们殊死斗争"，从而实现这种状态。在结核病的情况中，理查森认为，一个人"必须首先找到生病的心理原因，并确立新的'心理模式'，以获得心理健康，然后康复身体"。然而，与罗洛不同的是，理查森认为"最终的解决方案来自恩典——犹如'醍醐灌顶'。这是一种可重复发生的皈依经验。立志于更新'心理模式'，最终总会实现"。

我们不知道梅具体在何时接纳了克尔凯郭尔的焦虑观，但肯定是在他疗养期间。虽然他能理解理查森所说的"不畏恐惧，下定决心"，但他不赞同那戏剧性的结局——"醍醐灌顶"，重获新生。理查森的观点代表了一种基督教，克尔凯郭尔代表的则是另一种。梅接受了后者的观点，即只有死亡才能结束与恐惧的斗争；同时，只有面对恐怖的焦虑，个人才能真正成为自己。克尔凯郭尔日记中的一段话似乎概括了梅当时的感受：

> 每个人内心深处都有一种恐惧，害怕孤独地活在这个
> 世界上，被上帝遗忘，被成千上万的人所忽视。如果把身
> 边的人都看作朋友或家人，这种恐惧就会被拒之门外；但是

恐惧仍然存在，人们几乎不敢想象，如果其他人都消失了，
又会发生什么。

被死亡萦绕，使罗洛不惮于直面上述恐惧，甚至是失去与朋友及
家人联系的恐惧。弗洛伦丝对此体会尤为明显，她大多时候都在弗吉
尼亚州独自抚养三个年幼的孩子，梅在萨拉纳克湖长期疗养使她几近
崩溃。她曾经美好的梦想——一个改头换面的罗洛，终于认清"拼命
三郎"的危害，每天回家与家人一起休息，以及也许不再花心和出
轨——已然破灭。

弗洛伦丝也没有压抑自己的感情。当罗洛谈起他在康复期间的
一些快乐时光（也许是他和理查森的讨论），并担心她是否过分操劳
时，她回敬道："我被三个孩子的需要所迫，我的情况和你不同，我
的身体足够强壮，不会得肺结核，但我承受着体力耗尽带来的疲劳和
衰弱。"梅建议他们次年夏天在萨拉纳克地区租一栋房子（假如他身
体足够好的话），而她指出这不免又要打理一栋房子。"不了，谢谢，"
她反对道，"我不想要那样的假期。"罗洛在便签上潦草地写道："我
把在这儿开心的事告诉她时，她充满怨恨。我之前告诉她我不开心的
事情，她反而不会抱怨。但如果我过得不错，她的抱怨就会增加……
结论是：我只能写一些不带情感的信……我必须靠自己好起来，不管
她怎么想。"

秋天晚些时候，当弗洛伦丝来看望他时，情况似乎有所好转。她
把孩子们留在弗吉尼亚，让母亲帮忙照顾，自己从诺福克坐火车到萨
拉纳克湖。不久之后，她写道，她"终于"看到了他作为一个病人的
黯淡生活。"我以前以为我明白了，"她承认道，"但没有去过那里的
人是不会明白的。现在，因为我对自己也有了更多理解，我开始尊重
你，而不是像以前那样时常责怪你。"她接受了梅需要长期疗养的现

实。尽管如此，她仍然过着疲惫的生活，"被孩子们层出不穷的要求和各种家庭状况所包围，弄得心烦意乱"，而她不在时母亲对孩子们行为的抱怨，又让这些情况变得更加纷繁芜杂。

到1945年1月，梅的病情逐渐好转，医生允许家人来探望他。表面上，有家人的陪伴，一切都是愉快的。罗洛在理查森（他刚结婚）的住处附近租了个房子，两对夫妇互相拜访。理查森后来写道，这对双胞胎"偷走了他的心"，而他的新婚妻子路易丝（Louise）此时也觉得"必须生双胞胎！"。尽管如此，梅的医生还是要求他与弗洛伦丝和孩子们保持一定的距离，以免有任何结核杆菌传染给他们，不可以亲吻，也不可以拥抱。

更让人痛心的是，弗洛伦丝向梅透露了她与哈利·博恩有过一段婚外情。信中的线索无处不在——她和哈利一起去看电影，或者哈利借给她一本书——这些都是好朋友之间才会做的事情。后来，罗洛声称他其实是欣慰的，由于他在疗养，所以她才"备受关照"；只是当他回到纽约后，这段恋情还在继续，这才让他受到伤害。事实上，他把这些感受隐藏得很好，甚至只是拐弯抹角地跟弗洛伦丝谈起。毕竟，在患肺结核之前，梅自己也有过婚外情，所以面对妻子红杏出墙，他也没什么好说的。25年后，在哈利·博恩为了澄清他与梅的友谊而发起的通信中，博恩的一封信揭示了梅的情感是多么压抑，或许也说明了博恩自己的知觉是多么迟钝。"我完全没有意识到你在萨拉纳克事件后的脆弱，"博恩写道，"如果你向我表达了你的想法，我本可以立即结束困扰你的事情。我以为你不介意，甚至会欢迎它，因为这样也方便你自己拈花惹草。显然，我大错特错了。"哈利还提及，梅从一开始就对弗洛伦丝非常矛盾，这使他很容易误解梅的感情。

在弗洛伦丝告知她和博恩的婚外情之前，梅对弗洛伦丝及其不忠的态度一直掺杂着醋意和理性的家长式作风，后者涉及她的出轨应该采取适当的形式。在第一次肺结核复发后与弗洛伦丝的通信中，罗洛承认，因为她从弗吉尼亚到纽约旅行，和蒂利希一家住在一起，他写了一连串酸溜溜的信件。他本不想特别提起这件事，因为他想让弗洛伦丝在他离开的时候过自己的生活。弗洛伦丝在信中谈起这次旅行，说她希望他没有"因为'嫉妒的画面'而失眠"，但又补充说："也许我就希望如此？"罗洛回答说："是的，我的脑海中确实浮现出嫉妒的画面，不是一个晚上，小姐，而是两个晚上……但显然你自己也有一些想法——希望我会吃醋……？你自己也许还有一些幻想（或者说'期盼'）？"罗洛估计，当她睡在蒂利希家时，"有超过50%的机会……他会在某个合适的时间，比如凌晨两点，进入你的房间"。他认为，汉娜"明白你和保罗有许多私事，她应该会默许。现在，我知道你在那次旅行中对一个男人相当渴望。所以，我问你，我该怎么想？"

罗洛承认自己非常吃醋，但他坚称这种"占有欲"远不如以前那么强。他觉得自己以前没有把她"当作一个能负责任、有自主性的人"。他还意识到，"在约会、交异性朋友方面，我比你有更多的自由"，这是不公平的。如果蒂利希在凌晨发起了攻势呢？他无法想象自己会对他们中的任何一个人"大发雷霆"。"然而，有一件事，"他解释说，"我无法忍受的是你后来的辩解，'他进来了，我不好赶他走'或'我太需要一个男人了'——任何以软弱为基础的合理化都会让我崩溃。"相反，如果真的发生了，他希望弗洛伦丝能"作为一个坚强、负责、自主的人"，坦然接受这样的经历。总而言之，他期望的是"我给你承担责任的自由，如果你因此和他人发生了关系，我也能接受和适应，这可能会让你更欣赏我。（这是男性的自负吗？！）实际上，不管是不是自负，这可能会让我们更加欣赏彼此"。最后，他在信的末尾写上，"我所有的爱"献给"全世界最迷人的女人"。

在与哈利·博恩的婚外情中，弗洛伦丝按照自己的性情行事，而不顾罗洛家长式的许可。这极大地伤害了他的虚荣心，甚至在她结束这段关系之后，双方依然互生怨恨，彼此冷漠，这进一步损害了他们的婚姻。

第十六章 "最重要的事"

梅回到纽约市——回到那段伤痕累累、日渐平淡的婚姻里——标志着他的职业生涯开始重建。在接下来的五年里，直到医生宣布他的肺结核完全康复，梅都很少讲课，也很少旅行，而是集中精力完成他的博士论文。他想成为一名精神分析家和作家的愿望没有改变。他也不是一个容易放弃的人。除了研究和撰写博士论文——后来成为他的第三本著作《焦虑的意义》，他还开始了咨询实践，并在20世纪40年代末，于威廉·阿兰森·怀特研究所重新接受弗洛姆的培训分析。然而，他更多地意识到这个世界的黑暗，也就更加肯定个人价值的力量。梅把肺结核的遭遇和婚姻的苦果看作生活中不测的双重提醒。他憋着劲儿，雄心勃勃地投身生活，并深信自己已经掌握生活的真谛，但他也意识到自己并非不死之身，面对屈辱与丧失，一样不能幸免。

这些经历使梅更深刻地认识到什么才是生死攸关的。1945年，他首次将斯宾诺莎的一句话作为《咨询的艺术》的题记，这句名言或许给他带来了慰藉和启示："我发现，我所担心的一切，除了心灵受其影响外，并没有好坏之分。一个了解自己和自身情绪的人敬爱上帝，一个人越了解自己和自身情绪，就越是如此。"身染结核病和情爱受挫在各种生活境遇中格外凸显，成为梅生命中宝贵的经验。梅似乎还由此培养出一种不同于他在教牧咨询时期的同理心。1946年开始执业时，他没有效仿基督的做法，完全地认同患者，而是两手同时抓，一手热忱共情，一手冷静分析。

在梅最初几年的新实践中，一些案例反映了他正形成的治疗风格，以及他对意志、勇气，还有个体本真性与意义的关系等问题的处理。至少在一个案例中，他为当时的治疗师展示了相当前卫的性建议。30 岁的埃尔弗·巴克（Elver Barker）前来咨询时，认为他面临的只是一个简单的意志问题。因为虽然他是同性恋，但他还是很想娶女人为妻，组建一个家庭，成为"正常人"。在巴克十几岁的时候，他并不纠结自己的性取向，但到了 24 岁时，他突然改变了观念，认为同性恋是"需要'治愈'的心理疾病"。为了成为异性恋，他开始禁欲，长达 6 年没有和男性发生性关系，并约见了两位承诺可以让他转变性取向的治疗师。然而，不论是禁欲还是治疗，都没有起到作用，反而让他几乎"精神崩溃"。"当我在与我的本性抗争时"，他回忆说，他正好在读梅的一本书（可能是《创造性生活的源泉》），然后他就预约了梅。"他很亲切，"巴克提到梅时说，"而且他让我明白，我的问题不在于性取向，而在于恐惧。"随着时间的推移，这样的洞察和接纳逐渐得到巩固。在未来三四年中，巴克放弃了之前的执念，全然接受了自己的性取向，开始了艺术家和教师的职业生涯，后来成为科罗拉多州一名同性恋权利活动家。

梅能够很早就挑战有关同性恋的精神分析正统学说，这不仅说明了他的受训经验——在怀特研究所受到的新弗洛伊德主义的影响、他的导师所推崇的相当开放的性边界，以及自由派基督教中隐含的对各种爱的认可——还说明了一个事实，即尽管他本人是异性恋，但他许多最亲密和最可贵的朋友或多或少有同性恋的倾向，比如查尔斯·韦杰、巴克·韦弗和西里尔·理查森。梅似乎从来没觉得他们的性取向有什么问题，除非他们想要过于亲密，就像理查森的情况一样；对梅来说，忠于内心的真实自我比服从社会禁忌更重要。

梅对待女性来访的态度也是这样的。虽然玛蒂和露丝让他害怕与女性纠缠，但同时，她们也让梅深刻意识到女性在社会和人际关系中面临的问题——就像他自己的婚姻一样。这些在某种程度上激发了梅对支持和安慰的承诺，使他化身为一名"骑士"，这种精神在治疗过程中得到了很好的阐释。

例如，一位年轻的女大学生强调梅的在场让人安心。她的父亲专横跋扈，母亲"神志不清"，她深受其害，出现了令人担忧的症状——写作阻塞、胸闷和结肠炎。她找过不同类型的治疗师，但都没什么疗效。有位治疗师告诉她，她的问题来自她的父亲，"这基本上就是你需要知道的一切"。另一位则遵从弗洛伊德学派的基本分析法则："现在你只要躺下来，告诉我你想到的任何事情，即使它有点下流。"第三位宣称自己是"正统的弗洛伊德主义者"，并坚持要她放弃自己坚定的宗教信仰。这些治疗师都是男性。她也找过一位女治疗师，后者多次"用咄咄逼人的判断"打断她的诉说，并在她试图反驳时称她为"一个病得不轻的女孩"。最后她找了一位精神科医生，这位医生关心的第一个问题是她能否支付治疗费用。

难怪她觉得自己在梅身上"淘到了金子"。她听过梅关于心理学与宗教的演讲，顿时被他所吸引。她因为考试而感到极度恐慌，于是从教堂的电话亭打来电话，问梅是否可以帮她。梅回答说"我想我能助人自助"，并安排在第二天早上见她。他们每周进行四次会谈，持续了数年。在第一次会谈后，她的惊恐发作就消失了，再也没有复发。在梅的帮助下，她的生活有了转机；当她对梅表达感激时，梅的回答是她"值得"。后来，这位女大学生成了一名成功的学者，而在那个时代，女性追求这样的职业生涯会遇到无数的障碍。梅觉得她"值得"——她个人的、有意义的目标在阻碍面前值得保留——与她最终的成功有很大关系。

以上提到的两名患者都至少部分地出现了我们现在所说的焦虑症状。在他们经历苦痛的那几十年里，英语中"焦虑"（德语中的angst）一词的含义正从一种普遍的恐惧感的简单外延转变为一种指代个体和文化存在的元力量。回想起来，梅的女患者所谓的不适实际上就是"焦虑发作"（anxiety attack），尽管她在 20 世纪 40 年代可能不会这样说。埃尔弗·巴克因同性恋而陷入的所谓"精神崩溃"，正是现在的治疗师归类为"广泛性焦虑"或"惊恐发作"的症状。这两名患者都开始理解，他们的症状在一定程度上是由更广泛的社会和文化因素造成的。

二战后，焦虑从症状变为文化"问题"，一个经常被提及的原因便是灾难性的事件——大萧条、两次世界大战、种族灭绝和核武器——在短短三十多年里粉碎了人们日常的安全感，并带来了人为的全球毁灭的可能性。然而，在 20 世纪之前，焦虑症状已经侵扰人类身心数千年之久。萨满法师、女巫、医生、哲学家、神学家、生物学家和诗人都曾竭力描述、解释和消除焦虑的表现，它们会毫无征兆地使最强大的人陷入莫名的恐惧之中。在遥远的过去，大多数人认为症状的出现是上帝、魔鬼或是众多无形的精神力量的直接干预，而其他人，特别是早期的医生和科学家，则将其起源归结为身体的失调。

然而，到了 19 世纪，科学、神学和文学等因素交织在一起，开始以越来越全面的方式强调、凸显和定义焦虑状态。一些人认为，焦虑带来的弥散性不安是人们对现代性各种令人迷惑的方面的反应，包括市场的理性化倾向、民族国家（nation-states）的兴起、在科学发展之后教会权力的衰落和对神学传统的质疑，以及宗教改革带来的持续负面影响。对宗教信仰乃至文明的缓慢崩溃的焦虑和恐惧，在哲学、神学、文学和音乐中表现为一个生动的主题。梅最喜欢的一些浪漫主义诗人就曾表达出了强烈的声音，其中最重要的是威廉·华兹华斯（William Wordsworth）和马修·阿诺德（梅在大学时最喜欢的诗人），以及后来的威廉·巴特勒·叶芝（William Butler Yeats）和 T. S. 艾略特（T. S. Eliot）等人。

此外，在 20 世纪前 30 年，曾经默默无闻的克尔凯郭尔——在他看来，焦虑（angst）是人类存在感的核心——引发了像蒂利希和海德格尔等思想家的思考。从 20 世纪 30 年代开始，克尔凯郭尔的著作被正式翻译成英文，这使得他声名大噪，神学院、大学、流行杂志甚至白宫都对其思想备感兴趣。诗人奥登（W. H. Auden）在二战期间阅读了克尔凯郭尔的作品，并在 1947 年将他描写战后时代的长诗命名为"焦虑的年代：一首巴洛克牧歌"（*The Age of Anxiety: A Baroque Eclogue*）。奥登的诗启发了伦纳德·伯恩斯坦（Leonard Bernstein）创作出第二交响曲《焦虑的年代》，这首曲子在 1949 年首演，后又成为杰罗姆·罗宾斯（Jerome Robbins）同名芭蕾舞剧的背景音乐。就连禅宗普及者阿兰·瓦兹（Alan Watts）也受到影响，他在 1951 年出版《不安的智慧》（*The Wisdom of Insecurity*）一书时，把"焦虑的年代"作为一个章节的标题。彼时，"焦虑"已成为一个关键的文化符号。

就在诗人、哲学家和神学家尽情探索焦虑之时，医生、生物学家、神经学家和心理学家也在扩展他们对焦虑症状的定义。19 世纪的精神病学家和心理学家开始重新定义这些症状，认为它们至少部分起源于精神苦闷，特别是在没有明显的器质性问题时。在使身心互动的问题复杂化的过程中，他们开启了一个最纷繁、最复杂的科学问题，其答案至今悬而未决。

在弗洛伊德创建精神分析学之后，精神医学对焦虑的理解发生了重大转变。在《精神分析引论》（1917）中，弗洛伊德将"焦虑问题"描述为"一个节点，在这个节点上，各种至关重要的问题汇聚在一起，它就像一个谜题，而其谜底必将为我们整个精神世界投下一束光芒"。他并没有声称自己有"完整的解决方案"，但他向读者保证，传统的解剖学方法是一条死胡同。他宣称："如果想从心理学角度理解焦虑，那些关于刺激传播的神经路径的知识，我们根本无须掌握。"

到了 20 世纪 20 年代，弗洛伊德开始更多地将焦虑视为自我内部普遍无意识冲突的结果。然而，这种不那么机械的解释在某种程度上反而加深了焦虑的神秘性。事实上，在 1926 年出版的《压抑、症状与焦虑》（*Hemmung, Symptom und Angst*）（1936 年的英译本名为《焦虑的问题》）一书中，弗洛伊德重新审视了这一现象并承认，在面对焦虑的"谜题"时，"经过几十年的分析努力，这个问题浮现在我们面前，就像一开始未被触及一样"。

自 20 世纪 30 年代中期，梅开始熟悉关于焦虑的各种新观点，这主要得益于蒂利希，是他最先让这个美国年轻人接触到了克尔凯郭尔和海德格尔，以及戈德斯坦的研究。然而，一些迹象表明，即使在 20 世纪 30 年代末，焦虑这个词本身仍然不是鲜明的文化符号，它在《咨询的艺术》和《创造性生活的源泉》中都没有出现。这些作品关注的是恐惧、忧郁和"无意义的深渊"对人们身心的影响，个体"被看不见的敌人强迫去战斗，却找不到任何战斗的对象"，这是"所有恐怖中最令人不知所措的"，而梅从未把这些状态称为焦虑。

然而，1939 年至 1941 年间出版的几本书另辟蹊径，帮助梅和其他人用更广泛的术语来界定焦虑。其中最引人注目的是艾里希·弗洛姆的开创性著作《逃避自由》，该书从社会心理角度解释了法西斯主义的诱惑力，甚至在美国即将加入反抗希特勒的战争之际，它仍然成为畅销书。弗洛姆没有使用"焦虑"这个词，但仍为扩展其含义奠定了基础。他认为，现代资本主义建立在竞争性个人主义世界的自由之上，这引发了一种对同胞的疏离感，并导致了一种深刻的孤独，而这种孤独可以通过放弃个人自由，转而认同一个有纪律的运动或专制的国家而得到缓解。弗洛姆用其理论分析了最极端的案例——德国人如何将自由拱手让给纳粹分子，以及在"民主"大众社会中，政治上不那么明确但同样有力的自治权放弃。在弗洛姆看来，现代自由形式中的孤独和无力感不可避免地导致人们想要逃避："孤独、恐惧和困惑照旧，人们无法一直忍受。"有趣的是，弗洛姆提到了克尔凯郭尔（论述这种现代状况的先知），但避开了他的神学理解，转而追随弗洛伊德和马克思。

戈德斯坦对梅的影响也很大，只是没那么直接明了；梅曾在 1937 年就焦虑问题采访过他。戈德斯坦的思想核心是自我实现理论，虽然这一理论来源于生物学上的生存和繁殖，但它对意识和创造力等更具思辨性的领域也同样重要。像弗洛姆一样，戈德斯坦认为现代性催生了个体的孤立感，个体的自我遭遇着难以承受的威胁。然而，针对这一状况，戈德斯坦更加强调智力原因而不是社会经济原因。在他看来，学科的专业化和唯物主义对数据及理论的特殊爱好，带来了 19 世纪科学知识的大爆炸，却出乎意料地打破了更古老、更统一的对人类存在的看法。他含蓄地（有时是明确地）提出，第一次世界大战后脑损伤的老兵与现代普通人之间的状况颇为相似。老兵们在一个因脑损伤而感到陌生的世界里努力调整和适应，而现代人则不安地试图理解一个被科学和唯物主义所割裂和破坏的世界。

在这一理论中，焦虑扮演着幕后黑手的角色。这是戈德斯坦所说的"灾难性情境"造成的结果，在这种情况下，有机体感到自己的存在受到了威胁。当个体感知到特定的、客观的危险因素可能造成杀身之祸时，恐惧就会随之而来。戈德斯坦指出，"焦虑是个体对生存危险的主观体验"。造成这种焦虑的灾难性冲击可能源于某个真实事件。然而，焦虑是一种更加弥散和无对象的主观感受："它是面对虚无的内在体验。"当面对新的环境或挑战时，焦虑就会产生，这是现代境遇特有的状况。面对无形的威胁并征服它，简而言之，带着不安与焦虑共舞，是通往创造力和自我实现的途径。戈德斯坦甚至引用了克尔凯郭尔的话，其大意是："一个人越有独创性，他的焦虑就越深。"

　　这些远见卓识的影响，以及与弗洛姆和戈德斯坦的个人接触，促使梅将"焦虑的意义"作为他博士论文的主题。这个主题之所以吸引梅，不仅是因为它的核心性与重要性，还因为他渴望对其进行批判性的对比和综合。感染肺结核迫使他中断了研究，但也使他对焦虑有了深刻的认识。他一边徘徊在死亡的边缘，一边阅读克尔凯郭尔的《恐惧的概念》(*The Concept of Dread*)，这使本来单纯的学术任务有了更深刻的内涵，并坚定了他围绕弗洛伊德的理论建立本体论框架的信念。我们不知道他的论文提纲的最初范围，只知道作为心理学学位课程的一部分，它的核心应该是一个实验心理学的项目。不过，1946 年，当梅重新回归论文写作时，他计划将科学、神学、哲学、社会科学和心理学等学科交织在一起，尽可能全面地理解焦虑的意义。

　　在这个过程中，梅得到了博士委员会成员以及他咨询过的其他人的帮助。博士委员会的官方主席是西蒙兹 (P. M. Symonds)，他是教育心理学领域的核心人物，他自己对焦虑也很感兴趣，在 1946 年出版的《人类适应的动力学》(*The Dynamics of Human Adjustment*) 一书中史无前例地用了两个篇章来阐述这一主题。西蒙兹还从伊利诺伊大学行为学家莫勒 (O. H. Mowrer) 那里学到很多东西，后者在 20 世纪 30 年代末和 40 年代初对焦虑做了开创性的研究。西蒙兹联系了莫勒，梅在写作期间与莫勒交换了意见。此外，梅也给戈德斯坦看过论文初稿，并一如既往地请蒂利希过目。

　　梅于 1949 年获得博士学位，其论文在 1950 年以《焦虑的意义》为名出版，几乎没有什么改动。该书复兴了对焦虑状态的起源和意义的心理学研究，以及人们对焦虑状态的普遍兴趣。它总结并批判性地评估了现代实验心理学的假设、理论和影响，解释了梅自己从因伍德之家获得的数据，并将焦虑的概念置于广泛的人文背景中。它与梅的早期作品一样，具有一种融合的精神，总结了前人思考的范围和内容。尽管有论文形式的缺陷,但它超越了任何一种理论,以最充分的人性维度来理解焦虑。

梅将其研究分为两部分:"焦虑的现代解读"和"焦虑的临床分析"。第一部分立足于西方文学、神学和哲学的文化背景,横跨现代科学与社会科学,对有关焦虑的文献进行了全面的梳理与回顾。第二部分介绍了他在因伍德之家的实证研究以及对一个患者的案例研究。梅认为当代和战后时期特别容易产生焦虑,与此同时,他还强调一种更具宗教心理学的观点,认为焦虑是人类状况中永远存在的事实。同样重要的是,他认为在心理学中流行的观念——焦虑是病态的——并不完整,因为它忽略了焦虑的积极作用,焦虑是个人成长、创造力和智慧的不可或缺的来源和助手。

首先,梅建立了焦虑的哲学谱系。他指出,斯宾诺莎和帕斯卡尔(Pascal)都发现了启蒙运动及其后的理性主义革命所带来的令人焦虑的意识转变。斯宾诺莎试图用理性来征服恐惧和焦虑,帕斯卡尔则另辟蹊径,强调焦虑来自人类的迷茫,仅凭理性并不足以治愈。到了19世纪,随着社会越来越多地转向科学、市场和技术,一种莫名的、没来由的不安似乎也在流行。虽然克尔凯郭尔认识到商业时代固有的疏离感,但他也提出了一种更为永恒的焦虑理论。在痛苦的沉思中,克尔凯郭尔重新体验了自己的生存斗争,他认为焦虑(angst,差强人意地翻译为anxiety)是人类自由的天然伴侣,是对自由孕育的孤独的令人生畏的认知。事实上,对克尔凯郭尔这位虔诚的基督徒来说,焦虑起源于亚当在上帝创造夏娃之前的孤独,并一直是人类意识的终极标志。的确,存在性孤独的可怕痛苦激发了一种焦虑,使人不仅想要拥抱上帝,还要拥抱自己——用克尔凯郭尔的话来说,这就是"信仰之跃"。克尔凯郭尔对焦虑及其利害关系的论述,成为梅探索焦虑的现代心理学理论的主要框架。"克尔凯郭尔的惊人之处在于,"梅指出,

"尽管他缺乏解释无意识材料的工具……但他敏锐而深刻地预见了现代精神分析对焦虑的洞察；与此同时，他将这些见解置于对人类经验的诗学与哲学理解的广阔背景中。"克尔凯郭尔将焦虑置于人类存在的中心：

> 我想说，了解焦虑是一场冒险，如果一个人不想因为不了解焦虑或被其吞没而走向毁灭，那么他就必须去冒险。因此，那些学会正确对待焦虑的人，就已经学会了最重要的事情。

事实上，当梅检视各种神经学、精神分析学和心理学理论时，他似乎经常将其视为对克尔凯郭尔的现代科学阐述。例如，戈德斯坦认为焦虑是一种"灾难性反应"，此时有机体无法应对它的环境，"感受到对其存在（或对其存在至关重要的价值）的威胁"，这与克尔凯郭尔所说的人类孤立感非常吻合。梅十分同意戈德斯坦对存在威胁的关注，也赞同这位神经学家所谓的"对自我与客体之间关系的认识"的崩溃是焦虑的一个关键方面。因此，焦虑被体验为"自我的解体，'个体人格存在的解体'"。在回顾有关焦虑状态下的生理变化和身心状况的研究时——例如，胃溃疡和易感染性——梅强调，大多数症状与文化上的焦虑情境密切相关。

然后，梅追踪了焦虑这一概念在莫勒的作品中的演变，部分是为了说明我们有可能从传统的实证研究转向更具哲学和社会意义的概念。莫勒从一个简单的行为学定义开始，将焦虑定义为"疼痛反应的条件形式"，是个体对可能疼痛的信号和减轻疼痛的诱因的反应。因此，焦虑成为通向原始学习的大门。然而，他对这种方法深感不满，并寻求一种概念框架——能考虑到人类的智慧和超越当前环境的能力，这些特征赋予了人类超越疼痛反射的自由。作为替代，他构建了一种新的理论——将"焦虑"视为"社会困境"的产物。

梅特别喜欢这个新立场的一个核心方面，莫勒提出它，不仅因为他认识到了行为主义方法论的局限性，也和他自己的生活经历有关。在重新接受了基督教后，他对行为主义感到不适，同时也推翻了弗洛伊德的理论。他没有将"被否定的道德呼唤"归咎于过于严厉的超我，而是归咎于糟糕的心理治疗。用梅的话说，他认为"许多精神分析学家试图稀释和'用分析的方式清除'超我（以及随之而来的个人的责任感和罪疚感），但这种努力往往只会导致一种'深度的自恋式堕落'，而不是个人在成熟度、社会适应和幸福感方面获得成长——这些都是来访者有权期待从真正有效的治疗中得到的"。梅证实，他的某些患者会表现出这种"罪疚感的压抑"，这是"我们文化中某些群体的普遍特征，在某种程度上也是我们整个文化的普遍特征"。他发现，特别是在"目中无人、咄咄逼人的患者"中，许多人会感到内疚和焦虑，"因为他们在变得'自主'的同时，并没有变得'负责'"。"当分析中出现攻击性、性欲或其他自我中心的行为时，"他指出，"这些患者并没有表现出焦虑。但是，当相反的需要和欲望出现时，也就是想要建立负责任和建设性的社会关系时，患者会感到非常焦虑，并感觉关键的心理策略受到了威胁。"

梅在两个关键问题上指出了莫勒的错误。他发现，莫勒对超我的全盘认可，很容易招致同样的批评——就像莫勒对弗洛伊德的批评一样，只不过方向相反。也就是说，虽然有些人将超我与无意识中的消极力量联系在一起，但许多赞同莫勒观点的人可能会忽视"我们文化传统中具有破坏性、消极的方面"。此外，梅还指出，莫勒虽然认识到焦虑（urangst）是一种原始力量，但他对"焦虑"（anxiety）一词的使用仅限于神经症，并未探讨梅所谓"正常焦虑"这一重要假设。

从莫勒的研究转向精神分析传统，梅注意到一个类似的进展，即从生物学方法转向更复杂的文化和社会学方法。梅认为弗洛伊德的焦虑概念虽然在不断演变，但他始终更为关注异常人群。他赞同奥托·兰克将焦虑与个体化和创造力联系起来，同时否定了阿德勒的看法，即个人利用焦虑来支配他人或使自己丧失行动能力。对梅的焦虑概念影响更大的是"新弗洛伊德学派"的卡伦·霍尼，她最大的贡献是认为神经质焦虑与成年人的心理防御感知到的攻击有关。因此，自恋者可能会在不被认可或被忽视的情况下感到四面楚歌；而使用"不引人注目"作为防御的人，"被推到聚光灯下"会使他感到无比焦虑。此外，她认为，大多数神经质焦虑的核心是敌意，这种敌意源于西方文化对独立和依赖的矛盾要求，以及人们对自己所依赖的个体的愤怒的压抑。梅对霍尼唯一的不满在于，后者坚持认为成人神经症完全源于日常生活中的人际关系。在其充满热情的改革中，霍尼太急于全盘拒绝弗洛伊德学派对童年经历的关注。

最后，梅研究了霍尼的同事沙利文的相关理论，后者从社会心理的角度阐释焦虑，认为焦虑源于个体寻求他人的认可。沙利文将人类活动分为两类。第一类是满足基本的身体需求——吃、喝、睡等等。第二类则关注个体在社会或人群之中的安全感。沙利文认为，焦虑最初产生于第一份社会关系——父母和孩子——以及婴儿的无助感，包括"担心人际世界中重要他人的不认可"。随着婴儿成长为儿童、青少年和成年人，他或她对不能从重要他人那里获得必要认可的恐惧，会成为其欲望、创造力和动力的过滤器。那些被认为危及个人安全的活动或感觉将被抑制，尽管它们可能给生命带来活力。梅总结了沙利文的立场及其与治疗的关系："焦虑限制了个体的成长和意识，缩小了他现实生活的范围；而情绪健康与个人意识的程度息息相关。因此，对焦虑的澄清，使自我和意识的扩展成为可能，也就意味着实现情绪健康。"

在最后的理论部分——"焦虑文化模式的历史维度"中，梅讨论了卡迪纳、霍尼、弗洛姆、R. H. 托尼（R. H. Tawney）、卡尔·曼海姆（Karl Mannheim）等人的研究。这些学者都认为，西方社会已经发生了重大的转型，从一个重视集体责任和安全保障但鲜有自由的传统社会演变为一个以个人自由为主导的竞争性个人主义的社会。一些学者强调，普通人发现自己置身于无法挣脱、令人焦虑的束缚之中。例如，卡迪纳强调在一个几乎没有晋升机会的经济体中，相信自己拥有无限的社会和经济的流动性，必然会产生巨大的紧张。霍尼将普通人的情绪描述为"在决定自身命运的无限力量感和完全的无助感之间摇摆不定"。

梅总结说，当代文化的处境是，社会价值观的"矛盾和不一致"加剧了人们的焦虑感，这种焦虑来自个人梦想和残酷现实之间的对照。"因此，个体感受到的威胁不仅是他是否有可能实现自己的目标，"梅论述道，"还有他对这个目标是否值得追求的怀疑。"因此，梅进一步推测，在这种处境中，令人焦虑的戏码会接二连三地上演。孕育焦虑的个人主义也侵蚀了可能抵消其严重后果的社群意识。自由又受到弗洛姆所描述的阴险的极权主义诱惑的威胁，这种诱惑承诺给予社群感，却只带来奴役和侵略性的群体主义。梅为自由社会提出的解决方案虽谈不上别出心裁，却也是发自内心的："在我们的社会中，若要建设性地克服焦虑，一个核心要求就是发展适当的社群形式。"

在近 200 页的篇幅中，认真检视了科学家、哲学家、社会科学家和神学家几乎所有关于焦虑的论述之后，梅打算承百家之言，归纳出更综合的解释。他发现在某些问题上，大家是有共识的。焦虑是一种"弥散的担忧"，而不是针对特定对象的恐惧。当某种危险被认为

"威胁到个体作为一个人存在的重要价值"时，就会引起这种弥散的情绪，有时甚至是压倒性的"不确定感和无助感"。这种威胁可能针对个体实际的或心理的生活，也可能针对个体人格至关重要的意义方面。在这个基本意义上，我们可以直接把克尔凯郭尔的焦虑观（"对虚无的恐惧"）与卡迪纳、弗洛姆甚至莫勒的最新建构联系起来。

在该书中，梅对心理学理论最重要的贡献是对"正常焦虑"和"神经质焦虑"的阐释与区分。"正常"一词指的是人类普遍的焦虑状态，对特定的个人来说，这种状态可以被"建设性地管理"，而不表现为"恐慌"或其他神经质焦虑的症状。"正常"焦虑也包括哲学和神学文献中所说的原始焦虑（Urangst 或 Angst der Kreatur）的状态——在自然和疾病面前的脆弱性，以及终有一死的确定性。当我们鼓起勇气面对时，这种对人类偶然性的认识——我们自己和我们的世界终将会烟消云散——常常能激发出深刻的创造性和人类团结的深厚感情。

在概述并评估了各家观点之后，梅进入了自己研究的核心——这些临床研究验证了他之前提供的解释，并且使《焦虑的意义》具备了博士论文的资质。尽管他在密歇根州立大学研究学生的宗教生活时，使用过粗糙的问卷调查，并报告了统计学证据，但在此之前，他从未在其心理学研究中采用严格的定量和可测量的研究方法。他发现，将人类经验转化为"数据"的过程既有趣又令人沮丧。此后，他再也没有尝试过标准的心理学实验方法，部分原因是这些方法似乎与他最感兴趣的意识的主观和定性方面并不匹配。然而，他还是认同经验主义的重要性。像威廉·詹姆斯一样，他寻求更广泛的经验主义概念，不仅包括容易量化的经验，还涉及人类经验的全部现实，包括情感和观念，以及一种全面且复杂的因果观，这种经验主义反映了人类意识的独特性和复杂性。没过几年，梅就明确地呼吁建立这样一门"人的科学"，尽管事实上，它更多只是一种愿景而不是具体的目标。

上述探索的关注点在梅设计的六个研究范畴中显露无遗："焦虑的本质及其与恐惧的关系""焦虑与冲突""焦虑与文化""焦虑与敌意""应对焦虑的方法""焦虑与自我的发展"。他将使用这个框架来解释 14 个案例的数据资料。第一个案例是 32 岁的"布朗"（Brown），梅在 20 世纪 40 年代末会见的精神分析对象；其他 13 个案例都是未婚妈妈，他于 1943 年和 1944 年在因伍德之家（书中的胡桃屋）与其一起工作。梅的研究结果证实了他的许多假设。

梅从一开始就明确指出，鉴于焦虑的普遍性以及将其与其他疾病区分开来的困难，对人类个案史的定性研究多少是有问题的。探寻焦虑的"内在轨迹"需要结合精神分析和行为学的方法，才能接近完整的描述。要解决这些问题，就需要兼顾各类视角，包括大量的心理测试，以及相关人士的独立判断。为了收集因伍德之家的数据，梅对每个未婚妈妈进行了 4 ～ 8 次长达 1 小时的访谈，并将访谈结果和一位常驻社工的看法相比较，这位社工与每个女孩都会面了 20 ～ 40 次不等。他还让每个女孩在分娩前后分别完成三份调查问卷——主要关注受试者的焦虑史和焦虑体验的各个方面，以及罗夏墨迹测验（在这个测验中，受试者被问及在抽象的墨迹中看到了什么）。罗夏墨迹测验的评分由专家检查，以确定梅的解释是否准确无误。除了这些测量工具，梅还尽可能多地收集了女孩们的社会和家庭生活背景资料。对布朗的精神分析，梅是与怀特研究所的督导分析师（艾里希·弗洛姆）一起完成的。

研究结果基本上是可预见的。对布朗的精神分析，为"神经质恐惧"与"潜在焦虑"之间的直接关系提供了最详细的证据。在未婚妈妈当中，那些表现出可测量焦虑的人，对于焦虑表现与其来源之间的相互作用，只提供了有限的证据。然而，布朗和这些焦虑的年轻女性都表现出一种"被困"的感觉，每一个选择都威胁着他们的"重要价值"，也就是他们基本的自我感。这是焦虑的终极导火索。更令人惊讶的是，梅的研究发现，在未婚妈妈的案例中，来自父母的谴责和拒绝会引起大多数女孩的焦虑，但并非所有女孩都是如此。梅假设，那些客观地接受父母态度并将其作为生活事实的女孩，在受谴责时产生的焦虑最少。此外，在有限的样本的基础上，梅推测他的发现存在一种阶级差异：中产阶级的女孩生活在这样一种文化环境中，父母用"假装爱和关心"来隐藏对孩子的敌意和怨恨；来自"无产阶级"家庭的女孩相对不那么焦虑，因为她们的父母直接表达敌意和怨恨，孩子也就对其不抱幻想。

然后，梅回到了书中"理论"部分讨论过的焦虑的矛盾本质——焦虑状态既可能导致"人格的贫瘠"，也可能导致相反的结果，即促成"创造性人格"。对布朗的精神分析表明，当患者高度焦虑时，他会"表现出低水平的生产力，没有独创性，很少使用情感或思维功能，反应模糊，缺乏与具体现实联系的能力"。一些未婚妈妈也表现出类似的相关性，有人甚至退回到"沉默不语的时期"。因此，梅证实了戈德斯坦的理论，即焦虑导致了"自我的瓦解"。也许这一过程更令人不安的一面出现在其他一些女性身上，她们不惜一切代价避免焦虑，结果换来创造性贫乏的生活。这让梅回到了书中充满活力的内在主题，即克尔凯郭尔和戈德斯坦所谓的悖论——焦虑有可能削弱个人，也有可能促进他创造性地实现有限但独特的自我。事实上，与因伍德之家女孩们的合作激发了梅对焦虑悖论的另一种表述。他原创性的结论是，中产阶级白人女孩的期望与现实之间的落差所导致的高度焦虑，主要是神经质焦虑。他在结尾时补充说，这样的落差在"各种创造性活动"中也发挥着关键作用。艺术家、科学家和哲学家都为存在的无序状态赋予了一种创造性的形式。"因此，一个人解决期望与现实之间冲突的能力——也就是他的创造力——同时也是他克服神经质焦虑的能力。"

这是梅在焦虑的黑暗世界中苦苦探索得出的不同寻常且充满希望的结论。尽管梅深知焦虑的黑暗和恐怖，体会过结核病带来的折磨，也知道创造之后焦虑仍然存在，但他还是在结束时选择了一种坚定而胜利的断言，即创造可以克服焦虑。此外，作为一名心理治疗师，梅推荐创造性的斗争而不是治疗作为焦虑的解药，并结合了一种超越减轻症状的价值观，实际上他更倾向于一种诱发而不是减少某种焦虑状态的途径。在这部主要任务是推进对焦虑的心理学理解的作品中，他显然发现了技术工具的不足，并努力超越它们。然而，与弗洛伊德甚至克尔凯郭尔（他们都没有在与焦虑的斗争中宣布胜利）不同，梅觉得有必要以一种胜利的笔调结束。

《焦虑的意义》在梅的创作中展现出连续性和进步性。十年前，在《创造性生活的源泉》一书中，他暗藏了一个身处困境的自传体叙事，其起源和结果都很复杂，以探索现代社会中的意义和信仰问题。最终，他抛弃了现实生活中的优柔寡断，换取了精神上皈依宗教的幸福结局。《焦虑的意义》在广泛和缜密的分析方面是一个巨大的飞跃，这本书里几乎没有具体的自传性材料，而是创造性地扩展了对焦虑的关键理解，形成了一种新的、全面的观点，这种观点虽然根植于心理学，但其深度却触及了该学科的哲学根源。该书大胆地阐述了心理不适的基本模糊性，认为"神经质焦虑"和执着追求无焦虑的生活一样，都容易使人精神衰弱，尽管它们的症状有所不同。最重要的是，他将克尔凯郭尔和戈德斯坦的见解融入主流心理学，以对抗共识的方式，强调"正常焦虑"具有创造的潜能。从这个意义上说，《焦虑的意义》不仅暗示了梅未来的工作方向，也为这门专业提供了隐含的议程。

《焦虑的意义》的雄心与成就赢得了广泛的关注。大多数评论家称赞其大胆的兼容并包的方法，但它的内容也招致一些专业期刊的批评。鲁道夫·埃克斯泰因（Rudolf Ekstein）在《门宁格临床通报》（*Bulletin of the Menninger Clinic*）中称它"非常出色"，因为它"全面"覆盖和综合了各家之言。然而，令埃克斯泰因失望的是，罗洛最终只能得出关于"神经质焦虑"的结论，认为它是"期望与现实之间的分裂或矛盾"造成的。《神经与精神疾病杂志》（*Journal of Nervous and Mental Diseases*）也表达了赞赏，称其第一部分"令人耳目一新"，对整理"混乱的声音"（原话如此）做出了巨大贡献。但该杂志称其案例研究不那么吸引人，没有"从动力学角度解释为什么神经质个体无法将现实和期望进行必要的整合"。最严厉的批评来自弗洛伊德的圈子——考虑到梅曾接受过弗洛姆和沙利文等新弗洛伊德主义者的训练，这并不奇怪。有个人冷嘲热讽，说他读到了梅对弗洛伊德的蔑视及对文化学派的认可，并指出《焦虑的意义》"很难实现前言的承诺，即让任何感受到'当今时代引起焦虑的冲突'的知识分子有所启发"。他还对梅的案例研究方法提出了质疑——"基于这四个案例，梅就试探性地提出，无产阶级比中产阶级更少体验到焦虑"。

另一些人则衷心称赞。心理学家乔治·F. J. 莱纳（George F. J. Lehner）向《科学美国人》（*Scientific American*）的读者保证，《焦虑的意义》"不仅对心理学家和精神病学家有价值，而且对任何想要从心理学角度来理解现代问题的人都有价值"。《美国人类学家》（*The American Anthropologist*）称其为"权威的"和"超前的"。《教士文摘》（*Pulpit Digest*）称赞梅"成功地让我们和科学家都对焦虑议题持续保持兴趣"。《生活中的宗教》（*Religion in Life*）称它是"很长一段时间以来，对牧师来说最重要的书之一"。也许更重要的是，各种各样的心理学文章开始提及《焦虑的意义》，包括其哲学和实验方面，而且因为它讨论了"正常焦虑"，所以也受到非专业人士的青睐。

除了这些评论，我们还可以在莫勒的研究中看到《焦虑的意义》的深刻影响。1950年，莫勒出版了他的重要论文集《学习理论与人格动力学》（*Learning Theory and Personality Dynamics*）；他根据梅的研究，修订了1947年的一篇关于焦虑的重要论文，并详细阐述了克尔凯郭尔的贡献。他称赞梅"成功地让我关注到正常的焦虑，并予以其应有的重视——首先在我们的谈话中，后来便是在《焦虑的意义》一书中……"，然后他引用了书中好几页的内容。莫勒还委托梅在一本颇有影响力的心理治疗研究与实践的介绍性著作中撰写重要文章，该书出版于1953年。

* * *

1949年7月，当梅的论文已经完成并确定可以出版后，他带着家人去南塔克特岛（Nantucket）度假。他和鲍勃以及双胞胎一起游泳、玩耍，还在海滩上为弗洛伦丝画下明艳的水彩画。然而，他父亲去世的消息闯入了这田园般的生活。罗洛表现得很平静，一个人默默地走在海滩上。自从父母离婚后，他只见过厄尔八九次，每次都是尴尬的会面，带着几乎无法言说的伤害。偶尔，他的兄弟姐妹会将父亲的消息传递给他。然而，罗洛对父亲还是难以释怀，以至于拒绝参加在俄亥俄州举行的葬礼。40年后，他简单地解释道："我认为他在这个家里做得很糟糕……我捡起了家庭的碎片，把它们拼凑在一起。我觉得他不配我去参加他的葬礼。"当然，实际情况比这复杂得多。其中一个原因是，厄尔去世正值罗洛开始新的职业生涯之际。在随后的一年里，他获得了博士学位，出版了一本重要的著作，并战胜了肺结核，几乎立即成为心理学界有影响力的人物。罗洛想要向厄尔证明自己，但厄尔永远看不到了。

罗洛在其余生中，都在有意识地抗拒厄尔对他的影响。在厄尔去世的时候，罗洛抱怨父亲的不负责任，以及他所认为的圆滑和肤浅。罗洛在蒂利希身上找到了一个更合适的父亲形象，后者成为他生活中各个方面的榜样。慢慢地，梅才看到了厄尔的影响的积极方面——对公共事业和坦率沟通的承诺，对普通人福祉的平民主义关注，以及亲力亲为的组织工作才能。这些方面有力地补充了罗洛在精神和智力上的追求，并帮助他在二战后大大拓宽治疗视野的心理学界迅速崭露头角。

第十七章　拥抱新职业

《焦虑的意义》一书的出版，对梅来说，在任何专业环境下都不失为一个好兆头，但在1950年，心理治疗领域充斥着内讧和公众误解，无论其向哲学还是科学靠拢，都很容易受到质疑。尽管在20世纪早期，弗洛伊德和其他理论家的理论备受关注，但心理治疗的专业实践却断断续续，在高度紧张的专业和政治斗争中举步维艰。20世纪40年代早期，纽约精神分析学界内部的小规模冲突只是一场更广泛的、涉及更多人物的战争一隅。这些问题既涉及实质内容，也涉及地盘问题。精神分析的概念与技术以及其他各种应用心理学理论，在20世纪30年代开始挑战传统的精神病学医学实践，并蔓延至学校和婚姻咨询、社会工作、教牧和临床心理学等领域。而这些领域也面临着内部的争论，即心理治疗思想会对培训和实践产生多大影响，以及哪些治疗思想会对培训和实践产生影响。反正，人们讨论心理治疗本身的热情远远超过了对各领域治疗师的实际培训和实践。经济大萧条使精神分析和萌芽中的心理咨询成为少数人能负担得起的奢侈品。梅本人在20世纪30年代的精神探索说明治疗思想本质上是吸引人的，也说明了心理治疗作为一种专业实践在美国社会中才刚刚起步。

在第二次世界大战期间，这一切开始发生巨大的变化，政府在战争中雇用心理学家，从事各种项目——分析敌人的文化、对应征入伍者进行越来越复杂的测试，以及开发"心理战"技术。业内人士对政府做出了热切的响应，既出于爱国热情，也出于一种嗅觉，即战争确认了心理学新的且重要的角色，以及学术界、政府和整个文化界都对其鼎力支持。最重要的是，战争引发了一个更严峻的问题——如何治疗数量惊人的承受战斗压力的士兵。精神病学家和心理学家被要求提供应急策略，抚慰心灵受创的士兵，使他们可以继续作战。"谈话疗法"的有效性变得显而易见，而富有资历的专业人士则显得短缺。

由于战争，政府预计需要大量的精神科医生和训练有素的心理治疗师、咨询师来帮助从战场归来的士兵。第二次世界大战产生了1400万名退伍军人，仅在退伍军人管理局医院就有近44000名神经症或精神病患者。退伍军人管理局希望雇用4700名临床心理学家和职业咨询师，为患者提供诊断和康复服务以及心理治疗。甚至在战争结束前，美国心理学会和规模较小的美国应用心理学协会就向政府施压，要求拨款培训新的咨询师和治疗师。专业人员的短缺不仅对退伍军人来说是个问题，而且对平民百姓来说也是如此。大众已经开始把心理治疗看作一种有吸引力的治疗方法，可以解决情绪困扰、婚姻冲突，消除更普遍的不满情绪，或者把它当作宗教和友谊等传统安慰方法的辅助手段。此外，尽管社会工作者和学校辅导员越来越多地运用心理治疗，但它在这些领域还是供不应求。

正是在这个"起飞"阶段的初期，梅开始了他的心理咨询实践。到1948年，他的身体已经恢复了健康，论文也取得了足够的进展，可以继续在威廉·阿兰森·怀特研究所接受分析培训。他参加了艾里希·弗洛姆、弗里达·弗洛姆-赖希曼和克拉拉·汤普森的研讨会，并继续接受弗洛姆的"训练分析"。作为分析师教育的一项要求，训练分析旨在让未来的治疗师对自己的心理有直接和有益的洞察，并对成为患者的经验有切身体会。当然，梅早在20世纪40年代初就与弗洛姆结缘，首先是在心理学和宗教的课程与私人研讨会上，后来是在因伍德之家，弗洛姆担任梅的督导。在梅治疗肺结核期间，他们一直保持着联系。

然而，梅的分析注定是相对无效的。1950年，弗洛姆接受了墨西哥国立自治大学医学院的一个职位，导致他们的分析提前中断。弗洛姆的举动本身可能就引发了梅的愤怒和被抛弃感，而这些问题在几年后才得到解决。我们对实际的分析会谈所知甚少，部分原因是缺乏有用的笔记，还有一个原因是两人在晚年都不愿多谈他们的关系。然而，一些线索表明，这对组合激发了彼此的自恋倾向。弗洛姆及其信徒指责梅剽窃了弗洛姆的思想；而梅私下反驳说，自《逃避自由》之后，他的分析师就没有写过任何真正新颖的东西。文化风格的反差（德国犹太移民和美国中西部居民）、力比多的竞争，以及梅对权威的不顺从——事实上，梅分享了蒂利希对弗洛姆的怀疑态度——所有这些造成了一种尴尬和冷淡的局面。然而，在表面上，他们至少在几年内一直保持着友好关系。

尽管梅与弗洛姆的分析突然结束，但这并没有减缓他进入怀特研究所的步伐。1951 年和 1952 年，他与弗里达·弗洛姆-赖希曼和克拉拉·汤普森完成了训练分析。而且，随着《焦虑的意义》一书的出版，梅的成就和专业知名度显著提升，使他成为研究所的一笔财富。汤普森对他特别欣赏，并为这本书写了一句绝佳的推荐语："我从未见过正常焦虑的概念如此清晰地呈现出来……他对心理学中一些最模糊的问题做了许多澄清。"1951 年 5 月，怀特研究所邀请他成为教员，专门为牧师进行精神分析理论的培训。到 1951 年底，汤普森要求他在完成自己世俗分析训练的同时，创建一套完整的牧师培训课程。

梅通过与教会和协和神学院的联系，在怀特研究所找到了自己的位置，这对一个放弃宗教信仰的人来说，乍一看似乎有些奇怪。然而，20 世纪以来，自由派新教已经成为一个价值和制度的共同体，就像一种宗教信仰一样。事实上，它有理由宣称其愿景是公共伦理和道德文化的基础，通常并不需要信仰的框架。培训教牧咨询师和以其他方式履行教会的社会使命，与其说依赖于信仰的宣誓，不如说依赖于对基督教之爱和慈善的普遍意识，以及对近代版本的社会福音的承诺。基督教青年会是塑造这种公共文化的先驱，梅参与其中是很自然的。

自由派新教并没有阻碍梅积极参与纽约心理学家的职业世界，此时他们正为执业权而斗争。美国近三分之一的心理学家住在纽约州，而曼哈顿是该行业最重要的聚集地。1949年，梅加入了纽约州心理协会（NYSPA），当时这个蓬勃发展的领域不仅面临医疗机构的压力（后者强烈反对授予心理学家从事治疗的权利），还要努力解决自我定义和组织工作的问题。纽约州心理协会代表了当地大约30%的心理学家，据该协会统计，还有10个其他心理学家团体，每个团体有20到600人。一个亟待解决的问题是，如何给心理咨询或心理治疗从业人员颁发执照或认证，这些从业人员不仅包括心理学家，还包括学校咨询师和普通咨询师。虽然纽约州心理协会有一个认证委员会，但它仍在完善自己的标准。大多数成员都赞成由州政府颁发执照，但是，正如《纽约州心理协会公报》所指出的，"心理学家们对纳入的条款远未达成一致"。因此，该协会成立了一个联合委员会，专门提出建议，并经过会员的修改，最终形成一项法案，试图将其法律化。

梅毅然投身其中，1950年，他花了大量时间在奥尔巴尼（Albany）游说推动该法案。他和纽约州心理协会的其他成员主张此法案有利于心理学成为一门独立的职业，而颁发执照将有助于防止江湖骗子或庸医乱象。这些努力导致了两个惊人的事件。该协会成功说服奥尔巴尼两院的立法者于1951年3月一致通过一项法律，由州精神卫生和健康专员制定了一套认证程序。然而，在1951年4月10日，州长托马斯·杜威（Thomas Dewey）否决了该法案。来自纽约州医学协会、美国精神病学协会和其他医生组织的游说者，以及"来自全州各地医生的反对电报"，使杜威州长相信，这项立法模糊了心理学家和精神科医生之间的界限，不经意间会使没有经过充分训练的从业者更容易欺骗公众。

这次失败凸显了有组织的医学行业的力量，以及新生的心理学行业的混乱。在法案被否决四天后，纽约州心理协会立法联合委员会召开会议，制定了一项新的立法运动来反对杜威的意见。该委员会还在5月初召开了一次会议，旨在缓解心理学专业内部更细分的组织之间的紧张关系。邀请名单本身就说明了问题：分析心理学协会、纽约市公立学校心理学家协会、应用弗洛伊德心理学团体、纽约个体心理学协会（阿德勒学派）、纽约大都会精神分析协会、纽约私人执业临床心理学家协会、纽约临床心理学家协会、心理治疗研究生中心。梅是分析心理学协会的代表，也是内部团结的坚定拥护者。

这次会议讨论了许多问题，包括重组州心理协会，制定培训机构的认证资格和各专业的认证标准，继续完善伦理准则，并制定有用且灵活的会员制度。新计划提出成立四到五个部门，代表该行业的不同分支。每个部门在董事会中至少有一名代表，并根据部门成员的规模分配额外的董事会成员。

与此同时，立法斗争的准备工作仍在继续。该委员会的主要对手仍然是医学界，尤其是精神科医生，其全国性组织在1951年11月表示支持"认证"，但反对给心理学家"颁发执照"。精神科医生认为，"给心理学家颁发执照，以此来定义和界定心理学的实践，很容易被解读为允许他们承担自己没有资格从事的工作，例如，诊断和治疗病人"。

心理学家试图与精神科医生合作，制定双方都能接受的法律，但争议仍然存在。医生提出了几点要求：精神科医生应在任何给心理学家颁发执照的委员会中都有一席之地；接受心理学家治疗的患者首先要进行身体检查，以排除器质性原因；任何申请执照的心理学家都要证明他或她与医生有"良好的沟通渠道"。然而，这些提议的精神和实质都是心理学家所无法接受的。

此外，双方之间也不够信任。1953 年初，一群医生说服一些立法者提出一项法案，将医学定义为"诊断和治疗所有的身心状况"，从而使心理学家在治疗精神疾病方面只能发挥咨询或学术作用。此时，梅已升任联合委员会的主席，并于 3 月 3 日在纽约客酒店组织了一次抗议集会。900 名心理学家参加了这次会议。梅表示，心理学家"如果坚持把心理学作为一门独立科学和职业的信仰，就不能允许（该法案）通过；它将使心理行业，至少是个人执业方面，完全从属于医学"。会议正式谴责该法案是"对有能力的心理学家的合法活动的无理限制，损害了公共福利"。在一封致纽约州心理协会全体成员的信中，梅指出，"拟议的法案不仅令联合委员会感到震惊，甚至连一些医学和精神病学代表也感到意外"，后者一直在真诚地寻求折中方案。3 月 7 日，《纽约先驱论坛报》（*New York Herald-Tribune*）支持心理学家的抗议，联合委员会开展了一场游说运动，成功地使该法案胎死腹中。

这些事件重新推动了更倾向于和解的医生和心理学家之间的相互理解，梅再次发挥了重要作用，担任了由纽约科学院赞助的研究项目和会议——"心理治疗和咨询"的联合主席。梅和著名的公共知识分子劳伦斯·K.弗兰克（Lawrence K. Frank）邀请了各个领域的专家，以讨论不同的学科和职业与广阔的心理治疗领域之间的特殊关系。这些"委员们"报告了医学、心理学、社会工作、职业咨询和教牧咨询的状况。他们试图通过明确的结构来阐明行业间联系的最佳方式，并鼓励一种非正式的合作精神和共同目标。该会议记录于 1955 年 11 月出版，虽然没有得出任何重要结论或解决方案，但至少开始培养了心理治疗和咨询行业的合作愿景。

心理学委员会的成员包括梅、内维特·桑福德（Nevitt Sanford）、彼得·布洛斯（Peter Blos）、哈利·博恩、阿瑟·库姆斯（Arthur Combs）和乔治·克莱因（George Klein），他们强调，美国心理学会的伦理准则要求临床工作者就症状可能的器质性原因咨询医生。事实上，他们在会议上保证，"目前所做的与应该做的相当接近"。他们还指出，这一行业正处于起步阶段，其发展方向、方法、理论基础和对人性的一般看法都应该欢迎热烈和公开的辩论。总而言之，虽然人们关于某个领域的地位和独立性的看法鲜有改变，但每个领域的临床工作者都有机会让别人以更人性化的方式认识自己，以消除夸张的刻板印象。

梅所处的专业机构也难免出现类似的争论。尽管怀特研究所成立的初衷是为非医学从业者提供精神分析培训，但那里的一些医生还是挑起了一场与奥尔巴尼斗争类似的战斗。1953 年，他们开始呼吁只对医生身份的学员进行分析培训。在 1954 年的一次会议上，医学博士珍妮特·麦肯齐·里奥克（Janet Mackenzie Rioch）试图在研究所成员中就此事进行投票，尽管该机构最知名的心理学家——艾里希·弗洛姆、弗里达·弗洛姆–赖希曼和欧内斯特·沙赫特尔以及梅——都没有出席。哈利·博恩向克拉拉·汤普森提出抗议，认为此举既不成熟又不明智。里奥克回击道，她只是想提出这个问题，而且只是为了维护研究所的地位。

这个问题被搁置了一年多，然而在 1956 年初，该研究所的医生们发表了一份《致研究员委员会的决议》，直截了当地呼吁停止对心理学家的分析培训。他们抱怨说，因为培训非医学背景的分析师，该机构"被精神分析界的大部分人所轻视"，而且"只要我们继续进行他们认为有害的培训活动"，这些分析师"就不会与我们合作"。他们继续说道，问题不在于"（其他精神分析师的）信念是对是错——明理之人可能看法各不相同——问题在于他们有这样的信念并产生了一系列的后果，例如破坏我们的影响力，剥夺我们参与科学讨论的热情，损害我们作为医生的专业地位；而现在，精神分析认证委员会的成立很可能使我们不被认为是精神分析师"。在一个令研究所心理学家们愤怒的结论中，医生们向所有人保证，他们将捍卫怀特研究所的"异端行为"，坚守"科学探索的自由原则"，并承担其后果。然而，他们指出，"为了安慰我们自己在培训心理学家的过程中遭受的冤屈，我们一直在寻找一个能够支持我们的原则"，"我们得出的结论是：没有这样的原则"。

心理学家们很快进行了回击。研究所内部成立了一个由医生和心理学家组成的"哈里·斯塔克·沙利文协会真相调查委员会"，他们对该决议进行了分析，并公开表示，这个决议不仅存在事实错误，而且反映了"个人私利优先于信念"的教条。梅、哈利·博恩、欧内斯特·沙赫特尔和怀特研究所的其他一些心理学家散发了一封火药味更浓的信。他们将怀特研究所创始人的"对实验的兴趣"、"对新思想的开放性"和"对原则重要性的勇敢承诺"与医生们"追求声望、墨守成规，以及在理论和实践上遵循由权威和正统组织规定的狭隘政策"进行了对比。他们对这种策略——"通过虚假信息和歪曲事实……迫使签署人采取仓促行动"——及其动机表示遗憾。他们也不认为赢得胜利就会获得医生们所渴望的尊重："那些因缺乏独立性而屈服于压力的人不会欣赏他们的受害者。"真相调查委员会警告说："培训心理学家这个凸显的问题实则掩盖了许多其他问题：教育、科学和管理等方面的。"厄尔·G.维滕贝格（Earl G. Witenberg）医生签署了最初的请愿书，但他最终超越了争议，成为研究所最卓越的领导者之一，他以某种行业内的幽默作为自己关于组织改革想法的开场白："对于这些问题中释放出的非理性力量，我觉得完全可以诊断为一种未解决的依赖情感，通常被称为乱伦问题。"

尽管梅在两条战线上与医学界斗争，但他凭借对临床心理学及其在社会中作用的不懈捍卫和雄辩远见，成功晋升为纽约州心理协会主席。他还通过演讲和著作提升了自己的专业和大众形象。梅接到全国各地的演讲邀请，并赢得了许多仰慕者。《焦虑的意义》的成功以及梅的写作才华也让他成为《纽约时报》周日版备受瞩目的心理学书评人。梅在《纽约时报》上发表的评论大多涉及主流心理疗法的书，他对心理学的问题和历史进行了深刻的评论和坦率的阐释。他猛烈抨击了 L. 罗恩·哈伯德（L. Ron Hubbard）的《戴尼提：现代心理健康科学》（*Dianetics: The Modern Science of Mental Health*）——这本书是当时刚刚兴起的山达基运动的"圣经"，他指出"净化""印痕"等概念的衍生性质，以及"这些假设达到了离奇的程度"。哈伯德声称他的方法可以"消除你所患的任何身心疾病（例如，'净化的'人永远不会感冒）"，"帮助你'至少提升 30% 的工作能力和获得幸福的能力'"，以及"大幅提高你的智商"，梅对此嗤之以鼻。梅怀疑"作者是不是在一本正经地胡说八道"。他得出结论，像《戴尼提》这样的书用"浮夸的承诺"伤害了"身陷困境的人们"。

在参与所有这些活动的同时，梅还抽出时间出版了他的第四本书——《人的自我寻求》（*Man's Search for Himself*）。这本书起源于题为"焦虑时代的个人完整性"（"Personal Integrity in an Age of Anxiety"）的四场系列讲座，于 1952 年底在加州奥克兰市米尔斯学院（Mills College）的百年庆典上发表。他为新的、世俗的读者写作，寻求并描述了在战后充满核威胁、信仰缺失和个性受损的世界中生活的门道。与《焦虑的意义》相比，他渴望拥有更广泛的读者。这不仅仅是名利的问题，更是使命的问题。受到基督教青年会和山姆·福斯（Sam Foss）诗歌的启发，他希望把自己在克尔凯郭尔、尼采和弗洛伊德的晦涩文本中发现的智慧带给普通的美国人。

在这一努力中，梅得到了莫勒的支持，他们亲密友好地相互指导。梅向诺顿出版社递交了《人的自我寻求》的初稿，并收到了签约合同。莫勒建议梅也把初稿交给阿尔弗雷德·克诺夫出版社的总编辑哈罗德·施特劳斯（Harold Strauss），并亲自写信给编辑表示支持。虽然施特劳斯对梅的作品"相当赞赏"，并承认梅在该领域的重要地位，但他以有趣的理由拒绝了这本书。"作为一个有点感性的人，我觉得只有艺术家才能成功地处理道德价值问题，"他在给编辑委员会的报告中写道，"道德哲学家、神学家、社会科学家等最著名的言论，尤其是那些从文艺复兴到19世纪具有道德倾向的作家的言论，对我来说，它们的吸引力只在于它们是艺术。"施特劳斯认为梅所犯的错误正是他指责别人的："理智地谈论真理……抽象地处理经验。"另外两名内部评审人也对梅的风格表达了类似的看法。他们觉得梅更像一个心理学知识渊博的道德家，而不够像一个艺术家。此外，施特劳斯还认为这本书不会畅销。

关于最后一点，施特劳斯错了。1953年1月，《人的自我寻求》由诺顿出版社出版，新书问世不到一个月便成为畅销书。它生动而严肃地探讨了梅所说的"现代人的孤独和焦虑"。这本书融合了案例、广泛的理论和劝诫，与十多年前的《创造性生活的源泉》如出一辙。只是梅的观点的宗教、哲学和专业基础有所改变。这位曾认为基督是"人类治疗师"的前牧师，现已成为心理学界一颗璀璨的新星。他在个人探索和勇气中找寻意义，摒弃了神学内容和对至高权力的依赖，在更广阔的精神和哲学框架中寻求本真的生活。《人的自我寻求》设想了这样一种人类状态，即重视宗教和伦理的传统，但又寻求将其应用于新的令人不安的环境。该书探讨了当代社会政治分析的共同主题：从众、人类孤立、内在自我意识的丧失、理性和情感的分离、官僚制度和群体文化的沉重负担，以及极权主义的危险。梅引用了弗洛姆关于专制社会的著作，以及里斯曼的同类社会学研究《孤独的人群》（*The Lonely Crowd*，1950），用梅的话说，后者描述了美国人的主导性格从"内在导向"转变为"外在导向"，并导致了人们变得越发"被动和冷漠"。

《人的自我寻求》是一部杰出的作品，不仅因为它包罗丰富的文化和历史背景，也因为梅觉察到这个时代的心理问题——"空虚"（emptiness）。他的意思是，"许多人不仅不知道他们想要什么，而且往往不清楚自己的感受"。他们"感觉自己左一下右一下摇摆不定，带着痛苦的无力感，因为他们内心空洞、空虚"。甚至对许多人来说，性爱也变成了"一种空洞、机械和徒有形式的体验"。他担心某些外力会将个人变成行尸走肉，就如同艾略特笔下的"空心人"（hollow men）。梅认为这是大众的普遍特征。

对于"空虚"的深刻共鸣，是梅个人研究方法的缩影。虽然他重视弗洛姆和里斯曼的社会政治分析，但他寻求一种更亲近的方式来表达人们被压抑的对个性的渴望，以及对"空虚和无聊"的逃避。《人的自我寻求》通过案例、文学和媒体资料，以及抽象理论和感人细节的相互映照，达到了它的目的。梅讲述了纽约布朗克斯区一名公交车司机的故事，为了宣泄对日常生活的愤怒，他没有按平时的路线行驶，而是将一辆空车开去了佛罗里达，然后他成了当地的英雄。他还提到了《生活》（*Life*）杂志上一篇题为"妻子问题"（The Wife Problem）的文章，这篇文章展现了企业给高管的妻子们施加了多大的压力，让她们为了丈夫的事业而放弃自我。流行音乐、梅的患者的梦，以及现代和古典的伟大作家——埃斯库罗斯、奥登、加缪、陀思妥耶夫斯基、福克纳、菲茨杰拉德、卡夫卡、克尔凯郭尔、华兹华斯和其他许多人——都描述过"空虚"的问题。梅甚至编织了一个卡夫卡式的幻想——"被关在笼子里的人"。在这个故事中，一个国王囚禁了一个人（但关在一个舒适的笼子里），只是想看看接下来会发生什么。起初，这个人表示抗议，但最终他甘愿放弃自由，并珍惜命运带来的安全。"他接受了这个笼子，"梅写道，"他没有愤怒，没有仇恨，没有辩解。但他现在疯了。"最令人感慨的是，当我们认为梅可能有意无意地想起父亲厄尔时，他讲述了阿瑟·米勒（Arthur Miller）的《推销员之死》（*Death of a Salesman*，1949）中威利·洛曼（Willy Loman）的悲剧。正如一个儿子在安葬这位推销员时所说的，威利对"受人喜爱"的痴迷导致了他的现代命运："他从来不知道自己是谁。"

梅的愿景是摆脱空虚，勇敢地重估自我，从而实现更真实的人类团结、自由和爱。在"重新发现自我""整合的目标""自由与内在力量""创造性的良知""勇气，成熟的美德""人，时间的超越者"等篇章中，梅汲取了心理学、宗教和哲学的各种观点，并将其融会贯通。伟大的传统与现代性的异化先知一起，勾勒出通往自我认识和爱的个性化道路。梅既拒绝回归传统，也拒绝完全无视过去的极端存在主义，他试图寻求与自由传统共鸣的本真性和道德行为。他指出："有些人会被这种内在道德中的自由所吓倒，并因此对每个人的决定所承担的责任感到焦虑。"

梅努力重建那种曾经通过外部规则和义务形成的整体感，以培育自己，同时也促进对他人的爱，并与人类融为一体。他假设在仪式和神话系统中有一种基本秩序，这种秩序在人类存在的历史长河中被内化。"这似乎是一个悖论，"他说，"但每一个相信自己经验的人都知道，这是正确的，那就是，他越能深刻地面对和体验历史传统中积累的财富，他就越能独特地认识自己，成为自己。"这一观点也预设了一种超越笛卡尔理性的"我思故我在"的自我和意识。相反，梅表达了与斯宾诺莎及其理论的亲近性，后者认为人类应该"在永恒的相下"（sub specie aeternitatis）生活，或者用梅的话来说，"一个人的行为源自他自身的本质特征，他就是'在永恒的相下'（under the form of eternity）做出行动"。

梅的作品将有限的自我，包括它所有的局限性和可能性，与永恒的自我联系起来，并没有涉及正式的神学——事实上，只有通过在怀疑中勇敢地寻求意义才能实现——正是在这一点上，梅向保罗·蒂利希表达了最高的敬意。蒂利希的《存在的勇气》（*The Courage to Be*）与梅的《人的自我寻求》几乎同时出版，有时两本书会被放在一起评论，前者以更正式的方式探讨了类似的主题。然而，两者的差异也非常明显。蒂利希强调，有限的人类需要体验"超越上帝的上帝"（God beyond God），这个上帝不是"有神论的上帝"或教会的上帝，而是超越神学想象（蒂利希的想象除外）的"存在之基"（ground of being）。梅则强调一个人对自身独特的"存在"有一种真实的感受，这种存在以一种间接但强有力的方式与"永恒"融为一体。

此外，在一个戏剧性的时刻，蒂利希指出，只有在基督教回归其激进的路德宗根源的情况下，才能进行这种对个人"存在"和"存在之基"的探索。只有一个教会"将其教义和信仰提升至超越有神论的上帝，同时又不牺牲其具体的象征，才能传递那种承担了怀疑和无意义的勇气"。简而言之，"只有十字架下的教会才能做到这一点，这个教会宣讲被钉在十字架上的人，他向上帝祈祷，即使这个上帝将他置于怀疑和无意义的黑暗中，仍是他心中的上帝"。或者，正如蒂利希总结的那样，"存在的勇气根植于这样一个上帝之中，当有神论的上帝在人们怀疑的焦虑中消失时，这个上帝就出现了"。这些激动人心的最后论述是对现代人特有的困惑和无力感的强效解药。然而，它们也可以被解读为对教会唯一权威性的最后辩护，这个教会在传达"超越上帝的上帝"和"存在之基"之间的联系；具有讽刺意味的是，该书正文中的历史、心理和文化的观点使得这种辩护成为必要。事实上，不到十年时间，蒂利希就开始探索禅宗，并在其他方面远远超越了传统基督教。

梅早就实现了这一转变，在《人的自我寻求》中没有出现效忠任何教会或神学立场的宣言。在梅的作品中，"存在的勇气"变成了完全做自己的勇气，敢于直面死亡的真相和生命中的各种有限性，并发展爱和拥抱他人的潜能。"存在"本身并不依赖于特定的信条或神学，在梅看来，它是由全世界文学的智慧所共同确认的——所有这些都指向了一种不可言喻但又真实的、超越人类定义的事物秩序。然而，对梅来说，人类的行动和勇气才是主要问题，也是"存在"的实际战场，尤其是在恐惧和怀疑中面对真相的勇气。这一论点为弗洛伊德的基本范式赋予了新的、更加哲学化和伦理化的色彩。梅引用了叔本华写给歌德的一封信，指出这位哲学家对俄狄浦斯的认同，后者一直都在追寻自己命运的真相："哲学家（必须）毫不留情地拷问自己。然而，这种哲学上的勇气并非来自反思，也不是来自决心，而是一种天生的心灵倾向。"梅同意叔本华的观点，认为这种冲动源于"天生的自我意识能力"。然而，他强调，运用这种能力并不是自然而然的："这种正直是一种道德态度，包括勇气和一个人与自我关系的其他方面；它不仅可以发展到一定程度，而且必须发展，如果一个人想要充分活出自我的话。"

梅对勇气和"存在"的重新诠释，标志着他从基督教本身（以及蒂利希）转向了一种丰富的思想观，这种观念在过去一直主导着他的思想。例如，他曾经非常推崇马修·阿诺德的《多佛海滩》，认为它是对爱在这个分崩离析的世界中的地位的最高宣言：

啊，亲爱的，让我们坦诚相待！

只因眼前这个梦幻的世界，

> 如此多姿、美丽、新鲜，
>
> 却无欢乐、关爱、光明，
>
> 也无信念、和平或对苦痛的救援；
>
> 而我们在此，如在黑暗的荒原。

现在，这种感情在他看来是不够的，甚至是有害的。他断言："用'爱'来填补孤独的窟窿，反而会徒增双方的空虚。"相反，爱必须植根于"对他人存在的喜悦，对他人价值和发展的肯定，就像对待自己一样"。只有这样，一个人才能"在他的关系中创造自己的快乐和幸福"。这种成熟的爱依赖于每个人来之不易的"存在感"，这种存在感使爱的狂喜成为可能，"一个人暂时越过一个身份和另一个身份之间的障碍，也就是自我实现的一刻。这是一种自我的奉献，同时也是一种自我的发现"。

梅最终在人类境况的现代性问题上兜了个圈。一开始，他强调现代社会缺乏共同的价值观、神话和信仰；到最后，他得出结论：从某种意义上说，每个时代的人都在为实现完整的人性而斗争，也许与过去相比，当代社会给了勇敢的人更大的空间来寻找他们个人的存在感。在《人的自我寻求》的倒数第二段，他以一种奇特的胜利者姿态宣称："我们这个时代的不确定性不正是给我们上了最重要的一课吗？那就是，终极的评判标准是在相关联的特定时刻里的诚实、正直、勇气和爱。"就好像把《多佛海滩》翻了个底朝天。与其让恋人们相互依偎来抵御现代性"黑暗荒原"的寒冷，不如让个人在"特定时刻"拥抱"存在"和"关联性"，从而战胜恐惧。"如果我们没有这些品质，就谈不上创造未来；如果我们拥有这些品质，就可以放心迎接未来。"

《人的自我寻求》在大众媒体上获得了热烈的评论。《纽约先驱论坛报》指出，这本书在主题上与蒂利希的《存在的勇气》有相似之处，称赞它"通俗易懂，没有行话"，"充满了幽默和想象力，融汇了广泛的文化"。备受关注的《纽约时报》"周日评论"表示，"这样的分析以前就有很多，但很少能如此清晰有力"。华盛顿特区万灵一神教会的牧师A.鲍威尔·戴维斯（A. Powell Davies）将其视为蒂利希著作的"姊妹篇"，想知道"创造性的现代思维"是否"在一个意想不到的时刻进入了精神上的统一"。戴维斯以一种非常积极的语气收尾，称"爱的前奏"这一节"极其重要"且"充满智慧"。然而，有些人则不那么乐观。《哥伦布快报》（The Columbus Dispatch）认为这本书令人失望，因为它没有提供摆脱现代困境的明确途径。"他没能指出任何真正的价值与目标，"评论家指出，"而且他说了太多模棱两可的话，以至于我们很难理解他的立场。"这位评论家的结论是，阅读《人的自我寻求》的"普通人"不仅不会"轻松找到自我"，反而"可能会远离自我"。

宗教杂志的反应因教派和神学路线的不同而异。苏厄德·希尔特纳在《教牧心理学》（Pastoral Psychology）读书俱乐部的简报上发表了一篇内部评论（梅是该读书俱乐部和《教牧心理学》杂志的编委会成员），称其"无疑是有史以来最好的、最易读的、影响最深远的书之一，它是为了帮助读者自助而写的"。与弗洛姆的作品相比，希尔特纳发现"从神学的角度来说，梅的作品更令人满意，因为他所采取的立场明里暗里总是基督教。对于受过神学训练的读者来说，它的历史参考文献，与弗洛姆及其他心理学家和精神病学家书中的类似部分相比，似乎要准确得多"。

天主教杂志《美国》（America）不同意这一观点。在对《人的自我寻求》和《存在的勇气》的联合评论中，杰拉尔德·范·阿克伦（Gerald Van Ackeren）神父指出，这两本书"令人振奋"，但也有"不足之处，这使它们的分析和解决方案基本上不能为天主教徒所接受"。他同意梅的评价，即现代人的焦虑和空虚源于"缺乏任何令人信服的价值观"。然而，他发现，"由于没有邪恶或原罪的概念"，梅错误地将这种不适归因于"父母对个人自我主张和自由的压制"。"显然，梅博士没有一个超然的、人格化的上帝的概念，而人是受命于上帝的，"范·阿克伦认为，"因此他没能为人类生活确定终极的方向。"事实上，这位评论者指出了蒂利希对梅的思想的影响，然后又抨击蒂利希个人著作的空洞。"蒂利希教授坚持自由的绝对首要地位，"范·阿克伦总结道，"但他似乎忘记了福音书的一个基本教义：真理使人自由。"

也许最深刻的"宗教"评论来自大卫·罗伯茨（David Roberts），他是协和神学院的教授，也是心理治疗与现代基督教结合的重要倡导者。1950 年，罗伯茨出版了《心理治疗与基督教对人的看法》（*Psychotherapy and A Christian View of Man*）一书，这是自由派基督教领域十多年来的关键著作。和梅一样，他也是蒂利希的门徒和密友，曾参加过战时宗教和心理学研讨会，被克尔凯郭尔的理论深深吸引，并在西蒙·多尼格（Simon Doniger）的开创性期刊《教牧心理学》的早期刊物上发表过文章。他和梅既是同事也是朋友。

罗伯茨称赞《人的自我寻求》一书对问题的呈现，尤其是它将文学、神学、哲学、精神分析和临床案例结合在一起。罗伯茨指出："他的风格极易阅读，但并不简化，而且传递了一些艰深的思想，既没有满篇术语，也没有傲慢自大。"他特别欣赏梅关于依赖、自由的本质、"创造性良知与有效宗教生活的发展"的讨论，以及关于"爱"和"永恒"的章节。与此同时，他希望梅能更明确地表达自己的神学观点，他写道："有些人可能会觉得，在他更直接地讨论教义问题之前，他对内疚和信仰内容的讨论必然是不完整的。"更重要的是，他认为，虽然《人的自我寻求》强调摆脱"一切形式的奴役（包括宗教）"，但梅的下一本书应该考虑到"对'社群'和神圣恩典的合理依赖"。

《人的自我寻求》的清晰性令人信服，这反映了梅从疾病与婚姻不和的混乱中重获新生时的成熟和自信。并非巧合的是，这本书也是在他重燃浪漫激情之际完成的。在1945年到1950年间，梅的身体和心理都在缓慢地重建，因此他的感情生活在婚姻内外都风平浪静。然而，就在1951年，他开始了一段愉快而激烈的恋情，这段空白期结束了。不幸的是，梅爱上的是大卫·罗伯茨的妻子。对双方来说，正如梅在《人的自我寻求》中所言，都涉及了"在相关联的特定时刻里的勇气和爱"，尽管其中的"诚实"和"正直"不那么确定。梅在协和神学院的社交圈子里认识了埃莉诺·罗伯茨（Elinor Roberts），很可能是在蒂利希家的一次聚会上。埃莉（Ellie，埃莉诺的昵称）拥有一种娇小而刚毅的美，这种美因智力和情感上的敏锐而彰显。作为设计师和音乐家的女儿，她从小就在艺术中尽情地表达自我。她来到纽约，在艺术学生联盟（Art Students League）学习。她和罗伯茨于1945年结婚，并很快相继生下三个女儿。作为新教神学领域冉冉升起的新星和协和神学院的教导主任，大卫·罗伯茨经常出差，并且长时间待在办公室。仅这一点可能就给抚养孩子的埃莉带来了巨大的压力。然而，罗伯茨还经常遭受抑郁症的折磨。事实上，他对精神分析和克尔凯郭尔的兴趣，便源于他自己抑制内心黑暗的斗争。对埃莉来说，婚姻使她为人妻母，让她用爱和关怀去温暖一个令人钦佩却又受伤的灵魂，至于自己的需求则被掩盖起来。

梅与罗伯茨形成了鲜明的对比，他浪漫冒险的精神直接打动了埃莉。作为一名富有创造力的艺术家，埃莉的激情像磁铁一样吸引着梅。他们做爱，听音乐，朗诵诗歌，谈论文学和艺术，精心安排约会——以与患者或保姆的时间表相协调。自梅在希腊与伊莎贝拉·洪纳的恋情之后，他还没有如此为爱沉沦过。梅和埃莉都对自己的家庭尽心尽力，不愿离婚，但两人都无法否认他们对彼此的需要。

目前尚不清楚大卫·罗伯茨对他们的关系了解多少，但他的抑郁症在 20 世纪 50 年代初加重了。到 1954 年，他在奥斯汀·里格斯中心（Austen Riggs Center）接受治疗，这是马萨诸塞州斯托克布里奇（Stockbridge）著名的精神病住院治疗机构。罗伯茨说服他的医生，称他的病情已经稳定，可以回纽约过圣诞节。然而，新年过后不久，大卫·罗伯茨就自杀了，年仅 44 岁。

按照当时的习俗，家人、朋友和协和神学院都对罗伯茨的死因保密。《纽约时报》的讣告称，他死于"长期患病后的心脏病"。在一篇感人的文章中，蒂利希暗示了更悲惨的实情，这篇文章后来成为罗伯茨死后出版的布道集《人的伟大与痛苦》（The Grandeur and Misery of Man）的序言。蒂利希指出，罗伯茨敏锐地感受到"灵魂和社群中的力量，即使是最优秀的人的善意也无法与之对抗"，他"了解许多人身上这些力量的本质，包括他自己"。据蒂利希称，就在罗伯茨自杀前几天，他发誓说："如果我能恢复健康，我就能说出什么是恶魔。"

他们的朋友中很少有人知道梅和埃莉的婚外情。蒂利希是个例外，他建议他们一开始就保持距离。两人都觉得自己对罗伯茨的死负有某种责任。慢慢地，他们将爱情的残骸和对逝者的痛惜转化为永恒的友谊。罗伯茨去世两年后，埃莉给梅写信，信中充满了感激，但也表达了疲惫之情：

> 我有时候会想，经历了这些年后，我还能有多少感觉……我也知道，尽管我的感情受到打击，但你始终是积极而温暖的……狂喜时分不会长久，但深厚的感情、深刻的理解和关心会长久……保罗说："你必须热爱生命。"这

些天来，有时我对此感到绝望，这似乎是不可能的。然而，
昨天我看到太阳升起时，我知道它是美丽的。

1957年2月，她又写道："我爱他，我想念他，我理解（蒂利希）
所说的'一个人不再被需要时的解脱感'。在过去的几年里，我多么
希望得到这种幸运的解脱啊！"在同一封信的后面，她提到观看电影
《相见恨晚》(*Brief Encounter*)时被感动了，不必说这让她想起了他
们的婚外情。她记得，梅曾告诉她，那部电影中的恋人不应该分开，
但埃莉觉得事情没那么简单。"坠入爱河是一个极其神秘的过程，给
人带来几乎难以承受的欢愉与痛苦。"

她在整理亡夫的文章时写道："这是一个没完没了的过程，常常
令人筋疲力尽。因为其中有太多的悲欢，相互纠缠，我想记住，又想
忘记。"埃莉偶然看到过大卫的学生交给他导师的一篇论文《对酗酒
者的理解和咨询》，而此时她正准备拿着一杯加冰的苏格兰威士忌爬
上床，她懊恼地说："一个人喝酒不好，一个人睡觉更糟。"

谁能说得清，对梅来说，那份压抑在心头的内疚对他的良心和意
识产生了怎样的影响？在他生命的最后几年，接连几次中风之后，他
突然追忆起过去，透过眼前人，仿佛看见了埃莉的身影，大声地向她
哀求："我并不是唯一有过错的人。"

第十八章　存在主义的使命

梅与埃莉·罗伯茨的婚外情及其不幸的后果，以及他与妻子之间的默契和解，一直隐藏在他公众形象和职业影响迅速上升的背后。事实上，梅日常生活的地理位置也证明了他的功成名就。自1933年底以来，他大部分时间都住在曼哈顿上西区，只是居住环境变得更舒适和安全了。梅一家在滨河大道和114街的拐角处租了一套公寓，距离哥伦比亚大学一个街区，距离哥伦比亚大学师范学院和协和神学院六个街区。梅的办公室距离他家有十一个街区。它坐落在103街和滨河大道交汇处的大师楼顶层，站在窗口可以看到河畔公园、哈德逊河和远处的新泽西的壮丽景色。从他家和办公室乘车到东94街的威廉·阿兰森·怀特研究所只需片刻。

梅一家在曼哈顿安家落户的同时，还在新罕布什尔州的霍尔德内斯建造了一座避暑别墅。他们于1946年到访霍尔德内斯，并立即爱上了那里的风景——怀特山脉以南连绵起伏的丘陵，一直延伸至斯夸姆（Squam）湖以及邻近更大的温尼珀索基（Winnipesaukee）湖。霍尔德内斯的美景一直吸引着来自波士顿和纽约的夏季游客。对梅来说，这也意味着成为一个独特的知识分子团体中的一员。1921年，心理学家劳伦斯·K.弗兰克在霍尔德内斯购买了一处避暑地，在随后的几十年里，弗兰克邀请了一批杰出的知识分子来到这个世外桃源，例如，玛格丽特·米德（Margaret Mead）、格雷戈里·贝特森（Gregory Bateson）、罗伯特和海伦·林德（Robert and Helen Lynd）、诺思罗普·弗莱（Northrup Frye）、埃里克和琼·埃里克森（Erik and Joan Erikson）等，一起探讨如何研究并改善现代家庭的命运。

按照梅的朋友哈罗德·泰勒（Harold Taylor）的说法，弗兰克已经成了"山谷族长"，每当该地区有一处房产出售时，他就会提醒那些他所钦佩的人。1949 年，泰勒成为萨拉·劳伦斯学院（Sarah Lawrence College）的院长，他于 1945 年初次见到弗兰克，并于 1948 年在该地区买了一套漂亮的住宅。1955 年，梅和弗兰克在纽约科学院的报告会上相遇，同年 9 月，梅一家在霍尔德内斯购买了一块土地。他们拆除了原来农舍的残垣断壁，建造了一座舒适的避暑别墅。不久之后，梅在主屋附近修建了一间简易的书房。这两栋建筑反映了这个社区完善的社交和独处的节律。正如泰勒所说："我们有一条不成文的规定，除非受到邀请，否则我们不会相互造访。"梅的书房没有电话，也没有任何人去打扰，尤其是他在早上专心写作的时候。在傍晚的鸡尾酒会、非正式的晚餐和晚间聚会上，社交和严肃交谈是霍尔德内斯的魅力之一。尽管如此，梅最珍视的还是那份可以用于思考和写作的独处和宁静。

梅日益繁忙的日程凸显了霍尔德内斯作为其精神堡垒的重要性。他在纽约的工作包括接诊花名册上的患者，处理怀特研究所和纽约州心理协会的事务，参与各种董事会和委员会，并在新学院教学。1957年 6 月，他成为怀特研究所的培训分析师，加入了这个主要为医生保留的行列。此外，伯纳德·卡林科维茨（Bernard Kalinkowitz）还邀请梅协同怀特研究所的同事以及一些弗洛伊德派的分析师，在纽约大学医学院创办一个心理治疗和精神分析的博士后项目。梅成为该项目的创始教员之一。

梅越来越大的名气也吸引了全国各地的演讲邀请。场合和主题的多样性反映了他对公共知识分子角色的坦然接受，以及他对工作永不熄灭的热情。例如，1954 年 10 月，他与沃纳·海森堡（Werner Heisenberg）、尼尔斯·玻尔（Niels Bohr）等人在圣路易斯的华盛顿大学参加了"科学与人类责任"的圆桌会议。1955 年 1 月，他在纽约的班克街学校做了一场题为"从众世界中的个人正直"的演讲；一周后，他前往罗切斯特，发表了纽约州心理协会的主席演讲，题为"改变关于人的科学概念"。2 月，他在欧柏林学院做了三场系列讲座："心理学和现代人的精神问题"、"从众时代的宗教"和"创造性的良知"。3 月，他在新学院举办了爱德华·林德曼讲座（Eduard Lindeman Lectures），并前往康奈尔大学发表了题为"当代精神分析的关键问题"的演讲。在新罕布什尔州度过一个暑假后，他再次接受邀请，在宾夕法尼亚州的兰开斯特（Lancaster）发表了题为"现代知识影响下的上帝观念"的演讲。1956 年及以后，他的日程安排依旧繁忙，只是换了城市和主题。仅仅在纽约市，他的讲座及电台广播的日程就令人疲惫不堪。

另外，还有写作的截止日期的逼近。"在过去的两个月里，我的出版商们几乎站在我的办公室门外——他们就像一个个信使，"他向怀特研究所的一位同事抱怨道，"等着从我这里拿到这份校样或那份序言的终稿。一旦这本 600 页的书稿脱手，大厅的位置就会被其他书的信使占据，例如《精神病学手册》之类的。再加上我在全国各地的演讲，以及我的咨询工作……你可以想象我的日程安排有多紧张。"

尽管来访者对梅的服务有很大需求，从焦虑的商人到创造力受阻的艺术家、作家、演员和音乐家，但他已经把接诊的时间减少了三分之一。由于肺结核和间歇性心动过速的痛苦记忆，他也减少了自己在怀特研究所的行政事务。正如他在写给劳埃德·梅里尔（Lloyd Merrill）的信中所说："我已下定决心，必须控制好那超负荷的日程安排，否则我的身体又要累垮了。"

梅削减自己的事务，不仅说明他的工作量过大，也表明他对 1958 年 2 月面临的"600 页书稿"的校样倾注了极大的热情。同年晚些时候，这部书稿以《存在：精神病学和心理学的新维度》（*Existence: A New Dimension in Psychiatry and Psychology*）为名出版。在这本书中，梅与他的合编者欧内斯特·安吉尔（Ernest Angel）、亨利·埃伦伯格（Henri Ellenberger）向美国读者介绍了欧洲存在主义和现象学心理治疗的主要理论家。参与编写《存在》一书，正值梅深深着迷于克尔凯郭尔和尼采的启发性见解，他希望能找到方法，将这些经常以警句形式出现且针锋相对的哲学见解整合到一种更广泛、更有用的"人的科学"中，以适用于治疗环境。对梅来说，编写《存在》无疑是一项新的使命。

存在主义，在20世纪40年代末已成为一个重要的口号，它唤起了人们对人类状况的纷繁复杂的重新想象；最初，吸引人注意的是让-保罗·萨特、西蒙娜·德·波伏娃和阿尔贝·加缪等人的思想。存在主义作家倡导"存在先于本质"，并直言人类"注定是自由的"。萨特强调，在每一个行动和思想中，绝对无神论的自我创造是至关重要的。天主教存在主义者，比如加布里埃尔·马塞尔（Gabriel Marcel）和雅克·马里旦（Jacques Maritain），则在真正的基督教中寻找一种基本要素，以此为基础来建构存在主义生活。蒂利希提出了另一条更具新教色彩的道路，即在难以定义的"超越上帝的上帝"中实现信仰和超越世俗宗教生活的勇气。然而，所有这些都尝试将一个独特的个体与经验、选择和行动重新联系起来，而不是生活在异化的教会和文化所提供的虚假和非人性化的安全中。

存在主义在情绪上具有双面性。它可能侧重于对人类处境的严峻评估，强调一个人在世界上的孤独、存在的"荒谬"以及自杀行为，这种黑暗在萨特的《恶心》（*Nausea*）和《禁闭》（*No Exit*）、加缪的《局外人》和《鼠疫》等作品中得到了充分体现。然而，对这些作者和其他人来说，存在主义也激发了他们对解放运动、社会正义的追求，以及体验真正自由的勇气——从无意义中根据自身体验构建有意义的生活，而不是依据陈腐的观念、哲学和神学而活。当大卫·罗伯茨准备自杀时，他无疑被存在主义的黑暗面所笼罩（尽管他并不排斥更积极和英勇的方面）。

"这些非理性的、恶魔般的力量如此野蛮地威胁我们这个时代的人，远离它们又能带来什么好处呢？"罗伯茨问道（他为自己向无神论存在主义寻求智慧而辩护），"我们为什么不愿或不能正视人类生活中的脆弱、紧张和疏离呢？"1956 年，黑兹尔·巴恩斯（Hazel Barnes）首次翻译出版了萨特 1943 年的存在主义杰作《存在与虚无》（*Being and Nothingness*），对她来说，与存在主义的相遇在许多方面激发了一种类似于宗教皈依的重生感。正如她直截了当地指出的，这种哲学"道出了（她的）处境"。

对梅和巴恩斯来说，人类"注定是自由的"意味着他们必须有勇气选择一种有意义的自由。这是存在主义态度的承诺，是成为一个真正的人的承诺——充分感受生活的欢乐和悲伤。正是本着这种精神，梅、欧内斯特·安吉尔和亨利·埃伦伯格一起撰写与编辑了《存在》一书。梅花了五年时间，挑选和编辑存在主义心理治疗师路德维希·宾斯万格（Ludwig Binswanger）、现象学家尤金·闵可夫斯基（Eugene Minkowski）和埃尔温·施特劳斯（Erwin Strauss）等人的论文，并将其语境化。其间充斥着大量的文字工作、编辑之间不定时的分歧，以及作者和译者之间充满火药味的通信。然而，对梅来说，这个过程最重要的是，他深深地沉浸在以前有所不知的现代欧洲思想中，特别是胡塞尔、海德格尔及其学生所定义的现象学世界。他的序言和两篇导言洋溢着发现新大陆的精神，他引用了济慈的《初读查普曼译荷马有感》（"On First Looking into Chapman's Homer"）作为总结："然后，我感觉自己像一位观象家／一颗新星划入他的眼帘。"

不过，有人可能会问，梅为什么要敬畏地把存在主义心理学视作"新星"？毕竟，在这场运动被命名之前，他就已经以一种明显的存在主义方式行事了。梅的原始存在主义风格在 20 世纪 20 年代就初见端倪，当时他在密歇根州立大学求学，塑造了一个为了追求真理和个性而反抗权威的自我形象。在希腊，当他在霍尔帝亚蒂山上急促地写下自己对生活的最初愿景时，其中心主题便是认识到每个人都是独一无二的，而不仅仅是教堂建设和传教工作的棋子，也不仅仅是简单化的科学构想的例证。20 世纪 30 年代，在协和神学院和密歇根州立大学担任咨询师期间，他坚定地追随尼采、陀思妥耶夫斯基、易卜生以及其他先知，认为人类受到了既定秩序和群体思维的威胁。

梅和蒂利希一起研究了这些作家和其他人，蒂利希的基督教取向让梅接触到克尔凯郭尔最近被翻译的作品，以及库尔特·戈德斯坦的整体神经学理论，这两个人有所不同但又相互补充。蒂利希还间接地让梅接触到马丁·海德格尔的关键思想，后者是 20 世纪德国存在主义思想的核心人物。而最重要的是，梅与结核病的较量验证了他所关注的理论，并巩固了他对存在主义概念的亲近感，比如焦虑、行动和面对死亡时的自我肯定。简而言之，存在主义的一些核心问题，无论是以自由派基督教还是以心理学的名义表达，都渗透在梅的整个成年生活中。

宾斯万格、闵可夫斯基和其他存在主义心理学家与现象学家所提供的"新星"，并不是哲学本身，而是它与心理治疗的结合。他们回答了梅在《存在》开篇提出的一个问题："我们能否确定……我们看到的是患者真实的样子，了解的是他真实的一面？或者我们看到的仅仅是我们自己的理论在他身上的投射？"同样，这个问题对梅来说并不新鲜。早在 20 世纪 30 年代中期他关于咨询的第一本著作中，梅就表现出对理解"患者真实样子"的特别关注，当时他把最好的咨询定义为某种精神上的奥秘，咨询师有些类似于牧师，而咨询的成功取决于共情，即咨询师进入来访者的身心世界。在《咨询的艺术》中，他称赞"共情"是这样一种状态，即咨询师的"自我或精神状态……暂时与来访者的状态融合"，他将这种状态比作"心灵感应"。伴随着这种"共情"而来的"宣泄体验"和"心理袒露"是治愈的真正催化剂。

一段坎坷的婚姻和一场与肺结核的孤独较量，无疑使梅早先对灵魂合一的期望落空。此外，他所接受的精神分析训练也将这种心灵感应重新定义为移情和反移情，即患者或治疗师对另一方的色情化幻想。然而，梅从未放弃过希望，他希望在治疗中能够超越幻想的扭曲，带着移情理论所无法解释的真实性，与患者真正地相遇，将其当作一个活生生的、行动的、独特的人。他不懈地寻求一种尽可能完整的、纯粹的交会——这正是存在主义关于自我寻求的目标，也是其关于"他者"的亲近性和差异性的见解。

到 20 世纪 40 年代末，梅开始在他的著作和实践中构建一种基于哲学的治疗和生活方式，其中融合了美国个人主义、自由派基督教关于真实内心生活的观念，以及主要来自德国、斯堪的纳维亚和俄罗斯的关于人类斗争的悲剧性视角。事实上，正是这条仍然支离破碎的存在主义思想之路，使梅最初对战后流行的被明确称为存在主义的哲学只进行了试探性的联系，实际上还有些抵触。在《焦虑的意义》中，梅对蒂利希最近发表的关于存在主义哲学的开创性文章表示赞同，但只是一带而过。至于萨特，梅基本上只是机械地重复了他的导师和其他批评家的观点，"不希望在这场讨论中把存在主义与当前流行的观念等同起来，比如萨特哲学著作中的观念"。《人的自我寻求》重申了这一观点，尤其是这位法国哲学家"存在先于本质"学说的无神论含义，似乎假设每个人出生在一个没有任何预先存在的结构或关系的世界中。梅认为，萨特创造了"一种精致的时尚，一个巴黎文艺青年的集结地"。

然而，《存在》可以说是梅的探索的合理延伸，这让人忽略了它几乎是偶然诞生的事实。这本书最初是欧内斯特·安吉尔的创意，他是一位流亡的奥地利犹太裔知识分子，其生活很好地反映了两次世界大战之间欧洲知识分子和艺术家的存在主义灵活性。安吉尔于1894年出生于维也纳，第一次世界大战初期应征入伍，并在战后积极支持昙花一现的奥地利革命。他搬到柏林后，开始在魏玛共和国的艺术世界里漫游——涉足诗歌、戏剧、出版和电影等。他最终成立了自己的制作公司，并执导了几部成功的电影。在希特勒上台后，他搬回了维也纳，尽管危险重重，但他还是经常前往柏林看望他的"雅利安"妻子。1938年11月，他在"水晶之夜"几周后被捕，并在萨克森豪森集中营被囚禁5个星期。1940年，他来到了纽约。

1953年，他向阿瑟·罗森塔尔（Arthur Rosenthal）提议出版一本关于存在主义心理学的书，后者是一位新锐出版商，刚刚创办了基础书局（Basic Books）。罗森塔尔迫不及待地签下了这个项目。安吉尔和罗森塔尔找到了梅，梅对这个项目的兴趣在《焦虑的意义》一书中已经表露无遗。多年后，他回忆起这一刻，"它满足了我的需求，也是我心之所向"。随后，梅和安吉尔招募了亨利·埃伦伯格，他是一名瑞士精神病学家，刚刚来到美国，在门宁格诊所工作。埃伦伯格与《存在》的结缘之路，只有与安吉尔相比才稍显平凡。1905年，他出生在罗德西亚（今津巴布韦），父母是瑞士新教传教士，他曾在斯特拉斯堡学习精神病学。1941年之前，他一直在法国执业，后因德军入侵回到瑞士。埃伦伯格在瑞士一家疗养院找到一份工作，更重要的是，他成了苏黎世荣格学派的一员。1950年，他找到奥斯卡·菲斯特（Oscar Pfister）牧师——弗洛伊德和荣格早期的朋友，请他帮自己完成精神分析训练。1953 年，埃伦伯格来到美国，接受了门宁格诊所一个享有盛誉的教学职位。

因此，梅认识了两个极具才华的人，他们在纳粹时期前后的高度创造性和流动性的生活，体现了个人行动和选择的存在主义伦理。三个人满怀激情地接下了这个项目，但他们实际上是陌生人，带着截然不同的过去探索相对未知的领域。尽管如此，工作安排还是落地了。梅起到了许多关键作用，其中最重要的是他在大众和专业读者中的知名度，他坚忍的职业道德和组织能力，也许非常值得一提的是，他能够将复杂的而且往往晦涩的思想翻译成清晰而引人入胜的英文。

翻译是这个项目的核心。在埃伦伯格的帮助下，安吉尔挑选了作者和文章，并进行初步的翻译，梅则尝试把它们转化成更贴切的英文。这并不总是一件容易的事。在《存在》的序言中，梅讲述了他与蒂利希的一次会面，在那次会面中，他向这位神学家展示了一些关键术语的初步表述，这些术语被梅称为"兼具德语的天才和恶魔特征"。蒂利希对梅的努力嗤之以鼻，惊呼道："啊，这是不可能的！"但又补充道："但无论如何你都必须这样做。"作为整个项目的负责人，梅在把宾斯万格的《埃伦·韦斯特案例》（"The Case of Ellen West"）——这本书的关键篇章之一——转译成令人满意的英文过程中，遇到了特别的困难。这项任务是如此艰巨（部分原因是，正如一位译者所指出的，宾斯万格在模仿海德格尔，以德语散文风格写作），以至于在宾斯万格许可发表之前，这篇文章被转手了好几次。

事实上，梅的两篇导言写得既清晰又令人信服，充满了探索的热情，对美国读者来说是极容易理解和极具启发性的。"心理学中的存在主义运动的起源和意义"一开始便探讨如何是其所是地感知患者，以及宾斯万格的分析方法如何寻求一种潜在的、整体的人类存在哲学，并以此作为各种治疗理论的基础。然而，梅更关注的是定义一种广泛的存在主义哲学和文化的要求，而不仅仅是一种特定的哲学。"存在主义，简言之，"他宣称，"就是努力通过超越主体与客体之间的分裂来理解人类，这种分裂自文艺复兴后不久就一直困扰着西方思想和科学。"在这里，他遵循了蒂利希在《存在的勇气》中的精神历史（spiritual-historical）描述，在任何人将其命名为一场运动之前，他就在导师那里接受了"存在主义反抗"的概念。梅列出的反抗者包括凡·高、塞尚、陀思妥耶夫斯基、波德莱尔、卡夫卡和里尔克，以及克尔凯郭尔、尼采和弗洛伊德。他们都试图描绘、理解或仅仅维护一种潜在的现实，这种现实包含了本能的、非理性的和精神的意识领域。他们为后来更明确的存在主义愿景提供了重要的前奏。

梅写的第二篇"存在主义心理治疗的贡献"更详细地解释了海德格尔的"此在"（Dasein）或"存在"（being）的概念，以及他对不同"世界"中的"存在"的阐述。"存在"及其"世界"提供了人类意识的基本概念，将一个人存在的全部现实置于紧张之中。梅认为，以这种整体的方式来感知患者，促使治疗师不只是将患者视为本能驱动、移情幻觉或行为机制的总和。事实上，存在主义方法迫使临床医生面对自己，因为他们经历了有时"非常令人焦虑"但富有人情味的与患者的"相遇"。如果对这种相遇敬而远之，不仅会让治疗师与患者"隔离"，还会导致"对现实的彻底扭曲"。在这一点上，梅引用了萨特的话："在任何一种情况下，那个人都消失了；我们再也找不到有过这种或那种经历的'那个人'了。"

梅知道，无论语义上有多么困难，定义"人"或"存在"本身都是至关重要的。于是，他便开始解释德语术语"此在"及其在存在主义哲学和心理治疗中的核心地位。"Dasein由sein（存在）和da（在那里）组成，"他解释说，"它表明人是'在那里的存在'，也暗示他有一个'立足之地'，也就是说，他能够知道他在那里，并能够根据这一事实采取立场。"他立即将这句直译改写成更直截了当的英文："人是能够意识到自己的存在（existence），并因此对自己的存在负责的存在者（being）。"人类必须"选择"做一些符合自己本性的事情，从而"成为"真正的自己。

然而，意识总是受到"非存在"（nonbeing）的侵扰，即意识到死亡的必然性，以及其他对选择和行动的不那么终极的限制。存在以及"非存在"的威胁定义了人类的处境，并孕育了一种本体论的（即本质的或原始的）焦虑和内疚，人类与之不懈斗争，这是人类本性的一部分。当他们选择去真正"成为"自己时，他们会感到焦虑；当他们不愿或不能真正"成为"自己时，他们会感到内疚。原始的内疚和焦虑可能会促使一个人创造性地"成为"自己，神经质的内疚和焦虑则是一个人未能真正成长或面对"非存在"现实的症状，梅对两者进行了仔细的区分。治疗的任务是向患者揭示这种神经质内疚或焦虑的本质和危险，以便他们可以做出忠于自己的选择。

对梅来说，同样重要的是海德格尔对"此在"所处的世界的重新设想。弗洛伊德学派和行为主义者的观点，要么关注心灵内部能量，要么关注刺激—反应机制，它们实际上将个人意志和"存在"简化为机械的、可预测的结果。相比之下，海德格尔的"在世之在"（being-in-the-world）这一概念将人类意识置于变化无常的环境中。因此，人类最广泛地存在于"周围世界"（Umwelt），即自然和生物环境中；其次是人类同胞的"共同世界"（Mitwelt），人们在其中建立了一种社会存在；"自我世界"（Eigenwelt）指的是最神秘的意识领域，即一个人与自我的关系。

梅承认，在实践中，更传统的精神分析学派已经转向考虑人际和社会环境，但他强调，即使是存在主义者也刚刚开始认识到自我世界的复杂性和神秘性。通过创造一种本体论，以一种更复杂和更主观的视角来看待这些世界中的人类意识的整体性和即时性，他希望存在主义取向的治疗师能够更好地以是其所是的方式看待患者，并帮助患者实现更丰富、更真实的生活。更具体地说，梅强调存在主义对时间和历史的理解，这种理解重塑了传统疗法的理论观点。例如，弗洛伊德等人正确地强调了早期经验对塑造当前意识的影响，但存在主义者认为这是一条双向的道路。梅指出，当前的有效治疗不仅可以对抗过去的破坏性力量，还可以唤醒更多积极和支持性的回忆。过去和现在相互影响，扩展或压缩对时间的主观体验，并能为先前封闭的未来设定前进的方向。这也许是存在主义最深刻的关注点——一个人如何"成为"自己，勇敢地拥抱自己的"潜在"，超越"现在"。

梅明确指出，存在主义方法并没有在治疗中规定一套新的技术，而是对治疗情境中固有的现实和目标提供了一种新的理解，无论这种治疗是弗洛伊德式、荣格式、阿德勒式，还是其他方式的。在谈到存在主义心理治疗师梅达尔·博斯（Medard Boss）的工作时（他的技术是高度弗洛伊德式的），梅指出，存在主义的贡献在于通过对人类的存在主义理解来重新阐释移情、压抑和阻抗等概念的含义。例如，传统的移情概念是指"可分离的情感从一个客体转移至另一个客体"（比如，从父母身上转移到治疗师身上），梅则认为移情是一个人的症状，这个人的情感"在某些领域从未超越婴儿特有的有限和受约束的经验形式。因此，在后来的岁月里，他通过同样受限的、扭曲的'眼镜'来看待妻子或治疗师，就像他看待父亲或母亲一样"。类似地，压抑和阻抗与其说是内心驱力的扭曲，不如说是海德格尔所谓的症状，是一种异常狭隘的世界观，而这种世界观可以通过治疗来扩展。

梅将诸如此类的治疗过程的重塑与他最关心的问题联系起来，即"看到患者真实的样子，了解他真实的一面"。"在场"（presence）成了关键词，治疗师的在场，意味着他"不仅仅是一面昏暗的反光镜，而且是一个活生生的人"，在治疗过程中，他的关注点尽可能完全地集中在患者身上。诚然，一个人不需要精通海德格尔才能成为一名专注的治疗师。梅提到，他的同事弗里达·弗洛姆－赖希曼会打趣说："患者需要的是体验，而不是解释。"梅还特别提到了卡尔·罗杰斯，作为一名治疗师，他没有直接受到存在主义思潮的影响，但他还是分享了存在主义对治疗的基本承诺，即治疗是"成为的过程"。梅引用了罗杰斯的一大段话，其开头便说出了梅的心声："我让自己投身于一段关系，我的整个有机体接管了这段关系，并对其敏感，而不仅仅是我的意识。"尽管正如梅所指出的，罗杰斯的方法与存在主义分析师存在明显的差异，但是关于"在场"和"成为"的观点，他们无疑是一致的。

与罗杰斯的"以来访者为中心"的治疗模式一样，存在主义方法也强调治疗关系的现实性，它超越了移情的扭曲，这种关系的潜在丰富性可以为来访者塑造未来的生活意义。"治疗的目的，"梅总结道，"就是让患者如实地体验他的存在"，让他或她开始"意识到自己的潜力"，并"能够基于这些潜力采取行动"。

在《存在》出版前几个月，那些支持梅的人私下对这本书表达了最初的反应，这些反应预示该书将大受欢迎。梅请流亡分析师伊迪丝·魏格特（Edith Weigert）阅读他写的章节，伊迪丝本人对精神分析、宗教和哲学之间的联系很感兴趣，她对梅给予了毫无保留的赞扬——"祝贺你！你取得了巨大的学术成就！"——并预言精神分析运动，尽管有其生物学基础，将朝着"对存在方面的理解"发展。卡尔·罗杰斯也对梅赞赏有加，称其对存在主义的总结是"我在所有地方能找到的最好版本"。罗杰斯惊讶于自己的作品与存在主义者的作品之间的相似，他发现自己"狼吞虎咽地读着这本书"，并认为《存在》将是"这十年来最重要的心理学著作之一"。艾里希·弗洛姆在此书出版前向梅表示祝贺，鼓励他出席即将召开的国际心理治疗大会，并称赞他能"为困惑的听众澄清错综复杂的问题，并能充当各大洲之间的调解人"。最后，哈佛大学著名的心理学家戈登·W.奥尔波特（Gordon W. Allport）在基础书局的印前广告中称赞了这本书，指出《存在》一书"意义深远"。

然而，《存在》于 1958 年 6 月出版，大众媒体、报纸和杂志的书评人一开始并没有什么反应，而精神病学和心理学期刊的官方评论也只是在几个月甚至几年后才姗姗来迟。这些专业评论通常由精神分析、精神病学和心理学领域的重要人物撰写，且褒贬不一。他们大多强调梅的导言的清晰性和重要性，相比之下，对那些被认为是本书核心的详尽而密集的文章则感到失望。例如，卡尔·罗杰斯毫不意外地称梅的章节"不同凡响""清晰而深刻"，来自"渊博的学识和智慧"，同时指出其他章节则"不如宣传的那么好"。他尤其反对宾斯万格在埃伦·韦斯特案例中所表达的宿命论。亨利·洛温菲尔德（Henry Lowenfeld）在《精神分析季刊》（*Psychoanalytic Quarterly*）上发表评论，称赞梅的导言"非常有用"，但也指责它们"重复了大众对精神分析的偏见"。更重要的是，洛温菲尔德担心存在主义心理学试图将治疗的有用性扩展到传统上由宗教和哲学服务的领域。简而言之，"期望心理治疗能够化解社会中的分裂因素是天真的"。

令人惊讶的是，广告、口碑，也许还有梅的读者的忠诚，让人们对这本书的兴趣飙升，尽管除了梅的章节，它在很多方面都艰深晦涩。这本《存在》甚至引起了《时代》周刊的注意。1958 年 12 月下旬，《时代》周刊发表了一篇长文《精神病学与存在》（"Psychiatry and Being"），介绍这本书、梅的身份，以及存在主义在专业和非专业人士的想象中所触动的神经。据报道，自 6 月出版以来，这本书已售出 1.2 万册，它与威廉·巴雷特（William Barrett）的《非理性人：存在主义哲学研究》(*Irrational Man: A Study in Existential Philosophy*，同样出版于 1958 年）均源于"美国人对存在主义的兴趣激增，尤其是它在心理治疗中的应用"。《时代》周刊的这篇文章开头报道了 1958 年末康涅狄格州精神病学和神经病学协会的季度会议。据《时代》周刊报道，该会议通常会吸引大约 60 名参会者，但这一次，聆听梅的主题演讲的观众，不仅坐满了纽黑文的菲特金圆形剧场的 220 个座位，还有人盘腿坐在演讲台周围的地板上。更多的听众挤满了过道，站在观众席的后面，并延伸至接待室和楼梯口。

梅的演讲主题是"存在主义精神分析的贡献"（"Contributions of Existential Psychoanalysis"），他概述了存在主义"方法"如何增强美国版的精神分析疗法和类似疗法的常规实践。他以弗洛伊德研究俄狄浦斯情结为例，即孩子因被异性父母吸引而产生的罪疚感和焦虑感。正统的精神分析疗法包括通过在治疗中重新体验这些婴儿期冲动，了解它们的持久影响，从而消解它们的破坏性效果。虽然梅不反对这种对俄狄浦斯戏剧的借用，但他也呼吁对俄狄浦斯神话进行存在主义的理解。毕竟，梅认为，当俄狄浦斯发现自己弑父娶母时，全剧伟大的领悟时刻才浮出水面："这部戏剧是一部窥见真相的悲剧……关于自我认识、自我觉知的悲剧。"他认为，通过这样或那样的方式，存在主义视角将一种哲学的、常常是悲剧性的对人性的理解，引入了一种更加机械化的理论。

据《时代》周刊报道，那些"持怀疑态度"的专业听众，基本上不相信梅会带来什么新东西。一些人认为他们已经在实践中吸收了存在主义的智慧，另一些人则认为梅的框架更像是哲学而非科学或医学。梅简明地回应道："美国存在主义分析的趋势，只有在思想严肃的人们那里，才会形成一股强大的暗流。"

事实上，梅低估了《存在》的影响，以及不同领域对主流疗法的类似批判。该书不仅向美国大众介绍了存在主义心理治疗，还激励了许多心理治疗师以各自的方式试图超越精神分析或行为主义。不仅是卡尔·罗杰斯，还有亚伯拉罕·马斯洛、戈登·奥尔波特和许多其他人正在革旧鼎新，马斯洛很快称之为心理学"第三势力"。这些人认为，他们的工作超越了弗洛伊德学派对病理学和生物学术语的强调，以及行为主义者的环境决定论，走向了一种丰富生命可能性的心理治疗理念。实际上，梅与这个团体的成员在经历和思想上有一些共同之处。马斯洛深信戈德斯坦关于有机体自我实现的观点，并将其作为"需要层次理论"的关键要素。卡尔·罗杰斯曾是协和神学院神学专业的学生，但与梅不同的是，他中途退出，选择了心理咨询和心理学研究的职业生涯。戈登·奥尔波特从未打算从事神职工作，他研究哲学和心理学，并在晚年寻求一种处理更广泛的哲学和精神问题的人格理论。

因此，不出意料，《存在》的出版激发了知识分子之间的革命友谊，并带来了令人惊讶的美国式评论。在阅读了出版前的书稿后，卡尔·罗杰斯专门对比了梅的章节与欧洲人的章节：

> 我想说的是，我认为你的章节是这本书中最令人兴奋和最深刻的。除了你对存在主义心理治疗运动的描述，其他几位作者的表现并不突出。我对他们的章节也很感兴趣，但其深度和意义不及你所写的……我认为你在整合这些材料方面做得非常出色，这使我现在更希望你能写一本书来阐述你自己的治疗观点。

和罗杰斯一样，马斯洛也向梅表达了这本书使他"深受触动和影响"。他之前没有读过这些作者的作品，也没有读过克尔凯郭尔和尼采的著作——尽管他曾试图理解海德格尔，但以失败告终。然而，马斯洛指出，他自己的"作品实际上是存在主义－现象学的，罗杰斯、弗洛姆、戈德斯坦的作品基本上也是如此……还有许多其他美国人……如果我对欧洲人的著作一无所知，却独立得出了本质相同的结论，说明我们都是在回应历史情境中的客观事物"。马斯洛兴奋地说，《存在》将会"对其他美国人也产生惊人的影响，就像对我一样。你的语言是美国化的，所以它会大获成功"。

马斯洛的评论至少在一个非常重要的例子中成了生动的预言。欧文·亚隆（Irvin Yalom）当时是约翰斯·霍普金斯大学的一名年轻的精神病住院医生，他记得自己"对当前的理论模型感到困惑和不满"，于是拿起了《存在》。亚隆认为，"生物学和精神分析模型在其表述中遗漏了太多的人类本质"。阅读梅的章节标志着他人生的一个转折点："我如饥似渴地读着每一页，感觉一片光明的、全新的景象展现在我面前。"梅不仅成功地把欧洲存在主义者的观点翻译成美式英语，而且还把发现"新星"的喜悦传递给了其他人，这种感觉在几年前曾让他热血沸腾。

1959 年及随后的几年里，《存在》带来的兴奋感和新的朋友圈不断扩大，使梅接触到了一些独立的倡导者和领导人，他们正在雷厉风行地创建心理学"第三势力"。马斯洛在给梅的信中强调，梅对美国同时代人的工作以及他们对心理治疗的不满知之甚少。梅对此表示了歉意，并提出一个计划。他承认自己"有一个坏习惯，对自己赞同的人了解得不够"，而且在从事重大项目时容易"一根筋"。他发誓，从那时起要"弄清楚"存在主义心理治疗（此在分析）与越来越多的美国心理学家的思想之间的"密切关系"。他宣称："我很愿意考虑和你、卡尔以及其他一小群人聚在一起，然后我们可以深入讨论这些问题，并采取必要的行动。"他们很快就迈出了一大步，计划于 1959 年9 月，在美国心理学会年会上举办一场关于存在主义心理学的研讨会。

　　甚至在这个专题研讨会开始筹备之前，梅就召集了一个由志同道合的心理学家组成的团体，以探索和促进存在主义与心理治疗之间的联系。"组织委员会"包括梅、托马斯·霍拉（Thomas Hora）、亨利·埃尔金（Henry Elkin）和安东尼娅·温卡特（Antonia Wenkart）。1959 年 2 月，他们分发了一份油印通知，邀请大家参加 4 月在纽约广场酒店举行的为期两天的会议。在会议上，组织者以及伊迪丝·魏格特、路德维希·勒费布尔（Ludwig Lefebre）、汉娜·科尔姆（Hanna Colm）和克莱门斯·本达（Clemens Benda）报告了自己的论文。梅的主题演讲"迈向精神分析的本体论基础"（"Toward the Ontological Basis of Psychoanalysis"）为整个会议定下了基调，他再次呼吁对人之为人意味着什么进行整体理解，并依此开展心理治疗。

　　所有人都认为这次会议很成功，并确定在 5 月 9 日召开"理事会"，成员包括梅和杜肯大学的阿德里安·范·卡姆（Adrian van Kaam），以及本达、霍拉、温卡特、科尔姆、勒费布尔和魏格特。梅首先报告了他最近的加州之行，在这次行程中，他发现许多心理学家对存在主义方法有着广泛的兴趣。温卡特分享了她最近参加美国精神分析协会（American Psychoanalytic Association）费城会议的印象，她感觉到人们对传统分析的有效性抱有很大的怀疑。随后，这一群人开始进入正题。他们给这个组织起了一个正式的名字：美国存在主义心理学和精神病学协会（American Association of Existential Psychology and Psychiatry，AAEPP），并决定出版一份由梅和温卡特担任编辑的通讯。第一期通讯于 9 月出版，刊登了 4 月会议上发表的论文的全文或摘要，油印并装订成册，被命名为《存在主义探究》（Existential Inquiries）。

　　第二次理事会会议于 1959 年 9 月 26 日召开，这次会议散发出一种革命的精神。范·卡姆、霍拉和温卡特报告说，他们各自的学术和治疗领域都受到了存在主义的感染。最引人注目的是梅的报告，他说在美国心理学会 9 月的会议上，与罗杰斯和马斯洛一起组织的研讨会大受欢迎，这向他表明，"作为对弗洛伊德实证主义教条的一种反应，美国的心理治疗界正刮起一阵存在主义的春风"。美国心理学会的专题研讨会本身就是一场活跃的交流，在很大程度上强调了需要一种疗法来增强人们对生命可能性的憧憬，并评估了存在主义对这一努力的贡献。赫尔曼·费弗尔（Herman Feifel）发表了一篇全新的论文《死亡——心理学中的相关变量》（"Death—Relevant Variable in Psychology"），他对死亡心理学开展了广泛的研究，激发了与存在主义心理学平行或交叉的大量研究。这场研讨会引起了人们极大的兴趣，以至于兰登书屋邀请梅编辑并出版这些论文，书名就叫《存在主义心理学》（*Existential Psychology*），并由约瑟夫·莱昂斯（Joseph Lyons）为其添加参考书目。

在理事会讨论下一次会议的组织和《存在主义探究》的发行时，大家的热情持续高涨。所有人都同意在最初商定的"500 到 1000 份"之外，再加印 400 份，连同使命宣言和订阅券一起寄给"该领域的杰出人士"，或者在工作坊和课堂上分发。第二届年会原计划于 1959 年 11 月举行，但实际推迟到了 1960 年 2 月 27 日至 28 日，这证实了越来越多的人开始对存在主义心理治疗感兴趣，并愿意参与其中。除了梅和理事会其他成员的论文之外，这次会议还有蒂利希、马斯洛、莱斯利·法伯（Leslie Farber）和维克多·弗兰克尔（Viktor Frankl）的重要演讲。许多参会者还参加了随后的业务会议。范·杜森（Van Dusen）报告说，《存在主义探究》第 2 期已有 361 名订阅者，订阅的人数还在增加，而适度的会费足以支付印刷费和邮费，这就证明了他们的成功。

美国存在主义心理学和精神病学协会的迅速发展，是人们对存在主义思想应用于治疗感兴趣的一个重要迹象，但肯定不是唯一的迹象。全国各地的组织都开始出现类似或相近的议程。就在存在主义心理学和精神病学协会在纽约广场酒店的会议结束一周后，西部心理学会（Western Psychological Association）在圣地亚哥召开了一次重要的研讨会，主题是"心理治疗中的存在主义过程"。1959 年 12 月，新成立的芝加哥本体分析协会（Chicago Ontoanalytic Society）在乔丹·谢尔（Jordan Scher）的领导下，在芝加哥的美国外科医师学院举办了一场"存在主义心理治疗会议"，1960 年 5 月在新泽西州的大西洋城又举办了一场会议，存在主义心理学和精神病学协会"理事会"的两名成员（本达和温卡特）加入了发起委员会，并发表了演讲论文。

1965 年 4 月，梅还收到了一封来自安东尼·苏蒂奇（Anthony Sutich）的正式信函——他是帕洛阿尔托（Palo Alto）的心理治疗师，也是马斯洛的门徒——信中宣布，他将担任一份新期刊《人本主义心理学杂志》（Journal of Humanistic Psychology）的执行编辑。布兰迪斯大学表示支持该杂志发行，但不会提供任何资金。苏蒂奇表示，除了寻求"基金会拨款和私人捐款"，他和马斯洛以及其他人还计划成立一个更大的组织，即美国人本主义心理学协会（American Association for Humanistic Psychology）。苏蒂奇希望梅能支持他们的工作。

多年来，马斯洛一直致力于创办这样一份期刊并建立一个正式的组织，他每年都会扩充潜在盟友的名单，以推动心理治疗的发展——以促人成长为目标，而不是如其所见，只是简单地治病。苏蒂奇在信中提到了为期刊物色合适名称的困难，这个名字既要有足够的开放性，可以吸引各种各样的投稿和广泛的读者，又不能过于宽泛，让人感觉这是一个没有边界的平台。为期刊和协会取这个名字，可能只是日益沮丧的情况下的冲动之举。这个名字让有些人感到不满，因为它没有将人文主义与科学结合起来。然而，它也鼓励了将心理治疗与个人和精神的实验相结合，这种文化变革的方式非常有利于新兴的社会情绪。梅很快就满怀希望地加入了这场运动，但也有很多保留的意见。

然而，就当前而言，梅最关心的是他在存在主义心理学和精神病学协会的事务，而且很明显，成功本身也带来了成长的困扰。大家开始呼吁组织合并、设立更多的委员会、增加理事会成员以及进一步完善规章制度。然后，就像马斯洛的组织一样，人们对期刊的名称也不太满意。会议决定就期刊名称进行投票，最终结果是，正在筹备的这一期将最后一次使用原来的名称。从 1961 年起，存在主义心理学和精神病学协会的官方出版物更名为《存在主义心理学与精神病学评论》（*Review of Existential Psychology and Psychiatry*），由阿德里安·范·卡姆担任主编，期刊社迁址至杜肯大学。梅和亨利·埃尔金担任副主编。

范·卡姆接替主编一职，让梅松了一口气。他更适合英雄般地创建组织，不是维护组织，而存在主义心理学和精神病学协会现在已经站稳脚跟。此外，他最近还一直遭受心动过速的折磨，以及频繁的病毒感染，医生认为这可能与他疲于奔命有关。这些症状都是他以前经历过并在书中探讨过的，表明他的生活在进一步寻求自我的过程中。自大卫·罗伯茨去世后，梅多年来一直高举存在主义大旗，他的内心也受到了触动。从他日记的自我对话中，从他的作品和行动中，可以看出，梅正在经历一场他自己的存在主义危机。

第十九章 命运中的自由

随着《存在》的影响在美国和欧洲的治疗界蔓延，梅发现自己越来越受欢迎。在访谈、研讨会和受邀演讲中，他一再重申存在主义心理疗法的基本原理。然而，在1958年巴塞罗那举行的国际心理治疗大会上，梅在一次重要的演讲中谈到一些主题，这些主题在某种程度上暗示了他对存在主义心理治疗"新星"的发现引发了更多的个人问题。他再次强调了存在主义心理治疗对患者的核心目标——"与自己的存在相遇"，而不仅仅是旨在"适应"的"治疗"。梅宣称，治疗关系是让病人做好准备，进入"一个新的个人世界……在这个世界中，他能够为自己的存在做出决定性的定位"。他的演讲给人如此自信的印象，以至于听众误以为梅已经来到了那个新世界。然而，当他继续与难以驯服的恶魔搏斗时，存在主义并没有提供确切的答案，而是为他提供了一个深刻的变革框架，帮他面对自己的身份和存在这一未竟的事业。

对自己美国身份全新而明确的接纳，是梅处理这方面议题的重要一步，它很容易被忽视，但对梅逐渐形成的自我意识至关重要。他在巴塞罗那的演讲标题"存在主义分析与美国景象"（"Existential Analysis and the American Scene"）就体现了这一点。像他那个时代的许多美国知识分子一样，梅情不自禁地将自己对世界的看法框定在欧洲知识分子传统的框架内。在《存在》一书以及其他演讲和文章中，尽管偶有提及个人观点，但梅的态度几乎全是欧洲取向的。当《存在》对同时代的美国人产生磁场效应时，梅才开始意识到，存在主义的态度（不管其称谓如何），在美国可能也有根源，而且确实开花结果了。

这种转变涉及智力和情感的诸多层面，同时也有不少悖论。梅通往心理学和存在主义的个人道路，几乎完全是通过与欧洲人的接触铺就而成，包括阿尔弗雷德·阿德勒、保罗·蒂利希、卡伦·霍尼、艾里希·弗洛姆、弗里达·弗洛姆－赖希曼，并受到了克尔凯郭尔和尼采的影响。此外，他通过神学和咨询走进心理治疗领域，并非通过在美国占主导地位的实验心理学。当然，梅的人生之路也受到以下因素的影响：他对自己中西部小镇出身的反抗，他把生父厄尔看成上帝的蹩脚推销员，他把保罗·蒂利希视作自己的新父亲——后者说话优雅高级，带着甜美迷人的德国口音。

然而，在《存在》出版后的一年里，随着专业人士和大众把梅当成美国存在主义心理治疗的主要代言人，梅对自己作为美国人的理解发生了微妙但重大的变化。他在巴塞罗那的演讲就是一个分水岭。这就好像是，在梅和他的编辑同事们把欧洲的"此在分析"带到美国之后，他感觉有必要让欧洲人更积极地去理解美国。在巴塞罗那，梅周围的治疗师对美国文化知之甚少，甚至还有许多偏见，这让梅比以往任何时候都更加意识到自己是一个美国人。他对美国和存在主义的思考始于《存在》一书，我们可以从该书的一个段落和一个长长的脚注中看到巴塞罗那演讲论文的根源[1]。展望未来，梅发现有必要以更广泛和更直接的方式来探讨欧洲和美国之间的差异。

梅的演讲不仅对他的国际听众，也对他的自我感知提出一个悖论。他指出，"存在主义分析与美国人性格的潜在特征有着许多深刻而重要的联系"，然而，美国心理学家和精神病学家对存在主义治疗方法一直持"非常矛盾的态度"。"一个在某些方面非常存在主义的民

1　参见罗洛·梅等主编，郭本禹等译，《存在：精神病学和心理学的新方向》，中国人民大学出版社 2012 年版，第 11 页。——译者注

族"怎么会如此"怀疑存在主义"？他首先比较了美国人在日常意义上所强调的"通过行动来认识"和克尔凯郭尔所言的"真理只存在于个体的行动中"。梅特别注意到威廉·詹姆斯"对直接经验的热情强调"，并发现他"与存在主义思想家有着惊人的亲缘关系"。

事实上，梅与詹姆斯产生了共鸣。他将这位哲学家、心理学家描述为一个拥有"伟大人性的人，通过自己广阔的视野，能够在不牺牲其科学诚信的情况下，将艺术和宗教融入他的思想"。梅认为他"几乎是单枪匹马地"拯救了"世纪之交的美国心理学，使其不至于迷失在纸上谈兵的哲学思考中，或者迷失在生理心理学实验室的细枝末节中"。根据梅的说法，他是"我们最典型的美国思想家"。

然而，就在刚刚称詹姆斯为"我们最典型的美国思想家"之时，梅便注意到，美国心理学家"在两次世界大战之间（对他）不屑一顾"，他们更偏爱行为主义和实证主义的方法。但是，詹姆斯代表了"潜藏在美国人意识深处的态度"，他的声誉等待着战后在大学校园里"重获新生"。因此，尽管存在主义思想在美国心理学界一直"未被正视"，但对詹姆斯的重新研究无疑是个好兆头。

梅通过关注"拓荒"（frontier）在美国生活中的重要性，解释了美国人对存在主义态度的倾向和矛盾心理。他指出，许多美国人离开拓荒生活实际上只有一两代的时间。拓荒需要行动，需要面对未知的勇气，需要为自己的命运做出决定，这些存在主义倾向与"其自身对理论化、抽象思辨或理智化的怀疑"相互制衡。现代人对进步的追求，对空间和经济流动性的追求，也不"仅仅来自一种粗鄙的物质主义，或只是对经济利益的渴望"。梅转述蒂利希的话，确切地将其描述为"一种精神态度……冒着生命危险，把自己的命运掌握在自己手中"。这是一种"乐观的存在主义"，笃信"每个人都能够改变自己的生活"。

简而言之，拓荒的希望及其部分现实让美国人感觉可以掌控自己的生活——无论是好是坏，而且他们迫切需要一种实用的方法来控制自己和社会。技术和仪式在其意识层面发挥的作用远超平常。美国人的口号——"去做"（to do）——当然也是一种存在主义的口号，但梅不太确定他的同胞是否能安静地思考如何"成为"（to be）。梅强调，美国人也不太能轻易接受"人类存在的悲剧性"。他们总是忙于行动，而常常回避可贵的思考存在的过程。与此同时，梅也注意到，在战后现实的冲击下，人们的态度发生了变化。他承认，对宗教兴趣的广泛复兴已经成为那个时代的标志，尽管他怀疑宗教的终极价值，因为"它很容易墨守成规"。更令人欣慰的是，学术界和公众对存在议题的兴趣激增。正是出于这种兴趣，美国心理治疗界才从抵制转向接受对人类境况提出哲学问题。从许多方面来看，这些观点只是20世纪50年代早期出现的关于美国国民性格主题的平淡变奏而已——无论是在梅自己的《人的自我寻求》中，还是在大卫·里斯曼、大卫·波特和威廉·怀特等人的大众化的历史和社会科学著作中。

同样令人惊讶的是，梅对欧洲的心理学和精神病学方法也提出了批评，他"谦和地指责我们的许多存在主义同行，特别是欧洲的同行，在处理'无意识'时不是存在主义的"。他承认，有些治疗师将"无意识"这个词用作名词，来表示"导致这样或那样的症状或行为"的领域。他认为他们误解了这个概念。他指出，弗洛伊德想用这个词来扩展人格的定义，超越"维多利亚时期人们狭隘的理性主义和唯意志主义"。梅更喜欢说"无意识经验"，以非常詹姆斯式的方式彻底扩展了经验本身的概念，同时他承认发展"无意识经验的现象学"是一个不小的挑战。

梅对他的欧洲存在主义同行最后要挑明的一点是，他们强调精神病学或精神分析的理论维度，而不是治疗维度。梅毫不避讳美国人对应用科学的偏爱，"我们关心的是帮助任何受苦的人，尽管有时看起来不太切实际"。此外，他怀疑如果不与处在危机中的真实的人打交道，是否能够发展出存在主义心理学。"只有在危急情况下，才能发现人们的真实面貌；没有人会袒露自己心理和精神上最深层的痛苦，除非他感到有希望获得帮助，找到摆脱痛苦的方法。"当然，最后这句话以听众无从知晓的方式，把梅的使命带回到了起点处。他的心理咨询室已经变成了诗人山姆·福斯所言的"路边小屋"，在那里，他可以帮助"那些满怀期待的人，那些因斗争而疲惫的人"，引导他们与自我相遇，从而使他们更接近真实的生活。

梅对美国身份的公开探讨，当然是他自身成熟的一部分，也源于美国文化和科学在战后获得突出地位；当他在心理学著作和私人生活中追求自己的艺术冲动时，这种探讨仍在继续。在学术探索中，最富有成果的领域之一是人类创造力的问题。在 20 世纪 50 年代，梅并不是唯一一个对创造过程感兴趣的心理学家。事实上，正如著名心理学家亨利·A.默里（Henry A. Murray）指出的那样，"创造力"这个词在当时引发了"大量的科学研究"和"备受关注的会议和研讨会"。默里将这种现象视为"一个微小而重要的转折点，它总是由统计学上微不足道的少数人发起，如果我们的物种被赋予未来，那么回首往事，它将被视为一场具有历史意义的运动"。默里的观察支持了这样一种观点，即心理学中的存在主义问题实际上是战后更广泛的认知的一部分，就连实验心理学家也对他们以前认为无关紧要的主观领域感到好奇。

当然，对梅来说，创造力的议题有着长期而深刻的个人根源。他对创作冲动的着迷可以追溯到他在希腊的时光，他自己对艺术创作的尝试，以及他将艺术家奉为真理的新仲裁者。基督教关于创造性生活的观念曾出现在《咨询的艺术》和《创造性生活的源泉》中。《焦虑的意义》则将创作冲动与克尔凯郭尔关于创造性意识的更具存在主义的观点联系起来，这些观点强调焦虑、内疚和直面自我的必要性。在《人的自我寻求》一书中，他扩展并浪漫化了这种创造力的观点，将个人的发展分为三个阶段（"纯真""反叛""普通的自我意识"），并定义了一个额外的阶段，也是最高的阶段——"创造性的自我意识"，或者用"经典的心理学术语"来说，就是"狂喜"（ecstasy）。在这里，他提到了"狂喜"的字面来源是"站在自我之外"（to stand outside one's self），即一种崇高的客观性，似乎超越了日常感知的狭隘主观性。虽然他把这种狂喜与创造作品联系在一起，但他的主要目的是让人们更好地理解那些"特殊时刻"，即人们"在听音乐时，或者在某段新的恋情或友谊中"所体验到的，"这些经验会让他们暂时摆脱日常生活的藩篱"。

《存在》的编辑和写作让梅几乎没有时间以正式的方式来探讨创造力的问题，直到1958年，他参加了密歇根州立大学举办的"创造力研讨会"，这是一个由亨利·默里、卡尔·罗杰斯、亚伯拉罕·马斯洛、艾里希·弗洛姆和玛格丽特·米德等名人组成的系列研讨会。一年后，梅发表了《创造力的本质》（"The Nature of Creativity"）一文，他明确地认为创造性行为会涉及存在性相遇（encounter）。他也变得更加关注他的患者（艺术家和作家）所经历的创作过程，并开始更加聚焦于创造力的问题，而不是笼统的"可能性"和"狂喜"。虽然梅非常关心"普通人"的创造力，但他越来越强调他所谓的"真正的创造力"或"真正的艺术"的特殊性；它们与相对"肤浅"的创造力或唯美主义形式不同，后者只是为生活涂上了一层"糖霜"。他断言，"真正的艺术"涉及"带来新的东西"。在心理学或漫长的西方文明史中，这并不是一个新鲜的引人关注的话题。正如梅所指出的，柏拉图《会饮篇》中的参与者讨论爱和美的关系的方式，与他自己对创造力和相遇的讨论非常相似。

梅的主要观点是，尽管流行的观念和心理学理论将艺术和艺术家的生活解释为神经症的产物，解释为"服务于自我的退行"[1]，但我们要回归对创造力的欣赏，将其视为一种积极的文化力量，是与感知到的现实的原始相遇的结果。他的大多数患者在开始接受治疗时都担心治疗可能会剥夺他们的创作才华。他谈及阿尔弗雷德·阿德勒在维也纳邀请艺术家旅行团到他家做客的情景。阿德勒先向艺术家们介绍了他的一般理论，然后是他的"关于创造力的补偿理论"，即人类创造是为了"弥补自己的不足"。梅不否认许多艺术家都表现出神经症的问题，但他指出，这种理论只说明了创作的可能形态，而不是创造力的本质。

梅并不是唯一一个强调创造性行为的非神经症本质的人。然而，与大多数其他作者相比，他以更直接的方式，有时甚至是更个人的方式谈论特定的艺术家和艺术品，以及他们的贡献或失败。他甚至对现代艺术博物馆 1957 年举办的毕加索回顾展，以及蒙德里安（Mondrian）早期绘画作品展提出了个人批评。他不仅强调了艺术家在产生伟大作品的激烈交锋中的作用，还强调了主题和环境在其中的作用。因此，他在《创造力的本质》中恰当地总结道：

> 真正的艺术家与他们的时代紧密相连，他们无法脱离时代进行表达……因为在创造中获得的意识并不是肤浅的客观层面的理智化，而是在超越主客体分裂的层面上与世界的相遇。换句话说，"创造力是高度自觉的人与自己所处的世界的相遇"。

1　精神分析学家恩斯特·克里斯（Ernst Kris）认为，创造是一种退行现象，即艺术家在安全舒适的抱持性环境中修复童年创伤。——译者注

这种对艺术和创造力的态度不可避免地将梅引向另一个话题，这个话题越来越受到知识分子的关注，也是梅将治疗与更广泛的人类交流和意义创造的话题整合的一部分，即象征和神话在个人和文化生活中的中心地位。1958 年，美国艺术与科学院的期刊《代达罗斯》（*Daedalus*）出版了一期特刊，名为《宗教与文学中的象征主义》（*Symbolism in Religion and Literature*），刊载了 20 世纪 50 年代知识界一些最受尊敬的成员的文章，其中包括：保罗·蒂利希、肯尼斯·伯克（Kenneth Burke）、塔尔科特·帕森斯（Talcott Parsons）、I. A. 理查兹（I. A. Richards）、阿尔弗雷德·诺斯·怀特海和沃纳·海森堡。乔治·布拉齐勒（George Braziller）提议将其扩充成一本书出版，邀请梅担任编辑并撰写导论。

编辑《宗教与文学中的象征主义》使梅有机会与当时一些伟大的评论家、哲学家和科学家交流，进一步扩大了他工作的影响范围，并提升了他作为公共知识分子的声誉。他自己的文章《象征的意义》（"The Significance of Symbols"）利用治疗中的证据，证明了象征对人类意识以及人类社会健康的至关重要性。梅称象征是"自我"的基石。他利用各种学科来论证，一个人的象征性身份的来源包括"那些来自他内心深处的古老和原型的事物，来自他心理和生理经验的个人事件的象征，以及在他的文化中获得的一般象征和价值观"。根据荣格等人的观点，以及他自己在治疗中的观察，梅发现当代社会和个人"遭受着现代西方文化中核心象征的退化与瓦解"，而精神分析的"出现"和魅力部分正是由于这种退化。精神分析对梦的解析和对个人意识的再象征化，是应对这种文化危机的部分解决方案。

事实上，梅认为，正统的精神分析只是部分解决了象征缺乏的问题，因为它将象征视为指向过去的简明路标。梅总结出了一个更具建设性的观点，这个观点结合了精神分析、存在主义和社会心理学等方面，并成为他未来大部分工作的模板：

> 象征和神话是探索发现的手段。它们逐步揭示了我们与自然和自身存在的关系结构，揭示了新的伦理形式……通过描绘出内在的现实，它们也使人能够在外部世界体验到更大的现实。

梅对创造力问题的研究重新点燃了他对艺术创作的渴望。多年来，他作为一名业余画家自得其乐；他成功地出版了三本书，并着手创作第四本书。1952 年，梅写了一篇他称之为"寓言"的作品，讲述了一个在一场宏大的心理学实验中失去自由的故事。他把这篇文章命名为《被关在笼子里的人》（"The Man Who Was Put in a Cage"），发表在一本专业杂志上。这个故事的体裁并不算出众，但它有一个强有力的主题——利用心理科学剥夺一个人真正的自由——梅特意向心理学界提出这个问题。他讲了一个国王的故事，这个国王因无聊而突发奇想，他寻思道："如果把一个人关在笼子里，就像动物园里的动物一样，会发生什么呢？"他聘请了一位心理学家来执行这个实验，这位心理学家最初对这个项目犹豫不决，认为这简直"不可思议"，但后来国王告诉他，历史上的其他人，从罗马人到希特勒，或多或少都做过同样的事情，于是他改变了主意。而且国王表明，不管心理学家同意与否，自己都会这么做，并补充说，他已经从"重大社会研究基金会"得到一大笔实验经费。心理学家的好奇心和胃口都被吊了起来，于是他的态度也转变了。

然后，梅描写心理学家和被关在笼子里的人经历了不同的阶段——从抗议、顺从到最后看似满足的状态。然而，当被关在笼子里的人与心理学家交谈时，"他的目光空洞而呆滞"，而且"再也不用

'我'这个词了"。"他没有愤怒，没有仇恨，没有辩解，"心理学家注意到，"但他现在疯了。"心理学家感到深深的空虚和悔恨。他很好地完成了自己的工作，但现在他意识到，他受到了国王、基金会拨款和职业声望的诱惑，做了一些他本不应该做的事情。他沉思着，也许他还不如去种地、画画或写作，"做些能让未来的人更快乐、更自由的事情"。然而，这些选择似乎都不太现实，他心神不安地睡着了。

几个小时后，他做了一个"骇人的梦"。一群人围着被关在笼子里的人，而他正在咆哮："当国王把我或任何人关在笼子里的时候，你们每个人的自由也都被剥夺了。国王必须被废黜！"人群重复着这一呼声，卸下笼子的栅栏，"把它们当作武器挥舞，冲向宫殿"。"心理学家从梦中醒来，充满了巨大的希望和喜悦"，但他很快就听到内心的声音，他"正统的"培训分析师的声音，宣称这个梦只是"愿望的实现"。"真见鬼！"心理学家从床上坐起来说，"也许有些梦是要付诸行动的。"

《被关在笼子里的人》浓缩了梅对学术心理学和正统精神分析中超然的、科学主义的倾向的担忧，罗杰斯和马斯洛等专业人士也表现出同样的担忧。这些心理学家和其他人很快就会和梅找到共同的事业，即推动存在主义和人本主义取向的心理治疗。这篇文章也反映了大众对富裕所带来的顺从诱惑的日益关注。这位心理学家最后的叛逆英雄行为，呼应了梅为密歇根州立大学校刊《学子》所撰写的批判从众的浪漫社论。

梅的寓言也是他个人幻想的外化，即通过写小说让普通人"更快乐、更自由"。梅曾涉猎诗歌，主要是关于理想女性和求爱的，也写过短篇小说，但这些小说的主人公形象呆板，风格也过于浪漫；这些作品大多作为尝试性的写作实验保存在他的档案中。然而，朋友和同事对《被关在笼子里的人》的积极反应，鼓励他去追求许多知识分子的终极梦想——写一本小说。尽管梅忙于职场政治、演讲和接待患者，当然还有《存在》，但他还是设法在 1956 年 9 月完成了 250 页的《征服冷漠》（"The Conquest of Apatheia"）初稿，这是一部反乌托邦小说，与赫胥黎的《美丽新世界》一脉相承。未来社会的人通过技术和心理操纵实现了完美的满足，但随后又被一种严重的冷漠症所困扰，就像被关在笼子里的人的症状一样。

梅与克诺夫出版社的编辑哈罗德·施特劳斯建立了友好的关系，便将这部小说寄给他评估。施特劳斯觉得这个想法"很吸引人"，但执行起来还有一些问题。根据他的内部报告，这部小说"充满了'噱头'，没有人物"，没有"那种戏剧性的剧情，也几乎没有人物塑造"。他退回书稿，并附上一封坦率的退稿信，但也请梅继续写下去。1957 年 5 月，梅提交的一份新手稿遭遇了同样的命运，但施特劳斯仍鼓励梅继续尝试。

尽管忙于《存在》的相关活动、怀特研究所的督导、接待患者和常规的演讲安排，梅仍抽时间完成小说的修订。他咨询了一位新朋友——作家莉莲·史密斯（Lillian Smith），后者帮助他完善了角色和情节。他给书稿取了一个新标题"心如肌肉"（"The Heart Is a Muscle"），并于 1959 年 12 月 28 日再次寄给施特劳斯。这一次，梅认为它"有了小说的样子"，"人物塑造新颖且丰富，情节也得到了加强"。施特劳斯觉得情节不够"跌宕起伏"，但仍然"值得一读"，而且"很可能值得出版"。施特劳斯把书稿转交给编辑委员会的另外三位成员，但他们的看法不那么乐观。一个人完全否定了它；另一个人附议并补充道："我觉得这个人不是当小说家的料，他不可能成功地写好这样一本书。"施特劳斯因此在 1960 年 3 月再次拒绝了它。

梅再次修改了它，并于 1964 年 2 月 10 日提交给了克诺夫出版社，标题是"玻璃之神"（"The Glass God"），这一次的沟通过程很短暂，但并不愉快。出版社于 2 月 25 日将书稿退还给他。内部报告建议出版社"彻底放弃"。审读人的意见与之前的反馈如出一辙："梅当不了小说家。"梅又做了进一步的修改，但到 1965 年，他完全放弃了这个项目。

梅本可以简单地接受否定的答案，就像约瑟夫·宾德尔宣称他不是艺术家时那样，他最终也做到了。然而，当他把这部小说想象成他的匠心独创，将其成功视作对他真实自我的衡量时，赌注似乎就更大了。他在巴塞罗那自信地宣布存在主义心理治疗的目标后将近一年，他仍在为自己的小说苦苦挣扎，并在日记中质疑自己是否在"否认自己的存在……为了安全，为了顺从，为了掩藏自己的力量而否认它"。他表达的这种担忧，不是针对一个具体问题，而是生活中的许多方面，几乎是所有关键的方面。即使他倡导勇敢地寻求新的知识和自我理解，但一种被他人现实和想象的期望所奴役的痛苦感，以及长期的自卑感，一直困扰着他睡梦和清醒的时刻。

当然，对梅来说，这样的斗争并不是什么新鲜事。从他在希腊的日子到他作为治疗师和作家的职业生涯，梅都有意识地将痛苦的自我审视与创造性的智力和艺术探索相结合。在肺结核康复和完成论文期间，他经历了一段相对沉寂的时期，《焦虑的意义》的出版和他与埃莉·罗伯茨的热恋重新点燃了他对创造性的、体验式的生活的渴望，也激起了所有关于女性、婚姻和"意义"的旧有冲突。梅继续在这两者之间往复循环：一方面是卓有成效的职业生涯；另一方面是焦虑、自我怀疑、嫉妒，以及担心自己永远无法按照内心深处的冲动和信念行事。事实上，这两者之间的拉锯战就像一个分析的过程，既允许一定程度的自我认识，也允许不断地解决出现的问题。当然，梅在这一时期的自我怀疑和长期的自卑感，不仅源于他童年的内心冲突，也源于他对创造性形式的追求。此外，作为令人疯狂的家庭环境的一部分，不安全感和怨恨在他成长过程中由来已久。尽管如此，那个曾经嫉妒他在马林城高中的同学可以接受常春藤盟校教育的男孩，现在却与纽约和霍尔德内斯的东部精英们打成一片。

在这方面，最引人注目的是梅与小威廉·斯隆·科芬（William Sloane Coffin, Jr.）——也就是比尔·科芬（Bill Coffin）——之间的友谊，他的叔叔在梅的学生时代曾是协和神学院的院长。科芬在二战期间曾在美国军情处工作，冷战初期服务于美国中央情报局，有过一段冒险但最终让人幻灭的经历。1958 年，从耶鲁大学神学院毕业两年后，34 岁的他成为耶鲁大学的牧师。梅和科芬的第一次会面极大地满足了梅的自尊。这位新上任的耶鲁大学牧师在霍尔德内斯找到了梅，他去那里拜访即将离任的牧师西德尼·洛维特（Sidney Lovett）。科芬告诉梅，《焦虑的意义》对他产生了很大的影响，他们第一次见面便结下了深厚的友谊。然而，科芬的精英背景使梅处于防御状态，并因自己出身贫寒而担心被拒绝。无论他取得了什么成就，都无法摆脱这种情感。在霍尔德内斯与科芬一家共度了一个夜晚之后，他承认有必要向科芬和他们这些"富家子弟"证明自己的"价值"。梅感觉自己"受到了冷落"。"我还是很羡慕，我应该参与其中吗？……我应该抛弃真实的自我，成为贵族中的一员吗？"

这种成为"贵族"的需要蔓延到了他的职业生活中，加剧了竞争的氛围，使他越发害怕有人急切地等着"干掉"他。在读到菲利普·里夫对弗洛伊德某篇论文的评论时，梅感到很沮丧，因为弗洛伊德在那些被梅视为"敌人"的人群中"大受欢迎"。"我有这样的野心，与弗洛伊德竞争吗？"他很清楚"与这些大人物竞争时的挫败感"，这大大贬低了他"简单明了的贡献"。而且，按照存在主义的说法，他想知道："我的目标可以是仅仅实现自己的存在吗？"也许赞美会暂时缓解梅的情绪，比如，收到一篇对他的章节赞不绝口的《存在》书评。"这表明我一直以来的焦虑是多么愚蠢：我会被击垮的……这有什么好担心的？"然而，这种宽慰很少能持续长久。

仿佛想象中的敌人坐在他的双肩上，在他耳边轻声辱骂，随时准备发动攻击。当他深入战后纽约知识分子的世界时，情况尤其如此。这些人充满自信、直言不讳，通常是犹太人，在政治上很激进，有些人公开自己是同性恋，他们无视美国中西部新教的拘谨和自我呈现。有一次，他对新朋友W.H.奥登和保罗·古德曼（Paul Goodman）心生恐惧，后者刚刚出版了一部长篇小说《帝国之城》（The Empire City）。"古德曼会攻击我，蔑视我……"他在日记中写道，"他们不喜欢我……奥登等人也是。我甚是苦闷。"梅还想象着他们如何看待他创作小说："定要对小说蔑视一番。我不应该离开自己的圈子，应待在属于我的领域……梅以为他是谁，什么都做，现在竟写起了小说！"

笼罩着这一切的是一种浓厚的死亡意识，自从他患肺结核以来，这种感觉从未如此强烈地萦绕在他心头。他读到一篇文章，这篇文章声称教授的平均死亡年龄是65岁，而几个月前梅刚满50岁，他认为自己只有15年的时间来实现真正的自我了。1959年7月，他写道："暮年的抑郁，内心真正想做的事尚未完成……压抑着……百无聊赖，憋着力量。"一年后，在他心爱的妹妹约娜英年早逝时，他记录下："我强烈地感觉到，生命惨遭扼杀，如果就是这样，生命是荒谬的；除非一个人在他所拥有的生命中有所作为……摒弃所有懦弱，否则一切毫无意义。"

第二十章　"凯洛斯"和"虚空"

1961 年 2 月 18 日，协和神学院举行了一场三小时的研讨会，题为"世俗神学"，以庆祝保罗·蒂利希对新教思想的贡献，并探讨美国文化中焦虑时刻的本质。考虑到蒂利希 1926 年对魏玛德国的"宗教形势"的评价，这场研讨会显得特别合乎时宜。当时战后欧洲文化的崩溃，引发了人们对无政府状态的恐惧，但同时也带来了重新开始的曙光。蒂利希将这一时代视为一个可能的"凯洛斯"，借用克尔凯郭尔的说法，他将其定义为"永恒触及时间"的时刻。他拒绝了传统的神圣灵感来源，认为这些来源已经枯竭，相反，他发现 20 世纪 20 年代德国盛行的艺术、社会、政治和性方面的实验蕴藏着特殊的神圣旨意。

当然，随着纳粹政府的接管，"凯洛斯"的梦想破灭了。然而，在 20 世纪 60 年代初的美国，难道不会出现类似的可能性时刻吗？所有的小组成员都在谈论"凯洛斯"，但他们也意识到"虚空"的可能性。与会者一致认为，20 世纪 50 年代是一个沉闷的时代，充斥着物质主义、墨守成规、冷战引发的恐惧，甚至是对世界末日的恐惧。然而，他们也看到了希望的迹象，比如复苏的民权运动、新生的反核运动，以及在自鸣得意的美国"发现"贫穷是一个政治问题。代际冲突的萌芽和共同的社会目标的缺乏，导致了这种悲观主义和乐观期望的惊人交织。1960 年，年轻、有魅力、信奉天主教的约翰·F.肯尼迪当选总统，他以挑战和变革为口号，为那个时代增添了一种紧迫感。

希望和恐惧并存，梅直截了当地向蒂利希提出一个问题：对美国来说，现在这个时代会成为"凯洛斯"的时刻，还是我们会陷入黑暗的虚空——"凯洛斯还是虚空"？蒂利希看到了这两种可能性，但他不情愿地选择了后者，因为后者更有可能——"更多是虚空"——并将这个时代的精神饥渴与圣·奥古斯丁时代的"混乱现实"进行了比较。梅的立场则更为微妙。他接诊的患者的精神困顿，他们的孤独感和绝望感，无疑说明了"虚空"的存在。与此同时，梅不仅在民权运动和反核政治活动中看到了复兴的曙光，而且在当代艺术家尤其是抽象表现主义者中也看到了这一曙光，他们在"活力和斗争"中锻造了新的世俗意义符号。他设想这一历史性时刻"不仅是虚空的时刻，也是凯洛斯出现的时刻"，并宣称自己"更倾向于充满希望的一方"。尽管梅当时不可能未卜先知，但他的宣告或许也可以用来描述他接下来十年的生活。

"世俗神学"研讨会在当时几乎没有引起注意，后来也几乎被人们遗忘，但它标志着一个早期的尝试，试图对美国社会即将发生的重大转折的精神意义进行评估。"凯洛斯抑或虚空"只是人们对未来几十年的众多理解之一，其中大多数都偏向于世界末日/太平盛世这一跷跷板的一端或另一端。焦虑和狂喜成为后来被称为"六十年代"（the Sixties）的本质。战争、暴乱和暗杀的连绵不断的鼓点，与性解放、激进政治，以及毒品、性和音乐等反主流文化中的新宗教体验一起占据了头条新闻，其影响遍及整个主流社会。慷慨激昂的变革颂歌，以及人们对无政府状态和死亡的恐惧，交织在个人意识和社会之中。从某种意义上说，这是美国的"魏玛时期"，将国家两极分化为不同的政治和文化集团，试图与日常期望的消解做斗争，并滋生出一种由破碎的幻想和看似禁锢的规则所产生的焦虑——克尔凯郭尔称之为"自由的晕眩"（the dizziness of freedom）。

1961年，尽管揭示真相才刚刚开始，但心理治疗作为一种强有力的解释手段的优势已经明显，而梅传达的真诚的存在主义信息正是为这一时刻量身打造的。同年3月，《时代》周刊在一篇名为"焦虑的剖析"的长文中对他进行了专题报道，文章将梅的"世界苦闷"（Weltschmerz）与弗洛伊德的"性苦闷"（Sexschmerz）进行了对比。《时尚先生》（*Esquire*）在《谁是靠谱分析师：躺上沙发之前如何辨别》一文中，强调梅是存在主义心理治疗的领军人物。然而，名声也有它的弊端。它带来了太多的患者请求，太多的讲座邀请，以致梅没有足够的时间来承担家庭或机构的责任。对于怀特研究所的日常工作或纽约大学新的博士后项目，梅发现他比以往任何时候都更难抽出时间。尽管如此，他还是会为一些特殊的要求腾出时间，比如1960年，他接受了哥伦比亚大学师范学院咨询专业毕业生罗伯特·阿克雷特（Robert Akeret）的邀请，带领一群咨询师参加一场关于存在主义的非正式研讨会。阿克雷特之后和梅结下了深厚的友谊。

梅接纳阿克雷特的年轻治疗师团队，在一定程度上是因为欣赏这个年轻人的活力和大胆，但同时也表明了梅对青年文化的敏感，以及他对美国"凯洛斯"迹象的探寻。虽然他在怀特研究所、纽约大学与美国存在主义心理学和精神病学协会等机构身兼数职，但他一直反对自我满足，追求更高的精确度和更强的行动力。他至少在现象学中找到了一些智慧。现象学是存在主义的哲学根源之一，它同样反对用理想类型和简单的实证主义作为人类现实的指南。现象学的创始人、伟大的德国哲学家胡塞尔将这种整体性和经验性的意识框架概括为个体的"生活世界"（Lebenswelt）。像存在主义一样，现象学在与哲学、自然科学和心理学的交汇中，为不同的实践者提供了不同的方法。在编辑《存在》时，梅第一次深刻地见识到现象学的方法，尤其在亨利·埃伦伯格和埃尔温·施特劳斯的作品中。施特劳斯强调在患者世界的构建中感觉和意识维度的丰富性，以及治疗师需要理解患者的主观世界，梅对施特劳斯的这一观点有切身感受。此外，他还欣赏施特劳斯作为一名精神病学研究者，试图科学地描述那些世界，用一些适用的甚至有点激进的经验主义语言来阐明人与环境之间高度主观的相互作用，而这正是存在主义思想的核心。

然而，尽管梅在追求科学的明确性，但他越来越被一群主要由美国心理学家组成的群体所吸引，这些人对《存在》充满热情，包括马斯洛、罗杰斯、克拉克·穆斯塔卡斯（Clark Moustakas）、安东尼·苏蒂奇等人，并开始探索具有美国特色的心理治疗新方法。就好像他对威廉·詹姆斯的重新发现使他转向了这些美国人，他们在某种意义上将自己视为詹姆斯式的反对严格经验主义的一分子。和梅一样，他们也接受了存在主义的基本观念，并拒绝病理学的医疗模式。他们甚至比梅更强调人类心灵在经历自我认识和行动阶段时的"成长"潜能。在1957年和1958年的会议上，这些心理学家在马斯洛、穆斯塔卡斯和苏蒂奇的松散领导下，计划出版一本期刊，强调他们认为适合治疗的积极目标，包括"自我实现"和创造力的中心地位，以及对存在和意义的更深层次的哲学探索。1960年，梅应苏蒂奇的正式邀请加入了这个团体。1961年春，他们成功地创办了《人本主义心理学杂志》（JHP）。次年，他们成立了人本主义心理学协会（AHP），由詹姆斯·布根塔尔（James Bugental）担任主席。虽然梅没有立即接受新的组织任命，但他很快就把人本主义心理学协会当成自己的根据地。

人本主义心理学鼓励一种自我审视、诚实和人性化的伦理，尤其是在亲密关系和治疗关系的领域。对性、爱和两性关系的公开讨论已经开始消解现有的社会规范，在这一氛围下，这种伦理既是新时代的征兆，也是新时代的共同创造者。这并不意味着一切都很美好，尤其是在婚姻方面。在人际关系中，"诚实"的伦理带来的不仅仅是一种清晰，还有令人痛苦的伤害。几十年的婚姻关系第一次受到质疑，而离婚率开始不可阻挡地攀升。

梅也未能幸免于这场革命。20世纪50年代中后期，他和弗洛伦丝的关系一直冷冷淡淡、动荡不安；在她照顾家庭、操持家务的同时，他则气喘吁吁地开创事业。在与埃莉·罗伯茨的恋情结束后，随着《存在》的问世，梅的职业生涯迅速发展，使他没有更多精力去拈花惹草，相反，他被工作压得喘不过气来。也许还有一些露水情缘，但似乎无关紧要，他在日记中都没有提及。对意义感和使命感的追求，以及挥之不去的不安全感，主导着他的内心生活。他曾激励别人去过真实的生活，至少在这场斗争中，他自己也是如此。尽管如此，他还是觉得自己并没获得多大的进步。

他已经到了崩溃的边缘，渴望得到亲密的支持，他认识到弗洛伦丝无法给予他这种支持，也开始明白公众的追捧是多么空洞。正如他多年后所说的，他"对自己的婚姻束手无策"。然后，他遇到了玛格达·德奈什（Magda Denes），她是一名26岁的匈牙利犹太难民，聪明过人、干劲十足；16年前，她差点儿惨遭纳粹的毒手。她在纽约城市学院获得学士学位，在波士顿大学获得心理学硕士学位，1961年在叶史瓦大学（Yeshiva University）获得博士学位。玛格达身材娇小，活泼可爱，梅称她"虎视眈眈"，这充分反映了她的活力。她的占有欲和情感需求也很强烈。他们是在梅的一次讲座上认识的，大概是在1960年末或1961年初。在答疑环节，当一名观众批评梅时，玛格达挺身而出为他辩护。在讲座结束后的招待会上，他们一起用餐，梅就坐在她旁边。"此刻，我看着她的眼睛，她露出'虎视眈眈'的表情，"他回忆说，"那是一双绿色的眼睛，似乎在她的脑后无限延伸。我非常震惊。我被她迷住了。她也是一个非常漂亮的女人，但我无法忘怀的是她的眼睛。"她和罗洛认识的其他女人都不一样。他被她的热情和智慧深深吸引。

那天晚上，当罗洛送玛格达回家时，玛格达邀请他进屋，但拒绝了他的求爱，还开玩笑说他是个"已婚老男人"。然而，几个月后，她打电话给梅，问他们是否可以见一面。梅带玛格达去罗斯福酒店吃晚餐，在那里，玛格达向他透露了她的家族史、她的恐惧和防御，以及她的脆弱。之后，梅再次送她回公寓，这一次他吻了她，跟她道晚安。在第二次见面后，他们偶尔会一起吃午餐或小酌。1961年春末，梅把弗洛伦丝和孩子们留在霍尔德内斯，从新罕布什尔州买了一些苹果花，回到纽约待了几天。"玛格达和我出去吃饭，我把花送给了她，"他回忆道，"我们回到她的公寓，坐在她的床边。我抚摸着她的腿。然后我们做爱了。"第二天晚上，他们继续缠绵床笫。几日后，弗洛伦丝和孩子们也回来了。"我深深地爱上了她，"梅多年后透露，"那是我从未体会过的激情。"

这段恋情持续了好几个月。梅找借口说要在办公室加班，或要参加委员会议，但在1962年元旦前后弗洛伦丝知道了一切，当时玛格达突然来到他们家，"疯狂而歇斯底里"。弗洛伦丝在伤痛和愤怒中，透露了她几年前独自去欧洲旅行时与一名导游的热恋。梅一家子哭闹连天。梅崩溃了，很快就搬了出去。并非巧合的是，他开始感到精神恍惚。玛格达催促他去看精神科医生，看他是不是生病了（她担心是癫痫），但医生没发现任何异常。梅在耶鲁大学做了一次演讲，但只记得磕磕绊绊地讲完了。"我只知道，"他后来回忆说，"我几乎没办法照顾自己。"

到了3月，梅和弗洛伦丝各自去见分析师，尽管梅在理性上认为这是个好主意，但他也把自己身心状态的日益恶化归咎于弗洛伦丝在接受治疗。不久，他就因肺出血住进了医院。在一个星期没有妻子的音讯之后，他在医院里给她写信，恳求她来看望他或表示一下关心："弗洛伦丝，你是想毁掉我吗？……虽然我吃了很多安眠药，但我躺在床上睡不着，心想为什么一个多星期了你还没给我写信。"

在分析师的建议下，弗洛伦丝没有去医院，而是给罗洛的分析师、怀特研究所的杰出同事艾伯塔·绍利塔（Alberta Szalita）写了一封信，宣泄自己的愤怒。绍利塔分享了这封信（不知是否得到弗洛伦丝的允许），这封信引发了罗洛长篇大论的反驳，其中既有真挚的恳求，也有居高临下的批评，既有对过错的承认，也有愤怒的辩护。他首先感谢弗洛伦丝终于敞开心扉，表达了她以前无法向他倾诉的情感。他宣称："我非常欣赏你，你在信中表现出的愤怒和狂暴，让我觉得你是个完全真实的人。"罗洛轻描淡写地表示她终于得到了所需要的帮助，然后接着说："我在信中还感觉到，你是一个非常敏感、有天赋的人，只有这样的人才能如此生动地表达愤怒，道出如此细微的感觉和感受！我希望这意味着，最终你对我的积极情感也能以同样的现实和想象表达出来。"他并不认为弗洛伦丝在信中对他的所有指责都是公正的，尤其是不应该"把那些毁灭女人的邪恶、残忍的力量都归咎于我"。

当然，弗洛伦丝这封信的核心是控诉梅与玛格达的婚外情，但对梅来说，重要的是要把他最近的恋情放进其婚姻里的"风流韵事"的"历史长河"中。信中的信息是混杂的。他担心她的分析师认为他是"一个道德怪物"，因为弗洛伦丝显然把她自己的外遇描述为对她"人性的否定"，"是（他）'逼迫'的结果"。梅指出，当弗洛伦丝有一次直接向他提出类似的指控时，他过于轻率地将其视为她自己家庭道德主义的回归，并将她的态度与她的姐妹们相提并论，后者创造了"基于结构化的仇恨和怨恨"的婚姻。现在他有了不同的看法，但仍然是家长式的："你已经和他们完全不同了，你必须为此表扬自己。"

梅表达了对他们婚姻的看法，其中夹杂着敏锐的有时是自我批评的认知，但他也不愿放弃为了控制局面而显得无所不知的语气。梅指出，当患者向他倾诉那些似乎正在破坏他们婚姻的外遇时，大多数情况下，外遇只是问题的"症状"，而不是"原因"。当谈到自己时，他简单地说："可悲的是，在我们的婚姻中，我们都在情感上让对方处于'饥饿'状态。"他知道自己没有提供"她所希望的支持和爱"，他认为这是为了避免她过于依赖。现在他明白了，他试图"将她拒之门外"，是出于自己神经质的原因。

关于婚外情呢？梅回顾了自己的婚姻史，并从哲学角度认为，在某些情况下，当婚外情没有威胁到婚姻时，它们促进了"爱的成长"和"发展"。然而，当他开始描述弗洛伦丝的"红杏出墙"时，语气很快就变了。他提到在萨拉纳克疗养的那段时间，他默许了弗洛伦丝与哈利·博恩之间的恋情，但同时也透露，当他在曼哈顿康复时，让这段关系继续下去是多么令人痛苦。"对于这部分，我还没有完全原谅你，"他写道，"我认为，你根本无法想象这对我来说意味着什么。"他也不认为弗洛伦丝在欧洲与导游的婚外情——她说在那次婚外情中，她"感受到了比23年的婚姻生活还要多的'爱'"——能够帮助他们中的任何一个更好地解决问题。

在这封信中，尤其是在对婚外情的讨论中，不难看出梅有一种自觉高人一等的防御心态。梅没有提及自己的任何过错（它们是不言而喻的），但他对弗洛伦丝的出轨行为进行了剖析和评判。更引人注目的是，他承认自己受到伤害、缺乏安全感和虚弱无力，这是一种名副其实的自嘲，有时比他日记中表达的还要强烈。当然，虽然其中有些近乎自怜，但更多还是在真诚地面对事实：

> 你没能给予我所需要的东西——一种信念，让我感到这个女人信赖我，让我相信你珍视我这个男人（这些天来你会感到惊讶的是，我从来没有深刻地、真正地相信自己是个男子汉，从来不相信你曾在一段时间内真诚地为我感

到骄傲，为我可以发挥的任何长处感到骄傲，尽管我确实发挥了这些长处）。我知道我需要把你拒之门外，不接受你试探性的示爱，尽管你并没有像你想象的那样表达或付出那么多，而且还希望我能读懂你的心思……现在，我必须解决我自己的问题，而你也必须解决你自己的问题——摒弃那些神经质的需求，看看我们是否能给予彼此真正的爱，我们都迫切需要这种爱。当你热情洋溢地（并带着"胜利的喜悦"——或者我投射了我母亲的拒绝在其中？）告诉我，你是如何毫无保留地把自己交给另一个男人的时候，我自然而然认为这是真正的暗箭伤人，而且我还没有适应过来。

梅理解，与充满怨恨的漫长婚姻中的性生活相比，婚外情会让人感觉更新鲜、更无拘无束，但他同时也觉得她在指责他是个失败的丈夫。梅提醒她，他曾"伤心欲绝地恳求"她承认，他身上"有更多好品质（不只是比那个导游更多——让他见鬼去吧——因为我有足够的理智，知道一个东西的好处，也知道它的有限性）"，但她却不愿给梅任何积极的评价。他解释说，因为他生病了，这就更让人恼火。两个月来，甚至在入院之前，他就一直"极度沮丧"，不相信自己的"工作或者作为父亲、丈夫或男人的角色有任何价值"。但他觉得自己正在走出这种困境，他"只希望"这几个月的动荡也能催促他们之间"一些幸福、意义和爱情的涅槃重生"。他们必须克服"愤怒、生气和怨恨"，但他确信，考虑到他们已经有了"三个很棒的孩子"，有些东西肯定是值得保留的。最后，他希望双方都能过得很好，"更希望她能过得好"。

这也许是梅自肺结核以来经历的最糟糕的时刻，在这场混乱中，他还面临着他的分析师的"抛弃"。三月下旬，绍利塔开始了她的一年一度的休假。梅决定去马略卡岛（Majorca）待两周，好好想想，休息一下，冷静下来。他觉得自己不能待在纽约，因为弗洛伦丝不愿意和他沟通，而玛格达又以她自己的需求纠缠着他。她甚至坚持和他一起坐出租车去机场，一路上央求他娶她。"我知道，如果我娶了这个女人，"梅后来回忆道，"我很快就会下地狱。"

在马略卡岛，梅发现一位法国精神病学家也在那里，他们曾在1961年有过短暂的恋情，然后他们在那里相处了10天。她带梅游览风景，显然希望重新点燃他们的浪漫之情。梅却满脑子都是弗洛伦丝的冷漠、玛格达的纠缠以及（想象中的）绍利塔的抛弃，他发现自己失去了感受的能力。"我们没有做过爱，"他回忆道，"我甚至没有吻过她。"然而，当她离开时，他感到非常孤独和心烦意乱，以至于真的想过从悬崖上跳下去。幸好他从悬崖边跑开了，才救了自己一命。据他回忆，他"正在精神错乱的边缘"。梅写信给他的妻子，但她没有回信。在极度的孤独和困惑中，他给弗洛伦丝发了一份电报，请她过来陪陪他。她在电报中回复说："你的病让我很抱歉，希望现在好多了。我自己身体也不好，不适合突然的旅行。好好休息，早日恢复。爱你的弗洛伦丝。"

汉娜·蒂利希是弗洛伦丝和罗洛始终如一的支持者，她对婚姻和婚外情的看法反映了她和保罗之间那段饱受折磨、性开放又坚守承诺的婚姻。当罗洛从马略卡岛写信给她时，她立即满怀同情地回信，并希望那里的气候和美景能减轻他的痛苦。她说，她已经和弗洛伦丝通过电话，对方似乎"正处于艰难的挣扎中"，但她钦佩他们两人都在努力地清理"家务事"。在不久之后的一封信中，汉娜也表示她对婚姻的看法可能有所不同，但弗洛伦丝"对我们的生活、你和她的生活中的许多事情，都非常豁达和理解"。汉娜还补充了一些充满智慧的话语："唯一的办法就是更多地理解，并知道'除了你自己的恐惧，没有什么能带来威胁'。"

梅的婚姻，由于进一步的揭露和冲突而破裂，陷入了不稳定的僵局。虽然日常的生活还算凑合，但随着新的婚外情和双方新的自我理解，这段婚姻逐渐支离破碎了。参与者也发生了一些变化。1963 年，玛格达嫁给了一位博士后同学，尽管她和梅仍有来往。埃莉·罗伯茨成为梅的挚友和偶尔的情人。还有一些短暂的露水情缘。梅和弗洛伦丝尽管有时做爱，但更多的时候在情感上相互冷漠。他们在公众面前保持着婚姻稳定的形象。只有蒂利希夫妇以及梅夫妇的几个密友才知道，这段婚姻已是一团乱麻。

梅婚姻中的巨大挫折，或许促使他更加一心一意地追求自己的事业。他工作的组织团体，曾经是一群存在主义者相互为伴，现在转向了更具包容性的人本主义心理学协会，并追求其充满活力和革命性的使命感。1964 年 11 月在康涅狄格州举行的老塞布鲁克（Old Saybrook）会议是一个关键的转折点。这次会议共有七场主要演讲，梅答应承担其中一场，并在其他方面帮忙组织会议。他在诺尔玛·罗森奎斯特·莱曼（Norma Rosenquist Lyman）的陪同下来到老塞布鲁克，后者当时是旧金山人本主义心理学协会的秘书，为了参加这次会议，她飞越了整个美国。梅回忆起从曼哈顿开车到老塞布鲁克的经历，就像是一次朝圣之旅。在穿越康涅狄格州的海岸时，他们在几座坚固的新英格兰教堂前停留。他后来形容这些教堂是"由一些老清教徒建造的，他们在日常生活中行为糟糕，但在内心深处却有一种审美感"。他们拜访了其中一座教堂，那里的牧师是梅在协和神学院的同学。这段旅程是会议基本议程的恰当序曲。

这次会议本身激发了大多数与会者的革命精神。他们是一群值得敬佩的人，都曾以这样或那样的方式与心理学权威交锋，致力于将这个专业的实证议程置于更广泛的人类或精神维度之中。毫不奇怪，他们大多数人关注人格理论或学习理论和认知研究的治疗应用，并已经在各自的领域做出了重大贡献，这些人物包括：哈佛大学的戈登·奥尔波特和亨利·默里；俄亥俄州立大学的乔治·凯利（George Kelly）；门宁格基金会的加德纳·墨菲（Gardner Murphy）；哥伦比亚大学师范学院的爱德华·肖本（Edward Shoben）；以及这场运动的核心推动者和摇旗呐喊者：卡尔·罗杰斯、亚伯拉罕·马斯洛、克拉克·穆斯塔卡斯、西德尼·茹拉尔（Sidney Jourard）、夏洛特·布勒（Charlotte Bühler）和詹姆斯·布根塔尔。两位著名的学者和公知分子也加入了他们的探索行列，他们是哥伦比亚大学的文化历史学家和批评家雅克·巴尔赞（Jacques Barzun）与洛克菲勒医学健康研究所（后来的洛克菲勒大学）著名的微生物学家和人本主义者勒内·杜博斯（René Dubos）。

在梅的回忆中，他们是一群让他"尊敬和崇拜"的人，并"以某种奇特的职业方式"相互关爱。这种爱就像运动队或作战部队成员之间的爱，他们会不惜一切代价保护自己的战友。"没人能射杀我的伙伴"，这是他的比喻。人本主义心理学的早期成员当然有他们的分歧，并且也表达了这些分歧，然而，他们被一项更伟大的事业和一个更能引起共鸣的愿景联系在一起，所以微不足道的分歧并没有什么影响。不过，这并没有消除梅一贯的担忧；他在大会前两周信誓旦旦地说，他要"好好演讲，好好思考，不管他们（墨菲、奥尔波特、罗杰斯等人）喜欢与否"。他做好了上战场的准备。

他大可不必担心。第一天晚上吃过晚饭后，梅回忆说他提出了一个大问题："有没有一种心理学能为心理治疗提供合适的基础？"戈登·奥尔波特对梅的直率感到震惊，他直截了当地回答道："没有。"这些先驱者及其后继者将寻求这样一种哲学、科学和精神的基础，以探寻意义；至少对许多人来说，传统宗教似乎不再能够支持这种探寻。每一位主要发言人都试图界定这一探寻的条件。亨利·默里在周五晚上的主题演讲"初步的分专题研讨会"中，为人本主义心理学的特殊愿景设定了标准。默里考量了各种各样的传统，并得出结论：在场的人必须对彼此的观点保持开放，对行为主义和正统精神分析的观点保持开放；有些人宣称这场新运动是"第三势力"，要与第一势力（行为主义或学院式心理学）和第二势力（严格的弗洛伊德主义）对抗到底，他对其中的强烈敌意尤其感到愤怒。默里敦促参会者继往开来，相互借鉴，创造一种人道和有用的心理学——对日常生活中的人及其困境有用。他呼吁一种开明的觉醒，而不是一场革命。

　　至少在正式的发言中，其他演讲者——其中包括马斯洛、罗杰斯、肖本、凯利和杜博斯——很少让默里感到担忧。虽然有些人谈到了"第三势力"，但所有人都认为他们的任务是在先前流派所取得的进展的基础上，提供一种对真实人类在现实世界中的想象和行动的理解。简而言之，他们希望构建一种人类意识和意义的图景，以此作为心理学的基础。每个人在这个问题上都有自己的视角，如马斯洛关注定性的人类经验的渐进层次，罗杰斯呼吁建立一门其术语可以更接近个人经验的科学（而不是一种界定并因此局限生活现实的理论）。梅的演讲题目是"意向性，人类意志的核心"（"Intentionality, the Heart of Human Will"），他的演讲完美地体现了所有人都向往的人文主义深度。梅首先描述了通常与"意图"（intention）一词相关的有意识的自主行为与"意向性"之间的区别，他将"意向性"定义为"一种存在状态，或多或少地涉及了个人当时对世界的总体取向"。他认为，"意识"（consciousness）总是带着意图向外看世界，而"意向性为意识赋予有意义的内容"。事实上，"意识不仅不能脱离其客观世界，而且确实是其世界的构成者"。治疗面临的挑战之一，就是治疗师要理解患者的意识所创造的世界，并将其意识化，哪怕只是帮助患者根据可观察的现实来调整它。

回顾起来，老塞布鲁克会议是一个伟大的开端，尽管老一辈心理学家对此有所保留。亨利·默里总结道，人本主义心理学作为一种运动不会对"主流心理学"产生深刻影响，而且他对一个议程如此松散的团体也提供不了什么帮助。奥尔波特和凯利都已步入事业的暮年，并于三年后去世。此外，虽然这次会议培养了团结斗争的精神，但在方法和个性上的分歧仍然存在，有时还会引发公开的争论。梅注意到这群反叛者的讽刺之处，他们都在寻求一种新的心理学，但有时却发现彼此难以相处。梅回忆说，他非常尊重卡尔·罗杰斯，"我在他身上看到了喜欢与爱另一个人的所有特征，但我从来没有喜欢过他"。尽管梅一直认为马斯洛的"需求层次"有点简单化，"巅峰体验"既难实现又稍纵即逝，而且无论如何，它都只是在一个悲剧性世界中寻找意义的艰难工作的前奏——尽管如此，他还是喜欢马斯洛这个人。

梅的感受并不只是简单的回顾，也反映了他后来对人本主义心理学的矛盾心理。他的人生哲学不仅关乎"成长"，也"吸收了"悲剧、愤怒和限制。关于老塞布鲁克的一段回忆突出了梅和罗杰斯之间已经萌生的一个问题，这个问题将继续成为一个烦恼的来源。梅记得，当时在老塞布鲁克酒店的男厕所里，他和亨利·默里在相邻的小便池边解手。他们刚刚听了罗杰斯治疗精神分裂症的录音带，后者以平静、不加评判的方式治疗患者，这是罗杰斯疗法的核心所在。在聆听演讲的时候，梅评论说，这听起来是一种很好的治疗方法，但在某些时候，罗杰斯应该表达一些愤怒，哪怕只是为了让患者感觉可以对他发脾气。罗杰斯一如既往地接受了批评——以完全不带情感的罗杰斯式风格。默里和梅在解手时交换了印象："默里说：'你看到罗杰斯的脚在上下摆动吗？他怎么了？'梅说：'他想发火。'默里说：'是的，很可能是，但没有成功。'"梅的结论是，罗杰斯"在练习发怒，但他从未取得任何进展"。

尽管如此，同舟共济的意识依然存在。最后一天，在卫斯理大学（Wesleyan University）校长维克托·巴特菲尔德（Victor Butterfield）主持的丰盛晚宴上，与会者都喝了很多酒，同志情谊又回来了。"我们每个人都有自己的观点，"梅回忆说，"但我们每个人都相信人就是人，人有生老病死，他们的出生是神奇的，他们的死亡是注定的。"无论是无神论者、不可知论者还是信徒，他们都感受到了一种宗教情谊，根据梅的说法，这种情谊来自"把你拥有的一切都押上……离开那里时，我们确信自己遇到了所爱的同事和朋友"。他们不知道这一切会通向何方，但他们知道这是"千秋大业"。

"千秋大业"——这是一种记忆中的感觉，侧面反映了时代日益紧张的局势。令人不安的核心问题是暴力：对民权工作者的袭击，约翰·F.肯尼迪遇刺，在越南的消耗战，恐惧、愤怒以及对美国社会表面下的腐败和不公正的揭露所引发的国内混乱。正如梅所预测的那样，日常生活的破碎景象呈现出一种强有力的结合体，其中既有"虚空"，也有如梅所预言的新生的"凯洛斯"。先知的声音出现了，梅就是其中之一。他在新学院开设的存在主义课程一直很受欢迎，现在更是吸引了大量听众。1965 年，纽约 WBAI 广播电台播放了整个系列课程。梅的名声为 20 世纪 60 年代早期的艺术界打开了一扇大门，当时的艺术界只有音乐会、演出和独奏会的观众。1963 年，新成立的艺术、宗教和当代文化协会（ARC）的创始人任命梅为特许研究员，这一荣誉还授予了诗人 W.H.奥登、建筑师菲利普·约翰逊（Phillip Johnson）和现代艺术博物馆馆长阿尔弗雷德·巴尔（Alfred Barr）。1966 年 1 月下旬，梅在巴比松广场酒店举办了一场主题为"想象与存在"的会议，从而让美国存在主义心理学和精神病学协会打入了艺术界。梅、艺术家本·沙恩（Ben Shahn）和心理学研究学者莫里斯·帕洛夫（Morris Parloff）主持了会议，会议以一场题为"想象与存在"的小组讨论结束，参与者包括沙恩、索尔·贝娄（Saul Bellow）、雅克·巴尔赞和斯蒂芬·斯彭德（Stephen Spender）。

也是在这一时期，梅与约瑟夫·坎贝尔（Joseph Campbell）建立了友谊。坎贝尔当时是萨拉·劳伦斯学院的教授，他于1949年出版的《千面英雄》（*The Hero with A Thousand Faces*）已成为神话研究的经典之作。坎贝尔是哈罗德·泰勒的朋友和同事，也是艺术、宗教和当代文化协会的董事会成员。梅夫妇经常在晚上和坎贝尔及其妻子琼·厄尔德曼（Jean Erdman）一起观看前卫的戏剧和舞蹈表演。坎贝尔身上中上阶层爱尔兰裔美国人的活力和他妻子非凡的舞蹈生涯，与梅身上更为局促的小镇气息以及弗洛伦丝的居家形象形成了鲜明对比。一种不可否认的对立的吸引力产生了。"我们之间有一种真正的爱，"梅回忆说，"他会拥抱我，亲吻我的脖子。我认为他是一个非常英俊的男人……我觉得他爱我，天知道他爱我什么。"然而，这是一段风云变幻的友谊，一段建立在内在吸引和炽热竞争之上的友谊，两人截然不同的政治和社会态度使彼此关系更加错综复杂。梅注意到坎贝尔的反犹太主义和精英主义，更不用说他直言不讳的反女权主义言辞了。然而，最终他们还是保持着联系，尽管他们在政治问题上存在争执，后来又在两人深感兴趣的神话问题上争吵不休。

最引人注目的是梅和坎贝尔在越南问题上截然不同的立场，尤其是在约翰逊政府于1964年4月升级了美军兵力和轰炸任务之后，两人的分歧也升级了。起初，抗议活动零零散散，主要是由长期的和平主义者和激进组织发起。然而，每个月都会出现新的声音、更大规模的示威活动，大学校园里的反战情绪也在高涨。坎贝尔认为，萨拉·劳伦斯学院突然出现的反战活动是一个可怕的转折，破坏了一所大学的真正价值观。梅的反应恰好相反——它恢复了社会福音运动和社会主义运动，这些运动诞生于欧柏林学院和协和神学院，但自20

世纪 40 年代初以来大多处于休眠状态。梅的做法受到他与威廉·斯隆·科芬以及耶鲁大学其他人的友谊的影响，这些人很早就公开反对战争，这是他们对冷战政策的更广泛批评的一部分。他和科芬、哈罗德·泰勒、约翰·赫西（John Hersey），甚至还有莱因霍尔德·尼布尔这样的冷战"现实主义者"等人一起，发起了一场针对大学校园的运动——"美国人重新评估远东政策"，计划定期举行集会和宣讲会，讨论越南问题和更广泛的对华关系问题。

在梅的公共和职业世界不断扩展的同时，他不仅面临着婚姻的失败，还面临着保罗·蒂利希的垂暮。1962 年从哈佛大学退休后，76 岁的蒂利希接受了芝加哥大学神学院的任命。他欣然接受自己在芝加哥大学的角色，仿佛一下子年轻了一二十岁——他不仅教授新课程，还完成了《系统神学》（Systematic Theology）的最后一卷，并在全国乃至世界各地发表重要演讲。他继续探索世界宗教问题，以更好地理解基督教，即使早些时候的日本之行和对佛教的探索削弱了基督教传统对他的影响。然而，到了 1965 年，他的健康状况开始走下坡路：心脏病和日益衰老的身体拖累着仍然充满活力的思想。尽管如此，他还是坚持了下来，并于 1965 年 10 月 12 日发表了题为"宗教史对系统神学家的意义"的演讲。在每一种权威都受到挑战的动荡局势下，演讲最后的肯定之言没有让听众失望。蒂利希强调，既要尊重传统，又要摆脱传统的奴役，才能获得自由。在答疑环节结束后，汉娜和保罗·蒂利希在几个朋友的陪同下回到他们的公寓，大约 23：30 就寝。凌晨 4：30 左右，保罗·蒂利希心脏病发作。他被紧急送往芝加哥大学比林斯医院，在那里接受治疗并有所恢复，但最终还是于 1965 年 10 月 22 日辞世。

梅最后一次见蒂利希是在一个月前，就在保罗和汉娜要回芝加哥大学开始新学期前的一个周末，梅去东汉普顿拜访了他们。那时，保罗的健康状况明显下滑；两人都感觉到他们可能是最后一次见面了。在这最后一次会面中，蒂利希终于说梅不再需要他了。蒂利希从收音机里听到梅在新学院的演讲，他宣称："现在罗洛是一位大师了。"汉娜拒绝了所有朋友甚至孩子们去医院看望蒂利希的请求，这是一个令人悲伤的信号，表明保罗已经到了弥留之际，也表明她想独自陪他走完最后一程。

蒂利希去世后不久，汉娜请梅来东汉普顿，在他的葬礼上致悼词。导师的去世以及他作为致悼词者的荣誉，在实质上和仪式上都标志着梅自己生命中的一个重要阶段。从葬礼仪式上回来后，他收拾了自己的房子，打扫了他在大师楼顶层的办公室，思考着他对蒂利希的亏欠，以及蒂利希的死亡给自己带来的巨大自由——包括现实的和幻想的。10 月 28 日，也就是蒂利希去世后不到一周，梅开始明确标明自己。他在日记中写道，他没有纠结于上帝的问题，而是专注于"人身上独特的人性"。他要打交道的是人，"不是'真理'本身"，也不是"上帝本身；而是作为人的尊严、伟大、高贵、悲剧和卑鄙的表达"。他也不会许诺廉价的幸福，或者在他看来，"弗洛姆的过度简化"或"任何形式的过度简化"忽视了"悲剧性、恶魔性，以及赋予人性深度、使人免于浅薄的品质"。他爱蒂利希，因为"他在所有领域都展示了这种深度"，但现在是梅"实现自己人生目标"的时候了，他要想出办法，将这种深度带到对灵魂的关怀和社会的重塑中。现在是展望"凯洛斯"的时候了。不到一个月后，他以更个人的方式谈到了这个主题：

> 我翻开了新的篇章；一种新的生活，一种自由的新
> 生？不再需要背负蒂利希；不再需要背负情感债务，也不再
> 需要依赖他……我可以自由地运用我所学到的一切，可以

勇敢、大胆地走出去，可以自由地学习，以他教给我的严谨态度去工作，以他带给我的深度去爱和感受。像他那样自由地热爱生活……自由地将情爱（eros）、友爱（philia）和博爱（agape）带到每一次相遇中……自由地离开弗洛伦丝，独立生活，自由地使用我的勇气、我开放的世界、我的视野……我停顿，沉思，做梦，在懒散和辛劳之间遐想……也许有一种存在处在懒散和辛劳之间，那就是存在本身……这些事情都需要去践行：现在，就去考验你的勇气、视野和内心的平衡，去做吧。

梅在五旬节那天完成了他最后的正式哀悼，当时汉娜再次请他致悼词。蒂利希的骨灰被转移到印第安纳州新哈莫尼的最后安息地，欧文家族[乌托邦社会主义者罗伯特·戴尔·欧文（Robert Dale Owen）的直系后裔]曾问过蒂利希，他们是否能以他的名字在此建造一座和平公园。梅发表了一场庄重、充满爱和赞许的演讲，表达了蒂利希其人和思想的广泛吸引力已经超越了教会和神学的世界。在五旬节那天，他回忆起蒂利希从哈佛大学退休的晚宴上的一幕。晚宴结束之际，当蒂利希起身向宾客致辞时，一场春雨突然降临，顿时电闪雷鸣。轰隆隆的雷声常常压过蒂利希的话语，闪电则不时照亮哈佛大学布施–赖辛格博物馆主厅的哥特式雕像。"大自然似乎围绕着保罗·蒂利希，证实他确有恶魔和尘世的元素，"梅回忆道，"这些元素来自宇宙的深处，那里是他自己最深刻的思想和情感的来源。"他生活在"永恒的本质"中，但也生活在"我们日常生活的泥土和雨水中"。

梅阐述了五旬节的主题"说方言"（speaking in tongues），以此隐喻蒂利希本人能够就文化中许多不同的群体所关心的问题发言。梅指出，蒂利希似乎对他这个行业的人有一种特殊的吸引力，因为"他从我们破碎的文化中发声，但他所说的却是信仰"。蒂利希不要求人们效忠于任何特定的神学，而是示范了一种扎根于信仰（无论是如何构建的）和勇气的生活。那些接受过科学训练的治疗师发现自己"渴望意义，渴望更有关爱的能力"。用蒂利希的话来说，他们寻求一种"信仰现实主义"（belief-ful realism）。梅继续说道："在这些职业中，必须保持与科学和人之尘世方面的联系，否则就会迷失方向，因此很难维持一种'信仰现实主义'……保罗·蒂利希赋予了我们信仰的能力，尽管诚实的人在信仰的内容上有所不同。他教会了我们终极关怀的重要性。"

耐人寻味的是，当梅谈及蒂利希对治疗师的下一个贡献——"他对恶魔的意义的强调"时，他将过去时转换成了一般现在时。"蒂利希不仅认识到我们必须面对的恶魔，"梅指出，"而且他将其作为自己哲学的一个组成部分。他不仅站在我们的焦虑、内疚和绝望之中，而且他指出，这些是人之为人的生活中不可避免的一部分；我们不必为绝望而内疚，也不必为内疚而焦虑。"梅似乎在肯定蒂利希的思想在现在和未来的重要性。他将蒂利希对临床医生的最终影响描述为近乎宗教的，明确指出治疗师可以帮助患者，但不能成为患者的神。他说道："我认为，在我们的工作中，与我们设法帮助的人打交道时，融入了一种更深层次的理解和怜悯——如果我可以不带傲慢地使用这个术语，那就是恩典降临。因此，在我看来，蒂利希是治疗师的治疗师。"最后，梅重点谈到蒂利希对人类和人性的爱，他对爱的见解与俄狄浦斯在科洛诺斯（Colonus）的最后日子里表现出的智慧有点相似，当时这位年迈的国王对他的女儿说："然而还有一个词可以让我们摆脱生活的所有负重和痛苦，这个词就是爱。"

第二十一章 自由的眩晕

当梅思忖着蒂利希的死是否标志着"新的篇章；一种新的生活，一种自由的新生"时，他的意思不仅仅是职业方向的简单改变。56岁的年纪，在大多数人看来，他的聪明才智、职业前景和公众影响力正处于巅峰时期，但他仍觉得自己的写作或行动并非发自灵魂深处。现在他的机会来了，在他看来，这也许是最后的机会，可以让他坚定不移地贡献来自存在核心的智慧。1936年，他在科罗拉多州的一个山顶上宣誓："世界在呼唤我，我必须付出。"现在他仍怀有这种精神，他必须成为惠特曼、易卜生、凡·高、阿德勒、兰克和荣格等伟大人物中的一员。尽管经过了生活和精神分析的历练，但他的英雄主义使命感依然毫发无损。也许正是基于这个原因，蒂利希在1961年看到的主要是"虚空"，而梅却看到了一个新开端的轮廓。也许不是在1961年，但可以肯定，在1965年，他看到了在塑造一个全新时代中扮演重要角色的机会。

梅第一次大胆投入时代大潮是反对越南战争。当"理智核政策委员会"（SANE）提议在华盛顿游行时，梅立即响应，并于1965年11月27日与两三万人一起游行到了白宫。示威者组成的一个小型代表团与约翰逊政府的三名代表进行了礼貌的会面，讨论了战争问题；随后，数千人在华盛顿纪念碑前集会。《纽约时报》反讽地指出："他们大多数人去观看美海军陆军橄榄球赛也不会显得格格不入。婴儿比'垮掉的一代'更多，家庭团体也比民谣四重奏乐团更多。"[1]

---

1 《纽约时报》可能指参加游行的多为普通民众，着装正式，有许多家庭和婴儿，这表明了普通人对战争问题的关注。——译者注

回想起来，这对梅来说是一个令人深思的时刻，凸显了他在两代人之间的地位。参加集会的还有诺曼·托马斯，这位年迈的社会党六次提名的总统候选人，梅在欧柏林学院读书时就很崇拜他。托马斯比梅年长 25 岁，曾就读于协和神学院并成为一名牧师，之后投身于社会主义政治。托马斯的出现象征着老一辈新教自由主义者和激进主义者的路过，他们在第一次反对越南战争的大规模抗议活动中，曾以西装革履的文明形象在美国文化中留下了自己的印记。只有在游行队伍的前线才会看见激进反战运动日益高涨的迹象，这些游行者是在暗杀、贫民区暴乱、军事升级和服兵役的时代中成长起来的一代人。虽然"学生争取民主社会同盟"（SDS）和其他各种校园反战组织已经诞生，但到目前为止，它们在媒体界受到的关注相对较少。

梅坚定地投身于反战运动，但他原创性的贡献和最热情的参与仍然在心理学和文化领域。他再一次发现自己处在两代人之间。那些将存在主义和类似哲学取向带入人本主义心理学及相关领域的人——卡尔·罗杰斯、亚伯拉罕·马斯洛、梅本人，以及其他一些人——都是年龄较大的政治家、智者，他们并不总是能想到将宗教、心理和身体的疗法融合在一起，作为使人觉悟和使人幸福的激进方法。与 20 世纪 60 年代中期的许多人一样，梅也是经由埃萨伦学院（Esalen Institute）踏进了这扇大门。迈克尔·墨菲（Michael Murphy）和理查德·普莱斯（Richard Price）是两位年轻的亚洲宗教信徒，他们把大苏尔（Big Sur）的一个小型温泉度假村变成了一个新的宗教心理文化中心，这一文化的基础是东方哲学、推拿和其他身体疗法、会心团体、意识扩展药物，以及源自人本主义心理学的目标和理想。用当代的话来说，埃萨伦确立了自己作为"人类潜能运动"之都的地位。

埃萨伦位于加州 1 号公路向西蜿蜒的大苏尔海岸，在一个很容易被错过的转角处，仅仅是这个位置就足以转化人的心灵。青翠陡峭的峡谷和海岸森林向大海延伸，尽头是壮观的悬崖，使幽静的海滩和拍打的海浪相形见绌。埃萨伦就坐落在悬崖边，从它的浴场可以看到远处迷人的海景。1910 年，迈克尔·墨菲的祖父买下了这处名为"斯莱特温泉"（Slate's Hot Springs）的地产，用于家庭度假。直到 1935 年 1 号公路抵达大苏尔后，这里才有了便利的交通。在那之后，这里成了一小部分先锋艺术家和作家的聚集地，他们住在简陋的小木屋里，其中最著名的是亨利·米勒（Henry Miller）和他的朋友们。在 20 世纪 50 年代，这里还吸引了像杰克·凯鲁亚克（Jack Kerouac）这样"垮掉的一代"的名人。

迈克·墨菲（即迈克尔·墨菲）在一个异国情调更少的海滨小镇萨利纳斯（Salinas）长大，不过他每年夏天都会和家人一起去埃萨伦泡温泉。作为萨利纳斯高中的明星学生，以及当地圣公会教堂的忠实辅祭，他幻想着未来成为一名心理学家或医生。然而，20 世纪 50 年代初期，在斯坦福大学读大二时，他走错了教室，发现老师讲的不是心理学，而是亚洲宗教。墨菲目不转睛地听着弗雷德里克·施皮格尔贝格（Frederic Spiegelberg）教授再现吠陀赞美诗（Vedic Hymns）中的哲学和万物，以及印度教最高神之一梵天的生活。他就这样听完了余下的课程。墨菲成了施皮格尔贝格的忠实信徒，并对当代印度神秘主义者和活动家室利阿罗频多（Sri Aurobindo）的哲学产生了浓厚兴趣。他渴望直接的精神体验，在 1956 年前往印度，加入了阿罗频多创建的修行院。回到旧金山湾区后，他加入了一个致力于佛教和其他亚洲传统的日益壮大的团体。墨菲很快结识了理查德·普莱斯，巧合的是，普莱斯不仅是斯坦福大学的校友，而且做过施皮格尔贝格的助手。1961 年，两人从旧金山搬到了墨菲家族在大苏尔的庄园，那里几乎已被遗弃，破败不堪。1962 年，他们萌生了创建埃萨伦学院的想法。它将会集来自宗教、心理学、科学以及其他领域的另类思想家，他们对人类存在乃至地球生命有一种更全面、更具精神性和整体性的看法。

保罗·蒂利希在无意中促成了墨菲的觉醒，也促成了埃萨伦学院的成立。20世纪20年代，蒂利希和施皮格尔贝格在马尔堡大学结为挚友，施皮格尔贝格后来认为，正是蒂利希关于上帝是"存在根基"的观点，让他那不寻常的宗教体验有了参考框架，并由此培养了他对东方文化的兴趣。1937年，蒂利希为施皮格尔贝格在美国安排了工作，使得他能够逃离纳粹德国。在获得斯坦福大学的永久职位之前，他曾在包括协和神学院在内的多个机构任教。墨菲在蒂利希生命的最后一年回报了他，邀请他在1965年2月主持一场关于东西方宗教对话的周末研讨会。蒂利希发表了两场演讲——"自我实现与自我超越"和"东西方永恒生命的象征"，每场演讲之后都有座谈讨论。在这段漫长的旅程和友谊的终点，施皮格尔贝格和蒂利希的精神道路终于殊途同归了。

在蒂利希举办研讨会时，梅首次访问埃萨伦的计划就已在筹备。墨菲最终敲定了梅在1965年8月27—29日演讲的日程。他将成为以"人类发展前沿"为主题的一系列周末讲座的首位召集人。梅将他的讲座主题描述为"意志和意向性在人类成长中的作用；选择和自由的意义；探索与无意识有关的创造性；以及相遇、移情和共情中的关系动力"。周末的活动很顺利，但它与梅以往的任何经历都不同，他的感官和智力很快受到了明显的挑战。自由和实验的空气——毒品、裸体、随意性爱——弥漫于人们对神圣的（有人说是异教的）整体性的追求，这让梅惊讶不已。第一次来到埃萨伦，他有点畏首畏尾，除了演讲之外几乎都在观察。然而，这种自由的诱惑侵蚀着他的身心。

不久之后，埃萨伦所激发的变化有了更直接的体现——梅写信给怀特研究所的同事查尔斯·C.达尔伯格（Charles C. Dahlberg），祝贺他获得了一笔15万美元的资助，用于研究LSD（一种致幻剂）在治疗中的作用。那还是在 LSD 被禁止用于科学研究之前，也是它作为一种改变意识的药物在美国文化中广为流传之时。就像大麻一样，LSD 的一般经销是违法的，但从街头毒贩和家庭生产者那里很容易买到。数十年来，研究人员一直对 LSD 很感兴趣；心理治疗师尤其希望它能在治疗中发挥作用，能比单纯的谈话更快地打破来访者的阻抗。梅对 LSD 的兴趣则集中于"意识与无意识的性质和意义"。他是只想"观察"一下，还是想"监测"它对自己意识的影响？埃萨伦激起了他对直接体验的渴望，但也提醒了他那根深蒂固的自我限制，他在其中既感到安全，又想要奋力挣脱。

蒂利希的去世、社会与政治动荡以及埃萨伦学院，都重新点燃了梅完善自己使命的兴趣。1965 年 10 月的一个清晨，他在 4 点醒来，"突然意识到"自己的"人生目标"。他在日记中写道"促进、发掘、支持、创造人之为人的独特之处"，并用一页纸的篇幅详细阐述了这意味着什么和不意味着什么。他对科学的关注，尤其是心理科学，只因为它有助于拓展人的可能性，而不是为了控制人的行为。"我对艺术、宗教和精神的兴趣是这种忠诚的一部分，"他补充道，"它们赋予了人类生活以美感、形式和意义。"他还努力摆脱自己身上有破坏性的竞争力。他不再希望自己成为"全国最伟大的心理学家"，而是将自己的志向缩小到"我所能成为的最好的治疗师、分析师；最好的疗愈者；最了解人类灵魂的人"。与往常一样，在这样的声明之后，紧接着的是他的自我批判；在随后的几个月里，他仔细审视自己的行为，寻找防御或竞争的蛛丝马迹，它们削弱了他寻找"我的生活形式"的勇气。

大多数时候，这些想法都仅限于他的日记中，但至少有一次，他与最年长的导师之一赫尔曼·赖西格分享了自己的希望和恐惧。在进入协和神学院的第一年，梅就跟随这位牧师实习，此后两人成了终生好友。赖西格比梅年长十岁，刚刚从教会组织的繁忙工作中退休，来到佛罗里达州的莱克兰，过着相对悠闲的生活。1965年，梅和弗洛伦丝与赖西格一家一起度过了感恩节，当时他们的婚姻问题还处于保密状态。梅向赖西格夫妇透露了更普遍的个人危机的细节。他向他们倾诉自己的心声，吐露他所宣称的"人生目标"只是一种希望，还没有成为现实。太多的工作，模糊的方向，对死亡的恐惧，对"救世主名声"的耿耿于怀，这些违背了所有的理性——"上帝已死，我必须接管"——为什么他不能放松下来，享受自己的成功呢？或者说："我的宗教信仰消失了，没有约束，没有准则，婚姻亦是同床异梦；所以我一直快速前行，我从来没有停下来去存在，去感受，去了解我是谁。"赖西格夫妇认真地听着，但最后只能建议他休息一下。

然而，休息不是梅的风格。相反，他殚精竭虑地寻求一种难以捕获的平静，他希望与存在的真正连接能够带来这种平静。当他带弗洛伦丝去卡内基音乐厅聆听马勒的《第五交响曲》时，这令人惊喜的启明时刻确实出现了。"它与我对话，我在音乐中感受到了存在，并与存在建立了联系……纯粹的音调，纯粹的美与色彩，"他在第二天写道，"在这一刻，就像昨晚一样，我就是我自己，存在由我而出，我活出它，说出它，坦诚面对它，献身于它……这与死亡焦虑截然相反。"他用新的语言重新描述了他数十年前就有的洞见，即焦虑可能会促使他建立"与存在的关系"。"每时每刻"都害怕做自己，这使他被禁锢在死亡焦虑中："我害怕对患者大声说话（不愉快的事情，会引起愤怒、轻蔑的反驳）；我害怕在争论中大声说话，害怕与弗洛姆争论……我害怕去爱，害怕冒险和弗洛伦丝一起做点什么，计划一些事情……最终，我害怕死亡。"他发现，事实上，他能和弗洛伦丝一起享受音乐，而"她自己也很享受"。他的"旧想法——我不能充分地活着，因为她拖了我的后腿"不攻自破了。他在想，也许是他拖了她的后腿。

与马勒"同在"的时光是短暂的。两天后，他便遭受焦虑发作和他的老毛病——心动过速的折磨。当时他正准备在拉伯克的得克萨斯理工学院（现在的得克萨斯理工大学）发表演讲，主题是"匿名世界中的个人认同"。得克萨斯理工大学在 1966 年算不上是纽约知识分子向往的地方，但公开演讲的机会引发了这个纽约人的担忧。他担心"在场的每个人都会跳起来说他满口胡言"，并随时准备"杀死"他。"他们都像露丝一样，伺机看我展现愚蠢，然后消灭我，"他在日记中写道，"尤其是犹太人和实验主义者——这是两种'敏锐的'类型，就像她的智力比我更敏锐一样。"毫不意外，得克萨斯州的情况并非如此。得克萨斯理工大学的学生报纸《斗牛士日报》（*The Daily Toreador*）报道，尽管梅批评了理工学校以数据为导向的教育，并谴责了政府对"有问题的"越战的"不撤军"战略，他还是赢得了"起立鼓掌"。（同一期《斗牛士日报》还刊登了一组讽刺反战示威者的漫画。）梅自己也反思道："他们告诉我，我是重要的，是有价值的，我有话要说，我被人阅读，我被人爱。"

梅对这种赞美感到惊讶，这表明他仍然深受神经症的困扰。他寻求"自由的新生"，以摆脱折磨他的黑暗——嫉妒、好胜，与"大人物"相比的自卑感，自找的孤独；也许最重要的是，被母亲和露丝深深禁锢的感觉，它影响了他和女性的所有关系。这些都算不上什么不寻常的人性弱点，在心理咨询的来访者中也很常见。而在他寻求创作突破的时候，这些情感涌向他也并不奇怪。事实上，梅在日记中不断重复的神经症模式，很久以前就成了他创作的诱因，仿佛把这些问题保持在意识层面，至少可以避免它们产生一些不良影响，并为他的写作提供一个持久的心理复杂性的范例。深入挖掘他的心灵——重复与扩展旧的套路——似乎让他获得了自由。

梅在公共场合的表现——平静、认真，语调从庄严到若有所思——与他私下的痛苦形成了鲜明对比，这就需要更复杂的解释，而不仅仅把他看作一个受苦的灵魂。无论梅的痛苦多么真切，他的个人沉思在创作过程中发挥了极其重要和积极的作用。梅的自我分析极大地外化了作家和艺术家的共同议题，因为他们寻求克服压抑，真诚表达自己。无意识或半意识的对阉割、毁灭、嘲笑或其他更糟糕的事物的恐惧，都有可能会扼杀创造力。梅的策略是每天与它们进行斗争，创造一出私人的殉道或可能胜利的戏剧。它当然具有基督教戏剧的元素，但同时也有存在主义斗争的元素。演员阵容可能会不同，但核心议题是相同的。梅试图违抗他生命中的神和半神，他曾为他们赋予了巨大的力量，而反抗他们将为他带来真实性。

事实上，按照大多数标准，20 世纪 60 年代中期是梅职业生涯中极其多产的时期。他持续接待患者，上课，在怀特研究所和纽约大学忙于委员会和督导工作，在全国各地做演讲，大多数时候都没有表现出危机或疲惫的外在迹象，而且几乎每次都能赢得听众的爱戴。1964年，他在哈佛大学暑期班任教。他出版了一本非常成功的论文集《心理学与人类困境》（*Psychology and the Human Dilemma*，1967），推出了《存在主义心理学》（*Existential Psychology*，1969）的新版本，与怀特研究所的同事利奥波德·卡利戈尔（Leopold Caligor）共同进行了一项独特的梦的分析实验，最终出版了《梦与象征：人类的潜意识语言》（*Dreams and Symbols: Man's Unconscious Language*，1968）。当然，除此之外，他还不断修订自己在新学院的演讲稿，并在接受一次又一次的演讲邀请时提供更新的内容。

他对姐姐露丝和八旬老母的愤怒，并没有妨碍他继续支持她们。梅定期去密歇根州看望玛蒂，与她通信，耐心地听她抱怨，给她寄钱，并与她交换其他家庭成员的消息。露丝当时自诩为宗教先知，她的问题更严重。20 世纪 50 年代后期，她搬去了旧金山，勉强维持生计，但她有长期妄想的倾向；例如，她说自己正在"写一本关于瑜伽和创造力的书"，并假定梅会为此书作序（这本书从未实现）。1967年秋天，她说自己遭受"急性神经衰弱"，梅慷慨地把她介绍给当地的朋友，以寻求帮助。曾与梅一起去老塞布鲁克的诺尔玛·罗森奎斯特·莱曼打电话给露丝，问自己是否帮得上忙。

梅的公共生活，无论是职业方面还是家庭方面，都不是他在日记中表达的更真实自我的幌子。更确切地说，他的内心对话代表了一种突破自我的冲动，想要获得新的理解和整合。梅觉得自己在婚姻中如履薄冰，或许在实现他的使命时更是如此。他最新的书、论文和演讲，都是他 20 世纪 50 年代后期作品主题的变奏。然而，随着 20 世纪 60 年代的年轮碾过，关于性、政治、爱国、代际的假设似乎在消融，旧的答案不再有意义。新的艺术、新的音乐、不断升级的军事和政治暴力、不满情绪和代际斗争，所有这些似乎都是一体的。"凯洛斯"和"虚空"常常看起来难以区分。渴望变成了公开的反叛，变成了一个集希望与绝望于一体的"破碎球"。

梅希望在一本精彩的新书中探讨的正是这种新的现实。1964 年初，他向蒂利希夫妇展示了一份简短的大纲，当时保罗正在芝加哥的一家医院休养。汉娜给罗洛·梅写信，讲述了她和保罗关于这个项目的谈话，因为保罗太虚弱了，无法亲自写信。蒂利希夫妇认为，梅的主题——最广义的概念和文化背景下的创造力——太过宽泛了，他们建议他找一个更窄的、更学术化的主题："现象学：一种创造力的心理学。"1965 年 11 月下旬，蒂利希去世之后，梅却反其道而行之，进一步概括了该书的范围，并将其命名为"爱与意志"。鲍勃·利夫顿（Bob Lifton）和戈登·奥尔波特对某些章节初稿提出了赞赏，尽管利夫顿对其"说教"的语气表示担心，"如果再过头一点，就显得'华而不实'了"。梅将这些批评铭记于心，承诺自己在治疗和写作中都会更多地"认同受苦的患者"。他不会再"居高临下"地评判病情，而是"与患者站在一起"。

随着梅寻求与潜在读者的互动，自我分析也变得比以往任何时候都更重要。他专注于自己对女性的恐惧，以及他所谓的女性对他的控制。他觉得自己对女人的批评特别敏感，需要得到她们的鼓励。基于这些理由，他的妻子成了他的障碍。事实上，就在马勒音乐会（其间他曾感到与弗洛伦丝之间有了一丝融洽）之后没几天，梅就痛斥弗洛伦丝说他的新书"难以接受"，写的是"有病的人"。她甚至挑剔他的标点符号——"'新清教徒'应该加引号"——并假装赞扬来恶心他："哦，你写得很好。"想到弗洛伦丝和其他许多人，他问道："我能否不再给予女性权力来损害我……弗洛伦丝什么时候喜欢过我做的任何事？"无论他将谁纳入这个女性圈子，对这个问题的思考都会回到他与玛蒂和露丝的痛苦关系上。

梅并不认为把女性从他的生命中剔除就能解决问题。他想象中的被露丝和玛蒂奴役，即使给他带来了恐惧，但也几乎肯定了他对强势女性的需求。他寻找那些赞美他、鼓励他，在战斗中坚定不移地站在他这一边的女性。她们可能是缪斯女神、知识伴侣、情人、有见识的仰慕者，或者是这些角色的某种组合，总之越有支持性越好。毫不奇怪，在这段时间里，他的思想和沟通技能不仅得到了玛格达·德奈什的大力支持，还得到了埃莉·罗伯茨等人的支持，例如：摄影师、作家和自由主义活动家多萝西·诺曼（Dorothy Norman）；代表《今日心理学》采访过梅的玛丽·霍尔（Mary Hall）；宗教和哲学教授、蒂利希夫妇的朋友多丽丝·科尔（Doris Cole）；他以前的患者杰茜卡·瑞安（Jessica Ryan），她是一位作家、演员，也是演员罗伯特·瑞安（Robert Ryan）的妻子。与那些更亲近、更敌视他的使命的挑剔女性相比，她们每个人都以自己的方式成为他的好姐妹、好母亲或好情人。然而，每个人都必须保持距离，以免变得太具威胁性。

梅对女性在其生命中的重要性的高度认识，也帮助他开始追溯他与男性同事之间时常让人感到疏远和有问题的关系。尽管不是所有关系都如此（也许与蒂利希的关系除外），但他发现自己在男性导师和朋友面前经常处于次要地位，这在一定程度上与他的恐惧有关，他担心如果他真正说出自己的想法，"他们"就会毁了他。尽管梅的名气越来越大，但他在纽约大学每次演讲前还是会出现无端的恐惧。他对自己在纽约大学演讲前焦虑的描述与得州之行前的内心戏几乎如出一辙："他们准备好了大声喊叫——'都是废话''胡说八道'，他们会在中间嘲笑我，把我轰下台。"出于对保罗·古德曼[《荒谬的成长》（*Growing Up Absurd*）的作者]、艾里希·弗洛姆和苏珊·桑塔格（Susan Sontag）的嫉妒[1]，以及他认为他们能够一针见血、直抒胸臆，他再次转向了一闪而过的反犹太主义——他指责"犹太人擅长打压人"——鉴于犹太人在曼哈顿的心理、知识和艺术圈子中的主导地位，这样的矛头也就不足为奇了。当他说出这些感受后，他再次指出，与其说是犹太人，还不如说他害怕的是姐姐露丝，她才华横溢却疯疯癫癫，最喜欢的就是"嘲笑（他），挫败（他）……她总是更胜一筹"。

梅的焦虑在很大程度上还涉及阶级、地域、宗教和种族根源。他越来越意识到自己所受的美国中西部谦逊的新教教养——它有所保留和委婉的表达方式，以及它对自己代表真正美国文化的假设。梅外表的自信掩饰了他对美国东部精英的钦佩、羡慕和恐惧，以及日益增加的对流亡知识分子和第一代美国犹太人（也包括天主教徒）知识分子的复杂情感。梅在他的自我分析中勇敢地尝试面对这些感受。事实

---

1 保罗·古德曼、艾里希·弗洛姆和苏珊·桑塔格都是拥有犹太身份的美国作家和学者。——译者注

上，当他表达自己的偏见只是为了质疑和摆脱它们时，即使在最丑陋的时刻，他的自我揭露也能很好地帮助他克服压抑和自卑。

这些文化冲突有着超越梦境和自我反思的现实意义。最明显的是来自加州的不可阻挡的吸引力。尽管梅在 20 世纪 50 年代和 60 年代初在旧金山湾区和南加州建立了联系和友谊，之后又活跃于人本主义心理学会以及存在主义心理学和精神病学协会，但他的生活仍然以纽约为中心。然而，1964—1965 年接连召开的老塞布鲁克会议，梅的第一次埃萨伦之旅，以及蒂利希的去世，开始松动了他与曼哈顿的联系。与曼哈顿职业领域的紧张气氛和他日益恶化的婚姻状况相比，旧金山湾区和大苏尔——远离他惯常的现实和想象中的批评者——既是他的休憩之地，也是他进行冒险的实验场。不过，美国西部和埃萨伦还是以另一种方式让梅感到心烦意乱。尽管他在埃萨伦被奉为先知，但与这里所展示的青春活力、感官享受和有远见的乐观主义相比，梅感觉自己太陈旧且古板了。

梅对迈克·墨菲的情感尤为复杂。1965 年 8 月，梅第一次去埃萨伦时，他们共度过一段有意义的时光。墨菲在 1965 年 12 月写给梅的信中说道："我们的谈话让我兴奋不已。"他尤其感谢这位长者建议"要更加自信，这种感觉很好"。这激发了一种更接近埃萨伦而不是梅的自信仪式，墨菲自豪地写道："每次洗完澡，我甚至会像人猿泰山一样捶胸。"反过来，墨菲在埃萨伦的出现也让梅回忆起在基督教青年会营地里纯真的感情时光。他把墨菲想象成"与我相处的对象，那个在营地里的小男孩，有着甜美的脸蛋，我喜欢拉着他的手，性感、温暖、摸起来很舒服——我希望迈克说'我最喜欢你'，希望人们说乔治（伦纳德）也说过这话；他们应该依偎在一起……与性无关。但他和我青春期喜欢的男孩简直一模一样"。然而，1966 年 4 月墨菲到纽约看望梅时，梅却显得疲惫、紧张、沮丧。墨菲一进屋——"轻盈、自由、飞扬，似乎没有压抑……总是'在状态'、奋发向上，一切都很美妙"，最糟糕的是，他还吹捧马斯洛是"最好的"。埃萨伦的创始人成了"他的斥责对象……我老了、累了，是'疲惫的东部作家'，他们是冒险的、大胆的、年轻的、相信快乐的、翱翔的、丰富的……而我是沉重的、双脚着地的、奄拉着的"。梅意识到"斥责是在自己的内心"，但又担心这可能是真的："我太沉重了，我让自己拖累了。"

也许是墨菲和埃萨伦所代表的东西引发了内在冲突，梅开始思考他与男性的关系。正如他在1966年6月的日记中所说，即使是想到他和男性朋友及同事的亲密接触，也会让他感到恐惧。莱斯利·法伯是一位在精神病学和心理治疗界推广存在主义的盟友，在莱斯利家中享用过一顿"美好、温暖、人性化"的晚餐之后，梅想知道他是否成功抑制了自己的"好胜心"，因为他认为每当他"与男性走得太近"时，他的好胜心就会爆发出来。梅担心这种亲密关系会损害他"独自一人……站在山顶，自力更生"而赢得的"自由、独立"。由于害怕被他人吞没，他宁愿待在"山顶"。确实，梅害怕他和迈克·墨菲的友谊会减损他的自我认同。他感到"不得不遵从迈克的计划、他对生活的态度"，"甚至感到内疚、焦虑，因为我不是他那种'追捧LSD'的人"。梅感觉自己被夹在他那一代人和受到自由召唤的一代人之间。他的内疚和向往，理智本能和力比多，道德优越感和嫉妒心，始终处于交战状态。

在这些关于权力和自由的问题中，有一个梅本人很少考虑的问题变得突出：他能够拥抱那些没有威胁性的人。他可以成为来自"山顶"的温暖而友爱的精神导师。他对迈克·墨菲的开放态度部分来自这样一种幻想：墨菲就像基督教青年会夏令营里那些需要帮助的男孩。对于他最喜欢的学生也是如此。就拿罗伯特·阿克雷特来说，他是怀特研究所的进修生。经阿克雷特的请求，梅同意在他位于大师楼顶层的办公室与一群学生见面，举办一场别开生面的研讨会。梅播放他与来访者做治疗的录音带，让学员们展开讨论，就好像这些学员是他的督导一样。令人满意的时刻还出现在冥想中，尤其是有一次梅想象他即将在 8 月重返埃萨伦。他在霍尔德内斯"宁静、凉爽、明亮的清晨"里打坐；"四处寂静，这是'存在'雄辩、清晰、直接表达的时刻"。他默默祈祷，希望在死前能够"摆脱"他的荣耀之梦以及"匆忙、着急、争强好胜"。"我愿成为'存在'的一部分，"他在日记中写道，"然后交付我必须交付的东西——唯一真正需要我去做的事。"

梅的冥想练习得益于埃萨伦，他可能是在 1965 年 8 月第一次去大苏尔时开始定期冥想的。冥想很快就成了一种习惯，也成了慰藉的来源。此外，埃萨伦对社会规范提出的更广泛的挑战，扩展了在老塞布鲁克会议上开始对他产生巨大影响的另一种人生观。然而，从老塞布鲁克到大苏尔是一个极大的飞跃——不仅是身体上的飞跃，还有代际和文化上的飞跃。在曼哈顿生活的三十年，以及来自欧洲的新正统神学和存在主义议题所主导的智力生活，深深影响了梅的意识。他转向存在主义，尽管这对他构想一种治疗性突破以实现本真性和成长具有强大的作用，但其主导的哲学审美仍然依赖于暗淡的灰色。成为存在主义者意味着孤独，意味着与自身生命的阴影搏斗，意味着除了斗争之外没有任何确定的回报。对梅和其他许多人来讲，纽约熙攘的人群、坚忍的精神和混凝土建筑都体现了存在主义情绪。欧仁·尤内斯库[1]和爱德华·阿尔比[2]在舞台上的感性以及画廊里的抽象表现主义也是如此。我们可以想象，埃萨伦那绝美的自然风光和对超越性的追求，

---

[1]　欧仁·尤内斯库（Eugene Ionesco，1909—1994），法国剧作家，荒诞派戏剧的创始人之一。——译者注

[2]　爱德华·阿尔比（Edward Albee，1928—2016），美国剧作家，当代严肃戏剧的代表人物之一。——译者注

对梅的可能性概念产生了怎样的影响。他内心深处有一种对新事物的渴求，用沃尔特·惠特曼的话来说："面向西方，从加利福尼亚海岸出发/不知疲倦地探寻，寻找尚未发现的东西。"

梅从纽约到加州的旅程，既不是一帆风顺，也非一蹴而就。然而，这段旅程让他放松了压抑感，并时不时将他带到一种全新的、近乎超自然意识的边缘。1966 年 7 月，弗洛伦丝和他们的女儿卡罗琳回到纽约，让梅在新罕布什尔州体验到了阵阵孤独。他认为这种反应是在自怜和自我肯定之间的理性选择，但到了下午，梅开始陷入他所说的"精神分裂的恐慌"。那是一种"彻底的荒凉"，紧张而彷徨，"没有生机，在我与生活之间隔着一层薄膜，一个模糊的深渊"。他担心自己超越了惊恐发作，进入了某种无法挽回的状态，他第一次开始思考"前语言期"的冲击——母亲的遗弃，"孤独和荒凉"，这一定是他早年经历过的。他写道："在这种恐慌之外，我无法想象自己身处其中。当我置身其中时，又无法想象在它之外的情形。"他走进儿子的房间，感觉"整个世界都消失了……寂若死灰……再没有任何可能在任何地方遇见他们"。然后，他令人震惊地宣称："就像从夏令营回到家一样，我曾置身于一个世界，它对我而言意味着一切，但这再也不会发生了。"从夏令营回家意味着离开朋友和友善的辅导员，重新回到玛蒂和露丝的虚无之中。

"然后！"他在日记中这样写道，他发现出于一些"'苦乐参半'的个人原因"，他实际上一直在"与自己的恐惧玩耍"。他故意将自己禁锢在母亲和她的替代者身边，以证明自己仍然"忠于她，需要她，依赖她；反之亦然"。他选择留在"前语言期"母亲的束缚中，当他意识到这一点时，他明白了"克服它是一种意志行为"。他可以选择通过他的"自我"来认识世界，打破遮蔽，看到"山川、树木；肯定自己所做的一切"。更深刻的是，这意味着"爱我自己，把自己当作一个喜欢的人去体验……呼吸变得轻松愉快……身体变得放松，充满喜悦（小调般的狂喜——因为那是一种超越自我的感觉）"。语言不足以描述这种启示。他单纯地感到"幸福"，无论是坐在庭院里，还是在傍晚柔和的空气中绕着房子散步。他的恐慌消失了。

自我怀疑很快又回来了，但即便如此，他对世界的感觉已然变成了希望与绝望之间的对话。对于每一次怀疑，他都开始提出相反的证据。每当有个敌人摧毁他的自信，就有一个朋友宣告他的伟大。关于冷漠和失败的梦境和幻想与他的自我肯定形成了对峙。他把这一切尽收囊中，想办法克服将自己视为"一无是处"的"致命习惯"，最终他设法让自己在不切实际的梦想上变得更谦虚。在写作时，他可能不是弗洛伊德，不是蒂利希，也不是弗洛姆，但只有他为自己的作品带来了某种诗意。例如，他曾对自己在新哈莫尼为蒂利希写的悼词感到失望，直到一位朋友盛赞"诗意的内容'融化了'她"，另一位朋友则称赞其"温情脉脉"。他想，也许这就是他的"独特贡献"。

一周后，也就是 1966 年 8 月，他又回到了埃萨伦，主持了一场名为"意识的维度"的研讨会。讨论的重点是现象学，"这门科学并非从客观事物开始，而是从人的意识活动开始，并努力通过深化和扩展主观现实来揭示客观现实"。主客观的整体经验就没那么抽象了。显然，他屈服于这种场合的"引力"，而他所担心的"被沼泽吞没"并没有成为现实。相反，他沉浸其中。回家后不久，他思考了自己与三个不同女性发生性关系（"不错，但没那么好"）和服用 LSD 的意义。他所得到的启示是：他知道自己对女性仍然有吸引力；而通过药物诱导的洞察力，他或许可以"摆脱束缚"。

这次旅行之后，他开始思考没有弗洛伦丝的新生活。"日子过得还不错，"他在一次非正式分居之初写道，"我醒来时感到孤独、空虚；但没有愤怒和束缚感……至少未来是开放的，可以塑造它。"在梦里，他与自己和其他人在床上、餐桌前进行着惯常的斗争，不仅是古德曼和桑塔格，还有他的好友鲍勃·利夫顿和其他的耶鲁大学教员。弗洛伦丝在他的日记和梦境中出现的次数逐渐减少。在他清醒的笔记中，梅果断地转向探索他的写作、他的价值所在，以及那些阻碍他表达内心的神经症倾向。他和弗洛伦丝仍然见面，但主要是在斯佩克特（Spector）医生的办公室，在那里发泄他们的抱怨。然而，对梅来说，他们的婚姻似乎已经成为过去，只有对孩子的依恋让其有了些许生气。1967 年 1 月 7 日，梅告诉弗洛伦丝，他认为他们"必须"离婚。他开始认真地想象一个世界，在这个世界里，他终于可以自由地与许多人见面和相处，没有非难他的妻子，享受着他所认为的真正融入世界的最后机会。

1967 年 3 月 9 日，在旧金山，罗洛决然地跨过了心理上的一道魔障，他决定在诺尔玛·罗森奎斯特·莱曼的监督下进行一次完整的"LSD 之旅"，后者在旧金山湾区从事致幻剂研究已有数年。他希望能够突破日常存在状态，到达存在本身。虽然没有如愿以偿，但却发生了很多事。罗洛对这次"LSD 之旅"的记录，不仅反映了他自己的意识，也反映了这个时代的意识。他躺在沙发上休息，其他人躺在地板上的靠垫上。当致幻剂发挥作用时，他开始感到孤独，但很快就走到诺尔玛和她的丈夫约翰（John）身边，他牵着他们的手，把他们拉向自己。他写道："我感觉自己有了母亲和父亲，并被他们所接纳。"他还指出，他也可以接受自己被他们接纳。诺尔玛同样感到摆脱了孤独，她开始哭泣，但是约翰"在他的冲突和绝望中，什么也感觉不到"。罗洛和诺尔玛试图帮他，但无法与他沟通。有人打开了嘈杂而不和谐的音乐，在致幻剂的作用下，罗洛感到"无法忍受"。面对着约翰的消极绝望，音乐仿佛在强调他的无助。他认为诺尔玛丈夫的状况是对自己的审判，"我重新感觉到我必须为所有事情负责……母亲、父亲，从我出生开始，必须照顾她，替代他；如果我不这么做，我就一无是处"。

致幻剂的力量不断增强，将梅卷入了旋涡之中。他请求诺尔玛把音乐换成莫扎特的，但之后又改变了主意。他觉得"如果我能够承受它对我神经的冲击，那会是件好事"。他对诺尔玛说"也许这音乐对其他人有好处"，但他的"意思是我想要体验一把"。然后，音乐把他带到了迷幻的边缘："它敲打着我，切割着我——尖锐的音符像剃刀一样划过我的皮肤、肌肉，仿佛我在被人殴打，那些只穿着腰布的、光头的、深肤色的、东方的（像尤·伯连纳[1]）大块头在殴打我……每一个音符都像鞭子一样抽打着我……我甚至能感受到鞭子抽打的疼痛带来的快感。"

他神经紧绷达到高潮的程度，"就像一个女人被迫性交、被强奸，阴茎在我体内锋利无比，带来强烈的疼痛，同时也带来极大的快感，为它欢喜，为它哭泣"。快感和痛苦，在刹那永恒间不断袭来，施暴者有长角的魔鬼、恶魔、海盗模样的野蛮人，然后来了个"白雪女王"，她统治了一切。他回忆道："那些棕色的魔鬼走过来，每个人都与她性交，她躺在那里（半躺在王座上），来者把勃起的阴茎插进她的身体，撞击，然后下一个再做同样的事，持续地撞击她，但还有很多不同的棕色的、魔鬼般的巨人。"他任由这一幕"淹没"他，把他撕碎，扔"在地牢里、地狱里"，直到那时他才"恢复了"自我。他回忆道："我可以像恶魔一样强壮，我也可以参与战斗，可以体验恶魔战斗的狂喜，体验那种大打出手的快感，甚至是在打斗时被击中的快感。"快感或痛苦都不再重要，"只有力量的释放，肌肉的解放，活出我体内恶魔的生命。男人的世界，就要尽情释放"。

1　尤·伯连纳（Yul Brynner, 1920—1985），俄裔美国演员、导演，是一位颇具外国风情的美国电影明星。——译者注

当LSD药效减弱、音乐停止时，他告诉诺尔玛，他不再感到恐惧。"我已经去过地狱，忍受了从生到死的所有痛苦，或者以为自己会死，受着折磨、切割，"他宣称，"而我能够挺过来，更重要的是，我自己就能做到，并且喜欢这样做。"诺尔玛把音乐换成了格里高利圣咏，梅觉得与地狱里刚刚发生的事情相比，这种伴奏显得"苍白无力"。尽管如此，它还是给他带来了一种"欢乐宇宙论"的幻觉，"上帝在云端抛撒鲜花，就像奥菲利亚（Ophelia）撒花一样"。然而，随着LSD药效逐渐消失，他开始吸食大麻来驱散迷幻状态，这时他记录了一个令人不安的现象。房间里的其他人变得不那么重要，甚至让人心烦意乱。"我沉浸在自己的世界里，"他回忆道，"在大麻的作用下，我甚至不喜欢他们了。敏锐的代价是牺牲真实的人际世界。"

当然，在梅的脑海中，他所经历的一切，包括在LSD影响下的恐怖时刻，都已成为他真实世界的一部分。毕竟，药物的作用只是重复无意识的问题，尽管是以最极端的形式，并以此强化了梅在婚姻和写作方面的决心。在"LSD之旅"结束后，梅与弗洛伦丝的治疗师进行了联合会面（这已成为周一的例行活动），这让他感到沮丧和暴躁。他抱怨道："感觉自己又被困在了之前的婚姻生活中，被他们两个抓住了把柄。"只有冥想能带来暂时的缓解，但到了晚上，坏脾气又回来了。他去参加艺术、宗教和当代文化协会的会议，并且喝多了。他对别人感到烦躁，独处时常常感到空虚，他想象自己就像一只被关在笼子里不断踩着轮子的松鼠，一个自我判罚的西西弗斯。他的梦境像是灾难现场。在一个梦里，他站在一个木筏上演讲，突然刮起了大风，船板被冲毁，他沉入水中。他挣扎着想要浮出水面，但厚重的衣服把他拖了下去——他从噩梦中醒来，明白了他害怕露丝、玛蒂以及疯狂的力量，害怕与弗洛伦丝在一起会把他拉回混乱的沼泽。一个月后，他在梦中看到"悬崖坍塌，将人们埋葬"。

然而，反差巨大的图像和情绪的混乱——因LSD的超现实解放的体验和记忆以及周期性的心动过速而加剧——同时也释放了梅的想象力。他的写作变得更加生动；他的想象，无论在清醒时还是梦境中，都变得更加丰富和复杂。他允许自己对弗洛伦丝更加温柔，有时认识到她就是她自己，尽管也许不是他应该娶的那个人。然而，这种爱也是为了减轻负罪感。1967年5月下旬，在与弗洛伦丝的分析师谈了一小时后，他发誓要放弃自己的幻想——如果他离开弗洛伦丝，她就会自杀。他必须将自我感建立在更积极的基础上，而不是"傲慢地认为母亲和弗洛伦丝都离不开我——那根本不是积极的行动，积极的爱……哦，懦弱……哦，内疚？关于露丝的？"梅感到他可以自由地去爱弗洛伦丝，但同时也意识到，他获得了"随时离开弗洛伦丝"的自由。尽管如此，弗洛伦丝的分析师还是建议，梅似乎也半信半疑——在这种新的心境下，在这个夏天，在新罕布什尔州的宁静氛围中，他们可以"'试一试'，看看一起生活会怎样"。

对他们的婚姻来说，霍尔德内斯的夏天并不令人满意，但在其他方面，罗洛却收获颇丰。这给了他时间来思考是什么促使他真正离开弗洛伦丝，并思考他最有创造力的时刻与他生命中的男人和女人之间的关系。弗洛伦丝在6月下旬到达，一直待到7月4日国庆节。罗洛经历了美好的性爱时刻，体验了相互温存带来的安全感，但大多数时候，他比以往更强烈地感觉到他们之间的鸿沟在不断扩大。她会睡到很晚，当罗洛问她为何这样时，她答道："起那么早干什么？"弗洛伦丝也谴责他使用LSD的经历——她的反应很简单："震惊不已。"梅在日记中坦言："当我一个人在她身边时，我感到很沮丧。"

梅只有在他的写作小屋里才能找到些许解脱。他要为即将召开的美国心理学会会议准备一篇论文，还要构思自己的新书。在工作中，他遭遇了惯常的高潮和低谷，尤其是在准备会议论文的时候。梅在日记中写道："写作进行得非常顺利……一个小时真正的狂喜，我感觉自己触及了一些非常重要的东西。"他幻想着，这篇论文"出类拔萃，我甚至会因此当选美国心理学会的主席"。然而，就在第二天早上，他感觉江郎才尽了。他很确定，这是因为他"害怕成功"，更愿意"屈居第二……在一堆男人中做一个男孩"。即使开始写作，他也感到自己被拉向某种遥远又抽象的东西，而不是尽力说出自己真正的想法。他接着说道："都是因为我害怕成为他们中的一个……始终想做个男孩，一个在男人身边微笑的男孩……做个传话者——继承……天啊——为什么我没有建立自己的世界——我把它交给了该死的弗洛姆、保罗·古德曼，这就是为什么他们是我的'原魔'（daimons）。"最后，他认为这篇论文只是平庸之作，是"'新教完美主义'的牺牲品：我必须持续精进，不能在比赛中落后，就像在数学课上给自己打分一样……（多么自恋啊！我必须永远不能犯错——永远都是正确的，正确的举止，正确的回答，正确的文字！）"。

就在梅称弗洛姆和古德曼为"原魔"的时候，他正在为"原魔"下一个更综合、更创新的定义，这个定义将出现在他的下一本重要著作中，这本书最终被命名为《爱与意志》。梅对恶魔（demonic）作为邪恶力量的传统概念很满意，并且在之前的作品中也是这样使用的。然而，当时发生的种种事件，"凯洛斯"和"虚空"的奇怪混合，以及梅对自己思想和梦境的无畏探索，促使他看到了一种力量，这种力量可以被塑造成善，也可以被塑造成恶，可以用来创造，也可以用来毁灭，或者是创造性的毁灭。梅开始把"LSD之旅"的核心看作一扇窗户，向他展示了"原魔"的原始力量。

在性方面，尤其是与男性的关系方面，这一点尤为明显。例如，1965年1月，在与弗洛伦丝同住一间公寓，度过了特别恼人的一天后，他意识到（就像之前发生过的），也许他要为自己的婚姻失败负主要责任。他怀疑自己真的不知道如何去爱一个女人。那天晚上，他在梦中想象自己"和一个比自己年轻的男孩性交……就好像他是个女孩"，他还隐约提到了他和弟弟唐的童年经历。他认为这意味着他在与其他男人的关系中"阉割"自己。在当晚的另一个梦中，他对年长的男性（他猜可能是诺曼·布朗[1]或者雅克·巴尔赞）产生了性欲望，并听从了年长者的性要求。然而，他还写了一则有点隐晦的补充："承认同性恋的欲望、关系……承认，并和男人在一起，处在爱的关系中，无论是不是同性恋，就像这次和唐在一起，而不是和那些强者相处。"在这一时期的各种梦境中，他曾梦到自己与鲍勃·利夫顿和阿尔弗雷德·巴尔等朋友抵足而眠，或者与 B. F. 斯金纳（B. F. Skinner）等竞争者的妻子同床共枕。1966 年 12 月下旬，他梦到自己与诺曼·卡曾斯[2]会面："他伸出双臂搂着我，像抱着女人一样紧紧搂着我，久久不放手……我感到不舒服，当我们分开时，我看到他的脸就像我父亲……他想要去洗手间……我跟他一起。"接下来的一星期，他发觉"需要交几个男性朋友……现在几乎一个都没有"。

随着他继续探讨"原魔"，明确的性梦变得更加复杂和具有威胁性，与感知到的敌人和朋友之间的三角斗争，以及之前很少意识到的双性恋情感，都加剧了这一点。他一直压抑着自己对朋友——神话学者约瑟夫·坎贝尔和激进心理学家 R. D. 莱恩（R. D. Laing）——更深层次的感情，"这就是为什么我对女人如此着迷，必须拥有她们"。然后，女人成了活生生的威胁。在一个梦中，弗洛伦丝指出石墙旁边有一条蛇。他走近一看，发现蛇盘绕在岩石上的一个洞里，他认为那是

1　诺曼·布朗（Norman O. Brown, 1913—2002），美国著名哲学家、思想家和精神分析学家。——译者注

2　诺曼·卡曾斯（Norman Cousins, 1915—1990），美国著名作家、评论家和社会政治活动家。——译者注

朋友妻子的阴道。他记得那是个"可怕的梦"，并补充说："阴道里有蛇。别进去。我仍然如此害怕她们？或者害怕女人有外遇，像M这样的年轻女子，抛弃了老男人。"他还补充道："在这个梦出现的同时，我对写书有了好主意和新想法——我的头脑运转得很好，很深入，很强烈，很有独创性。"

他关于"原魔"的梦境，有时与他"LSD之旅"中的恐怖画面如出一辙，不仅仅在性方面，在暴力方面也如此。他在进行一场无意识的战争，这场战争与越南战争和贫民区暴乱的现实相呼应：

> 这里将会发生战争，会用剑的那种；我是其中一方的首领。里面有黑人，还有大块头（"原魔"？）……战争将在凌晨开始（就像战争与和平之间的前夜），我害怕自己会成为懦夫——剑——我知道怎么使用它吗？……我知道，当战争一开始，它（或者说我）就不会是个懦夫。可我还想着：如果我们有火药之类的东西，就可以伏击敌人……一觉醒来，我心跳很快，心想："为什么不永远战斗下去——我明明可以的！"

这也让梅不禁猜测，这场战斗会是怎样的。7月14日，巴士底日，在梦见剑和一触即发的战斗一周后，他和朋友兼同事莱斯利·法伯、法伯的妻子，以及杰出的社会批评家大卫·贝兹伦（David Bazelon）共进晚餐。他们讨论的话题转向了美国社会的未来。贝兹伦刚刚出版了《美国的权力》（*Power in America*）一书，它描绘了传统阶级结构在技术和由技术官僚组成的"新阶级"手中被摧毁的景象。梅特别担心，在贝兹伦的"敌托邦"（dystopia）中，"人们将失去生活、行动的所有旧理由，不再追求金钱、工作、远大目标、成功、声望"。他担心，他所奋力争取的一切在晚年将毫无意义。

事实上，在听了贝兹伦的一席话后，他怀疑自己的"整个生活方式是不是错的、空洞的"，因为他"仍然像个学者一样"努力工作，生怕由于无法证明自己的观点而受到攻击。这就是"'原魔'那一章的问题——起初我有个好主意，然后我变得焦虑、内疚，求助于'学术'来证明'这个那个'，变得像个'语法家'"。动机就是"错的"，这是"对生命的逃避"。得到的教训是："我必须重新塑造我生命的神话——努力工作本身并不会有帮助。"他渴望直接表达自己，而不是通过学术观点的模糊视角。"我'嫉妒'古德曼活出了我的'原魔'吗？被他迷住了……为何不能认同他呢？弗洛姆也一样。"梅发现，"我的一部分想要活得直接、自由，活出感觉，活出当下的信念……还有：把生活当作上天的恩赐——使我福杯满溢。"

并非偶然的是，随着紧张情绪和创作灵感的交织融合，梅似乎越来越喜欢霍尔德内斯的宁静和自然之美，当初也是这一点吸引他来到这里。他很享受带着朋友的孩子去湖边玩耍的"纯粹快乐"，只是为了停顿一下，"回到自己的存在中"。他"再次感到自在"，可以想象"剩下的日子和岁月——去欣赏，去观察；能够写我想写的；能够直抒胸臆而人们会去读——那将是多么快乐"。这一年晚些时候，在11月的一个清早，他走在去办公室的路上，"清晨的阳光、微风，一切都那么清新、开阔、新鲜、美丽"，这似乎给了他改变的勇气："我肯定我的生活——无论是和弗洛伦丝在一起，还是和其他人在一起；我肯定我的写作——带着勇气，不管能不能成为伟大的著作，照我真实的样子去做，确认我的存在；我肯定自然、美、朋友……这个早晨会是一个新的开始吗？！"事情没有那么简单。几天后，在接受绍利塔的治疗时，他经历了"身边的魔鬼在互相厮杀……我感到沮丧、冲突、紧张——整整一天。晚上我哭了：应该打弗洛伦丝一顿，她是那么铁石心肠"。

将近两周之后，令人心悸的现实袭来。1967 年 11 月 30 日，梅写道："弗洛伦丝周一晚上吃了七片安眠药，那是三天前的事了……我一天半都没回过神来……她说她呼救——我却不应答？"事情发生在一个愉快的家庭感恩节之后的周一。由于弗洛伦丝的自杀行为，梅"几乎决定他可以凑合过下去"。他被这一行为和自己的想法所震惊，他幻想着如果她自杀成功，他将获得怎样的自由。"可怕的残忍，"他写道，"就像在'LSD 之旅'中殴打我的恶魔一样残忍——我内心的恶魔……而我也是恶魔，我利用它们，我同样残忍。"他与弗洛伦丝的分析师讨论了她的情况，得出的结论是，周日的一次小争吵摧毁了幸福的前景——希望在现实面前不堪一击——使她陷入了绝望。从某种意义上说，这是他们关系模式的重演，这种模式开始于他们的恋爱期，梅对她忽冷忽热，拥抱和拒绝交替上演。在 20 多岁时，弗洛伦丝可以轻松地揭穿他的虚张声势，并确定他会回来。30 年后，她 50 多岁了，为了孩子和他的事业，她心力交瘁，企图自杀。

梅没有像 30 年前那样做出回应。他不再是个初出茅庐的牧师，而是一个年过五旬的男人，正在思考如何度过余生。在弗洛伦丝自杀未遂一个半月前，他就思考过离开她意味着什么。"我把为自己而行动的因素解释为如此灾难性、如此革命性，就因为它不是为了母亲，不是为了对家庭或社会的职责，而是为了自己的愿望吗？"他被虚伪、已婚"却只有这种朋友—兄弟—姐妹的迁就关系"的负罪感所折磨。他想摆脱负罪感，摆脱束缚，像他心中的"原魔"典范弗洛姆和古德曼那样，自由地离开妻子，全然地投入生活。弗洛伦丝阻碍了他对自由和实现的幻想。她服用过量的安眠药，非但没有把丈夫拉到身边，反而在无意中让他确认了，他需要让自己离开这段婚姻。

这件事现在变得更加容易，因为梅的写作已接近尾声，他希望这本书能够真诚地探讨人类处境。与演员罗伯特·瑞安夫妇之间不断增强的互相支持也帮了大忙。瑞安夫妇很认同心理学日益增长的文化影响，他们的狂热崇拜让梅感觉到，他可能会比以前接触到更多的读者。他们待人热情，酒后笑声不断，他们可以抛开理论问题和心理学家的内部纷争来讨论这个领域。此外，他们还强化了梅的政治意识，鼓励了他谴责越南战争，并比大多数心理学家更直接地关注心理问题与贫困、不公之间的关系，这些贫困和不公在城市暴力和民权斗争中每天都会显现。杰茜卡本人是一位才华横溢的小说家和童书作家，自从几年前开始治疗关系以来，她就对梅着迷不已。现在，她成了梅的挚友，既要求梅关注她，又支持梅的写作，因为梅的作品直抒胸臆，有意将目光投向难以捉摸的睿智的普罗大众。

在梅的婚姻走向解体的同时，他得到了越来越广泛的认可，因为这个世界渴望他能解释身边日益动荡的局势。没有什么比《今日心理学》（*Psychology Today*）杂志对梅的特别关注更能够巩固他在新兴文化领域的地位了。这本杂志于 1967 年 5 月创刊，其意图严肃，并在 20 世纪 70 年代成为大众媒体的中流砥柱。在创刊号上，出版商尼古拉斯·H.查尼（Nicolas H. Charney）宣称，心理学虽然不是"治疗世界弊病的万能药"，却对人类处境提供了重要的见解。然而，它经常以"华而不实的词语"和"行话"呈现在大众面前，这些阻碍了重要思想的交流。查尼希望以可读性强、引人入胜的形式，把时下最好的心理学研究带入公众视野。他总结道："是时候让新鲜的空气进来了，这就是《今日心理学》的主要目标。"尽管它借鉴了各种各样的研究传统，但吹进来的风主要是人本主义的。该杂志的创刊号甚至特别复印了《人类的潜能》（"Human Potentialities"）一文，这是《美丽新世界》的作者阿尔多斯·赫胥黎（Aldous Huxley）写的一篇非常有远见的文章，他从 20 世纪 50 年代起就一直在研究致幻药物。1960 年，理查德·普莱斯曾在加州大学旧金山分校的一次演讲中听过赫胥黎类似的观点。赫胥黎大声疾呼，"不要从国家权力的角度，而是从人类需要和潜能的角度来构想世界，当这些需要得到满足时（且只有当它们得到满足时），人类的潜能才能得以实现"，这肯定了人本主义心理学和埃萨伦希望实现的一切。

对梅来说，《今日心理学》的出现是偶然的，该杂志的一位编辑——43 岁的玛丽·哈林顿·霍尔（Mary Harrington Hall）的出现也是如此。她是一名资深记者和编辑，她发现梅的作品特别耐人寻味。她被梅本人所吸引，梅也被她所吸引，两人结下了不解之缘。为了庆祝美国心理学会成立 75 周年，霍尔为 1967 年 9 月的特刊《聚焦人类》（Focus on Man）采访了三位心理学家，梅是其中之一。除了梅之外，她还选择了 E. G. 波林（E. G. Boring）——当时 81 岁的哈佛大学心理学史学家和《美国心理学杂志》的前编辑，作为"心理学先生"，以及 B. F. 斯金纳——当代行为主义心理学伟大的倡导者，作为"行为主义先生"。不出所料，梅是"人本主义先生"。波林代表心理学丰富的过去，斯金纳代表心理学的现在（"他是当今的风云人物"），梅则是"明日之星"。波林赞同霍尔为美国心理学会周年纪念所做的选择——不仅是他自己，也包括"伟大的新生代心理学家（斯金纳和梅）……一说起他们的名字，就能感受到时代精神"。

霍尔将梅视为英俊偶像和文艺复兴时期知识分子的混合体。她形容梅是一个"引人注目的男人，身材高大，棕色的眼睛深邃且温柔。他是个令人愉快的伙伴……尽管他的个性难以捉摸，就像水彩画一样变化多端"。她强调他所受训练的广度，尤其是在宗教、哲学和古典文化方面。至于他的职业地位，霍尔写道："多年来，他一直是心理学界坚持不懈的先锋人物之一。"她让梅感到很舒适，这种舒适释放了梅对文化瓦解和可能复兴的激情愿景。在访谈中，存在主义深深吸引着他的许多东西，都是以叙事的方式，有时是自传的形式呈现出来的。当被问及他的"心理学目标"时，他回答说，他的工作不是"治愈疾病"（尽管他看到了治疗师在这方面的作用），而是帮助"患者重新发现自己"，"找到人之为人的意义"。这是一项处于专业心理学边缘的工作，更多发生在哲学和宗教领域，但这正是重点所在。梅认为，无论是神圣的还是世俗的文化，都不再提供让人们想象有意义生活的神话。他指出，美国人自力更生的神话已经变成了空洞的"从贫民到富翁"的戏剧，就像霍雷肖·阿尔杰[1]的作品一样，而这一神话反过来又被阿瑟·米勒的《推销员之死》所摧毁。梅透露说："这部写于1948年的戏剧让我深感震撼。我知道我父辈的世界已经死去了。"

梅看到，从众所产生的异化压制了仅存的旧价值观。他谴责大多数治疗师都是帮凶，因为他们可能出于好意帮助人们"适应"。反叛者、不合群者或"怪人"没有容身之地。自从在密歇根州立大学担任《学子》杂志编辑以来，梅就一直在阐明这一点，并认同耶稣、弗洛伊德、苏格拉底等历史人物。他在接受霍尔的采访时宣称，"每个人都必须有一个点，在这个点上，他站在文化的对立面，他说，这就是我，这个该死的世界可以下地狱了"。他以同性恋为例来说明这个问题，在20世纪60年代初，同性恋是心理治疗师争议的焦点。梅指出："在当今社会，我们会治疗苏格拉底、柏拉图，或者是阿尔西比亚德斯[2]；如果这样的话，可能就不会有柏拉图式的对话了。"他主要的观点是，希望患者能够在了解自己的基础上选择自己的性行为，而

1　霍雷肖·阿尔杰（Horatio Alger, 1832—1899），美国小说家，作品大多描写穷孩子如何通过勤奋和诚实获得财富和社会成功。——译者注

2　阿尔西比亚德斯（Alcibiades，约前450—前404），雅典杰出的政治家、演说家和将军。——译者注

不是基于他人的"文化判断"，后者否定了他们的人性。他告诫斯金纳和行为主义者"要当心，以免创造了一个机械的社会"，而没有给独特的个体留出空间。梅责备卡尔·罗杰斯否定了生命中的悲剧，据说梅曾问罗杰斯："你怎么看待《罗密欧与朱丽叶》？"罗杰斯回答："如果他们做过一点心理咨询，就不会双双殉情了。"

对于一般心理学家，他指责他们"几乎完全忽略了种族关系中的权力斗争问题"。他指出，肯尼斯·克拉克（Kenneth Clark）博士是个例外，这位非裔美国心理学家的研究成果，在最高法院 1954 年废除种族隔离的历史性判决，即"布朗诉教育委员会案"中发挥了重要作用。1967 年夏天，梅特别关注种族问题，当时底特律爆发了一场致命的种族暴乱。梅指出，克拉克的最新著作《黑暗贫民窟：社会权力的困境》（*Dark Ghetto: Dilemmas of Social Power*，1965），是为数不多的研究社会弱势群体和当权者心理关系的著作之一。

尽管《今日心理学》的采访给他带来了巨大的鼓舞，1968 年 2 月还刊登了即将出版的《爱与意志》的节选，但梅仍然容易被业内朋友的批评弄得很受伤。著名的心理学家欧内斯特·沙赫特尔认为，《今日心理学》的采访太像一封情书，而且梅的回答过于"消极"和自私。玛格达也说，她的一位患者"把（他）批评得体无完肤"。沙赫特尔的评论和玛格达带来的打击让他心烦意乱，他一度以为自己要失去理智了。就这样，时间一直持续到 1969 年：忙乱的出版和演讲的职业生涯，大量热情的读者和听众，与真实的和想象中的批评者无休止地斗争，内心的恶魔以及他自己的"原魔"之力，还有"那本书"不稳定的进展。

然后，在 4 月上旬，似乎是为了履行对自己的承诺，即在 60 岁之前做出决定，梅宣布他要离婚。他和弗洛伦丝启动了法律上所谓的诉讼程序。梅描述了那次会面："昨天，与弗洛伦丝和律师在一

起……那是一次糟糕的经历——所有人都在相互欺骗——完全没有人
与人之间的信任……我与弗洛伦丝之间所有美好的东西都消失了，被
无情背叛了，付诸东流了。"双方僵持到 7 月底才签署了协议。"终于
结束了，"他写道，"终于可以自由做我自己，活出真实的我……除非
我有勇气对抗孤独，接受非存在，肯定我自己……对抗所有消极，让
我看看现在我是否能够肯定自己的存在。"对这一决定的平静确认反
映了他的疲惫和悲伤，当他回到家听到玛丽·霍尔在前一天自杀身亡
的消息时（享年 45 岁），这种情绪变得更加复杂。这一举动让那些自
以为了解她的人大吃一惊，包括梅在内，同时也为他生命中开启新篇
章的一天增加了一个发人深省的注脚。

第二十二章　爱与意志

1969 年夏末，梅向诺顿出版社提交了《爱与意志》的最终稿，并开始接受广播、电视和其他媒体的采访。每一次新的亮相都会激发可怕的梦境和清醒后的挣扎。这本书已经付梓，但还没有面世，即使在霍尔德内斯举办聚会那天，他的作者样书已经送到，他仍在努力平衡喜悦和失望。尽管罗伯特·瑞安向他敬酒祝贺，其他人也热烈欢呼，但他还是感到空虚，并把这种矛盾的空虚感归因于对成功而非存在的过分关注。9 月 13 日，他回到纽约，几乎正好是这本书上市的日期；很快，瑞安夫妇就在他们位于中央公园西路的达科塔公寓为他举办了一场盛大的发布会。10 月初，他获得了某种平静感："无论现在发生什么——都是众神的恩赐。昨晚睡得很香，休息得很好。不管我现在做什么，都是新生活的一部分。两周前离婚了；同时新书也出版了——60 岁的新生活来了！"

当然，梅的新生活和《爱与意志》的出版，受到了大萧条以来最激烈的文化和政治动荡的影响。就在梅写作的时候，美国社会的裂痕正在逐渐扩大。1967 年底，越南战争陷入僵局，伤亡人数不断增加，使民主党对总统林登·约翰逊（Lyndon Johnson）的连任提出了挑战；1968 年初，约翰逊宣布不再竞选连任，转而寻求体面地结束战争。4 月和 6 月，马丁·路德·金（Martin Luther King, Jr.）和罗伯特·F. 肯尼迪（Robert F. Kennedy）相继遇刺，再加上哥伦比亚大学和其他大学的校园示威活动，为更具体的反战活动和民权运动增添了代际战争和反抗权威的色彩。

随之而来的是一场残酷且代价巨大的亚洲战争和乌烟瘴气的战场

后方，令人头晕目眩。以年轻人为主的反主流文化中充斥着毒品、性开放和世界末日般的精神追求——类似蒂利希说的"凯洛斯"，混合着成瘾、吸毒过量、沮丧等黑暗主题，这些与国内外暴力的虚空形成鲜明对比。这种反差有时令人震惊。8月，50万人聚集在纽约贝塞尔（Bethel），参加了极富传奇色彩的伍德斯托克音乐节。《时代》周刊从梅那里得到了一个准确但不全面的评价，即伍德斯托克音乐节是"我们这个时代的一个症候事件，它显示了年轻人对社群的巨大渴望、需求和向往"。《时代》周刊指出，梅将"友好的精神与圣地兄弟会上经常出现的饮酒作乐相提并论，但不知道这种感觉美好的时代会持续多久"。仅仅几个月后，他在北加州阿尔塔蒙特赛车场举办的同样具有象征意义的音乐节上找到了部分答案，在那里，滚石乐队的领衔演出最终以"地狱天使"带来的混乱与死亡而告终。[1]

在希望和恐惧的笼罩中，在越南战争的沉重压力下，《爱与意志》探讨了梅作品中长期以来的存在主义议题：现代社会中个体对有意义生活的追求。然而，梅和其他人曾设想的与无情的非人格化权威力量的斗争，现在却以另外一种面貌出现了。当大多数年轻批评家抨击美国生活中每一个关于权威、法律和组织的神话，并揭示关于不公、虚伪和死亡的记录时，整个文化迷失在一个假设破灭、愤怒失控和新生的（有时是虚幻的）自由的世界中。

梅在撰写《爱与意志》一书时，社会裂缝正在不断扩大，他呼唤西方古老的传统来理解这场危机（甚至在该书付梓之时，这场危机仍在加剧）。因此，该书与那个时代的许多其他方法不同，它将相遇与选择、意义与关怀等存在主义议题和20世纪60年代初露端倪的文化

---

1 地狱天使（Hell's Angels），此次演出雇用的安保（帮会）组织，在维护现场秩序时，他们刺死了一个持枪黑人青年，并引发了骚乱，另有三名观众在骚乱中不幸身亡。——译者注

无政府状态相结合。梅很少提及政治和越南问题，主要是阐述他的哲学观点。他也不赞成将毒品或摇滚作为通往社会幸福的道路。相反，梅参考了从古希腊到最新社会学研究的西方思潮，以破译爱、有意义的生活和社群究竟发生了什么变化。从这个意义上说，《爱与意志》包含了二十世纪五六十年代其他作品的文化批判，例如诺曼·布朗的《生死抗争》（*Life against Death*，1959）和《爱的身体》（*Love's Body*，1966）、赫伯特·马尔库塞（Herbert Marcuse）的《爱欲与文明》（*Eros and Civilization*，1955）和《单向度的人》（*One-Dimensional Man*，1964）。

这类书开始在激进的学者和学生中获得一种先知的地位，为新左派和新兴的反主流文化奠定了哲学基础。相比之下，《爱与意志》直接触及了美国中产阶级的个人和社会问题。严格来说，它不要求人们忠于某种干预性的意识形态，只要求人们认识到亲密关系和社会凝聚力的双重危机。要使《爱与意志》具有现实意义，人们只需要认同一种几乎普遍的感觉，即世事正在分崩离析：事件、技术和陈旧的价值观正在肆虐，两性关系混乱不堪，而个人对这些令人不安的事态的反应往往是消极的、冷漠的或暴力的。梅对当时重大的社会与政治运动几乎不置一词，除非这些运动与他的中心议题产生了关联。对某些人来说，缺乏具体的政治理论是一个潜在的弱点，但对梅来说，这却是一种矛盾力量的源泉。对于美国中产阶级而言，他们对社会的看法始于对个人精神和心理健康的评估，《爱与意志》的观点迎合了最广泛的美国读者群体。

在某种程度上，这种受众的广泛性与以下事实有关：梅是这个时代为数不多的通俗诠释者之一，他的生活和意识都是在美国中部新教文化中形成的。马尔库塞、弗洛姆和埃里克森都是逃离纳粹德国的犹太移民，马斯洛则是犹太移民之子。他们的声音和观点因其差异性和实质而引人注目。相比之下，梅说的是美国中产阶级的社会、文化和情感的语言。虽然他把自己当作这种传统最狭隘方面的反叛者，并贪婪地汲取欧洲精神分析和社会批判的营养，但他对世界和生活的看法深刻地反映了他的中西部背景。而且，与他最近的其他作品不同，《爱与意志》以牧师的口吻娓娓道来。

事实上，这本书的核心是一篇预言性的布道，一首现代的哀歌，宣扬衰落的景象，但也承诺了一条复兴之路。它将那个时代互相矛盾的冲动组织成一则黑暗但又带给人希望的信息。梅在简短的序言中揭示了这本书的对位性质——将人类意识和自然关联起来。他邀请读者想象他在新罕布什尔州的避暑别墅，描述了他周围的世界每天早晨生机勃勃的景象。鸟儿们发出"哈利路亚大合唱"——麻雀的啁啾，金翅雀的"助唱"，画眉鸟无拘无束的鸣叫，以及啄木鸟在山毛榉树上的敲击。湖面上的潜鸟"发出哀怨而凄厉的叫声"，与之形成鲜明的对照。这些自然之声让梅不由感觉到"无尽的往复，永恒的循环，生长、交配、死亡和再生"。梅指出，人类并非如此，因为人类的意识迫使其"超越永恒的轮回"。人不能简单而盲目地重复日常生活的循环。他宣称："在这个过渡性的20世纪，当我们内在价值崩溃的全部结果被呈现出来时，我相信寻找爱与意志的源头尤为重要。"

就像鸟儿的合唱一样，《爱与意志》的主体部分也以音乐的形式表现出来——黑暗的主题，复杂的变奏，谨慎而充满希望的解决方案。其中心主旨是一个用新术语表述的古老主题，即在一个怀疑和过渡的时代中人类意识的命运。梅向读者指出了一个悖论。曾经，文化将爱和意志当作解决生活难题的方法；现在，解决方案变成了问题。在"我们这个分裂的世界"中，过去的确定性已经不复存在。爱与意志并没有融入丰富的文化和关系，而是由于异化而变得扭曲。深沉的爱被转化为最基本的性，意志的力量则被现代人日益增长的无力感严重削弱。

梅认为，真正的当代文化的丰富只存在于现代艺术、音乐和文学领域，在这些领域，现代性的异化和痛苦被转化为富有年代感的创作。塞尚、凡·高、毕加索和奥登成功地亮出他们的创作才华，诠释了现代意识的割裂状态与现代社会的异化和空虚。然而，对大多数人来说，现代性只带来了麻木、迷惘、冷漠和暴力冲动。在这灰暗的表面下，隐藏着更为复杂的现实。梅认为，接受治疗的患者往往会对更广泛的困境提供最坦率的见解，他利用这些证据对现代性问题进行了新的描述，这可能会"为作为现代性主要牺牲品的爱与意志奠定新的基础"。

至少在梅的用法中，爱与意志究竟意味着什么？梅首先讨论了爱，从文化传统出发，他认为人类的爱实际上有四种类型：性欲（libido）、爱欲（eros）、友爱（philia）和博爱（agape）。性欲指的是性驱力。爱欲代表的是爱对创造和生育的牵引。友爱指的是兄弟之爱和友谊。博爱代表了人类对他人、朋友或陌生人的爱与关怀，在基督教中反映为上帝对人类的爱。梅提出，真正的人类之爱，在其最完整的意义上，是这四种爱的"融合"。现代社会扭曲、轻视和异化了每一种爱的表现形式。

在前五章中，梅对现代爱情进行了分析，并提出了要重新整合和重申爱情的各个方面。他从性谈起，指出维多利亚时代压抑性欲的神经症已经被当代对性的讨论和期望性的热烈开放所取代。他对新的性自由的坦诚表示赞赏，但同时他认为，人们内在的焦虑和罪疚取代了旧的、更外化的临床表现。对技巧、性能和频率的关注切断了性与情感的联系。"过去，罪恶意味着屈服于自己的性欲望；现在，罪恶意味着不够充分的性表达，"他指出，"我们当代的清教徒认为，不表达自己的性欲是不道德的。"没有爱的性取代了没有性的爱，成为一种个人理想。梅并不主张时光倒流，但他担心，强调纯粹的性欲会关闭"我们的感官和想象力，无法增进快乐和激情，无法触及爱的意义"。

梅用四个女人和两个男人的病例说明了这个问题，他们每个人都有某种程度的性功能障碍。这些女性在性爱中没什么感觉，而男性要么阳痿，要么称性生活缺乏"快感"。身体上的愉悦和交流与他们的性动机几乎没什么关联。其中两个女人用性来"拴住"她们的男人，另外一个女人认为性是"给男人的好东西"。第四个女人更好色一些，她在性生活中既豪放又愤怒。两个男人主要觉得有必要"展示自己的男子气概"。所有这些人都在性爱的荒野中徘徊，使性活动成为神经质行为的工具（尽管文化鼓励这种行为），从而削弱了性本身的丰富性。

在梅看来，这种在性方面的表现指向了其他潜在的动机——"努力证明自己的身份""希望克服自己的孤独"，以及"拼命逃离空虚和冷漠"。他认为，即使是最丰富的人际关系，也离不开这些动机和结果。问题在于，文化越来越聚焦于成功的生理指标——勃起、高潮、多重高潮，这损害了以性表现为象征的人际关系。人们甚至会选择"为了表现更好而感受更少"。因此，梅的一个患者不可避免地感到困惑，他的阳痿推翻了他作为"性交机器"的自我形象。阳痿是性与其他形式的爱疏离的自然结果。

接下来的几章，梅对这些疏离进行了详细分析。"爱欲与性欲的冲突"这一章探讨了性与爱的疏离。在"爱与死亡"一章中，梅认为，在一个把"性"与身份认同和安全感联系在一起的时代，人类不太可能体验到性臣服、死亡和重生之间的刺激联系。事实上，他断言"对性的痴迷掩盖了当代人对死亡的恐惧"。现代性生活的其他方面也具有双重含义。例如，避孕除了解放天性之外，通过将性与生育分离，允许人们压抑或忽视性的某些方面，而生育和创造生命本身就是性的象征。简而言之，死亡、悲剧和激情，这些曾经让爱欲"神秘莫测"的东西，在现代世界中已经被排除在性行为之外。

梅试图将爱欲视为一种更基本的力量（"原魔"）的一部分，从而重振爱欲的意义。他引用了柏拉图的话——"爱欲是一种'原魔'"，并将"原魔"定义为"任何有能力控制整个人的自然功能"。无论是创造性的还是破坏性的，愤怒的还是狂喜的，"原魔"的炽热力量都处于创造和毁灭的根源。从这个意义上说，"原魔"成了一种文化的本我，是弗洛伊德所说的爱欲和死亡欲望的引擎。如果否认人类心灵中存在如此强大的驱动力，人类就有可能失去对创造和毁灭之间关系的敏感性。人们将变成冷漠的、有潜在危险的无辜者。臣服于吸引与恐惧、接受与拒绝、在他人身上失去自我的悖论，将使爱与生活的各个方面都更深刻地展现人性。

关于意志，悖论也比比皆是。梅认为，核心危机是人们普遍无法形成某种愿望或意图，然后朝着这个目标努力。他不太喜欢 19 世纪的"意志力"的概念，似乎事情就像选择一个目标并实现它一样简单。弗洛伊德的理论将动机归结于无意识的黑暗世界，对一些人来说，它摧毁了独立意志的概念。对他们来说，人类生活在无意识的、不可阻挡的驱动力中。在梅看来，心理治疗应该是一种让人自由地产生愿望和意志的练习，但实际上很少是这样。他认为，一个人要获得这样的自由，不是被动地理解自己的行为受控于无形的力量，而是通过理解无意识的力量来塑造自己的行为。因此，通过揭示一个人实现这些愿望的无意识障碍，"意志"可以获得重生，并透过这样的洞见，一个人可以服务于自己更真实的愿望。愿望和意志是梅重建的愿景的关键所在。梅摒弃了弗洛伊德学派所承诺的狭隘的选择空间，也蔑视行为主义者对条件作用的推崇，他所寻求的治疗目标是创造性地重新构想人类的目标和未来，使之匹配重获新生的自我意识。

为了达到这种状态，梅提出了"意向性"（intentionality）这一存在主义概念。他将其定义为"赋予经验以意义的结构"。"意向性是意识的核心，"他认为，"通过意向性，我们意识到自己有能力形成、塑造、改变自身，以及自己与他人之间的关系。"因此，意向性是连接客观世界和主观内心的桥梁。它允许个体对事物、人和行动赋予意义。通过重新开启人类主张的可能性，梅复兴了意志这个概念，与其说它符合 19 世纪的独立自主意识，不如说更符合心理可能性的现代视角。他总结道："意向性本身就包含着对自我的深层觉察，是我们将为意识所惊叹的意义付诸行动的方式。"这种行动反过来会建设一个更美好的世界，也就是说，"在每一个爱与意志的行动中——从长远来看，它们将存在于每一个真诚的行动中——我们同时塑造自己和周围世界"。最终，他宣布："这就是拥抱未来的含义。"

《爱与意志》的影响力和受欢迎程度，不仅来自它对文化危机的坦率讨论，以及对性问题的令人精神愉悦的解决方案；通过囊括整个西方思想，它还为读者恢复了一种令人欣慰的文化记忆。它对希腊神话、圣经故事的自由引用，以及对哲学家的广泛参考，形成了一张知识拼图，在现代风格中保留了传统。事实上，梅在书的最后一页指出："我们站在前人意识的顶峰，他们的智慧可以为我们所用。"

《爱与意志》花了一段时间才引起公众注意。1969 年 9 月刚出版时，它收到的评论寥寥无几，也许是由于书中思想太过丰富、密集，犹如万花筒般。即使是梅本人经常发表评论的《纽约时报》，也没有立即在每日版或周日版上刊登相关文章。第一篇重要评论来自富有洞察力的精神分析学家安东尼·斯托尔（Anthony Storr），他的话语令梅感到不安。斯托尔以溢美之词开头，称这本书是"由作者广泛的文化和临床经验为我们这个时代谱写的一首圣歌"。然而，他对神经症与艺术之间的关联提出了质疑，并认为这本书"提倡让爱欲开足马力"

是"病态的"。斯托尔的最终评价中夹杂着敏锐的观察和勉强的欣赏："这本书与其说是一本科学专著，不如说是一份信仰宣言，但就其本身而言，也是有一定价值的。"

不过，诺顿出版社的编辑告诉梅，尽管该书的宣传起步缓慢，但已经卖出了数千册。12月初，梅见证了这本书的成功，他在搭乘飞机时，看到有位乘客手里拿着一本《爱与意志》。然而，最大的礼物是《纽约时报》在圣诞节当天送出的。约翰·伦纳德（John Leonard）的开场白是这样的：

> 三个月前，罗洛·梅这本非凡的著作首次面世时，本专栏对它视而不见，我们中的一些人应该为此谢罪。这本书是睿智、丰富、诙谐且不可或缺的；它不是世界末日式的癫狂，而是一种沉思；不仅是一种心理治疗方法，还是关于意识的文本；它主张形成一套与我们的生物、历史和个体之自我相适应的价值观，就像我们在瞬息万变的现代社会中所理解的那样；它是对决定论的一种逃离。这本书不仅应该得到评论，还应该在1969年出版的所有重要图书中名列前茅。

伦纳德接下来对这本书进行了极具赞赏性的、完整和细致的总结，并为此占用了他两天的每日专栏版面。他的圣诞节专栏强调了梅关于修复世界的愿景。在伦纳德的解读中，"关怀（care）不是感伤[1]，

1　关于感伤和关怀的关系，罗洛·梅在《爱与意志》中写道："感伤者以自己的感伤情绪作为一种荣耀，它始于主观，终于主观。关怀却不同，它是对某件事情的关心，我们在自身的体验中，被我们所关心的客观事物和客观事件牢牢抓住。"——译者注

即我们在认识到某种情感、思考这种情感时获得的满足感，而是对这种情感的对象的真切体验，是我们建造道德大厦的唯一基础"。

由于伦纳德的评论、"老粉丝"的口口相传，以及可能听过梅的演讲或电台采访的新读者的追捧，《爱与意志》登上了畅销书排行榜。该书还获得了 1970 年全美大学优等生荣誉学会（Phi Beta Kappa Society）颁发的拉尔夫·沃尔多·爱默生奖。次年，基于梅过去的工作和《爱与意志》的成功，美国心理学会临床心理学分会授予他 1971 年度杰出贡献奖。《爱与意志》很快不仅成为心理学专业的必读著作，还进入了哲学和神学课程的必读书目。它吸引了那些心怀不满的年轻人，还有那些反主流文化人士——据说他们不信任任何 30 岁以上的人，也吸引了那些对内在冲突和近期社会事件感到困惑和沮丧的普通民众。

人们不禁会问：是什么让《爱与意志》这本有时对人类状况进行复杂描写的作品如此引人入胜？著名精神分析家利奥·兰盖尔（Leo Rangell）的评论为我们提供了线索。兰盖尔带着淡淡的优越感指出："很难辨别是谁在书中讲话，是心理学家梅、神学家梅，还是存在主义者梅？"换句话说，梅同时以三种口吻在说话。正是这种牧师、哲学家和分析师的独特组合，引起了许多人的共鸣。事实上，从各行各业的男男女女纷至沓来的书信中就可以看出，人们对这本书的反应是多么多样化。他们证实了这本书的治疗力量，在某些情况下，甚至是宗教力量。不知怎么地，梅在他的论述中注入了一种真实的面对面治疗的感觉，这种风格暗示了梅自身的脆弱性以及人类同胞的痛苦。

难怪这本书会引发许多狂热的反应。一位女士宣称，阅读《爱与意志》"瞬间"改变了她的人生。另一位女士感谢梅"为（她的）生活开辟了一个全新的维度"，事实上让她远离了自杀。还有一位读者声称，她不仅仅是读了《爱与意志》，她还"吸收了它、摄取了它、吞咽了它"，并"在清晰得令人目眩的光芒中醒来"。她被"疗愈"的泪水"模糊了双眼"："我不再觉得自己是在荒野中哭泣的声音，因为你在那里聆听、倾听和理解！你太伟大了！你拥有魔力！"一位来自蒙特利尔的18岁艺术家在《爱与意志》中体会到了她对创造性表达的孤独追求，并发现了这本书的另一个引人入胜之处：她将自己的情感托付给他，因为书中有许多"非常私人化的"段落。"从这个意义上说，你也信任我，"她写道，"因为你也表露了自己的情感。"还有一位"粉丝"传达了她在墨西哥写下的想法："我最近读了一本书。我希望这本书的作者知道我有多感谢他写了这本书。它触动了我的心弦……他让我理解了我生命中那些贫瘠、割裂、可憎的部分，让我不再为它们感到羞耻。我看到了它们如何与我所珍视和热爱的东西联系在一起。"梅甚至还收到了20世纪30年代他在协和神学院迷恋过的一位女性的来信，她打破了数十年的沉默，表达了对这本书的喜爱，并回忆了哈利·博恩和莱因霍尔德·尼布尔，以及1935年一起参加研讨会的情景。

虽然大多数来信来自女性，但这本书也唤起了男性类似的狂喜。威廉·道格拉斯（William Douglas）是波士顿大学的心理学和宗教教授、宗教研究领域的领军人物，他写道，这本书"以一种变革和更新的方式"影响了他，并附上了一首小诗：

向罗洛·梅致敬
——重读《爱与意志》有感
我真切地体验到它
在我的存在的深处
在他的"原魔"与我的"原魔"相遇中
在"存在"的大背景下
我们各自的存在合而为一

前途、名声以及离婚这些东西令人手忙脚乱，让梅的生活几乎开始失控。除了在怀特研究所、纽约大学和新学院任教之外，他继续接受一个又一个演讲邀请，并抽空至少构思了两本新书。当然，他也在自己的爱与意志的世界中挣扎，像往常一样感到踌躇、恐惧，同时体验到结束 30 年孤独婚姻所引发的欲望。

他 60 岁了，他不知道自己对女人是否有吸引力，也不知道心动过速是否会影响他的性能力。此外，他的生活中曾出现过一些女人。与弗洛伦丝结婚后，他仍自由地与其他人亲密接触，没有过多考虑婚姻的要求或期望。现在单身的他，担心埃莉·罗伯茨、玛格达·德奈什、杰茜卡·瑞安或多萝西·诺曼会来找他。他并不想这样，但必须补充一点，她们也很少这样想。有时，他极度孤独和饥渴，不知道未来会怎样。

1969 年秋天，他在夏威夷的一次会议上发表了一场他过后认为令人失望的演讲，结束之后，他注意到一位穿着穆穆袍的金发美女在他试图逃离大厅时追了上来。她想了解他关于加缪的看法。几周之后，在圣地亚哥的一个工作坊上，她再次出现，并提醒他上次两人见过。她的活力和美貌使他根本不需要提醒。她的名字叫英格丽德·肖勒（Ingrid Scholl）。他们聊得停不下来，梅感到自己被她深深吸引了。她也被他的名气、外表和对她的热情所征服。30 多岁的她立刻指出自己正和那个一起来工作坊的男人同居，但她同时也表明，那是一段"无关紧要"的关系。12 月，梅从纽约打来电话，约她去死亡谷国家公园的火炉溪（Furnace Creek），在那里他可以画画，她也可以欣赏沙漠的壮丽景色。他们在他弟弟唐的家里相见，唐现在是洛杉矶的一位画家和插画师。对梅来说，这一切就像一个不切实际的梦。正如他不久后写道，她"光彩夺目，对我来说美若天仙"。他担心她会反悔。

英格丽德没有反悔。他们驱车 5 个小时前往死亡谷。先是英格丽德开车，罗洛认真地研究地图，这帮他避免了面对自己强烈的欲望。然后罗洛接过方向盘，英格丽德"用鼻子亲密地蹭他"。他们到达度假村，入住房间，洗过澡，英格丽德穿着黑色绸缎从浴室走出来，"令人目眩神迷"。晚餐在期待和各自逗乐中进行，罗洛的嗓子因为喉炎而暗哑。接着，他们回到房间，在昏暗的灯光下做爱。第二天早上，他们又做了一次爱，接着游览了牧场和周围的沙漠，观赏那里硼砂和岩石层的荒芜之美，然后回来吃晚饭、跳舞、享受愉悦的性爱。在接下来的两天，他们游览、画画、聊天、兴奋地做爱。他记得她说："我不知道这真的会发生……和男人共赴高潮。"

肉体上的欲望和满足摧毁了两人精心布局的防线，在周末的激情中又夹杂着些许悔恨。某个时刻，罗洛莫其名妙地感到"怨恨"，另一个时刻，英格丽德则变得"绝望"，跑到电话亭给她妹妹打电话。一次令人失望的性爱让她感到愤怒——"我讨厌这样！"——也让两个人陷入了孤独。在跳舞时，英格丽德试图领舞，这让罗洛很烦恼。后来，一场关于尼采的争论打破了一段安静的阅读时光，他们只能在床上解决。四天的沙漠之旅结束后，他们回到她的家中，性爱比以往任何时候都美好，这促使罗洛写道："她发掘了我，知道如何让我欣喜若狂，如何把我带到另一个世界，如何让我神经错乱……我用尽全力与她合而为一——这简直太美妙了。"他在吃早餐时告诉她，他配不上她，她回答说："就像我配不上你一样？"在1月初他回纽约的前一天晚上，他们又做了一次爱，两人都对笼罩在他们身上的感觉感到惊讶。然而，罗洛也开始感到深深的矛盾，他既渴望英格丽德的身体，又感到担忧和嫉妒。

事实上，一到纽约，他就继续挑剔自己的生活，尤其是和女性的关系。在最自怨自艾的英雄主义时刻，他发表了一个典型的宣言：试图"接受孤独"以及"残酷，它属于我，也是生活的一部分"。几周后，去欧柏林学院做演讲时，他做了一个梦，这个梦暴露了他对女性深深的矛盾心理。在梦中，他梦到鲍勃当时还是个婴儿，被鲍勃（想象中的）4岁的姐姐"无情地"殴打，"躺在水坑里"。他知道这个梦跟露丝有关。他问自己，他能否以一种全新的态度去面对一段新的关系，而不是带着因与母亲和露丝的不幸经历而产生的恐惧、愤怒和无助？这意味着他不仅要试着过滤掉自己对英格丽德的重复过去的本能反应，还要试着看清英格丽德的本来面目，承认她自己的动机和恐惧。

梅需要清晰的思路。他首先咨询了一些亲密的朋友，他们可能会帮助他以新的视角看待最近的关系和生活。与多萝西·诺曼的一次长谈让他相信，他和杰茜卡·瑞安之间狂风暴雨般的关系，以及和瑞安夫妇之间潜在的紧张关系并不是他的问题，而是对方复杂的婚姻状况所引发的问题。他的负罪感来自他想要"扮演上帝的角色"。在诺曼的鼓励下，他发誓要抵制瑞安夫妇的愤怒和指责，并开始自创一种尼采式的辩护，以过上没有负罪感的新生活。梅为自己设想了一种解放的伦理，在这种伦理中，他对工作的奉献压倒了一切，包括对他人的承诺，以寻找"'新'工作、'新'自我和'新'发展"。这确实是一种"'新'伦理——或者说精英伦理"。他认为，影响他人的情感纠葛不应该妨碍他的人生使命。

没过多久，梅就验证了他关于生活和关系的"头等重要"的新决心，并体验到了它的极限。最初的迹象是鼓舞人心的。《爱与意志》持续畅销，并在《纽约时报》畅销书排行榜上停留了数周。几乎就在他与多萝西·诺曼谈话的同时，他被告知，《爱与意志》和其他四本书入围了美国国家哲学与宗教图书奖。几天后，他听闻埃里克·埃里克森的《甘地的真理》（*Gandhi's Truth*）最终获奖，但经历了第一波"痛苦的失望"之后，梅体验到了一种新的自由感，"对于心理咨询，有新的感受涌起———一种新的兴趣……以及热情……锐气"。在国家哲学与宗教图书奖的鸡尾酒会上，他甚至允许自己有一点"勉强的欢笑"，并平静地接受了在场人士对他"抢手的畅销书"的补偿性祝贺。

然而，负罪感的疑虑继续困扰着他，尤其是他与杰茜卡·瑞安的关系，以及瑞安夫妇对他的指责，认为他没有充分肯定杰茜卡在《爱与意志》的创作过程中提供的帮助。罗伯特·瑞安的"阴郁的愤怒"和"他的半疯半癫"在梅的心中萦绕。当杰茜卡打来电话时，梅紧张起来，以为她要发起攻击，而且她有"权利拿枪指着我——让我感觉自己是个混蛋"。但相反，她打来电话是要说，他对"年轻人"产生了巨大而良好的影响，其中包括她的儿子蒂姆（Tim）。这时梅只能责怪自己，怪自己受虐式的被讨厌的需要，以及自己以此为借口不忠，逃离真正的亲密关系。他对尼采式英雄未来的短暂憧憬结束了，似昙花一现：

> 但是，是我的罪恶感在折磨着我——而不是罗伯特的指责。
>
> 老天啊，让我接受这部分吧——给我一些光明……一些光明。

1970 年 4 月下旬，梅去探望母亲，这进一步考验了他自己，尽管他谴责玛蒂和露丝对自己的影响，但他始终关心她们的福祉。这次密歇根州之旅没有意外。玛蒂在他的想象和现实中，仍然是一个消极的、挑剔的灵魂，贬低他的成功，在没有见过英格丽德的情况下评判她，甚至向梅提出建议——如果他剪剪头发，"会看起来更年轻"。他陷入了困境，既认识到了她黑暗的根源——"一个孤女——在生活中没有地位（没有家，没有属于她的地方，没有做自己的权利）"——

又要在自己的生活中继承她受伤的灵魂。"我不好，因为我来自她，"他写道，"我带着污点，我必须道歉……我背负着她的重担。"

多萝西·诺曼提出了一条逃离之路，她鼓励梅找英格丽德试一试，"得到你需要的、支持和满足你的东西"。梅定期给英格丽德打电话，但双方的保留意见不断浮出水面，他们在冒险的死亡谷之旅中的争吵时刻以及他们的电话交谈更是火上浇油。有一次在通话中，她告诉梅，她不再看心理医生了。他担心如果没有治疗，她会放弃他。1970年夏天，古老的恐惧再次燃起，尤其是在他与埃莉·罗伯茨的一场坦率交谈之后——她告诫梅说，他年纪大了，将会失去"活力"，英格丽德会被其他人吸引。他陷入了困境。如果他让她"在性方面保持警觉、活跃、意识，她可能会想找其他更强大的男人"。梅意识到他的醋意是"年代久远的产物"，他对生活中的每一个女性都有这种感觉，就竞争而言，则是"对每一个男性——只要足够年轻，有吸引力"。似乎是为了证实他的担心，第二天晚上，当他打电话给她，发现她出去了（在一个女性朋友家里）。第三天晚上又是同样的情况。就这样，他起伏不定、犹豫不决地度过了整个夏秋。他几次去洛杉矶看她，每次见面，他的矛盾情绪都在增加。与此同时，他的活力和精力，即使被愤怒所驱使，也犹如一剂长生不老药。8月，他和赖西格夫妇讨论了自己的困境，起初他认为他们"隐约排斥她"，梅对此感到不满。他提醒自己，这是他自己的决定。

在梅眼里，英格丽德美得不可方物，这对一个 61 岁的离异单身男性来说是一种荣耀。但她也"专横"、易怒，而且明显地捍卫她和其他人保持浪漫交往的权利。梅想象她"不与人接吻，只亲吻我，只和我发生性关系，只对我有性感觉"，以此来缓解自己的醋意。决定与英格丽德共赴未来，意味着他不仅要衡量自己的男子气概，还要解读英格丽德的行为。事实上，就在他反感赖西格夫妇对英格丽德态度冷淡的当天晚上——"我必须做出决定，并坚持下去，让它成功"——他的痛苦又回来了。他梦见英格丽德和一个"男人共进晚餐，他是个老板，身材高大、相貌堂堂"，晚餐结束时，"他吻了她，她也回了他一个吻。我觉得他们上床了"。他还写道："我非常妒忌。"

1970 年 11 月，梅认真考虑结束这段关系，尽管他计划假期去见英格丽德。他咨询了纽约的一位心理医生朋友，这位朋友告诉梅，事情不太妙，但也不必担心。他指出，梅作为纽约最有资格的男人之一，不应该为这样一段艰难且没有回报的关系而憔悴。而且，他指出了英格丽德性格中的某些缺点，梅也勉强同意这些方面，尤其是"她的敌意和攻击性"以及"缺乏爱的能力"。梅自己也看到了"在某些方面，这是弗洛伦丝的翻版……但这些被她的美丽、魅力和异国风情所掩盖"。他对死亡谷的自由性爱的念念不忘，使他想起了自己对伊莎贝拉·洪纳的理想化。他发誓要结束这段关系，但仍计划在圣诞节去看她。尽管怀疑从未停止，可英格丽德的魅力实在太大。最后，他竟向英格丽德求婚了，两人于 1971 年 7 月 8 日在霍尔德内斯举行了婚礼。

第二十三章　在大旋涡中

　　尽管《爱与意志》俘获了成千上万的读者，梅还是感觉到事情的发展有些超出了该书的设想范围。1968年的灾难性事件表明，在种族、性、个人和政治等几乎每一个生活领域，既有权威和规范的合法性都受到了挑战。离婚率节节攀升，避孕药允许无风险的性行为，图书和电影审查制度几乎崩溃，孩子们成群结队地离家出走，邪教招募着绝望中的人们。与此同时，艺术、大众文化和个人自由的空间在扩大，所有这些当中蕴含着个人、精神和文化变革的希望。10年前，梅和蒂利希曾冷静地讨论是"凯洛斯"还是"虚空"将主宰未来。结果表明，这两种预言都在令人恐惧和振奋的旋涡中得到了证实，而这一切伴随着持续不断的城市骚乱和越战伤亡名单。许多人认为，威廉·巴特勒·叶芝在《第二次降临》（"The Second Coming"）中的著名诗句捕捉到了这一时刻：

　　　　世事分崩离析；中心再难维系；
　　　　这个世界变得一片狼藉……

　　梅显然是站在抗议和自由的一边。无论是作为密歇根州立大学《学子》杂志的编辑，还是作为存在主义和人本主义心理学的倡导者，他一直将自己视为一个反叛者。然而，梅对这种明显的社会秩序解体的反应是复杂的。他一直相信一个不言而喻的假设，即尽管种族、文化、宗教、性别存在差异，但人们可以集体书写各种各样的男女，人们共享着一种"人类境遇"，人类的需求和欲望可以在不考虑社会或文化特殊性的情况下得到满足。他还相信美国民主的自由主义概念，虽有缺陷，但乐于变革，在基本价值观上最终是一致的。然而，每天的新闻都不断在证明，美国最好还是由内部的分裂来定义——这些分裂似乎正在促成种族、代际、宗教、文化、性别以及政治的内战。

然而，梅坚定地致力于在公民话语的范围内进行抗议。他通过写作和非暴力抗议表达了对反战运动的强烈忠诚。他在报纸上发表文章抨击越战政策，而且，无论表面上的主题是什么，他几乎在每一次公开演讲中也都会这样做。1972年5月，他参加了在华盛顿国会大厦前的静坐示威活动，冒着被捕的风险（警察拘捕了约100人）向国会递交了"申诉请愿书"。他发现自己越来越不喜欢更具对抗性、革命性的运动，同样重要的是，也越来越不喜欢操纵媒体的竞选活动。他对青年国际党（Yippies）、民主社会学生联盟（SDS）和其他激进组织"表演"抗议的形式表示不满，这些行为表现出激烈的反美情绪和对北越事业的公开支持。细致的讨论变成了口号、大规模示威和反示威、暴力，有时甚至伴随着死亡。在梅看来，关于战争的争论已经失控了。

在民权方面，梅积极支持一般公民权利和废除种族隔离，尽管他的风格是典型的自由派白人专业人士。梅和民权事业最密切的个人联系来自他与莉莲·史密斯的友谊，后者是《奇怪的果实》（*Strange Fruit*，1944）和《梦的杀手》（*Killers of the Dream*，1949）的作者，一位南方的白人女性、知识分子，很早就敢于公开支持废除种族隔离。梅还参加了学生非暴力协调委员会（SNCC）的筹款活动。然而，在这一点上，他声称对种族主义的核心毒害并没有特别的见解。像北方的大部分白人一样，他对非洲裔美国人了解甚少，除了住在哈勒姆区附近，因此对黑人文化略有了解之外，他对美国黑人的日常生活知之甚少。

然而，到了 20 世纪 60 年代末，全国各地城市街道上种族骚乱的升级令梅深感不安，晚间新闻中贫民区熊熊燃烧的画面让白人感到震惊，这凸显了黑人的不满情绪，但也招致警察和国民警卫队的暴力镇压。不仅是在城市里，在监狱中也是如此；种族镇压——主要是白人镇压黑人，比如 1971 年阿提卡监狱对囚犯起义的血腥镇压——震惊了梅和其他许多人，使他们第一次思考暴力在美国社会中的核心角色。马丁·路德·金牧师对非暴力行动的支持给白人社区带来了一些安慰。然而，更激进的黑人组织，其中最著名的是黑豹党（Black Panther Party），开始主张积极武装反抗种族现状。警方也以牙还牙。受约翰逊总统委托研究城市动乱原因的委员会在报告中总结了非洲裔美国人一直都知道的事情："我们的国家正在走向两个社会，一个是黑人社会，一个是白人社会——隔离且不平等。"很少有人预测这将是一场和平的隔离。

以第二波女权主义运动为标志的性革命是另一种风格，但它也涉及避孕措施（尤其是避孕药）、"无过错"离婚、对同性恋权利的倡导，以及文学、媒体中大多数审查制度的逐步瓦解。女权主义对法律认可的不平等提出了挑战，对社会和个人意识中各个角落的性别等级和性别习俗提出了反抗，这尤其让梅和大多数男女陷入了两难。简而言之，这些力量结合在一起，使个人从国家、预期行为和假定价值观中获得了前所未有的自由。

至少在原则上，这些发展与梅和其他存在主义者近二十年来所倡导的理念是一致的，即每个人都能做出自己的选择。事实上，梅和他的同事为第二波女权主义运动最强大的创始人之一提供了灵感。贝蒂·弗里丹（Betty Friedan）在其划时代意义著作《女性的奥秘》（*The Feminine Mystique*，1963）的重要章节"失去的自我"（"The Forfeited Self"）的开头，就引用了梅《存在》一书中的文章，并依赖于梅、马斯洛、弗洛姆、戈德斯坦以及其他人本主义和存在主义心理学先驱来阐述她的女权主义观点。梅在《爱与意志》一书中将《女性的奥秘》和全美妇女组织的成立视为更广泛的人格追求的一部分，以回报她的赞美。

然而，作为一个 60 岁的男性，他对女性有着强烈的恐惧和欲望，尽管他对男女之间的真实联系有着存在主义的承诺，但他在《爱与意志》中怀疑，新女权主义是否通过"证明自己身份的斗争"而放弃了真正的性亲密关系。他认为，女权主义"催生了性别平等主义和性别角色互换的观念"。女性"坚持"平等，"其代价是不仅否认了男女之间的生理差异——可以说这是最基本的差异——而且否认了情感上的差异，而正是这种差异带来了性行为中的许多乐趣"。他担心女性会步男性的后尘，认同一种没有承诺、追求解放的性生活，在梅看来，这已经导致了一种麻木的，而且常常是无能的男性气质。

女权主义事业的新激进主义让他猛然惊醒。事实上，在激进女权主义历史上的传奇时刻，他还扮演了一个小角色。这发生在他第一次参加《迪克·卡维特秀》（The Dick Cavett Show）的时候，当时这档节目被认为是有思想的人的深夜节目。卡维特既有耶鲁大学毕业生的文化修养，又有中西部男孩的魅力，他与知识分子、艺术家、演员、音乐家一起畅谈时事。1970 年 3 月 26 日，他邀请的嘉宾包括梅、《花花公子》的创刊人休·海夫纳（Hugh Hefner）、迷幻摇滚乐队杰斐逊飞机（Jefferson Airplane），以及两位激进的女权主义记者——苏珊·布朗米勒（Susan Brownmiller）和萨莉·肯普顿（Sally Kempton）。

节目以杰斐逊飞机乐队演唱的歌曲开场，海夫纳和卡维特轻松地聊到花花公子公司的新私人飞机"大兔子"以及在飞机上的乐趣。随后，梅加入了对话，他对海夫纳和《花花公子》以及杰斐逊飞机乐队的主唱格蕾丝·斯利克（Grace Slick）进行了严肃而直接的抨击。他宣称："《花花公子》把遮羞布从生殖器上扯下来，盖在了人们的脸上。这些可爱的女孩面无表情，她们看起来孤僻、冷漠。这与《花花公子》的宗旨是一致的，那就是要表现得酷酷的，不要做出承诺，也不要陷入其中。"至于美国的青年反主流文化，他说道："在我们这个时代，爱的问题在于，比如说嬉皮士，他们有自发性，但没有忠诚。他们没有承诺，没有责任。"海夫纳同意"最好的性和最好的爱都需要投入"，但他也认为，一个人在20多岁时应该"有段探索和玩耍的时间"，而丰富那段时间就是《花花公子》的任务。梅描绘了当前男性的恐惧、空虚和无能等阴暗面，而海夫纳则用马斯特斯（Masters）和约翰逊（Johnson）的研究成果与治疗方法来反驳[1]。听到他们提起马斯特斯和约翰逊，格蕾丝·斯利克插话道："给我连线，快他妈的给我连线！"——美国广播公司控制室发出了适当的哔哔声。

在年轻的（不到45岁）抽着烟斗的海夫纳和30岁的斯利克旁边，梅的确在线，但相对沉默，似乎来自另一个时代。在人们关于性和爱的调侃中，他的话语显得有些说教。一位节目观察员形容他"看起来和听起来都像是慈祥的巴里·戈德华特[2]"。的确，随着夜幕降临，他逐渐融入了背景。梅对《花花公子》的评价让位于更符合未来趋势的攻击。苏珊·布朗米勒是一位新兴的女权主义记者，她很快就因一本关于强奸的开创性的著作《违背我们的意愿》（*Against Our Will*）而声名鹊起。她和她的作家朋友萨莉·肯普顿加入了谈话，开始对海夫纳进行全面攻击。他是她的"敌人"，一个"建立了以压迫女性为基础的帝国"的男人。所有男性——卡维特、梅，当然包括海夫

1　马斯特斯和约翰逊是美国著名的性学大师，他们开创了性学研究之先河，对人类性行为进行了细致的观察、测量和记录，并出版了《人类性反应》（*Human Sexual Response*）一书。——译者注

2　巴里·戈德华特（Barry Goldwater，1909—1998），美国政治家，共和党人。——译者注

纳——都显得震惊不已，每个人都以自己的方式露出了不安的微笑。海夫纳承认过去女性受到压迫，但他反驳说，《花花公子》想要解放女性，同时称呼布朗米勒和肯普顿为"女孩"，然后是"女士"，而不是女性。布朗米勒反驳海夫纳关于促进性别平等的说法，要求他在"屁股上接上一条兔尾巴"，不要再声称自己是女性解放者了。斯利克似乎也感到震惊，跳出来发表了自己对男性的看法，在这种看法中，男人成了对象，而女人是选择者：

> 他们有的很棒，有的很糟糕。为什么要搞个理论出来？有些人把你当成性伴侣，没问题。你和他们做就完了。碰到那些既喜欢和你上床，又喜欢和你聊天的，你就两件事都做。还有那些喜欢做音乐、喜欢跟你聊天、喜欢跟你上床、喜欢写作的，你管他们做什么——画画还是其他事情，又怎样？我不明白哪里有问题，可能我没明白你们在聊什么。但是，我没觉得有什么问题。

观众拍手叫好。随后，卡维特邀请杰斐逊飞机乐队再演唱一曲。

梅认为斯利克和海夫纳都走上了错误的道路，但这三个人（还有卡维特）都被布朗米勒的愤怒和直率所震惊。尽管她的目标可能是海夫纳，但小组里的每个人，可能还有演播室里的观众，都被她的愤怒震慑住了。事实上，在此之后，卡维特尴尬地微笑着，梅和海夫纳也在远离话筒时发出笑声。至于格蕾丝·斯利克，她被布朗米勒所搅动，开始滔滔不绝地谈论性话题，既是为她自己的倾向辩护，也是在反驳女权主义者的愤怒。

女权运动日益激进，触及个人、社会、经济和政治经验与期望的各个层面，梅对这一挑战的反应是复杂的。他不禁对女权主义的希望感到既兴奋又恐惧，同时对自己的生活和哲学感到愤怒。他和露丝、玛蒂之间折磨人的关系，让他看到了坚强而有才华的女性所处的困境，她们的天赋因男性统治的社会而被白白浪费。尽管她们要求很多且态度冷漠，但在她们漫长而艰难的一生中，梅从未推卸过保护和支持她们的责任，无论是当父亲厄尔离开家时拯救她们，还是在她们陷入个人和经济困境时救助她们。他也没有忽略问题较少的妹妹约娜。这些家庭角色在他身上形成了一种自我形象：只要他继续负责，他就是女性的保护者和解放者。与此同时，他在婚姻中则寻求平静和安全，拒绝了更具挑战性的女性作为伴侣，而是选择了弗洛伦丝，因为她似乎更可能屈从于他的意志。

母亲和姐姐的影响一直存在于罗洛的梦境和自我分析中，但到了20世纪60年代和70年代，她们的生活呈现出更多的悲伤而非力量。玛蒂住在小儿子帕特家附近，帕特已成为密歇根州豪厄尔小镇的一名医生。玛蒂一直从事全职工作，直到1967年，在83岁时失业。她仍爱发号施令，但已经变得柔和，能够赞扬罗洛，并很高兴听到他最近几本著作大获成功。罗洛、唐、帕特以及帕特子女的家庭陪伴她度过了平静的晚年。她于1974年去世，享年90岁。露丝的晚年更加风雨飘摇一些。她在20世纪50年代末搬到了旧金山，投身于各种非主流宗教和健康运动，但在1967年秋天走入了死胡同——她称之为"急性神经衰弱"——当时她在写一本关于"瑜伽与创造力"的书。20世纪70年代，露丝搬到了加州的普莱瑟维尔（placerville），在那里，她和朋友经营着一家小型的冥想静修所，特意选址"在某些磁力线上"。罗洛在经济上帮助她维持生计，但由于妄想症的折磨和疏于身体照料，露丝于1979年去世，享年72岁。

梅所处的教育和职业环境，以及他成长并获得职业地位的时代，同样影响了他对待女性和性别的态度。从20世纪20年代一直到战后，关于性别角色、性行为、婚姻的进步观念陆续在文化中出现，通常是在自由派教会团体（如基督教青年会）的范围内推广的。尽管基督教青年会、欧柏林学院、协和神学院以及新兴的心理学专业都是由男性所主导，但它们并没有完全对女性关闭大门。欧柏林学院和协和神学院都是男女同校的。几位女性精神分析师——克拉拉·汤普森（贝蒂·弗里丹就是仰赖她的工作）、弗里达·弗洛姆－赖希曼和艾伯塔·绍利塔——都曾直接支持过梅的事业。即使是梅与弗洛伦丝看似传统的婚姻，也很快变得开放起来，尽管这主要是由他的喜好决定的。这些关系中的大多数都超越了单纯的性交往。例如，梅和埃莉·罗伯茨的关系被证明是他一生中最长久、最亲密的关系之一，即使大卫·罗伯茨的自杀破坏了他们之间的性关系。

此外，所有这些领域的气氛都产生了对各种性偏好和性风格的广泛认可和尊重，尽管这些认可和尊重大多是心照不宣的。梅与巴克·韦弗和查尔斯·韦杰的重要情感关系表明，学院里的男性可以轻松地在一个流动的（有时是尴尬的）空间里亲密交流，而无须明确提及自己的性取向，因为他们两个虽然都已婚，但很可能是未"出柜"的同性恋。梅有时会表达他对韦弗和韦杰的深深爱意，但从未提及对肉体关系的恐惧或渴望。在梅的日记中，没有任何内容表明他们可能是同性恋，或者这有什么关系。这些良师益友的关系延续了早期男性友谊的一种形式，在同性关系被严格医学化并被定义为病态和破坏社会秩序之前，这种形式并不罕见。

当然，这种关系并不代表大多数人对同性恋的态度，但梅挺身而出，抵制了更为保守的规范。难怪早在20世纪40年代，梅给埃尔弗·巴克的建议是寻找他真实的性别认同。也难怪梅支持在1969年6月的"石墙事件"（Stonewall rebellion）中的抗议者。在那次运动中，纽约的同性恋者强烈抗议警方清晨突袭格林威治村的一家同性恋酒吧，并引发了一场激进主义的暴动，他们公开反对几乎普遍存在的针对同性恋行为和权利的"鸡奸罪"。事实上，在石墙事件发生后不久，梅在赫尔曼·赖西格位于康涅狄格州的格林威治教堂举行的关于《爱与意志》的小组讨论中震惊四座。一位观众问道："我们怎样才能阻止同性恋？"梅回答说："我看不出有什么理由应该阻止它。同性恋对一个人来说并不是最糟糕的事情。"

因此，梅将自己想象成一位性别包容的拥护者，无论是对同性恋还是对女性。他坚持存在主义心理治疗的核心目标，即引导一个人，无论他的性别和性取向如何，让他体验到真实而完整的自我感受，包括愉悦、愤怒、创造性、自我认知，以及对他人保持真实可见，这一点也很重要。然而，梅一直生活在一个由强势男性主导的世界里，这些男性的权力在某种程度上验证了性别差异和等级制度的理论，因此，梅的观念尤其是他对女性的观念，不可避免地受到了影响。简而言之，梅关于性别平等的观点，无论其初衷多么美好，都是从男性视角出发的，这种视角声称男性是全知全能的，它在20世纪70年代受到苏珊·布朗米勒和其他许多人的直接挑战。

英格丽德是深受女权主义运动影响的女性之一，她在战后德国的成长经历，在某种程度上使她对女性身份和性行为的态度比美国人更自由。她对生活的热情拥抱也与女权主义的奔放完美契合。与梅的婚姻对英格丽德来说是一场旋风式的觉醒。与梅相遇时，她是一名单身母亲，是加州大学洛杉矶分校文学系的研究生和讲师，她对知识有着强烈的好奇心，情感也非常丰富，被一种新的自由感所吸引。她参加了哥伦比亚大学教育学院的跨学科硕士课程，该课程融合了人文科学、社会工作和心理学，并参加了各种治疗和女性团体。她还以各种方式将女权主义带给了梅。1971年秋天，她和梅在纽约的一套公寓里安顿下来，很快他们的家就热闹起来，就像霍尔德内斯的避暑别墅一样。英格丽德投身于女权主义活动，尤其是把基本的家务和烹饪工作交给梅，与她享受招待朋友的乐趣并没有冲突。她勇敢、聪明、美丽，在那几年里，她将梅从孤独和遗憾中拉了出来，并鼓励他进入纽约知识分子的社交圈。据梅说，她"会走到任何人跟前，包括英国国王，邀请他们共进晚餐"。她高超的烹饪技巧和引人入胜的谈吐，为晚宴和鸡尾酒会增添了不少活力。她的来宾包括著名哲学家马克斯·勒纳（Max Lerner），梅在耶鲁大学的朋友鲍勃·利夫顿、贝蒂·琼·利夫顿（Betty Jean Lifton）、比尔·科芬，还有库尔特·冯内古特（Kurt Vonnegut）和他的妻子吉尔·克莱门茨（Jill Krementz），后者为梅拍摄的照片为其图书封面增色不少。梅和英格丽德还经常与乔·坎贝尔（约瑟夫·坎贝尔，尽管她经常因为坎贝尔的政治观点而抨击他）及其妻子编舞家琼·厄尔德曼来往。诗人斯坦利·库尼茨（Stanley Kunitz）和画家朱尔斯·奥利茨基（Jules Olitski）也是梅不断扩大的朋友圈中的成员，他们对梅作品的欣赏为其增添了研究创造力的信心。

英格丽德在性方面的无拘无束以及欧洲人的感性与当时的历史背景融为一体，却给梅带来了许多痛苦，不仅因为她的种种不忠行为，还因为她是这段关系中的掌控者。这些因素加上梅对衰老的恐惧以及单纯的嫉妒，给这个家庭造成了巨大的破坏。一年多之后，梅对这段婚姻的怀疑以及对她性生活的新的猜疑，让他们过山车般的关系陡然下降。他怀疑她和她的一位教授有染，以及与新泽西、洛杉矶的一些女性朋友有暧昧关系。她还和哈罗德·泰勒展开了一段漫长的婚外情，后者被英格丽德的美貌和魅力所吸引。当梅发现的时候，他声称自己已经不在乎了。

利斯尔·马尔金（Lisl Malkin）对英格丽德的看法更为细腻，她是一名年轻的奥地利犹太人，在二战开始前作为"儿童撤离行动"中的一员被转移到英国。1972年，她们都在哥伦比亚大学读书，马尔金遇到了比她小 6 岁的英格丽德。两人"相互吸引"。马尔金被她的北欧口音和长相——"高个子、宽肩膀、漂亮"——以及她的活泼热情所打动。尽管当她发现英格丽德是德国人，而不是她想象中的斯堪的纳维亚人时，她感到有些不安，但她们还是建立了热烈的友谊。马尔金通过揭露自己是犹太人来挑战她，但同时也意识到二战结束时英格丽德只有 13 岁。英格丽德的自由精神强化了马尔金正在形成的自我意识，这种自我意识是在近十年前阅读贝蒂·弗里丹的《女性的奥秘》时初步形成的。

英格丽德经常邀请马尔金来梅的公寓吃午饭，并邀请他们夫妇共进晚餐。如果马尔金的丈夫哪天晚上不能来，英格丽德就劝她一个人来。当英格丽德和马尔金前往马萨诸塞州参加家庭治疗先驱之一维吉尼亚·萨提亚（Virginia Satir）的工作坊时，马尔金看到了英格丽德更自由的一面。英格丽德决定在工作坊酒店的室内游泳池裸泳，而马尔金则衣着整齐地坐在泳池边，以 40 多岁的"监护人"身份陪伴着这位年龄稍小的朋友。英格丽德还邀请她加入了一个女性意识提升小组，该小组的其他成员包括小说家海伦·伊格莱西亚斯（Helen Yglesias）以及不同年龄和性取向的女性，她们共同讨论文化和社会压迫问题，以及与伴侣和权威相关的个人问题。主要规则很简单："你只能谈论你自己，你自己的想法，更理想的情况是谈你自己的感受——而不是你的丈夫、伴侣或男朋友的想法。"马尔金称赞了这个小组对她自我意识的影响，尽管一路走来有些坎坷，但她认为自己新的自信（加上天生的保守本性）最终会有益于婚姻。

但英格丽德和罗洛的婚姻并非如此。对罗洛来说，和英格丽德在一起的那些年，除了许多其他事情外，还让他领略到了第二波女权主义的狂野自信。在美国发生的一切似乎与他的个人经历融为一体，为他的下一本书提供了丰富的素材。

到 1970 年末，梅开始构思一部新作品，这部作品既要扩展《爱与意志》的分析，又要开辟新的领域，以应对这片土地上广泛的叛乱、反动和文化斗争，他把重点放在了他所认为的社会和个人暴力的一些潜在根源上。他从未想过自己有办法"解决"越南问题、种族不平等问题，以及美国社会中同性恋者、女性、墨西哥裔美国人、美国原住民和其他受压迫群体相继起义所凸显的问题。相反，梅通过关注政治和文化辩论中权力和纯真这两个术语令人不安的简化，试图洞察美国社会中正在酝酿的危机。在一次关于《爱与意志》的演讲的问答环节中，梅暗示了他正在研究的更广泛的主张。当被问及如何结束席卷全国大学校园的学生叛乱时，他简单地回答道："给抗议者更多的权力。"

在这个简短回答的背后，便是 1972 年 11 月出版的《权力与纯真：寻找暴力的根源》（*Power and Innocence: A Search for the Sources of Violence*）一书的基本观点。梅认为，内乱和暴力的一个主要原因是，陷入无助和渺小境地的个人与群体对自我肯定的拼死追求。从本质上讲，他的观点与贝蒂·弗里丹在 20 世纪 50 年代末发现的令人信服的存在主义构想如出一辙。然而，《权力与纯真》至少在两个方面明显超越了梅之前的构思。首先，尽管过去他曾提出冷漠最终会导致暴力，冷漠作为无能的症状一直受到关注，但现在，在一个动荡不安的年代，暴力成了需要解释的现象。其次，在之前的著作中，他以普遍的眼光看待人类，在描述大众社会的人性代价时很少区分性别或种族，但现在，他根据种族和性别区分了有权者和无权者。《权力与纯真》和《爱与意志》一样，参考资料广泛，包含了丰富的案例以及文学和历史例证，试图重新构想他认为在当代文化中被随意使用的过于简化的关键词，以求对两者（权力和纯真）有更丰富的理解。

梅在序言中将个人回忆与他对 20 世纪 70 年代初世界的看法联系

起来，解释了这本书的深刻渊源。"作为一个年轻人，"他由此开始，"我崇尚纯真。无论在理论还是实践上，我都不喜欢权力，而且对暴力深恶痛绝。"梅重新讲述了他在特鲁多疗养院的故事。起初，他被动地按照医生和护士的指令行事，这是一种出于无助的"纯真"。只有当他发展出了一种"力量感"——一种"抗争"精神，一种"求生意志"——他才走上了康复之路。各种病人的问题使他能够根据自己和他们的经历，制定出一种处理权力问题的方法——这些病人在支配性的制度或个人面前"感到无力或真的无力"，或者"当他人（如我比喻的结核杆菌）对他们施加暴力时"，只能消极被动地承受。梅认为，治愈之道来自"自我肯定和自我坚持"的力量，而不是军队、企业或国家的权力。

接着出现了一段表述有点笨拙的文字，乍一看不伦不类，但在某种程度上却切中要害：

> 于是，我不得不正视自己与权力的关系。我再也不能用我的纯真来隐藏我对那些掌权者的嫉妒。我发现，这只是遵循了我们文化的一般程序：权力被广泛觊觎，却很少有人承认。一般来说，拥有权力的人会压抑自己对这一事实的意识。而正是我们社会中的被剥夺者［以"女性权力"（women's power）和"黑人权力"（black power）等运动为代表的］，在他们有能力的情况下，迫使我们直接面对这个问题。

可以说，在这里，梅承认了自己对作为一名白人男性专业人士自动享有的特权视而不见，并证明了他从"被剥夺者"的争论和行动中学到的一切。

这也间接反映了梅对那些反抗美国社会不平等的人们的认同。他从青年时代起，就一直在努力克服阶级和文化上的不安全感，尽管不那么明显。他的个人叙事，包括日记和对梦的解读，以及他在20世纪80年代写的一本不完整的自传，描绘了一个因成长环境而处于不利地位的人，在与根深蒂固的权力和狭隘思想的斗争中，常常不能完全坚持自己的主张。梅的内心深处充满了怨恨和自卑，这些情绪并没有被世俗的成功所完全消解。这很可能会让他真实地感受到，没有权力会对真正被剥夺权力的人造成多大的伤害。

也许正因为如此，梅对黑人心理学家肯尼斯·克拉克的著作格外青睐，后者的《黑暗贫民窟》对城市动乱进行了社会心理分析，印证了梅的观点，即年轻黑人对压迫的愤怒反应是他们对自身权力和人性的绝望宣泄。黑人作家詹姆斯·鲍德温（James Baldwin）信奉存在主义，在1963年出版的《下一次将是烈火》（*The Fire Next Time*）中提出了类似的观点，梅读过这本书，但没有引用。鲍德温痛斥这个"无辜的国家"将黑人"安置在贫民窟，实际上是想让他们消亡"。对鲍德温来说，消亡意味着"永远不能背叛白人的定义，永远不被允许拼写自己的真名"。

《权力与纯真》突出强调了非裔美国人的情况，并将他们视为他20年来一直在论述的更为普遍的弊病的极端例子——在这种个人的命运中，他们感到"对别人来说微不足道，因此感觉对自己也不值一提"。他在一些章节和理论中穿插了文学、历史以及二十世纪六七十年代文化危机的例子。梅将权力定义为"引起或阻止变革的能力"。在社会中，阻止变革的权力显而易见，它可能涉及他人或权威对一个人的压迫，无论通过武力、操纵、剥削，还是仅仅通过约定俗成的传统，这些权力在物质上和精神上摧毁着人们。然而，面对那些否定自我价值感的人，梅致力于通过创造力、自我肯定和自我坚持来实现变革的力量。

至于纯真，梅颂扬了诗人和艺术家的"真正的纯真"，或者圣方济各或耶稣所代表的精神态度——孩童般以"敬畏和好奇"看待世界的能力。他指出："这是将孩童般的态度保留至成熟时期，同时又不牺牲对邪恶的现实主义的感知。"梅将这种既见世界之光明又见其黑暗的能力与"有意识地放弃"权力而不承认邪恶的状态进行了对比，他将后一种状态称为"虚伪的纯真"（Pseudoinnocence）——"幼稚而非天真"。这种"纯真"导致我们"对现实视而不见，且说服自己已经摆脱现实"。人们既没有认识到他人身上邪恶的力量，也没有认识到自己内心与邪恶同流合污。梅特别强调了赫尔曼·麦尔维尔（Herman Melville）笔下的比利·巴德（Billy Budd）[1]，他一直坚守着这种"纯真"，直至他因未曾犯下的罪行而被处死的那一刻；梅也突出描写了美国的民族纯真，美国相信天意或"被选"，事实上却选择为此名义下的每件恶行竭力辩护，从屠杀美洲原住民到发动越南战争皆是如此。

梅还谴责了查尔斯·赖希（Charles Reich）在 1970 年的畅销书《让美国永葆青春》（*The Greening of America*）中所展示的另一种伪纯真。赖希认为，美国文化经历了三个意识阶段，最后一个阶段（意识阶段Ⅲ）以伍德斯托克音乐节所预示的向和平与爱的转变为标志，正在迅速蔓延，很快将成为社会的主导力量。梅对赖希关于过去的分析几乎没有异议，但他反对赖希想消除现在和未来的邪恶的方式。赖希认为，"意识阶段Ⅲ"是一种无法阻挡的具身化力量。它"无须诉诸暴力就能够成功，且暴力也无法成功抵抗它"。梅揶揄式地引用了

　　1　出自小说《水手比利·巴德》。青年水手比利·巴德为人和善，年轻漂亮，受到船员的爱戴，但却遭到军械师的嫉妒。被陷害之后无法用言语辩解，他一怒之下误杀了军械师，迫于军法，他最终受到绞刑。——译者注

赖希的话："这些难题——如果指的是政治和经济组织的话——是不重要的，甚至是微不足道的。"对此，梅问道："难道真的没有敌人吗？"接着他列举了美国面临的"法西斯主义蔓延"的种种迹象。

与这些篇章并列的是支持一般理论的案例史，以"黑人与无能：梅塞德丝的生活"为突出代表。梅塞德丝是一位 32 岁的黑人女性，她和一位白人职业人士有一段 8 年的婚姻，但由于没能成功生育，他们的婚姻濒临解体。之前的两位治疗师给她贴上了"不可治疗"的标签，但梅接受了挑战，让她充分认识到自己的人性。事实上，他选择了肯尼斯·克拉克的《黑暗贫民窟》中的一段话作为题记："黑人真正的悲剧在于，他没有认真对待自己，因为没有人认真对待过他。黑人的希望在于，他现在宣称自己是一个真正的人，并要求享有一个人应有的权利。"

这是一项特别艰巨的任务。梅塞德丝从小受到性虐待，在家里被教导要顺从，但她仍然拥有坚强的意志和智慧，接受了大学教育，后来又上了护士学校。然而，由于隐约感到抑郁和冷淡，尤其是对自己的婚姻，她开始接受心理治疗。事实上，当梅在治疗中问起梅塞德丝的目标时，她回答道："让我有个孩子，让我做个好妻子，让我享受性生活，让我感受到点什么。"她最终确实怀孕了，但早期的治疗反映出一种无助感，这种无助感不仅来自家庭性虐待的后遗症，也来自"当权者傲慢地卸下'白人的负担'[1]"，对"她的感受或权利"表现得"丝毫不尊重"，正如她的一个梦境所象征的那样——一个警察开枪打死了她的狗并将其带走了。

她还表现出可能流产的不祥征兆，梅认为这与她压抑的情绪有关——她既不允许自己感受到愤怒，也不能表达对父母或其他事物的

---

1 白人的负担（white man's burden），指白种人认为自己有责任"教导"有色人种如何去生活。——译者注

愤怒。他决定，"并非完全有意识地，用我的愤怒来代替她的愤怒"，并抨击她的母亲和继父是如何对待她的。他解释说："我尝试将自己和那种微弱的自主性联合起来，我们必须假设每个人身上都存在这种自主性，尽管在梅塞德丝身上一开始几乎没有显现出来。"这在当时算不上是标准的治疗方法，但出血的症状停止了，几个月后，梅塞德丝开始在梦中和治疗中表达自己的愤怒。在后来的梦境中，面对父母的威胁，无助变成了无畏。男婴顺利出生了，这对夫妇给他取了一个普罗米修斯式的名字，以示庆祝，并纪念他们生命中的重大事件；在梅看来，这意味着"一个新的人类种族"的诞生。

案例史往往具有故事书的特质，提出问题并解决问题，但剥去了生活细节的杂乱无章。梅塞德丝的案例史就符合这种模式，一个复杂而漫长的治疗过程被塑造成了一节特定的课程。然而，梅对这个案例的描述，深刻地揭示了他的治疗理念和暴力在社会中的地位。他解释了自己为梅塞德丝感到愤怒的决定，尽管他指出这只是一个部分有意识的决定。"我并不是在扮演一个角色，"他强调说，"我是真的对她的母亲和继父感到愤怒……我也并非仅仅是在'训练'梅塞德丝建立'习惯模式'，让她自己能够感到愤怒。不，我们是在'玩命'——为了保住她腹中的胎儿。"这强烈地表达了他对共情和治疗关系的看法，即真正的相遇是可能的，不能被简单称为移情或反移情。

他认为，理想的做法是鼓励来访者在临床环境中表现出被压抑的愤怒和攻击性，这样就可以分析与理解愤怒和攻击性的根源，并使其带着充分、可控的感受在现实世界中采取行动。梅将梅塞德丝案例的最后一部分命名为"毁灭生命和赋予生命的暴力"，指出在她的梦境和清醒的生活中，"暴力显然存在，而且大量存在"，它不受控制地表现出来，既是自我防御，也针对她自己和所爱之人。他指出，"在学校或街上打架时，她变得很疯狂"，"不知道自己在做什么"。在梦中，她不仅抨击母亲和继父，还抨击儿子和深爱的祖母，并与丈夫"歇斯底里地争吵"。根据梅的说法，这些对象都是"曾经让她屈从的人"，"为了她自己的自主权，应该与他们进行斗争"。在这份名单中，当然也包括梅自己，因为来访者"必须与治疗师斗争……恰恰因为治疗师设法提供帮助"。毕竟，来访者接受治疗时，已经交出了部分自主权。

梅在梅塞德丝的"全面攻击"中发现了另外一种含义。"这是解释贫民区暴乱的一个重要方面，"他指出，"焚烧、掠夺、杀戮，它们可能矛盾地指向与暴动者最亲近和最亲密的人。"此外：

> 因此，正是在自我毁灭的暴力中存在着一种自我肯定。最终，这种自我肯定体现为一个人展示自己的权利，如果他选择死亡，他就可以亲手杀死自己……对于自重的人来说，暴力始终是一种终极可能性——暴力如果得到承认而不是压制，诉诸暴力的次数就会减少。对自由的人来说，当让人无法忍受的对精神和肉体的暴政或独裁剥夺了所有其他的发泄渠道时，暴力仍然是其所能想到的最终出路。

在梅塞德丝的个案史之后的篇章中，梅进一步阐述了权力、纯真、侵略和暴力的角色，这些角色的根源都在梅之前提出的"原魔"概念中。"原魔"所激发的暴力和狂喜可以促使艺术家解构或净化旧的形式，并重新创造它们，也可以驱使当权者在没有复兴愿景的情况下毁灭生命和社会秩序。他提供了形式各样的例子，无论是在蒙德里安的艺术中，在抢劫变成谋杀的可怕暴力中，还是在更大的规模上，如在暴力和暴力威胁下战斗中的士兵所产生的友谊和意义——这些暴力导致了无法估量的破坏。只有面对人类的攻击和暴力之能力的事实，才能帮助人们选择如何使用和控制它。虚假的纯真无法提供出路。奇怪的是，他用艾莉森·克劳斯（Allison Krause）的例子来说明这一点，她是肯特州立大学遇害的学生之一，在遇害前一天，她把一朵花放进一名警卫的枪管里。虽然梅非常钦佩她的行为，但他也认为，从国民警卫队的角度来看，她扰乱了正常秩序，天真地将自己置于火线之上，压抑了她对枪支的恐惧。

在最后两章"反叛者的人性"和"迈向新共同体"中，梅从强调悖论和二元性转向了更加充满希望的主题。这两章还拓宽了梅的参考框架，至少指出了社会变革的一个关键来源——寻求改革社会意识的个体反叛者。他以弗朗索瓦·特吕弗（François Truffaut）的《野孩子》（*L'Enfant Sauvage*）为例，故事讲述了小男孩维克多从森林里动物般的生活中被解救出来，正在接受一位医生的文明训练。维克多已经学会了接受犯错后的惩罚，但如果医生在他表现正确时也对他进行惩罚呢？维克多会愤怒地反抗，他的训练者认为这标志着成功。他表现得像个真正的人。梅将这个男孩的行为描述为"能够感知不公正并采取反抗的立场"，就好像他的生命取决于此。他之所以为人，正是因为"能够反抗"。

梅颂赞反叛本能是最具人性的特质之一，他感到有必要区分"反叛者"（rebel）和"革命者"（revolutionary）。革命者试图推翻现有的秩序和政府，常常给社会强加一种他们自己建立的专制体系，而反叛者进行的是另外一种战斗。反叛者只是"反对权威或约束"，"反对既定的习俗或传统"。梅在这些字词定义的基础上，进一步描述了符合其自我形象的叛逆者。这位反叛者"永远躁动不安"，在自己和他人身上寻求"内在改变"，很少关注外在的成功，而是专注于一种新的"生活和社会愿景"。他利用自己的权力，不是为自己聚集更多的权力，而是分享和激励一种自我肯定的力量。梅再次提到普罗米修斯，他从众神那里盗取火种并将其赐予人类，他将泰坦神所受的折磨比作"创造性个体的痛苦"，无论是艺术家还是社会反叛者，他们都在冒着极大的风险创造和再造文明。他列举了从古希腊到当代美国的反叛者典范：苏格拉底、耶稣、威廉·布莱克[1]、佛陀和克里希纳[2]，以及激进的反战天主教牧师丹尼尔·贝里根和菲利普·贝里根（Daniel and Philip Berrigan），还有泄露五角大楼文件的丹尼尔·埃尔斯伯格（Daniel Ellsberg）。他也没有忽视凡·高、塞尚、毕加索、杰克逊·波洛克（Jackson Pollock）和马克·罗斯科（Mark Rothko）对主流艺术的反叛。他甚至为那个时代的"辍学者"或"嬉皮士"的反叛精神美言，这些人感到与他们所熟知的社会格格不入。

梅强调反叛者在改变信仰和审美意义方面的作用，这与那些强调必须在结构层面进行变革的学者（他以艾里希·弗洛姆和威廉·赖希为例）形成了鲜明对比，后者认为社会在塑造意识方面比先知更重要。梅采取了一种可称为弗洛伊德式的方法来理解这个问题，即认为所有社会，无论其宣称的理想或人性结构如何，都对人的行为和思想设置了限制，这些限制会激怒反叛者，激发"牛虻"，并使其他人患上各种形式的神经症。然而，他在引用加缪的话时感到最满意："我们每个人都有自己的流放之地，我们的罪行和我们的蹂躏。但我们的任务不是向世界释放它们；而是在自己和他人身上与它做斗争。反叛，不肯屈服的意志……仍然是斗争的基础。"

《权力与纯真》的最后一章"迈向新共同体"以布道的口吻总结了全书，呼吁个人主义的、假装纯真的美国清醒地认识到自己的"原

---

1 威廉·布莱克（William Blake，1757—1827），虔诚的基督教徒，英国第一位重要的浪漫主义诗人、版画家，英国文学史上最重要的伟大诗人之一。——译者注

2 克里希纳（Krishna），字面义为"黑色的神"（黑天），通常被认为是毗湿奴神的第八个化身。——译者注

魔"本质，认识到自己既能行善也能作恶。然后，它可以通过新发现的共情能力和"意向"伦理重新加入人类，在这种"意向"伦理中，"每个人都为自己行为的后果负责"，因为这些行为影响了更广泛的人类社会。他指出，"人类的未来在于那些能够在人类的团结一致中有意识地作为个体生活的男女。他们利用个性和团结之间的张力作为其合乎道德的创造力的源泉"。

在提出这个论点时，梅抨击了美国新教中强调个性而非同情心的个人主义，这种个人主义造成了"一个品格无可挑剔的人领导着一家工厂，而这家工厂却不合理地剥削着成千上万名员工的奇怪局面"。人类潜能运动的情况也不尽如人意，无论是它对个体的单一关注，还是对一个人可以实现无限"成长"的暗示。许多现代基督教和人本主义心理学的"成长伦理"都忽视了"原魔"斗争的持久性，缺乏"对他人的真正共情，对那些被剥夺权力的人——黑人、囚犯、穷人——的喜怒哀乐的认同"。这与"十一奉献"[1]和帮助"不幸者"截然不同。它是在一个包容的社群中与所有人进行共情的交流，有意识地平衡个人需求与社会需求。

《权力与纯真》的受欢迎程度反映了它将心理学、哲学、时事、宗教灵感和批评完美地结合在一起。评论家们发现很难吸收整部作品，因此他们通常会选择强调某一个主题，努力将其融入大量试图诊断和治疗20世纪70年代文化危机的书中。阿纳托尔·布洛雅（Anatole Broyard）在《纽约时报》上撰文，对梅的"直觉真理的天赋"（gift for gut truths）做出了发自内心的回应，并回忆起教堂会众对一位黑人牧师的反应，他在收音机里听过这位牧师讲话。

1　十一奉献（tithing），指将个人收入的10%捐献给教会或其他慈善机构。

当梅说"无能使人堕落"时，我想大喊："没错！"当他说"在我的记忆中，在过去的40年里，没有哪段时间对个人的能力和潜能谈论得如此之多，而对它们的实际信心却如此之少"时，我想呼喊："我知道这就是真相！"……他说了很多我一直无意识地希望从权威人士口中听到的话。他感受到了美国人生活中模糊而普遍的焦虑，并将其分解成清晰而具体的细节。

《纽约时报》认为《权力与纯真》非常重要，因此也在"周日书评"专栏发表了评论，但这一次的反响却大有不同。保罗·罗宾逊（Paul Robinson）是斯坦福大学的一位思想史学家，曾撰写过关于弗洛伊德及其追随者的文章，他的研究领域与布洛雅大致相同，他欣赏梅的一些论点，但认为《权力与纯真》总体上缺乏知识的严谨性。此外，他还对梅的"浮夸的哲学语言"感到不快，并指责梅在讨论美国外交政策时缺乏专业知识。罗宾逊认为，正是那些让布洛雅欢呼雀跃的见解缺乏原创性，而梅的"直觉真理"也被罗宾逊驳斥为"流行心理学"，"根本没有理论和经验上的严谨性"。

宗教期刊的评论集中于梅对基督教及其纯真概念的看法，不出所料，他们的观点也各不相同。罗纳德·桑普森（Ronald Sampson）在自由派天主教杂志《公益》（Commonweal）上写道："这本书唯一可能达到的目的，就是播种最广泛的道德混乱。"事实上，他称这本书"道德扭曲"。威廉·汉密尔顿（William Hamilton）是一位激进的神学家，协助开创了现代基督教中"上帝之死"的概念，也曾就读于协和神学院，他同意梅对社会现状构成了威胁，并认为这是件很好的事。汉密尔顿在《基督教世纪》上写道："我的观点是，如果我们允许麦尔维尔笔下的比利·巴德来设定攻击的条件，那么对纯真的攻击，就是对西方塑造的基督和基督教品格的攻击……在这本睿智、人道和令人敬佩的书的背后，隐藏着两个相当可怕的问题：美国能做到吗？基督教能做到吗？”

这是两个非常棒的问题。

第二十四章　回首看，向前走

　　罗洛·梅的办公室位于滨河大道和第 103 街交汇处的大师楼顶层，从办公室的窗户向外望去，可以真切地看到他在曼哈顿生活了四十年的场所——协和神学院、哥伦比亚大学，北边是他曾住过的宿舍和公寓，南边是威廉·阿兰森·怀特研究所，东边是他和英格丽德的公寓，就在中央公园的树梢和草坪后面。他甚至可以想象，在哈德逊河对岸 25 英里处，他曾服务过的新泽西州维罗纳的教堂。在这座他深爱的城市里，梅组建了家庭，开创了事业，并与许多人建立了终生的友谊。然而，到了 20 世纪 70 年代，这座城市的面貌与战后的辉煌时期已经大不相同。无论从他办公室里看到的景象多么宁静，曼哈顿上西区已然屈服于日益升级的暴力犯罪和迅速发展的毒品文化。纽约市本身也在逐步陷入财政灾难。

　　这些困境构成了梅自己生活中焦虑和困惑的背景。尽管自 20 世纪 40 年代末以来，怀特研究所一直是他的职业基地，但他发现自己和同事们越来越疏远，这是同事们个人嫉妒的结果，也是梅忽视自己在研究所的教学和督导职责的代价。最终，他和英格丽德的婚姻也变得几乎令人无法忍受，这在很大程度上是因为他们的年龄差异和代沟，以及彼此对自由的追求。英格丽德挑战并激怒他，虽然终归失败，但和她在一起的生活撼动了他对女性的认识，向他揭示了自己曾经懵懂无知的愤怒和渴望。这种觉醒无疑有助于他创作《权力与纯真》，而书中写给英格丽德的献词，便是他亏欠她的人情。然而，随着他们的婚姻陷入冲突、嫉妒和愤怒的泥潭，他也开始疏远纽约生活的主要方面。梅试图通过重新审视自己内心生活中最重要的方面来找回自我。毕竟，他已经六十出头了，经历了失去亲密朋友和同事的痛苦，而这也预示着一个人大限的来临。因此，是时候回到他的本源，巩固他关于人类目标和承诺的观点了。

当然，其核心是保罗·蒂利希的影响。在1965年丈夫去世后不久，汉娜·蒂利希就敦促梅为他的导师写一本传记。梅觉得这个想法很吸引人，但没办法立即着手，因为他的《爱与意志》正在收尾阶段。此外，正如他在给汉娜的信中所补充的："一个人永远没法直接'决定'写一本书——他必须慢慢融入其中——这甚至比婚姻还要艰难，因为在婚姻中你可以离婚，可一旦你全身心地投入一本书，那个魔鬼就不会让你安宁。"梅写道，他想要深入了解保卢斯（Paulus，即保罗·蒂利希）的灵魂，而不只是简单地介绍他的生平和思想。对梅来说，至关重要的是蒂利希"与邪恶的关系"。他是一位"直面邪恶和'原魔'、虚无和深渊且毫不畏惧"的思想家。梅用了两页多的篇幅来阐述这一特质的含义，并将蒂利希与莱茵霍尔德·尼布尔和弗洛姆进行了比较。"粉饰"有关蒂利希的回忆并无助益，严格意义上的心理学传记也无足轻重，因为"他的精神决定了他的伟大"。事实上，他担心，"在我们这个技术至上、鼓励适应的心理学时代……（蒂利希）可能是最后一个浮士德式的人物，直到一个新时代诞生"。

事实证明，将蒂利希想象成现代浮士德的挑战极具诱惑力，足以让梅克服最初的谨慎，他开始相信，只有他才能公正地描绘蒂利希的全部天赋。毕竟，蒂利希的儿子勒内（René）称梅是"保罗精神上的儿子，而我却没有做此选择"。梅认为写这样一本书是一种英雄之举。"我能够有勇气地生活吗，在一个分崩离析的时代？"他在日记中写道，他不知道自己是否能胜任这项工作。然而，1967年，梅与哈珀与罗（Harper and Row）出版社签订了这本书的出版合约，到了1969年初，他已经将这本书从一部全面的传记缩减为一本不那么浮夸却更引人入胜的小书——一幅根据两人 30 年来亲密关系中的个人观察和谈话而绘制成的肖像。正如他在序言中所指出的，这是"我唯一有希望做到公正的领域"。1972 年，在《权力与纯真》出版后，梅便开始写这本书。该书于 1973 年 10 月出版，名为《保卢斯：追忆一段友谊》（*Paulus: Reminiscences of A Friendship*）。在 113 页的篇幅中，梅以充满爱意有时又十分精妙的笔触，描绘了蒂利希复杂而矛盾的一生。

梅首先讲述了他们在 1934 年的第一次相遇，并强调了蒂利希的德国背景、他对希特勒的坚决反对，以及他在 1934 年逃离纳粹的经历。在随后的简短章节"狂喜的理性"中，他解释了早年蒂利希作为导师和一个人对自己的吸引。梅在欧柏林学院和希腊本土吸收了古典希腊文化丰富的悲剧内涵，他在蒂利希身上看到了以埃斯库罗斯和索福克勒斯为起点的思想脉络的现代传承："每个人在我看来都极其重要；每个人都过着一种严肃但不沉闷的生活……每个人都燃烧着宝石般的火焰。它们源自这样一种认识，即我们在这片土地上度过的短暂一生，是为了强健我们的体魄、丰富我们的思考，为了表达我们的想法、唱诵我们的诗歌。"蒂利希最相信"纯粹思考所带来的价值和愉悦，有时甚至是狂喜"。

梅断言，蒂利希的逻辑能力与狂喜能力结合在一起，创造了一种真实性，这种真实性为他在这个世上的存在赋予了色彩——无论是满足他对沉思独处的深层需求，还是更强烈的与他人交往的冲动。梅描述了一次典型的公开演讲，他注意到"蒂利希的面容会随着他说的每句话而改变神态——时而表现出痛楚，时而好奇，时而喜悦，但无论如何，都反映出他内心对所讲内容的个人承诺"。在人际关系中，他的直率、关切，以及无法"掩饰自己的尴尬、脸红或不适"，使朋友或新认识的人对他坦诚相见。不过，有时他也可能会忽略别人。梅记得有一次，他在纽约和蒂利希夫妇住在一起时，保卢斯在走廊上与他擦肩而过，"就好像没看见我似的"。

梅将保卢斯的这一两面性归结为"凯洛斯"和"虚空"之间的创造性斗争，是其与生俱来的才华、丰富而充满激烈矛盾的德国文化、疏远而专制的父亲，以及因母亲去世而终止的母子间相互崇拜而感性的爱的结合。从某种意义上说，他的人生旅程，不论是在神学还是日常生活中，都是在拥抱光明与黑暗、快乐与恐惧、暂时的安宁与可怕的焦虑。正如梅所指出的，蒂利希自己也描述过"父亲和母亲的影响之间持续而紧张的较量"，以及"在斗争和命运之中"的生活，"两种原则相互搏斗"。他强调，这些内在的斗争在蒂利希身上孕育出一种英勇而又多变的创造力，一种诚实地与善和恶、欢乐和绝望等议题做斗争的思想和灵魂。

只有一个话题让人尴尬，那就是蒂利希对女性的吸引力和婚外情。这个问题暂时中断了梅和汉娜的关系，当时她声称要自己写一本书，一本有关精神和性的自传，不可避免地会涉及她的婚姻。汉娜创作《此时彼时》(*From Time to Time*)有诸多原因，其中最重要的原因是她想讲述自己的精彩故事。她的一生深受密宗神秘主义影响，在保罗有生之年，她主要是在私下里表达，因为她需要维持一个著名神学家妻子的形象。她担心梅会淡化保罗作为一个丈夫的"可怕缺点"，以取悦"所有将他视为己有的小女孩，以及所有苦心研究其思想的聪明男人"。这不仅是不忠的问题（汉娜自己也曾与其他男人有染），也不仅是因为她的嫉妒，尽管这两者显然都在起作用。更确切地说，她认为蒂利希的"花心"和性方面的缺陷，正如她所体验到的那样，是一种更广泛的智力抱负理论的一部分。她解释道："精神性或'智力天赋'意味着抑制生理上的渴求，而这是有其后果的。"也就是说，"他会是一个差劲的爱人"。蒂利希和其他天才一样，"射入宇宙"的事实使"他的生活悲惨，他的爱情失真，他的激情虚假……他没有真心"。

1972 年夏天，汉娜请梅阅读了她的手稿。这是她几十年来所写的散文和诗歌的集锦，也记叙了她在遇到保罗之前、与他在一起以及他去世后的生活。梅很不情愿地读了一遍，并立即劝她不要出版。其他朋友也提出了同样的建议，许多出版社都拒绝了这本书，最终在 1973 年初，她和斯坦与戴（Stein and Day）出版社签订了合同。梅"对整件事感到恶心"，并决定在自己的书中加入一章，反驳他在汉娜的叙述中看到的怨恨和歪曲。他强调说，蒂利希对女性的情欲和爱，通常是一种精神上的亲密，不符合简单的道德主义评判。此外，他怀疑蒂利希与其他女性的许多接触最终都落在性爱上。事实上，他赞美蒂利希人格的这一方面是"我所见过的最清晰的厄洛斯行为的表现。他的关系总是使人通往一种更高的境界，走向一种新的形式、新的可能性、新的意义，即使不是在现实中，也是在承诺中……因此，心爱的女人是通往上帝的道路，她就像罗马天主教中的玛丽亚一样"。与此同时，他承认，汉娜·蒂利希（或任何嫁给这样一个男人的女人）可能不会这么看。

在梅看来，这不仅是蒂利希与其他女性的亲密关系是"情欲"或"性"的问题，也不仅是人们所说的这些需求与他的神学激进主义有关的问题。他对汉娜的描述感到厌恶，与一种更普遍的文化腐蚀感和关系的廉价化有关。在《保卢斯》和《此时彼时》出版 6 个月后，《基督教世纪》对梅做了一次具有启示性的访谈，梅谴责了文化中一种日益增长的趋势，即无视人类努力奋进的伟大，强调所有个体的同一性，并将英雄和天才贬低为平庸之辈。他抱怨说，汉娜的描述"几乎没有提及（蒂利希的）伟大才智"。相反，她为不知情的读者刻画了一个"老色鬼"的形象。

梅的担忧理由充分。这两本书几乎是同时出版的，而且往往被放在一起评论。在这两本书最广为流传的评论中，《时代》周刊刊载了一篇名为"保罗·蒂利希，情人"（"Paul Tillich, Lover"）的 700 字的书评，并以汉娜直言不讳地描述保罗在派对上的性挑逗作为开头。评论家称《此时彼时》"几乎没有提及这位神学家在存在主义神学方面的开创性工作"，而是指出与他在一起的生活"就像是在神学院的会客厅或卧室里上演的歌舞剧"。不出所料，在谈到《保卢斯》时，评论完全集中在梅对蒂利希的性观念的低调评价上，而全然忽略了他对他们之间关系的描述，以及他对蒂利希的思想及其在基督教和现代文化中地位的阐释。其他许多评论者也纷纷效仿。

然而，最有趣的是一些神学家的反应，因为在二十世纪六七十年代，自由派新教出现了多种激进的创新，其中许多都来自蒂利希的见解。像保罗·范·布伦（Paul Van Buren）、托马斯·奥尔蒂泽（Thomas Altizer）、威廉·汉密尔顿和加布里埃尔·瓦哈尼安（Gabriel Vahanian）等美国神学家，每个人都以各自的方式，通过参与教会之外的宗教体验，寻求一种复兴的、更有意义的基督教。其中最著名的是哈佛神学院教授哈维·考克斯（Harvey Cox），他的畅销书《世俗之城》（*The Secular City*，1965）和《愚人盛宴》（*The Feast of Fools*，1969）颠覆了世俗化的概念，主张上帝的存在在于对日常生活的参与和庆祝。考克斯在《纽约时报》周日版上对这两本书给予了高度评价。他从《此时彼时》开始，指出汉娜·蒂利希"远不止"是保罗·蒂利希的妻子，更确切地说，她本身就是"一个诗人、女巫、情人和神秘主义者"。考克斯也曾是蒂利希的学生，但与蒂利希的关系不如梅和蒂利希那么亲密，他总结道："在阅读了关于与他一起生活是何感受的朴素描述后，我现在比以往任何时候都更加了解他、尊重他。"

考克斯称赞《保卢斯》"像汉娜的书一样坦诚，但看起来不那么粗俗，而是更加温和、深情且客观"。虽然考克斯适度批评了梅的精神分析式思考，但他对梅的赞美溢于言表："他非常了解神学，令人叹服地阐述了蒂利希在《存在的勇气》最后一章所描述的'超越上帝的上帝'，而且他巧妙地回应了那些轻率地给蒂利希贴上'无神论者'标签的人。"考克斯也没有（像其他人一样）嘲笑梅将蒂利希在世的最后时刻类比于柏拉图描述的苏格拉底之死，而是认为在《保卢斯》的结尾，这种比较"看上去并不牵强"，蒂利希是"我所知道的同时代的所有人中最明智、最公正、最优秀的人"。他"感激"两位作者让他看到"蒂利希了不起的'在场'，以及给一个简单的词赋予丰富内涵的能力"。

其他知名的自由派基督徒——那些有着更传统的教会观念和性观念的人，对梅笔下的保罗·蒂利希的反应较为谨慎，但仍然表示欣赏。马丁·马蒂（Martin Marty）对比了《此时彼时》与梅的描述，他认为前者是一本"愤怒、受伤、缺乏语境、从精神分析角度来看含混不清的书，坦率地说，我希望它从未被出版"，而后者则展现出了"哲学的深度"。至于蒂利希的不忠，马蒂指出，他只是一连串不完美的道德领袖中的一员：大卫王、马丁·路德（"酷爱啤酒的老马丁·路德对我影响很大"）、马丁·路德·金、约翰·肯尼迪等等。他担心梅和汉娜的书会被蒂利希的反对者所利用。他想象那些人叫嚷道："蒂利希所谓的神学就是那种人制造出来的！"

在《保卢斯》出版后不久，梅就转向创造力的话题，以及从记事起就一直"困扰"他的问题。对他来说，创造力已经成了一个关键词，最初定义了一个健康的基督徒心理，后来成了本真的存在主义生活的一个方面。在20世纪50年代，梅曾认真地研究创造力的话题——演讲、给专业期刊投稿、参与小组讨论和会议。然而，直到1973年左右，他才决定将这些文章和讲座结集，编成一本名为《创造的勇气》的小书，并于1975年出版。

梅摒弃了过时的精神分析理论，即认为创造力是一种"补偿"，或"服务于自我的退行"。虽然他不否认这些概念对某些艺术家的适用性，但他认为这些概念是还原论的、表象的，并不是创造力本身的核心。相反，他信奉将创作者视为先知的浪漫愿景，将熟知的存在主义主题和语言（包括一个极具蒂利希风格的标题[1]）应用于创作过程和艺术家在社会中的角色。第一章以他最喜爱的一种句式开头，即我们"生活在一个时代即将消亡而新时代尚未诞生的时期"，艺术家可能会提供一种人们迫切需要的声音，让人类建立坚实的基础。他认为，创造的勇气包括"发现新的形式、新的符号、新的模式，在此基础上，新的社会得以建立"。在梅看来，与文化有着深刻接触的各类艺术家都挑战了现状，触怒了当权者。他将这一现象追溯至《创世记》（亚当、夏娃和智慧树）和希腊神话（普罗米修斯从众神那里盗取火种，并将其赐予人类，因此触怒了宙斯）。亚当和夏娃被逐出伊甸园，普罗米修斯则被绑在高加索山上，这些都隐喻了解放主义意识及其阴影，即面对死亡之惩罚的必然性，创造力"渴望不朽"。

梅对该书的构思远远超出了学术心理学或精神分析的范畴，而是转向了充满诗意的真理和对真正精神生活的追求。他引述了他的朋友斯坦利·库尼茨的观点，即"诗人写诗是出于愤怒"，诗人强烈地抗议生活的悲剧和不公，最终反抗死亡的终极不公。更生动的是，梅回忆起迪伦·托马斯（Dylan Thomas）面对父亲去世时愤怒的呼喊——"不要温和地走进那个良夜"。梅指出，那些遭人谴责的反抗公认信仰和哲学的反叛者——苏格拉底、耶稣、圣女贞德——在死后常常被视作圣人和文明的基石："正如保罗·蒂利希所说的那样，他们以超越上帝的上帝之名义，来反叛上帝。"他们的行为是"宗教领域创造性勇气

1　梅的这本书名为《创造的勇气》，而蒂利希写过一本书叫《存在的勇气》。——译者注

的标志"。这一章的华丽结尾是对全人类创造力的响亮号召，包含了对乔伊斯的《一个青年艺术家的画像》倒数第二句话的改述。梅认识到"创造性勇气带来的深刻喜悦，无论我们的创造多么微不足道或偶然"，并号召读者"在我们灵魂的铁匠铺里第一百万次地锻造人类尚未被创造出来的良知"。

梅确实提出了一个警告，即真正的创造力涉及与研究主题的"相遇"并"沉浸其中"。要确保真正的原创作品，这两者都是必要的。这些现象有时被称为创造力的酒神（Dionysian）和日神（Apollonian）的特征，当它们在狂喜状态（即主体和客体之间的界限被消解的超自然状态）下相结合时，其力量最为强大。然而，在唤起相遇、沉浸甚至狂喜的激情之后，梅提醒读者注意生活中不可避免的悲剧性限制，以及在追求创造的时刻"形式"（form）的必要性。他认为，心理治疗或许可以帮助人们释放创造性精神，但也有助于人们理解象征性与经验性权威的界限，以及面对终极的限制——死亡。他没有将这种理解的探索局限于心理治疗。事实上，在"德尔斐神谕作为治疗师"的章节中（它最初是库尔特·戈德斯坦纪念刊的一部分），他指出，"象征和神话"的重要作用不仅隐含在古希腊人在德尔斐神殿寻求智慧的过程中，也隐含在正确使用罗夏墨迹测验和主题统觉测验等心理学工具的过程中。所有这些象征性的结构，包括宗教，都有可能激发创造的狂喜并为其提供指导框架。

人们对《创造的勇气》的评论在某些方面出奇地相似。他们大多同意梅将艺术家视为先知的观点过分限定了创造力，但同时也称赞这本书令人振奋甚至鼓舞人心的基调。热情洋溢的阿纳托尔·布洛雅将梅描述为"一个浪漫的精神分析师，一个'好父亲'，与那些冷峻的弗洛伊德主义者形成鲜明对比"，后者只会对生活的乐趣泼冷水。布洛雅并不太反对梅对创造力的基本看法，因为他发现，与《权力与纯真》相比，这本书的观点"友善、亲切、近乎饱满"，而且"很感性"。同样，罗格斯大学的心理学家霍华德·格鲁伯（Howard Gruber）认为，梅对创造力的情感方面的看法"令人信服"，但他批判梅过于强调创造力在社会变革方面的可能性。不过，格鲁伯最后指出，这本书让他"惊奇不已"，"没有什么比惊奇更令人快乐，也没有什么比人类的创造力更令人惊奇，而这正是梅试图告诉我们的"。欧文·马科维茨（Irving Markowitz）本人也是创造力的诠释者，他敏锐地指出，《创造的勇气》更多地谈论了勇气而不是创造力，并担心梅的方法"更偏向神学，而非科学"。

这些批评合情合理，但在某种意义上没有抓住重点。梅在《创造的勇气》中隐含的议程，特别呼应了《爱与意志》的议题及其对西方传统的广泛引用。他假设他的读者生活在两个时代之间的悬崖边上，而他仿佛在说：没错，你在这个世界上感到迷失，但请看看自古希腊以来的哲学家、作家、艺术家和其他人提供的智慧，它们会指引你对自我和社会的看法。对于那些被各种媒介或领域的创造精神所激励的人，他制定了一套分析方法，以激励、表彰并促进这种努力。确切地讲，《创造的勇气》并没有传递马科维茨所说的"神学"信息，而是在根本上传达了一种精神化的信息，它建立在象征和神话的基础上，对创造性想象力颇有启示意义。梅认为，创造性想象力的历史根源在于宗教，但其酒神和日神特征的结合也表现在许多非宗教的思维方式中。简而言之，"埃斯库罗斯、索福克勒斯和其他剧作家之所以能写出伟大的悲剧，是因为神话中的宗教内涵为他们对人类尊严和命运意义的信念提供了结构性支撑"。因此，在许多方面，《创造的勇气》不仅让梅回归了创造力的议题，也让他再次关注象征和神话的重要性。他认为这是社会复兴的关键——在这个时代，即使是他最认同的人本主义心理学运动，似乎也只专注于个体，至多只是事后才想起社会凝聚力和意义的问题。

　　与此同时，随着梅在纽约的生活中越来越感到疏离，并开始从长期关注的问题中寻求新的意义，他的注意力越来越多地转向美国西部。尽管他在曼哈顿生活了40年，但他很可能发现旧金山湾区充满魅力，那里不仅让他想起他在圣约翰河畔漫步的情景，也能让他一头扎进对另一种未来的憧憬。尽管梅仍然坚持一种悲剧性的世界观，与明亮的未来主义的光辉格格不入，但在20世纪70年代初，他越来越觉得加州就是他在《爱与意志》中所想象和希冀的新社会的孵化器。

　　在人本主义心理学学者中，并不是只有他一个人被加州的氛围吸引。事实上，人本主义心理学的其他代言人早已移居那里。1963年，年轻的欧文·亚隆在斯坦福大学医学院开启了他漫长的职业生涯，他最初就是在梅的启发下接受了精神病学中的存在主义态度。一年后，卡尔·罗杰斯离开威斯康星大学，在圣地亚哥创办了自己的研究机构。1968年，亚伯拉罕·马斯洛离开了布兰迪斯大学，前往斯坦福大学附近的门洛帕克（Menlo Park）。在西海岸地区，一个由心理学家、精神病学家和心理学倾向的人本主义者组成的网络，开始创建一个新的存在主义和人本主义心理学的中心。

　　当加州大学圣克鲁兹分校的教育革新者、历史学家佩奇·史密斯（Page Smith）邀请梅担任1973年春季学期的客座教授时，梅对西部的展望开始变得更加具体。一切都预示着美好。校园本身就可以媲美天堂。在校园的大草坪上可以俯瞰小城和远处的太平洋；宿舍和教室分布在道格拉斯冷杉和红杉树林中。校园的北部保留着一片原始森林，其余大部分被州立公园的茂密森林所包围。通过沿海高速公路到旧金山不到两个小时，到大苏尔大约一个半小时。梅一家住得很舒适，他们为诺曼·布朗照看房子，后者是该校实验意识史项目的领军人物之一。

　　然而，梅的经历却很难与圣克鲁兹校园伊甸园般的环境媲美。他发现自己的教学状况令人失望，也许班上的同学也感觉如此。他后来回忆说，在开课三四个星期后，一个学生甚至对另一个学生说："我讨厌罗洛·梅。"梅原本期待的是小班授课，有机会进行思想讨论。但是，他被安排到一个大课堂上，学生们被动地坐在那里，把他当作一个名人。"人们坐在窗台上，"他回忆道，"或站在教室外听，就好像我是一个电视明星。"梅的身体状况也不尽如人意。他经常感到虚弱，心动过速又开始出现，婚姻也考验着他的身心。英格丽德经常驱车5个小时去洛杉矶的朋友家。在圣克鲁兹的时候，她督促梅参加聚会、寻求冒险。不管是因为他的健康还是性格，这都让他精疲力竭。她甚至对他的教学工作提出莫名其妙的建议。正如他后来所说的，"那时我们的关系非常疏远"。在离开圣克鲁兹之际，他告诉英格丽德，他想离婚。

　　尽管如此，移居加州的想法很快就被纳入了计划。梅做出这一决定的部分原因是，尽管他对人本主义心理学持保留意见，但他逐渐将其视为一种能够促成科学与人文主义融合的心理学运动。梅没有与人本主义心理学会断绝关系，而是扮演了我们熟悉的"牛虻"角色。一个标志性的时刻甚至在他去圣克鲁兹之前就已经出现了，当时他就1971年的年会给人本主义心理学会主席弗雷德·马萨里克（Fred Massarik）、执行干事约翰·利维（John Levy）和1972年年会的项目协调人梅拉妮·艾伦（Melanie Allen）写了一篇言辞激烈的声讨文章。梅的发声得到了共鸣，并作为1972年1月的《人本主义心理学会简报》的头版报道发表。他明确表示，如果他们认真对待自己，那么心理学的未来就属于他们，他们是"新地下势力"。不过，他担心人本主义心理学会可能会"扼杀"其潜在的领导作用，因为在上一次全国会议上，许多活动都带有反智和"马戏团小贩"的氛围。诸如"只为快乐而生育""疯狂冒险：该放手时就放手""治疗师应该和患者上床吗？"等标题成了《纽约时报》和全国各地大量文章的素材。此外，许多会议实际上是"以花哨的方式为某个会心团体打广告"，或是其他形式的自我宣传。他认为，"这当中有一种危险，人本主义心理学会有可能与各种裸体、马拉松、触觉、感觉或其他类型的治疗团体混为一谈"。

然而，这些只是更大问题的表象，具有讽刺意味的是，这一问题正是该运动中"反人本主义"的倾向。梅提醒会员们注意该组织的创始人和早期状况，尤其是在老塞布鲁克会议上的卓越见解。然而，很快，人本主义心理学会就被那些投入感觉而非思考的人"接管"了，他们是"来自埃萨伦的代表、皮尔斯（Fritz Perls）[1]，以及所有其他的会心团体"。其实，他们不需要被赶走，只需要被给予"适当的位置"。梅引用了另一名会员的类似评论："的确，智慧、快乐、理解、同情和爱都逐渐变得廉价——新的心理学并没有诞生，只是出现了一些零散的、碎片式的可能性，但它们在被精心培育和滋养之前就被过度推销了。"梅询问会员中是否有"较大的群体"有类似的感受，特别是他们是否赞成发展"一种基于人的存在，而非基于各种技巧的心理学"。

大家的回应令人振奋。1973年6月的学会简报在头版刊登了"人本主义心理学会重估之年"的标语，并发表了卡伦·哈曼（Kalen Hammann）对梅所写文章的热情回应。哈曼回忆说，作为一名心理学研究生，他对人们重新强调"会心"感到兴奋，但也"对许多学生表现出的'让我们一同感受——让思维见鬼去吧'的态度有点失望"。他希望人本主义心理学会能够强调将"恢复的当下感受"与理智的

1　弗里茨·皮尔斯（Fritz Perls），格式塔疗法创始人之一，其人极富个性，也是埃萨伦的活跃成员之一。——译者注

"旧自我"进行整合的必要性。这些回应以及与人本主义心理学会其他领导人的讨论，促成了梅的强势回归。他同意主持一个新的"理论委员会"，其任务是"发展和澄清人本主义心理学的理论基础"。该委员会将与"研究委员会"（梅也是成员之一）合作，将这些"理论基础"应用于适合人本主义事业的科学实验。

与此同时，这一运动中的女性也感受到了进行更多批判性研究的冲动，尽管是从女权主义的角度出发。正如《人本主义心理学杂志》的编辑汤姆·格里宁（Tom Greening）在 1973 年春季期刊中介绍卡罗琳·莫雷尔（Carolyn Morell）的一篇文章《爱与意志：女权主义批判》（"Love and Will: A Feminist Critique"）时所指出的："全世界的女性都在挣脱她们的枷锁，有时她们会冲撞到我们伟大的白人父亲[1]头上。"莫雷尔在帕洛阿尔托人类潜能心理学研究所进修，这篇文章最初是一门课程的期末论文，她在文中表达了对梅的感激之情，但她也探究了梅有意识和无意识的性别观念，并发现这些观念都有很大的欠缺。她对《爱与意志》的不满主要集中在"梅关于男性和女性的理论和假设，以及这些假设对两性关系的影响"。她抨击梅过于依赖"解剖学即命运"这一过时的概念，并将其应用于性别差异及其对社会角色和权力的影响。莫雷尔认为，梅因此或多或少忽视了这种方法所产生的不平等，并"将相互排斥、补充和两极化的特质强加给了'男性'和'女性'这两个类别"。

最重要的是，莫雷尔发现，尽管梅口口声声说男女平等，但鉴于传统的性别差异观念对政治和个人的影响，平等实际上没多大意义。她总结道："梅发现了爱与意志的缺陷，并提出了未来的方向，这种未来仰赖于基于关爱的关系，这种关系将带来一种新的意识。但是，

1　伟大的白人父亲，历史上用来指代殖民势力或欧洲殖民者的短语，这里泛指掌权者。——译者注

关爱关系的发展涉及的变革要比梅所预想的更大；它需要改变梅本人采用的陈旧观念和分析方法。"

在与莫雷尔的文章同时发表的回应中，梅接受了她的批判精神，承认自己曾纠结于《爱与意志》中"无意的性别偏见"，并称莫雷尔的文章"对这一意识有很大帮助"。他确实怀疑，莫雷尔是否错误地将一些尚未解决的问题（如两性之间的本质差异）的立场断言为事实，但他也指出，女权主义是一场革命运动，其最大胆、最有用的主张也许会在未来得到改进，而不会损害这一事业。他还指出，莫雷尔在完成她的文章之前，显然没有读过《权力与纯真》，因为他在其中"努力阐明了女性、黑人和其他群体遭受剥削的深层原因"。

对问题的认识并不能保证问题得到解决。大多数心理学理论都没有细致地考虑"先天"或"后天"在形成强烈的性别角色和等级制度的过程中所起的作用。当然，在 20 世纪 70 年代中期，很少有人本主义心理学家能够看到新生的女权主义理论会对这一问题的未来答案产生深远的影响。事实上，在弗雷德·马萨里克和梅获得美国国家人文基金会（NEH）的资助，于 1975 年 4 月召开人本主义心理学会的理论会议之后，他们邀请的仍然主要是男性知名人士，他们的演讲也几乎完全没有性别意识。事实上，尽管女权运动已经影响了人本主义心理学会的许多女性成员，但其主要影响只是让策划者确保与会者当中至少有一些女性（24 人中有 5 名）。然而，当会议记录出来时，她们的贡献几乎没有被留下。

梅以一个主题演讲开场，重申了他的担忧，即对情感和身体上反智主义的强调将导致这场运动的"消亡"。他补充说，这次会议的目标是建立一种理论，即他在 20 世纪 50 年代希望建立的"关于人的科学"，这种理论"既能满足科学的原则，又能解决活生生的人的问题"。正如科学研究先驱、参会者之一乔纳斯·索尔克（Jonas Salk）在阅读会议议程时给梅写的那样："我们将致力于彼此交融。"

梅、索尔克、卡尔·罗杰斯、格雷戈里·贝特森、弗洛伊德·马特森（Floyd Matson）、托尼·阿索斯（Tony Athos）等主要参会者宣布了自己的立场，并进行了对话——关于选择、决定、心灵本质等关键概念，以及其他关于人性的抽象概念和理论，他们阐明了共同的取向或梳理了彼此的分歧。例如，索尔克提出了一种基于社会生物学的复杂心智理论，罗杰斯则谈到了心理治疗的作用——使个体逐步走向更好的选择并对世界有更现实的感知。梅和罗杰斯在邪恶的问题上针锋相对，贝特森则基于个人内外意识的融合寻求一种全新的思考、选择和决策方式。一些人如斯坦尼斯拉夫·格罗夫（Stanislav Grof）和他的妻子琼·哈利法克斯·格罗夫（Joan Halifax Grof），谈到了超越日常的超然意识；另一些人则反对某些演讲者近乎神学的倾向。在所有这些探讨人性的尝试中，梅发现贝特森的方法最契合他自己的想法，他甚至还在《人本主义心理学杂志》上发表了一篇对贝特森工作的精妙点评。

1975 年 8 月下旬，4 月图森（Tucson）会议的理论严肃性被更加感性而自由的人本主义心理学会的年度聚会所取代，聚会地点在科罗拉多州的埃斯特斯帕克（Estes Park），位于落基山脉海拔 7500 英尺处。这个地方必定激发了梅的怀旧之情——20 世纪 30 年代，他曾在这里参加过基督教青年会的会议；此地位于帕尔默湖（Palmer Lake）以北 120 英里处，1936 年，他曾在帕尔默湖宣布为世界革新宗教的目标。科罗拉多州《山地报》（Mountain Gazette）的记者兼编辑迈克·穆尔（Mike Moore）生动地报道了这次会议以及梅在其中的角色，他既是这场运动中的"牛虻"，又是社会接纳神话的倡导者。这次会议包含了讲座和实践研讨会，所有这些都是为了寻求个人的"成长"和内心的平静——尽管在表面上，越南战争的失败、城市骚乱和无处不在的文化战争侵蚀着美国社会的筋骨。穆尔来到这里，"一心想写一篇戏谑的讽刺文章"，幻想着"触碰、抚摸或性交"，但也担心自己会被"一群按摩师、超验主义者、罗杰斯主义者（他们甚至不说话）、弗洛姆主义者、禅宗佛教徒、裸体主义者、性杂耍者、苏菲舞者[1]、瘾君子、荣格主义者和存在主义者、女同性恋者、恋童癖者、女权主义者、脑波同步者[2]、罗尔夫主义者[3]、预言家和魔术师"所诱惑。

然而，穆尔放弃了更具感官吸引力的活动，去听了梅的演讲。梅仿佛耶利米一般，坚称心理治疗、冥想和其他内在仪式的利己主义目标，正是他们试图治愈的疾病的症状，即在一个曾经共享的价值体系和公认的智慧已被摧毁的世界中，人们对个人的意义和关系的渴求。梅将美国人熟悉的善行和恶习与克尔凯郭尔、斯宾格勒[4]和荣格的直白表达混合在一起，使它们"活灵活现地共舞起来"。他呼吁建立一种人类愿景，即在拥抱个人自由的同时，将人类团结在共同的事业上。他的话语中充满黑暗的警告，但总是带着一丝希望。他试图提醒在场的人们，那些让生活变得可理解的神话，已经在变革的旋风中消逝。梅谈到了《俄瑞斯忒亚》(Oresteia)，并将菲茨杰拉德的《了不起的盖茨比》(The Great Gatsby) 作为美国生活的主导神话。他认为，了解过去，了解它的智慧，尤其是它的神话，是创造未来的第一步。这种"人类潜能运动中的化石"，让穆尔在那周余下的时间里都"处于崇高的境界"。"我参与了整整一周的会议，没有触动，没有感

---

1 苏菲舞者（sufi dancers），他们相信通过不停旋转的舞蹈形式，可以进入天人合一的状态，从而达到亲近神的目的。——译者注

2 脑波同步者（brainwave synchronizers），他们试图通过调整大脑的脑电波频率来帮助人们实现心灵和身体的平衡。——译者注

3 罗尔夫主义者（Rolfers），即罗尔夫按摩治疗法的追随者。——译者注

4 斯宾格勒（Spengler，1880—1936），德国著名历史学家、哲学家。——译者注

受，没有被爱，这似乎是我自己的错，"穆尔若有所思，"但我宁愿把它归咎于罗洛·梅。"这位悲剧性的先知与埃斯特斯帕克的许多文化上的纯真者意见相左，却给这位记者带来了一次酣畅淋漓的精神上的裸体邂逅。

与此同时，梅决定搬到旧金山湾区，并且已经在加州落脚。他把他的计划告知患者和求询者，设法把他们转介给合适的同事。他和英格丽德一起搬家，但两人都明白，一旦搬到西部，她就会找一个自己的住处。梅在旧金山湾区寻找新住处的过程，与他性格中的许多方面都相呼应。他想找一处像他在曼哈顿的办公室一样的位置，视野开阔，远离日常的喧嚣，但又靠近旧金山的繁华。他的选择再好不过了。一名经纪人带他去看了蒂伯龙半岛塔糖路上的一栋房子，它位于半岛的高处，可以俯瞰旧金山海湾的全景；在晴朗的日子，可以望见北边的纳帕、东边的伯克利、南边的圣何塞，以及西南边的旧金山。大多数日子里，唯一的声音就是微风的窃窃私语和下方船只发出的雾笛声。在这样的环境下，梅希望能重整旗鼓，开启人生的最后篇章。他仿佛找到了一个地方，将纽约的活力与霍尔德内斯的孤寂和美丽融为一体。

第二十五章　无暇赴死

　　梅在蒂伯龙的家周围环绕着令人惊叹的美景，同样环绕着的还有 20 世纪 70 年代末和 80 年代初北加州的自由和实验的气氛，这对一个习惯了曼哈顿生活的人来说颇具诱惑力。即使是梅从大师楼的顶层看到的景色，也比不上他每天在蒂伯龙所体验到的广阔和宁静。他的确怀念纽约浓郁的文化氛围，怀念与几十年老友的亲密，不过他保留了在霍尔德内斯的家，也有机会在夏天重返那里。与此同时，旧金山湾区不断扩张的、影响力日益增强的心理治疗社群把他当作一个先知，而他也很乐意在他的"选民"——人本主义心理学家——面前继续扮演耶利米的角色。

　　与这一角色形成鲜明对比的是怀特研究所的琐碎冲突和相互猜疑——嫉妒、竞争和内部问题的分歧。1977 年 3 月，他回到怀特研究所做讲座，正如他在写给怀特研究所《简报》（*Report*）的编辑杰克·施密尔（Jack Schimel）的信中所说："我感受到强烈的竞争情绪，以至于几乎无法继续演讲。"在那次灾难般的演讲后不久，他给他的门徒鲍勃·阿克雷特（即罗伯特·阿克雷特）写道："我很高兴在怀特研究所的那次惨败中遇见你，我已经很多年没有过这样不愉快的经历了。"梅还抱怨说，《简报》忽略了他最近发表的"严肃"成果（在专业期刊上的两篇文章，以及在美国心理学会会议上的一次演讲），而只是提到他在《时尚芭莎》（*Harper's Bazaar*）上刊登的一篇基于电话采访的废话文章。《简报》还将《咨询的艺术》的再版称为一本"新书"，尽管梅指出这本书写于 1938 年，"就像年轻人的第一本书一样必定是幼稚的"。梅也不理解，为什么《简报》在总结《爱与意志》

的评论时，选择强调一本意料之中充满敌意的精神病学期刊对它的"糟糕评论"。

很快，积极的迹象接踵而至。克莱门特·里夫斯（Clement Reeves）是渥太华大学刚毕业的博士，他在1977年出版了他的博士论文《罗洛·梅的心理学》（*The Psychology of Rollo May*）。该论文详细而认真地研究了从20世纪30年代到《创造的勇气》出版，梅关于人类意识的观点的发展。梅对里夫斯的手稿印象非常深刻，他接受了邀请，写了一篇详细而饱含赞赏的后记《反思与评论》（"Reflections and Commentary"），作为这本书的一部分。此外，梅顺利地融入了旧金山湾区的治疗界，这不仅是因为他的名气，还因为他多年来已经建立的关系。他帮助刚刚成立的人本主义心理学研究所（HPI）提升了声誉。除了人本主义心理学研究所（后来成了塞布鲁克研究所），他还在加州专业心理学学院（CSPP）和加州大学旧金山分校的兰利·波特研究所（Langley Porter Institute）任教。

相较于固定的教学任务，梅更喜欢在临时的研讨会上授课，但这并不是因为他对导师制度缺乏兴趣。斯蒂芬·A.戴蒙德（Stephen A. Diamond）是洛杉矶的一名执业心理治疗师，他第一次与梅接触是在1980年，那次接触促成了重要的师徒关系和相互之间的兴趣。戴蒙德读过梅的一些作品，想研究心理治疗中的愤怒问题，于是鼓起勇气打电话给他。梅饶有兴致地接听了电话，并很快邀请他参加在自己家里举办的临床研讨会。戴蒙德最终出版了他的博士论文，名为《愤怒、疯狂与原魔》（*Anger, Madness, and the Daimonic*），并由梅写了序言。另一名未来的心理治疗师埃德·门德洛维茨（Ed Mendelowitz）在加州专业心理学学院的伯克利校园遇见了梅，当时他正在攻读硕士和博士学位。他是梅的一门课程的助教，并将梅视为榜样——关于治疗师如何将哲学、音乐和艺术融入广泛的治疗方法，从而丰富来访者的生活。菲利普·凯迪（Philip Keddy）也是在加州专业心理学学院旧金山校园的一次研讨会上认识梅的，他在多伦多大学读本科时，曾阅读过梅的一些作品。凯迪加入了梅在家举办的一个小型学习小组，还接受了梅为期五年的分析，从中学到了很多东西，并运用到了自己的实践中。

从纽约迁居加州的过程中，梅在职业生涯上的过渡还算顺利，但他的私人生活仍然是个问题。他的内心很孤独。在将近 70 年的人生中，他度过了 40 年的婚姻生活，直到最近才和英格丽德分开。在他们分开之前和之后，他都有过外遇，但没有一次能让他放下保护自己免受伤害和失望的盾牌。在白天的工作和晚上的聚会结束后，他便独自一人在家中观望着海湾美景。

1976 年 2 月，梅搬到蒂伯龙不到一年，他被另一个女人强烈吸引。S 魅力不凡、聪明过人，是一个有女性主义倾向的社会工作硕士，比梅小 40 岁左右。和英格丽德一样，她敬畏梅的名气，并因为梅被她吸引而深感荣幸。他们在梅的一次校园演讲中相遇，然后互通信件；当梅还在霍尔德内斯时，S 就搬到了旧金山湾区。9 月下旬，他们共进了午餐，在接下来的周末，他们去了天使岛（Angel Island）骑行。梅邀请她到家中吃晚饭，他们只是聊天，谈论各自如何从一段糟糕的关系中走出来，如何对被拒绝感到紧张。梅总归太过忙碌了——忙于教学、写作和会见来访者。

直到 12 月，他们才再次见面，并且越走越近。1977 年 1 月底，他们克服了障碍，第一次同床共枕。从那晚开始，他们进入了亲密、旅行和爱情宣言的旋风中。1977 年 7 月，S 去霍尔德内斯的旅行似乎巩固了他们的关系。接着，她开始怀疑罗洛生活中有其他女人，她感到有必要告诉罗洛，当他还在新罕布什尔州时，她和另一个男人上过床。罗洛崩溃了。"我感觉我被骗了，"他在日记中坦白，"这个夏天所有的美好时光，'我最爱的人'……'最棒的性爱'，然后突然就变味了。""我独自生活，孑然一身，感到孤独……周围有很多朋友，但我仍然生活在僻静的房子里，生活在自己的空虚、自己的漫漫长日里。"两周之后，他写道："该死的S！！！……我靠安眠药入睡，靠安定片度日。"

梅开始去见荣格派分析师，S也去见了心理治疗师。梅还咨询了他在纽约和加州的朋友。埃莉·罗伯茨坐飞机去见S，并劝告梅不要和她结婚。诺尔玛·莱曼也提出了同样的建议。梅自己也开始从伤痛和愤怒中走出来，对S的处境有了一些理解：她是一个单身母亲，她的孩子们需要一个比梅活得更久的父亲。不过，他还是在日记中大发雷霆，尽管他发现很难当面对她发火。他认为她的行为来自"一个混乱、冲动、不成熟的女人"，他现在发现，他曾用这种说法来应付他的母亲和姐姐。他意识到，"我总是让我爱的女人看起来像疯子……母亲，露丝"。"该死的，要是我能发脾气就好了，"他对着日记大喊，"我要气死了！"

在纽约，除了心理治疗，他几乎找不到发泄愤怒的渠道，甚至也找不到倾诉焦虑的途径。在加州，他有生以来第一次有了一屋子的男性朋友，可以和他们分享愤怒、快乐、自我怀疑和沮丧的时刻。他协助组建了一个"男性团体"，其模式类似20世纪60年代末及之后流行的"意识提升"女性团体。成员包括因其著作融合了神学、哲学和心理学思考而闻名的萨姆·基恩（Sam Keen）、获奖纪录片导演比尔·泽西（Bill Jersey）、旧金山湾区杰出的雕塑家罗恩·加里格斯（Ron Garrigues）、来自马林的艺术家罗伯特·冈珀茨（Robert Gumpertz）、当地的环保主义者克利福德·杰诺夫（Clifford Janoff）、荒野向导迪克·加兰（Dick Galland），以及其他在文化转型期关注男性内在生活的人。这个团体是他们职业生涯的喘息之所，是一个他们能够谈论自我的心理空间——谈论他们的恐惧、失败、快乐和脆弱。它创造了某种类似于梅曾经渴求的男性友谊，而在纽约，他的知己几乎都是女性。这个男性团体对S的看法都围绕着一个主题。在梅的转述中，萨姆·基恩认为她是一个渴望父性角色的"自私自利的女人"。其他人也纷纷附和，迪克·法森（Dick Farson）喊道："别让这个二流女人（阻碍、伤害、杀害？）我们的罗洛。"从纽约来访的哈罗德·泰勒的态度略有不同，他指出，梅正在进入"（他）人生中最有创造力的时期"，如果S"毁掉"哪怕是其中的一部分，都将是一种"遗憾"。他们都替梅表达了愤怒，就像梅在《权力与纯真》中替梅塞德丝表达愤怒一样。

梅还加入了一个自行组建的哲学家俱乐部，这个男性团体致力于探索人性和社会制度的复杂性，其成员虽然没有那么"亲密"，但以其独特的方式提供了支持。与梅的背景最相似的是休斯顿·史密斯（Huston Smith），他是一位著名的宗教学者，退休后来到旧金山湾区，以客座教授的身份在伯克利任教。唐·迈克尔（Don Michael）是密歇根大学的规划与公共政策荣誉退休教授，他提出了非常不同但又互为补充的观点。另一个方面的贡献来自彼得·科斯滕鲍姆（Peter Koestenbaum），他曾接受哲学、物理学和音乐方面的培训，在圣何塞州立大学教授了 34 年哲学，后来成为商业与哲学交叉领域的顾问和理论家。杰伊·奥格尔维（Jay Ogilvy）比其他人稍微年轻一些，也是一个哲学家兼商业远见者。

梅也把欧文·亚隆算作他的新朋友之一。亚隆是斯坦福大学的精神病学教授，他已经出版了团体心理治疗领域的重要著作，并于 1974 年出版了《日益亲近》（*Every Day Gets A Little Closer*）一书，该书面向普通读者，新颖且通俗易懂。但是，这种职业上的成功并没有减轻他对死亡的深切焦虑。这让他再次转向了存在主义（就像几十年前梅的《存在》一书指引他走上心理治疗的道路一样），并开始带领临终病人的治疗团体。然而，这些团体却加深了他自己的焦虑。当亚隆听说梅搬到蒂伯龙时，他找到了梅，开始了一段有益的治疗。由于梅毫不畏缩地帮助他处理死亡的议题，他们的治疗非常成功。不同寻常的是，这对治疗师和来访者在几年后成了亲密的朋友。

然而，亚隆、男性团体和其他人可能不太了解，梅的生活中正在上演一场深刻的悲剧——露丝·梅之死。1979 年 3 月，罗洛和 S 去普莱瑟维尔看望露丝，距离蒂伯龙大约两个半小时的车程。几天后，他记述了这次探访，描绘了一个可怕的场景："到处都是死亡的气息……她脸色苍白，腿很瘦，肚子膨胀得厉害。"露丝躺在沙发上，脸背对着门，蜡黄的皮肤包裹着枯槁的身体，但眼睛像往常一样有神，偶尔会用脏话咒骂她的剧痛。S 坐在她身边，直到无法忍受。于是罗洛坐了过来，把手放在露丝的胳膊上。"那是一个非常沉重的时刻，"他在日记中写道，"我感到她缺乏活力……气若游丝……被拖进一个小圆圈……那就是她生命的全部。"第二天，露丝去世了。

露丝去世后，罗洛经历了一场强烈的罪疚和哀悼。就在他写下普莱瑟维尔之行的故事时，他经历了一次神经症的发作，"迄今为止最严重的一次"。尽管身体不适，他仍继续写作，他认为这是从露丝身上转移过来的："我的疼痛……在我最意想不到的时候，喉咙痛了起来。"疼痛变得太过剧烈，使他无法写作："我痛得在地上打滚……我觉得其中有些东西是合理的……我躺在地板上，我还能承受多少呢？"S 打电话给他，神经炎再次袭来。内疚和愤怒形成了一股情感旋风，冲破了他的生活。露丝的死和他与 S 关系的破裂，标志着一个微妙但重要的重新聚焦的开始。起初，人们在公众场合很难注意到这一点。他继续公开演讲，继续在人本主义心理学界鼓舞社会和政治活动，并依照他过去的成功经验制订重要的写作计划。

露丝的死，以及他与S关系的"破坏性和恶魔般的影响"，迫使梅开始接受心理治疗。不出所料，治疗帮助他决定了下一部重要作品《自由与命运》（*Freedom and Destiny*，1981）的雏形。像他早期的一些作品一样，这本书将隐秘的自传与关于真实自由的性质、可能性和局限性的论述混合在一起。他区分了各种形式的自由，并认为一些自由比另一些自由更真实。而命运指的是生活境况和历史时刻施加于个人的限制。简单地说，人类就是用手中的牌来演绎自己的一生。梅认为，只有在这些限制中，在面对无处不在的邪恶以及最终的死亡悲剧时，人类的自由才能找到意义。同样重要的是，真实的自由来自个体与这些现实在思想和行动上的激烈对抗。梅通过对比人生目标结束了对这一主题的多维探索：

> 幸福（happiness）是没有不和谐；欢乐（joy）则是对不和谐的欢迎，以此作为更高和谐的基础……显然，美好的生活包括了在不同时期的欢乐和幸福。我所强调的是，在正确地面对绝望后，欢乐随之产生。欢乐是对可能性的体验，是一个人在面对其命运时，对其自由的觉察。从这个意义上来说，当人们直面绝望时，就可能迎来欢乐。在绝望之后，所剩下的就是可能性。

像以前一样，梅通过一个案例来阐明他的观点，在这个案例中，他既是治疗师，也是他想象中的患者菲利普（Philip）。他半真半假地复述了他的童年、他在希腊的时光，以及改变他人生的心理宗教（psycho-religious）体验。和梅一样，菲利普也在试图弄明白一段痛苦的失恋，以及他与女性之间不尽如人意的关系。治疗师梅引导他回到与已故的母亲和姐姐的痛苦关系中，鼓励他想象并演绎出与两人的对抗[1]。首先，菲利普对他那歇斯底里、刻薄的母亲大发雷霆。接着，他扮演母亲的角色，向儿子保证，她一直以他为荣，爱他，他是她"最宠爱的孩子"。虽然菲利普让母亲承认"我常常夜不能寐，为自己的暴躁后悔，并下定决心不再这样"，但她没法改变。菲利普坐回到自己的椅子上，承认他一直知道自己是受宠的孩子，但他发现扮演"被误解的天才、得不到帮助的人等角色"更方便。当他扮演这个角色时，他开始发现妮科尔（Nicole），这个虚构的S的化身，对他来说成了他最好的也是最坏的母亲——有时慈爱热情，有时疏远冷酷。

梅还让菲利普凝视自己"小男孩"时的照片，以及他在咨询初期带来的与姐姐莫德（Maude）的合影，想象他在记忆中最"封闭"的地方与"小菲利普"聊天。"小菲利普"描述了与"两个歇斯底里的僵尸"——他母亲和"精神分裂"的姐姐——同处一屋"是多么可怕"。"那是一种反复无常、不可预测、缺乏安全感的生活，""小菲利普"补充道，"尤其是感到孤独。"当菲利普听着自己讲出这段话时，曾经焦虑不安的男孩放松下来。两个菲利普几乎融为一体。"他（小菲利普）现在正盘腿坐着，"梅写道，"看起来就像一尊小佛，拥有超越年龄的智慧。"

菲利普的治疗之旅还没有结束。当他开始面对并表达他对母亲和姐姐的愤怒时，他将自己的愤怒拟人化为"一个蓝绿色的小伙子……年龄不详，可能十八九岁"。梅告诉他，在中国文化中，绿色和蓝色象征着愤怒和恐惧，但他也观察到，菲利普的"蓝绿色小伙子"却反常地"全然开放、诚实且充满活力"，而且"激发了菲利普的幽默感"。后来，菲利普在日记中揭示了他想象中的这个伙伴的全部含

1　此处使用的是格式塔治疗方法中的"空椅子"技术，来访者一人扮演自己和与之有"过节"的另一方。——译者注

义："对我来说，没有失败这回事，因为我胸有成竹……那个蓝绿色的小伙子和我只知道'能够'这个词；我们只知道可能性。当我们并肩同行时，对那个蓝绿色小伙子和我来说，就没有'不可能'这个词。"

菲利普的最后一次治疗体现了更多自传式的灵感。治疗师梅倾听他的"患者"用"孤独"和"诚实"来描述失去母亲和姐姐的讽刺性悲凉，尽管她们也给他的生活留下了一些东西。他向梅讲述了自己在伊斯坦布尔的"罗伯特学院"任教时"精神崩溃"的经历，在那里，他通过"以更大的热情投入工作"来掩饰自己的孤独感，耗尽精力，以致崩溃。摆脱危机之后，菲利普找到了更自由的新生活。他开始画画，开始没有计划、没有方向地体验这个世界。他加入了一个旅行艺术家团体，并坠入爱河，"怀着极大的喜悦失去了童贞"。菲利普的故事生动地概括了梅在玛蒂和露丝的阴影下与女性的曲折关系，而随着他与这个世界的联系在拓宽，这些关系也慢慢在改善。

无论《自由与命运》对梅本人的心理健康是否有价值，它将菲利普的故事与更具哲学和心理学色彩的篇章尴尬地结合在一起，使其成为一部难以评价的作品。与《爱与意志》或《创造的勇气》相比，这本书的反响显然更为平淡，大多数评论家都或多或少忽略了菲利普从心理依赖走向自由的旅程，而选择了更熟悉的内容。对一些人来说，这似乎再熟悉不过了。《纽约时报》评论员阿纳托尔·布洛雅是梅早期作品的狂热粉丝，他认为这本书是"一次整合的尝试，而非克尔凯郭尔式的飞跃"。他觉得，这本书听起来太像救世军"长号"发出的"哀鸣"，而不是《权力与纯真》中更常见的"雷鸣"。"毫无疑问，他的出发点是好的，"布洛雅指出，"令人厌倦的是他的虚华辞藻。他需要新的表达方式，因为即便是真理也需要时不时地更新样貌。"而一些人对这本书报以更热烈的欢迎。诺曼·卡曾斯认为，这本书凝结了作者毕生的思想，称其为"一场心灵的盛宴"。埃德·门德洛维茨推荐该书为梅的作品的最佳入门读物。加拿大哲学家迈克尔·福克斯（Michael Fox）在一篇名为《存在主义怎么了？》（"Whatever Happened to Existentialism?"）的文章中进一步指出，《自由与命运》提醒我们"人的一生是如何实现的、如何演绎的、如何被自己建构的——在自由与必然性的冲突拉扯之间找到一条折中的道路"。福克斯接着说，这本书"对人类的处境，以及对在现代世界中实现两极之间的微妙平衡的前景做出了深刻评论，而这种平衡构成了健康的心灵"。然而，梅却认为这是一部"失败之作"。几年后，他对门德洛维茨说："《自由与命运》是我对自己的剽窃。"

与此同时，梅仍然深感忧虑的是，人本主义心理学会正在回避参与当时重要的社会和政治议题：公民权利、性别平等、消除贫困、最小化核战争威胁，以及拯救环境。他担心太多的成员害怕去面对世界上的权力问题——事实上，个人意识的改变必须与对社会权力结构的深刻理解相关联，这样才能迈向一个更加公正和人道的未来。他在1979 年人本主义心理学会会议的一次演讲中宣称"我们掩藏了自身的无力感"，并认为个人要对发生在自己身上的一切负责，"自我实现"或"人类潜能"有可能治愈地球上的所有疾患，但它使这场运动中的许多人"像被宠坏的孩子一样，固守着我们的纯真"。

20 世纪 70 年代中期开始出现的对美国社会更广泛的评价，强化了梅长期以来对人本主义心理学的批判。流行作家在被广为阅读的文章中谴责了治疗在总体上对社会的破坏性后果，诸如彼得·马林（Peter Marin）的《新自恋》（"The New Narcissism"，1975）和汤姆·沃尔夫（Tom Wolfe）的《唯我年代：美国新觉醒报告》（"The Me Decade: Reports on America's New Great Awakening"，1976）。克里斯托弗·拉什（Christopher Lasch）在《自恋主义文化》（*The Culture of*

Narcissism）一书中提出了更全面的指控，该书后来成为畅销书。当美国总统吉米·卡特（Jimmy Carter）的演讲稿撰写人在为其撰写著名的"信心危机"（常被误称为"萎靡不振"）演讲稿时，拉什对自恋者的心理文化荒漠的悲观看法成为其背景阅读的一部分。该演讲的重点是能源政策，但同时也抨击了自私自利、贪得无厌和其他自恋的特质，在拉什看来，这些特质日渐成为美国生活的特征，牺牲了国家的共同利益。梅认同这些对治疗文化的描述，但让他困扰的是，拉什并没有说明梅将近三十年前就在《人的自我寻求》一书中指出了现代美国社会的"自恋"方面。

梅对人本主义心理学会普遍缺乏悲剧性愿景的不满，与他对加州的总体感觉融为一体。在 1981 年一次人本主义心理学会会议的发言记录中，他称赞该组织成功提出了一种替代行为主义和正统精神分析的方法。然而，他宣布了下一个关键议程："我们能真正现实地看待未来吗？这就是我们社群的价值吗？还是我们要逃避现实？"他担心逃避主义仍是这场运动中的一个深刻主题，担心"加州充满了幻想"。他嘲笑通过东方宗教快速解决问题的虚幻浪漫："在以前，人们不可能轻易获得开悟（在佛教中，指获得真正的自我认识），但跟随这样那样的灵性导师，现在你花一个周末就可以开悟。"

梅的批判针对的是 20 世纪 70 年代末的美国文化，当时的美国文化陷入了焦虑和疲惫的旋涡，而这种旋涡是由一连串的公众创伤引发的：水门事件和理查德·尼克松辞去总统职务，1973 年的阿拉伯石油禁运；1973 年至 1975 年间，美军在越南的战败，以及越南最终在共产党领导下实现统一。诸如公民权利、环境和核危机等关键的国内问题几乎没有消失，但公众的疲惫感却抑制了补救措施的出台。1979 年 3 月，宾夕法尼亚州的三英里岛核电站发生灾难，同年 12 月，伊朗革命政府劫持美国人质，为 20 世纪 70 年代末画上了恰当的句号。梅认为，人本主义心理学，至少在其更唯我主义的形式中，无法提供治愈美国社会弊病所需的能量和方向。而他也不是人本主义心理学会中唯一被社会参与所吸引的成员。

1978 年 8 月人本主义心理学会大会的主题为"梦想之间"（Between Dreams），便是这种变化的一个标志；该组织内部成员也察觉到了面向公众行动的重要转变。1978 年 10 月的《人本主义心理学会简报》甚至刊登了畅销书《宝瓶同谋》（The Aquarian Conspiracy）的作者玛丽莲·弗格森（Marilyn Ferguson）关于这次会议的一篇长文，题为"人本主义心理学会走向公众，开启社会参与的时代"。梅对此持怀疑态度。他坦率地提出疑问，如何才能实现推动"范式转变"的崇高目标，以及有多少成员愿意为这一努力付出实际的行动，而不只是嘴上说说。他警告人们："我们可能正在'打盹'，存在这种危险。"就连执行理事会的顾问委员会成员利兹·坎贝尔（Liz Campbell）也承认："有些人不认同这个主题，觉得会议过于严肃；有些人想要更多的派对，觉得缺乏社群感。"然而，1979 年 10 月的《人本主义心理学会简报》在封面上大肆宣传"执行理事会投票通过无核决议"，并刊登了乔治·伦纳德（George Leonard）、西奥多·罗萨克（Theodore Roszak）等人的文章，指明有必要将人本主义价值观融入政治和社会政策。

围绕政治的辩论背后，隐藏着另一个不那么明显的分歧，即那些相信精神和社会世界必然会朝着更好的方向发展的人，与那些对未来持更偶然甚至悲剧看法的人之间的矛盾。这种紧张关系在人本主义心理学创立之初就已存在，但在 20 世纪 70 年代末变得更加明显。其中一次爆发源于人本主义心理学研究所 1981 年夏季发行的《展望》（Perspectives），这一期刊物的主题是"罗洛·梅：人与哲学家"。在众多证明其作品具有实质性影响的文章和采访中，只有一篇对梅的世界观提出了严肃的质疑，而且只出现在一个长段中。卡尔·罗杰斯是这场运动中另一位在世的著名发起人，他对梅致以深切的赞赏，但对他所说的邪恶提出了警告。梅认为，人性的核心是"原魔"（daimonic）[罗杰斯将其误称为"恶魔"（demonic）]，这一核心使人类必然在创造性行为与破坏性行为之间进行斗争；与梅的观点不同，罗杰斯认为，文化——儿童养育、不平等、扭曲的教育体系，以及"养成的对不同个体的偏见"——"扭曲了人类机体，使其朝着反社会的方向发展"。罗杰斯预想，在未来，更理智的新一代将纠正这些缺陷，社会将逐步得到改善。

梅以一篇长达 11 页的文章《邪恶问题：致卡尔·罗杰斯的公开信》（"The Problem of Evil: An Open Letter to Carl Rogers"）回应了这个简短但重要的警告，该文章一年后发表在《人本主义心理学杂志》上。他指出，罗杰斯误解了"原魔"这个词，认为它与邪恶同义，而梅的意思是，这个词描述了"每个生命肯定自己、坚持自己、延续并强大自己的原始冲动"。它作用于"一系列有组织的潜能"，是"我们的建设性和破坏性冲动的共同来源"。他提醒罗杰斯，社会不是脱离人类而产生的实体，而是人类个性中创造性和破坏性元素的反映——人类创造了社会，而社会又反过来创造了人类。这个驱动力就是"原魔"，是一种不断与自身交战的冲动，它很可能一直处于个人和社会生活的中心。

梅与人们对所谓"超个人心理学"日益增长的兴趣也进行了一番斗争。超个人主义在美国专业心理学中的根源可以追溯到 19 世纪的心灵研究协会，以及威廉·詹姆斯的"多重宇宙"和"看不见的现实"的理论。詹姆斯提出了一种基于"激进经验主义"的科学方法，这种方法将超越性的体验和其他超出常规的状态作为人类意识的真实维度。在 20 世纪的大部分时间里，专业的心理学家和精神病学家都忽视了这种观念，而倾向于更狭隘地解读经验主义，即完全基于可观察

的事实、精心构思的实验和以数据为基础的理论及结论。即使是精神
分析师，虽然强调无意识力量作为一种强大的另类现实，但也将其视
为一种纯粹的人类现象，与超验世界无关。

　　心理学家对超验的兴趣在 20 世纪 50 年代末开始复苏，并在 70
年代蓬勃发展。马斯洛关于自我实现和高峰体验的观点，那个时
代常见的药物引发的意识状态改变，以及对东方和本土宗教的各种
改编——所有这些都为更积极地看待另一种意识提供了机会。即使
是亚伯拉罕·马斯洛，一个曾经公开声明的无神论者和传统经验主
义拥护者，也开始支持激进的经验主义，并与威利斯·哈曼（Willis
Harman）、肯·威尔伯（Ken Wilber）、斯坦尼斯拉夫和琼·哈利法克
斯·格罗夫，以及安东尼·苏蒂奇等人一起探索超验状态。到 20 世
纪 60 年代末，他们以更有组织、更全面的形式看待此类研究，并
于 1969 年创办了《超个人心理学杂志》（*Journal of Transpersonal
Psychology*），几年后又成立了超个人心理学协会。

　　梅拒绝了安东尼·苏蒂奇的邀请，没有参与他们的活动，尽管他
对意识状态的改变并不陌生，不论是从 LSD 的使用，还是从他年轻时
宗教体验中的超验时刻来说。梅看到了超个人主义和詹姆斯略带轻蔑
地称为"健康心态的宗教"之间有相似之处。在梅看来，超个人主义
思想的核心问题在于它不幸地将宗教与心理学混为一谈。梅的反对可
能会让一些人感到惊讶，即使那些对他之前的牧师生涯以及他与蒂利
希的关系并不完全了解的人也是如此。例如，《自由与命运》的读者
可能注意到，他引用了托马斯·阿奎那（Thomas Aquinas）、奥古斯丁
（Augustine）、神秘主义者雅各·波墨（Jacob Boehme）和埃克哈特大
师（Meister Eckhart）、克尔凯郭尔和蒂利希等人的名言。他将他们的
智慧与尼采、弗洛伊德和格雷戈里·贝特森，以及禅宗和道教修行者
的世俗声音融会在一起——不是作为真理的定义者，而是作为理解生

命中最深刻挑战的严肃思想者。思考宗教与心理学之间的关系，对梅的思想历程而言至关重要；而梅对"命运"一词定义的改变，便最好地诠释了这种不断演变的视野。当梅还是一名牧师时，他就曾在《创造性生活的源泉》一书中使用"自由与命运"作为章节标题。在这部年轻的作品中，他将命运定义为上帝的旨意。到了 1981 年，梅对这个词的使用已经有了一种存在主义意味，即人类被随意地抛进这个世界，只能在有限的环境中寻找生命的意义。

梅仍然坚定地致力于宗教与心理学的分离，但很少谈及这一问题，直到 20 世纪 80 年代初的一个场合。威利斯·哈曼是思维科学研究所的负责人，也是超个人心理学的重要人物，他反对人本主义心理学会在 1981 年会议上起草的声明，这份声明试图界定该组织的"价值观"。1982 年初，哈曼写信给人本主义心理学会执行理事会主席杰奎琳·拉克姆·多伊尔（Jacqueline Larcombe Doyle），称"价值观"（values）这个词"模糊不清……因为我们都声称持有或多或少相同的价值观"。哈曼认为，"信念"（beliefs）一词更好地定义了这场运动的独特性，它侧重于心理学在改变个人生活和社会中的作用，以及一种潜在的信心，即"所有人在根本上都是具有创造性的，意向性和价值观是人类行动的基本决定因素，而对意义的寻求揭示了人的一种基本需求，如同对食物和氧气一样"。和罗杰斯一样，哈曼认为社会变革不是来自激烈的冲突，而是个人和文化转变的结果，因为每个人都"最终自由地"抛弃"不健全的信念"，而这些不健全的信念是世上存在"邪恶"的真正原因。基于爱和同情的变革将随之而来。

多伊尔将这封信转交给了梅，梅很快就做出了回应，他对哈曼立场中的要点表示尊重，但予以明确反对。对梅来说，这些要点强调了他在《自由与命运》中指出的问题：许多人本主义心理学者都有一种危险的天真，他们忽视了世界上的权力与邪恶的残酷现实。梅认为，每个人的自由都受到核战争的威胁，然而，哈曼的观点"会导致我们对停止核储备的努力持沉默态度"。哈曼的观点可以被视为一种"虔诚主义"。梅的评价事实上有些偏颇。哈曼当然寄希望于意识的转变来实现变革，但与超个人主义阵营中的许多人不同，他对世界经济的危机节点有着相当鲜明且具体的看法。他对无节制的工业化忧心忡忡，并在意识研究中寻求更理性、更人道的引导人类能源和资源利用的途径。他希望人本主义研究和超验主义能够致力于改革商业世界。毫无疑问，哈曼有自己的价值观和信仰，也有着眼于社会变革的愿景，但他身上散发出一种宇宙乐观主义的气息，而这正是梅这位存在主义者所摒弃的。

非凡大师肯·威尔伯的情况则呈现出另一种问题。在其著作和公开露面中，威尔伯创造了复杂的知识体系，他声称将所有领域的知识综合成了一种"整合理论"（Integral Theory），这种理论可以引导个人走向"纯粹的存在感"的目标。他行文的权威（有些人说是独裁）口吻和他的宏伟设计一样冒犯了梅，在梅看来，威尔伯的作品是神学而非心理学，而且是一种可疑的神学。在蒂伯龙的家中，梅与威尔伯的一次会面，在两人的思想分歧之外又增添了私人的冒犯。据说，一群朋友就人本主义和超个人心理学展开了一场激烈但相互尊重的对话，梅在对话中断言，个人或社会的进步都不是自动的，相反，人类处于一种持续的内部斗争状态。威尔伯表示反对，并退出了讨论。梅后来回忆说："他不肯听，暗示他的思想已经达到了某种完美的状态，不应该受到质疑。"

这件事促使梅在《美国心理学会通讯》（APA Monitor）上发表了一封令人震惊的公开信，反对美国心理学会授予超个人心理学分会资格。《美国心理学会通讯》在其声明的标题中反映了梅的论调："超个人主义：人本主义领袖称提议的分部将混淆心理学与宗教"。梅批评马斯洛倡导的"心理学第四势力"，用马斯洛自己的话说，就是"超个人的、超人类的、以宇宙为中心的"。至于苏蒂奇关于人类超个人未来的热情洋溢、乌托邦式的清单，梅简洁地回应道："但是，人类的痛苦、悲伤、内疚、焦虑、羡慕、嫉妒等一系列消极特征呢？……'超个人'这个词的问题就在于，它暗示我们可以'跨越'人类行为的消极方面。"他认为，超个人"作为一种哲学学说是不充分的，因为它所拒绝解释的邪恶事实是现实的真实部分；毕竟，它们可能是了解生命意义的最佳钥匙，也可能是通往最深层真理的唯一途径"。

与梅并肩作战的是一位年轻的治疗师——柯克·施奈德（Kirk Schneider），1980 年 12 月，他们在人本主义心理学研究院的一次活动中相识。施奈德当时在东部的几家诊所工作。他与梅一直保持着联系，并加入了关于超个人心理学的辩论，对威尔伯进行了尖锐的抨击。1987 年至 1989 年间，施奈德和威尔伯在《人本主义心理学杂志》上交锋，文章中混杂了关于治疗和哲学的理论及定义问题，并且不出意料地夹杂了一些人身攻击。

《人本主义心理学杂志》的编辑汤姆·格里宁意识到有必要进行一场公开辩论。他为一期特刊征集了许多篇文章，探讨人本主义心理学的身份问题，尤其是与超个人心理学有关的问题。这期特刊囊括了各式各样的观点，其中包括肯·威尔伯的一篇表态文章，表达了他对梅在《美国心理学会通讯》上发表的文章的失望。梅在同一期的回应中抨击了威尔伯坚持认为其作品完全属于"心理学"范畴的观点。他认为威尔伯作品中的主张是"信念"而非"事实"，因此应该被贴上宗教的标签。梅此前也表达过这一观点，但这一次他的语气尖锐而有力。在提出宗教与心理学分离的理由时，梅试图通过讲述他以前的经历来证明自己有资格完成这项任务，这些经历显然属于超个人范畴。他还表达了自己对通灵学和威廉·詹姆斯所谓的"意识边缘"领域的兴趣。梅提到了他对"巴西原始教派圣礼"的着迷，还透露了他患肺结核期间"与信仰疗愈师的两次经历"。"所有这些我都选择称之为宗教，"他辩论道，"我反对超个人心理学，是因为它模糊了两者之间的区别。"

尽管梅的攻势猛烈，但与超个人领域的恩怨确实让他有过自我怀疑的时刻。他意识到，他和他们有着共同的事业，尽管方法并不相似。他想把宗教从心理学的简化中拯救回来——"我想与一切世俗化做斗争"。超个人心理学家希望通过将灵性与心理学融合来拯救灵性。他并不想因为自己的反对而伤害他们，特别是因为他们可能认为自己"与他们殊途同归"。"客观地说，我并不生气，"他写道，"而是为我伤害了他们而难过——他们在另一条道路上寻找宗教。"

1981年10月，梅收到了赫尔曼·赖西格的一封极其坦诚的长信。梅在协和神学院的第一年就曾跟随赖西格实习。从那以后，他们一起度过了许多关键时刻，但后来就没什么联系了，部分是因为梅的生活匆匆忙忙，另一个原因是赖西格的妻子去世后，这位老友追求并娶了弗洛伦丝。然而，他们都很想念对方，当赖西格步入80岁、梅步入70岁时，他们就触及"老年问题"开始通信。这个问题激发了赖西格的思考，他写了一篇令人沮丧的文章《我82岁的生活》（"My Life at Eighty-Two"），并且似乎只与梅分享了这篇文章。在文章结尾，他对自己的"自负"进行尖锐的批评。虽然他是一名牧师，但他怀疑自己是否真正爱过上帝或他人，并将其部分归咎于"不自律的性生活"。

梅的回信没有留存下来，但赖西格的信或许加速了梅对自己生活的反思。尽管他在日记中表达了普遍的自我怀疑和内疚，但他对自己的职业和个人贡献无疑有了更积极的看法。不过，他还是担心自己留给后代的遗产，因为这个世界似乎越来越符合他那些最可怕的预言。也许正因为如此，他选择在《存在之发现》（*The Discovery of Being*,

1983）中重述他重要的存在主义著作，以此重申他在将存在主义心理疗法引入美国时所起的作用。他收录了《存在》的导言部分，对几十年前的会议论文和文章进行了小幅修订，同时还新增了一些重新编写的章节，其中大部分是熟悉的主题。梅不仅探讨了存在主义运动，还探讨了存在主义"与我们美国性格和思想的亲近"的悖论，正如威廉·詹姆斯身上所体现的。他还探究了其他心理学家对存在主义运动的敌意，这些人更倾向于精神分析，而主流学术界关注的是行为主义和实验心理学。一位评论家恰如其分地指出，即便是持怀疑态度的专业人士也会"觉得《存在之发现》清晰、准确且有趣。关于心理学的存在主义流派，没有比这本书更好的简要介绍了"。

至于梅的内心生活，如同他写了50年的日记那样，他继续反思、指责和质疑自己。他在扮演先知和关怀他人的哲学家角色时，很少公开展现自己的内心世界，尽管细心的读者或听众可能会从他的著作和公开露面中有所察觉。只有在他虚构的"个案研究"中，当他既是治疗师又是虚构的来访者时，他才会在公众面前思考自己的人生。这些个案研究往往成为一个中心，围绕着它们的是更普遍的主题。《自由与命运》一书中讲述的"菲利普"的家庭和感情生活，或许是所有作品中最私人的描写。20世纪70年代末，梅曾考虑写一本自传，并将书名暂定为"受伤的疗愈者"（Wounded Healer）。然而，他在写了几章之后就放弃了，因为他很难讲述自己家庭生活的私密细节和他成年生活的混乱时刻，尤其是他与女性的关系。不过，在琳达·康蒂（Linda Conti）为人本主义心理学研究所的《展望》特刊《罗洛·梅：人与哲学家》所做的采访中，梅确实透露了更多有关他自己的信息。他还允许编辑们将他的全彩画作与采访中的精辟之言穿插在一起——这次采访聚焦于艺术、美、创造力和形式。而在此之前，梅对艺术的探索多少只是一种私人爱好。

幸运的是，梅作为艺术家的生活成了他下一本书的主题。来自得克萨斯州达拉斯市的R.巴顿（派特）·豪厄尔[R. Patton (pat) Howell]曾是一名富有的记者、金融顾问，追求精神自由，他在塞布鲁克研究所（原人本主义心理学研究所）攻读心理生理学博士学位时，发现自己受到了梅及其艺术的启发。他鼓励梅写一本关于美和艺术的书，即《我对美的寻求》（*My Quest for Beauty*，1985）。这本书汇集了梅的绘画作品、他关于美与本真生活关系的观点，以及他之前有所掩饰的关于20世纪30年代初在欧洲的经历。

无论是《自由与命运》中的案例描述，还是《我对美的寻求》中其艺术作品的公开呈现，都表明梅的情感生活在20世纪80年代初经历了逐渐开放的过程。为了找到一个可以爱的女人，尤其是不仅被他的名气，还被他的脆弱所吸引的女人，梅多次展开恋情。然而，对某个女人可能吞没他的恐惧，使有时看起来很有希望（尽管有的情况不可能）的关系戛然而止。大多数恋情都不是随性的，而是成熟的相互关系中的邂逅。即使性交往如昙花一现，双方也往往会继续保持长久的友谊。

这些关系往往始于梅教学的课堂或是客座讲座时的社交活动。1978年11月，他参加了一次这样的活动，来到了尤凯亚（Ukiah）附近沿海山脉顶峰的曼恩牧场。20世纪70年代，该牧场举办过多次静修会和研讨会，邀请过治疗文化、荣格心理学、政治异议以及女权主义和同性恋运动等领域的知名人士。与会者聆听讲座，参加小组研讨会，与受邀演讲者一起进餐，闲暇时在牧场风景优美的地方散步。在35名参会者中，有一名叫乔治娅·李·约翰逊（Georgia Lee Johnson）的荣格派治疗师，她最近刚离婚，从旧金山南部的富裕社区伍德赛德搬到了一个地下室公寓，与城里的其他治疗师合租。她迷人、热情、笑声爽朗、意志坚强，而且和梅一样，在中西部长大。约翰逊在她的家乡圣路易斯的华盛顿大学医学院接受过职业治疗培训。后来，她在堪萨斯州的门宁格研究所（Menninger Institute）学习心理学，后来在那里工作，并对荣格疗法产生了浓厚的兴趣。生活和婚姻最终把她带到了北加州。她在一个男性主导的行业中开始执业，养家糊口，经历失败婚姻的打击，但这些都坚定了她生存下去的决心，从未打消她对亲密关系的信心。

1978 年秋天，就在这样一个关键时刻，她收到了梅在曼恩牧场举办研讨会的广告。她听说过梅，但从未读过他的任何作品，她认为这将是一个拓宽她治疗视野的机会。然而她最意想不到的事情发生了。乔治娅坐在后排听了梅的第一场讲座，注意到他似乎心事重重，尴尬地讲笑话，背诵打油诗，以缓解紧张的气氛，最终，他以他的悲剧感和对生活问题不满足于简单答案的态度感动了听众。乔治娅被他充满活力的英俊形象打动。她在返回牧场小屋的路上遇到了他，那时他正独自在院子里散步。"和我一起走走吧。"他提议道。而走着走着，他们之间燃起了火花。他们谈论了各自的离婚、心动过速的问题，还有对美食的偏好，包括对希腊食物的共同热爱，这激发他谈论起自己在希腊的启示年代。散步结束后，他们回到了演讲厅，参与小组讨论。梅意识到，他还没有乔治娅的电话号码，所以在结束问答环节后，他大声地提出了这个请求。梅在一群崇拜他的听众中间的那种滑稽、近乎天真的冒失，使乔治娅尴尬不已，但她还是回应了这个请求。

当然，梅仍处于一种防御模式，迟迟没有给她打电话。最后，乔治娅邀请他到她的公寓吃希腊式晚餐。他很高兴，但就在当天，他打电话说他的心动过速发作了，他不敢开车。乔治娅问他是否服用了心动过速药，当他说没有时，她命令他服药，并把希腊式晚餐带到了他家。梅告诉她，她是他见过的最善良的人。当晚，他在自己的一本书上为她签名："致乔治娅，她让我重拾对人性的信心。"接下来的一周，他带她去了一家温馨的法式餐厅。与梅认识的其他女性相比，她明显与众不同，但起初，梅对女性奴役的恐惧一如既往。她以善良和热情邀请梅做出承诺，但同时也表现出敏锐的智力参与和保护性的自尊。

由于经历过两次失败的婚姻和与S的恋情，梅变得怯懦，拒绝"坠入爱河"。乔治娅也处于防御状态，因为她刚从自己的离婚中恢复过来，并开始建立自己的诊所。几年里，他们断断续续地见面，因为他继续忙于演讲、会议和人本主义心理学界的思想辩论。有时，他试图通过对婚姻的未来和本质进行理论分析（就像当时许多人所做的那样）来理解自己的生活。在一次报纸采访中，他声称，"你遇到的每个人都离过婚"，还预测未来可能会出现"连续婚姻"，即一个人为了"孩子和性"而结婚，而20年后又为了"伴侣关系"再次结婚。正如记者所言，"他是根据自己的经验推断出来的"。

然而，到了1983年，梅和乔治娅开始建立起稳固的关系。即便如此，在海湾对面的埃默里维尔安了家并设立办公室的乔治娅，通常也只在周末才会去蒂伯龙。而梅的情绪也变幻无常。偶尔，她会碰见他发脾气、情绪低落，或者公然敌视她，但大多数情况下，他会穿着宽松的家居服迎接她，壁炉里燃着火，咖啡桌上放着一瓶未拔塞的红酒。乔治娅理解他的情绪，也保护着自己的自主权。她凭直觉知道，梅厌倦了总是当大人物，同时又害怕脱掉权威和控制的斗篷。他需要朴素的人性关爱。她安抚了梅，梅也取悦了她。他们对艺术和文学有着共同的兴趣，最重要的是，他们被相似的音乐所吸引——马勒交响曲的缓慢乐章、卡娜娃浑厚的嗓音、莫扎特晚期钢琴协奏曲的成熟优雅，还有海顿的《圣塞西莉亚弥撒》的纯粹喜悦。

梅接受了她的陪伴和持久的爱，并确实在其中得到滋养，更不用说她将他在蒂伯龙的"单身公寓"改造成了一个舒适温馨的家。家中的装饰自由地融合了他们的品位，梅和其他人的画作也为其增添了活力。梅和乔治娅一起在霍尔德内斯度过夏天，去希腊重游梅在 20 世纪 30 年代初的故地，并定期招待他们在蒂伯龙和新罕布什尔州的朋友。他们在特定的时候举办晚宴，将家人和朋友们聚在一起。

20 世纪 80 年代初的某个时刻，罗洛为乔治娅定制了一枚金戒指，并在蒂伯龙的几位好友的陪同下将戒指送给了她。在一场温暖、非正式的仪式上，他宣布了对她的承诺，并指出戒指的形状象征着“两个自由的人永远结合，永远自主”。1988 年 8 月，他们在好友西德尼和琼·拉尼尔（Sidney and Jean Lanier）的斯夸姆湖船屋里，在新罕布什尔州的朋友们（其中包括哈罗德·泰勒、艺术家朱尔斯·奥利茨基和他的妻子）以及乔治娅的女儿的见证下，走入了婚姻的殿堂。当时有三位牧师在场（乔治娅的一名来访者后来说，只需要一位拉比就可以完成仪式）。奥利茨基向他们赠送了一幅专为这一场合创作的画，这幅画后来被摆在他们蒂伯龙的家中显眼的位置。

与此同时，梅在 20 世纪 80 年代中期还前往瑞典，出演了一部由瑞典著名导演扬·特洛尔（Jan Troell）执导的纪录片《梦想之地》（Sagolandet）（在美国上映时叫 Land of Dreams）。特洛尔认为，梅是瑞典社会的完美评论员，在这位导演看来，瑞典社会以牺牲人性和意义感为代价，获得了物质上的辉煌。一个美国中西部小镇之子来提醒斯堪的纳维亚人（尽管是瑞典人，而非丹麦人）不忘克尔凯郭尔的存在哲学，这多少有些讽刺意味。

这般慰藉，加上梅年近迟暮，以及加州开阔的精神空间，也可能鼓励他重新审视自己的内心生活及其与正统宗教的关系。当然，即使在他自己失去基督教信仰之后，他也一直在写有关意义的文章，包括超越性，通常是用存在主义的语言，作为对神话和象征的关注的一部分。然而，直到 20 世纪 70 年代，他才开始在他的沉思、日记，甚至与他人的谈话中，再次频繁地提及超越的形式。一开始，他可能会通过艺术来表达这种超越性，比如在《创造的勇气》中的论述，或者如他在休斯敦罗斯科教堂的留言簿上写道，他接受了在这座城市的演讲邀请，只是为了能第三次拜访这个"让我无比感动的精神之地"。

梅的梦境也开始反映出他对离开教会的一些遗憾。他记录了一个梦："我本应负责（教堂里的）一场礼拜，但我没有出现，所以他们不得不自己（做）礼拜。我太不负责任了。""上帝"一词经常出现在他的话语里。他从精神和心理的角度来看待内疚，比如当他看到一部关于他的老友约瑟夫·坎贝尔的电影《英雄之旅》（The Hero's Journey）上映时，他感受到了一种死灰复燃的竞争意识，他觉得自己"卑鄙，不像基督徒"，认为这是"一种罪过"，并向"上帝"和"禅灵"（zen spirits）祈祷，希望能够帮助自己超越"这场粗俗的竞争"。第二年夏天，当他潜心撰写下一本书时，他发誓不仅要"有计划地写作"，而且要"在上帝的庇佑下"写作。1987 年 7 月 4 日，他在日记中写道："今天我做了一次非常满意的冥想——与上帝交谈。我想这与我昨天写的东西完全不同，因为昨天我写道，我很难触碰到'上帝'。"

他甚至又开始去教堂做礼拜了，不过不再像年轻时那样遵循卫理公会传统。相反，他在邻近的贝尔维迪尔社区圣斯蒂芬圣公会教堂寻找更具象征意义的礼拜仪式。梅尤其被圣餐仪式所吸引，它通过面包和葡萄酒象征性地呈现了基督的身体和血，最重要的是圣餐的神秘感。梅还对藏传佛教产生了浓厚的兴趣。他和乔治娅在纳帕谷的静修所亲身了解了这一传统。这种对东西方其他灵性视野的好奇，使他在回答《奥克兰论坛报》记者关于他写书动机的提问时，显得不那么令人惊讶："你知道，我从来不觉得自己是个作家。我认为自己首先是一名牧师，然后是一名心理治疗师……我想，在每本书中，我所做的都只是再深入一点点。"

这绝非轻率之言，1990 年初的一个梦，突出了他心中仍然鲜活的宗教与心理学的纠缠：

> 心理学家正在对我进行人生审判。我一直很抑郁。整个行业都死气沉沉，他们想得不够多，做得不够大胆。我做了什么呢？我想得太多了。我得了抑郁症——我会被判死刑的……也许我应该逃离这里，赶紧逃命……我为自己的不快乐而内疚。我为自己没能摆脱抑郁而内疚。我在密歇根大学接受审判……我觉得我应该摆脱抑郁，但我能不依靠宗教做到这一点吗？这和我母亲之间有什么联系？我能成为一个快乐的人吗？我把这个问题抛给了他们，所以我没有被定罪，我赢了。

这些混乱的梦促使他重新审视自己的内心，也激励了他对公共生活的追求。他写作、参加会议、演讲、旅行。对其他人来说，他积极的一面是显而易见的，甚至在复述他的人生故事时也是如此。在 1990 年的一次采访中，梅在谈及父母时表现得很平静，强调他们生活的艰辛，而没有一句怨言。他最常强调的是他的快乐——绘画、写作、与乔治娅在一起的舒适生活、朋友的陪伴，以及蒂伯龙或新罕布什尔的自然美景。至于面对死亡，他说："我没有时间去死。"

同年年初，梅正在为《祈望神话》的最后几章而苦苦挣扎，他几乎可以肯定，这本书将是他最重要的告别声明，这时他收到了洛克菲勒基金会贝拉焦中心（Bellagio Center）1990 年秋季的入住邀请。他和乔治娅期待着去意大利旅行，欣赏贝拉焦迷人的科莫湖美景，能够平静地写作，享受没有日常职责的智识生活。然而，就在 5 月，当乔治娅开车载他从旧金山机场回蒂伯龙时，一名醉酒司机在 280 号高速公路上失去控制，撞上了他们。梅的头部撞到了车顶，在随后的几天里，他出现了脑震荡的症状。8 月，他在准备前往贝拉焦的旅行时，出现了短暂的轻微中风。据乔治娅说，他"无法收拾行李"。她和哈罗德·泰勒迅速地收拾了一些衣服，然后梅夫妇就登上了飞机。一到意大利，梅和乔治娅就专程去米兰买他忘记打包的内衣。这只是更糟糕的事情即将来临的预兆。梅在贝拉焦的整个期间，几乎一直生活在抑郁和中风症状的阴影中，常常行为不稳定，有时吞咽困难，还遭受面部神经的发作性疼痛。

1991 年 2 月，他们回到加州后，梅接受了针对面部受损神经的治疗。他在手术中发生了严重中风，在医院里躺了五个半星期，几乎处于昏迷状态。乔治娅每晚都陪在他身边，确保医生和护士能够随叫随到。罗亚尔·阿尔苏普（Royal Alsup）研究过存在主义心理学，并以这种传统训练过北加州原住民部落的成员，他带着六名疗愈师来到医院为他祈祷。他们聚集在梅的房间里进行传统的吟唱。当他们结束时，梅从睡梦中醒来，在视觉重影中看到了 12 个印第安人。他确信，是他们帮助他苏醒过来的。

梅又活过了三年半。起初他恢复得非常好，但随着时间的推移，他的心智开始迷失，思绪常常回到过去，抑郁中夹杂着一种日薄西山的平静感。他会感觉到父亲、母亲或姐姐露丝的存在，并与他们交谈。他会了解恩怨或弥补过错，显然意识到这可能是他重新设想和结束未完成事务的最后时刻。有一次，他停止了晚餐谈话，转向右手边的一个空位，对着想象中的埃莉·罗伯茨说话。"你知道，"他说（指的是她丈夫的自杀），"我并不是唯一有过错的人。"

随着岁月的流逝，罗洛的意识越发模糊，其他关于过去生活和基本个性的事件也开始浮现。有一次，乔治娅开车载着罗洛和一位客人，沿着蜿蜒的道路前往渡船码头的一家餐厅享用晚餐，罗洛却催促她快一点，因为他在纽约的一场演讲快要迟到了。还有一次，乔治娅和她的儿子博伊德（Boyd）以及罗洛，在伯克利的一家印度餐馆点了一些外卖。博伊德想在书店待上几分钟，罗洛主动提出帮他拿着食物，乔治娅则去取车。当博伊德从书店出来时，罗洛不见了。博伊德最后发现他上了一辆出租车，请求司机把他送到他在纽约的老地址，他已经把食物分给了几个无家可归的人。在这些情况发生后，罗洛往往会露出尴尬的微笑，欢迎自己回过神来。

到 1994 年 4 月，梅 85 岁生日时，他已经变得非常虚弱，尽管还能享受派对。《人本主义心理学杂志》的编辑汤姆·格里宁写道：

> 尽管焦虑，他还是不断成长
>
> 并已至耄耋之年

罗洛变得越来越虚弱，每天都要打很多个盹，而且越来越难长时间地集中注意力。10 月下旬，乔治娅确信他的生命已到尽头。她邀请了他们最亲密的朋友来看望他，并认为这就是最后的告别。他们于 10 月 22 日星期六抵达，然后与罗洛一起静静地俯瞰旧金山湾。当天结束时，只剩下欧文·亚隆夫妇和乔治娅。某一刻，罗洛告诉乔治娅：“亲爱的，我要去画画了。”他站起身，慢慢地向卧室走去。他靠坐在床上，呼吸了几下，闭上了眼睛。欧文·亚隆，作为一位医学博士，宣布他驾鹤西去。

乔治娅和欧文为罗洛洗了澡，穿好衣服，让他待在卧室里。在他去世的那天晚上，一位佛教徒朋友为他诵读了《西藏度亡经》。乔治娅的孙子还不到一岁，试图爬到床上去陪他。乔治娅整夜都在陪伴罗洛。第二天，朋友、家人、患者和同事向他表达了最后的敬意。10 月

23 日下午 5 点，在最后的阳光下，当地一家火葬场的代表带走了他的遗体。第二天，他们送来了罗洛的骨灰盒。在他死后的第 47 到 49 天，两位来自他曾修习过的纳帕谷静修所的喇嘛，通过诵读《中阴得度》（*Bardo Thodol*）陪伴罗洛度过中阴阶段，即死亡与转世之间的中间状态。经文中的智慧和祈祷意在引导刚刚去世的人穿过梦境和梦魇般的幻象，走向平静的圆满状态：

> 当野兽的咆哮声响起，
> 愿它们化为神圣的六字真言；
> 当被雪、雨、风和黑暗追逐时，
> 愿我用明亮智慧的天眼来观照。

* * *

一周后，旧金山的格雷斯大教堂举行了一场隆重的纪念活动，纪念罗洛的一生。他的儿子罗伯特朗读了诗人罗伯特·弗罗斯特（Robert Frost）的《白桦树》（"Birches"）。萨姆·基恩和唐·迈克尔发表了讲话。后来，费尔蒙特酒店又举办了一场招待会。汤姆·格里宁，作为每个场合的游吟诗人，朗诵了一首诗来纪念梅。诗的结尾是：

> 亲爱的罗洛现在是上帝的使者
> 引导原始的生命力（daimonic force）
> 来帮助我们这些被遗忘的罪人
> 正如赫胥黎所敦促的那样，变得更加善良

乔治娅把罗洛的一半骨灰分给他的孩子们，他们后来把骨灰撒在了霍尔德内斯的庄园。另一半骨灰被乔治娅放在卧室里一个朴素的圆柱形骨灰盒里，在她从蒂伯龙搬到卡梅尔（Carmel），后来又搬到帕洛阿尔托时，罗洛也一直跟随着她。

后记：生命不息

2018年夏天，芝加哥的一名调酒师亚历克西斯·布朗（Alexis Brown）临近30岁生日，她刚从一场严重车祸中恢复过来，独自一人来到墨西哥图卢姆（Tulum），在海滩上放松身心，思考自己的未来。她感觉自己劳累过度，精疲力竭，太容易答应别人的要求，却很少思考自己想要的生活。布朗带来了一大摞书，但唯独"痴迷"于其中一本——《创造的勇气》。她对记者安娜·阿奇博尔德（Anna Archibald）开玩笑说："这不是一本调酒书，也不是关于调制鸡尾酒的书。（它）根本上是在讲，我们要鼓起勇气来保持敏感和觉察。"布朗回到芝加哥后，决心重新调整自己的生活，特别是改善与她共事的人的命运，并致力于她已经开始的工作，为酒吧行业的少数群体创造机会。梅的话语深深鼓舞了她，她买了20本《创造的勇气》送给亲朋好友。

梅的作品跨越几十年、几代人以及性别和种族，依然具有强大的生命力，这一定让他感到很惊喜。这也回答了他晚年一个萦绕心头的问题。在他生命的最后十年里，我曾多次拜访他，注意到他平日开朗的举止中有时会流露出淡淡的忧郁。这种忧郁与其说是对死亡的恐惧，不如说是对他毕生事业命运的担忧。他的书还会被读多久，他的思想还会被讨论多久？还有谁会知道他的名字？他的担心当然是有道理的，但在一段时间内似乎显得没必要。塞布鲁克大学继续发挥着人本主义心理学中心的作用。柯克·施奈德、斯蒂芬·戴蒙德、埃德·门德洛维茨在梅的治疗风格以及对哲学、文学和艺术的热爱的基础上不断发展，同时也找到了自己独特的声音。梅的朋友欧文·亚隆曾被《存在》一书深深影响，他已成为美国精神科医生和心理学家中最著名的存在主义疗法倡导者，他的小说和非小说类图书吸引了广泛的读者。

尽管如此，梅还是敏锐地意识到，自20世纪50至70年代的鼎盛时期以来，心理治疗曾在美国文化中备受推崇的地位已经急剧下降。自20世纪70年代中期以来，心理治疗面临着实验心理学家和认知行为疗法拥护者的猛烈抨击，前者质疑以精神分析为基础的治疗的有效性，后者则声称有统计证据表明认知行为疗法能带来更直接的实际效果。一些批评者认为，"治疗"既是日益自恋的以"我"为中心的社会的成因，也是社会的症状；而另一些批评者则特别针对人本主义心理学中更为激进的一派，指责其颠覆了传统的规范和习俗。

20世纪八九十年代的结构性冲击使心理治疗行业进一步陷入混乱。首先是健康维护组织（HMO）的崛起，它是医疗保健的重要组织之一，在20世纪80年代末，它曾抵制或大幅限制门诊心理治疗的福利。与此同时，美国食品和药物管理局（FDA）于1987年底批准了百忧解（Prozac），它对抑郁症的显著改善引发了一场治疗革命——它比心理治疗更快速、更便宜、更有效。到1990年，百忧解成为抑郁症治疗中使用最广泛的处方药，随后不久，用于缓解焦虑和其他症状的类似强效药物也被开发出来。在健康维护组织主导的世界里，一种持久的治疗方案最终应运而生。来访者会向心理学家或临床社会工作者寻求短程咨询，并得到符合《精神疾病诊断与统计手册》（DSM）预先确定的诊断结果。然后，他们会去找精神科医生，医生会根据诊断结果开具一种新型精神药物并监测其效果。这些药物几乎普遍被用于治疗抑郁症相关疾病。而据一项研究，在1997年至2007年间，长程心理治疗明显减少。如果每天只需服用一片神奇药物就能缓解症状，人们似乎就再无理由花费时间和金钱去做长期、往往令人痛苦的自我反省了。长程的心理治疗和精神分析已经被挤出了市场，而且无论如何也无法与百忧解革命所带来的惊人快速疗效相匹敌。

如果说梅担心的问题之一是深度心理治疗的存亡，那么更重要的或许是他对自己著作命运的担忧。这里的故事要复杂得多，跨越数十年，涉及新的商业实践和技术。图书交易的变革让每一位作者和出版商都心有余悸。20 世纪 80 年代，美国连锁书店崛起——道尔顿书店（B. Dalton）、沃尔顿书店（Waldenbooks）、皇冠图书（Crown Books）、图书驿站（Bookstop），以及新扩张的巴诺书店（Barnes and Noble）——通过畅销书打折和限制冷门书的库存，给小型独立书店的商业模式和生存带来了挑战。罗洛·梅的作品在许多连锁书店的书架上一直保存到 20 世纪 90 年代，但在梅去世后不久，他的作品也遭遇了其他滞销书的命运。渐渐地，甚至连他最受欢迎的作品也不再有固定库存，他的作品越来越远离新一代读者的视线。

就在梅去世的那一年，一件更具颠覆性的事情发生了——杰夫·贝索斯（Jeff Bezos）推出了亚马逊购物网站，这是一家网上书店，人们几乎可以在上面订购任何书，并等候送货上门。到 2000 年，亚马逊的成功和来自全国连锁书店的压力导致大约 40% 的独立书店倒闭。很快，连锁书店也屈服于日益先进的互联网图书销售。一些图书零售商申请破产，另一些则进一步限制库存，试图与亚马逊的大幅折扣和服务比拼。

不过，互联网对图书可获得性的影响对于梅和其他滞销书作家来说是一个明显的福音，也为他们的思想流通提供了一个新机会。人们可以找到梅所著的每一本作品的二手书或新书，从《咨询的艺术》到《祈望神话》，价格非常实惠。尤其是随着社交媒体、博客圈以及谷歌等先进搜索引擎的兴起，他的作品得到了新一代读者的全新评价和热烈反响。目前，在任何一天，用谷歌搜索"罗洛·梅"都会出现 40 万到 60 万个结果。其中一些是提供免费书的流氓网站，一些则只是顺带提及他的名字。然而，这些成千上万的网站促成了对他思想的评论热潮，而且这种热潮有增无减。亚马逊网和其他线上的评论，与 20 世纪六七十年代梅的许多读者所经历的震撼如出一辙。"罗洛·梅的《爱与意志》是我有生以来读过的最重要的书，"J. 威诺克（J. Winokur）如此评价他 2010 年在亚马逊购买的书，"对我来说，它的重要性不在于梅提出的某些具体论点，而在于他呈现的一整套理念和价值观，以及对人性的理解。"凯特琳·奥尼尔（Caitlin O'Neil）这样说道："一本在我出生前 18 年写成的书，却对我们文化中当前的关系弊病做出了我所读过的最精确的诊断，真是不可思议。"

互联网上遍布着更多关于梅的书和观点的参考资料，这些资料来自不同的贡献者——牧师、社会活动家、哲学家、论文作者，当然还有临床心理学家、社会工作者以及心理咨询师。例如，玛丽亚·波波娃（Maria Popova）的博客"智慧之选——有意义生活的清单"就非常受欢迎。自 2006 年以来，波波娃每周都会重点推荐她所谓的"最有趣、最具启发性的文章，涉及艺术、科学、哲学、创造力、儿童读物，以及我们对真理、美和意义的其他探索"。在她的博客里，她发布了《自由与命运》和《爱与意志》的长篇节选。

梅不仅通过互联网，还通过互联网促成的新旧实体书的更大流通量，继续对不同时代、性别和文化背景的读者产生强大的影响。其中一个例子是加拿大国家电影局重要动画制作人玛拉尔·穆罕默迪安（Maral Mohammadian）参与的访谈，该对话于 2017 年出现在动画世界网络（Animation World Network）的网站上。有人问她，哪本书对她最重要。她回答："罗洛·梅的《人的自我寻求》。"当然，我对她的回答很感兴趣，并在一封电子邮件中请她详述这段经历。她说，在一段"过渡和个人反思、与焦虑和无法理解的过去幽灵做斗争"的时期，她注意到了这本书。她买下这本书，希望它能对自己有所帮助，很快发现它的"直接性令人耳目一新。它犀利、简洁，但没有低俗哲学或自助书的腔调"。"富有诗意和想象力""鼓舞人心且优美动人""人性化"，这些是她用来形容梅作品的词语。她继续说道："它触动了我的情感神经——它滋养了我，肯定了我，并且它在某种程度上很亲切（我是指易于理解）。"最近，她重读了这本书，"再一次被它引起的强烈共鸣所震撼"："我读了两遍（恕我直言，常常边读边流泪）。它传递了一种深刻的归属感。我觉得它很有疗愈作用，特别是因为它不是一本新书。它以诗意的方式提炼出了人类的某些普遍特征。"

穆罕默迪安的这封极具个人色彩和洞察力的电子邮件回答了这样一个问题：一本出版于1953年的书，与当代人对自我和身份的假设相去甚远，为何能如此强烈地影响一个人？梅的作品为几代人提供了历史的广度，在这几个世代，技术革新越来越占据主导地位，而人类千百年来的智慧却被牺牲殆尽。在一个迷恋数据、机器人和人工智能的世界里，梅强调了个人在塑造自身存在方面的资源。爱、勇气、自主性、创造力——今天阅读罗洛·梅的作品提醒我们，这些濒临灭绝的品质对于打造有意义的生活而言，正如它们在梅的一生中以及过去的几千年里一样重要。

致　谢

　　我很高兴在此向许多为本书创作提供帮助的人表示感谢。首先也是最重要的是已故的罗洛·梅，他与我坦诚交流并允许我查阅他的手稿，使我得以捕捉到他非同寻常的广阔人生。在梅去世前后，乔治娅·约翰逊·梅始终非常热心，为这项工作提供了极大的帮助。梅氏夫妇在位于加州蒂伯龙的家中给予我最热情的款待，我在那里几乎翻阅了梅所有的文件。在新罕布什尔州的霍尔德内斯，我们就他的生平和生活进行了广泛而有启发性的讨论。梅的侄女，已故的芭芭拉·梅（Barbara May），让我对他的晚年生活增添了几分理解。梅同父异母的弟弟，已故的杰拉尔德·梅（Gerald May），本人也是一名作家和治疗师，在马里兰州与我共进了两次漫长的午餐，并向我讲述了他们共同的父亲。当然，如果没有已故的约翰·瓦斯康塞洛斯（John Vasconcellos）的帮助，我不可能有机会开始这项工作，他是我40年的老朋友，他把我介绍给了梅，并分享了他自己与人本主义心理学界互动的轶事。

　　梅的同事和朋友也为该项目提供了帮助。欧文·亚隆评阅了部分手稿，并谈论了梅对他的工作和个人生活的影响。威廉·阿兰森·怀特研究所已故的鲍勃·阿克雷特让我对梅在纽约的岁月有了特别的了解。通过或长或短的电子邮件和谈话，我从那些认识梅或与纽约怀特研究所和旧金山湾区各机构有联系的治疗师那里了解到很多信息，他们或写过关于本书中主要人物的文章，或从事私人治疗实践：已故的萨贝尔·巴塞斯库（Sabert Basescu）、桑德拉·比希勒（Sandra Buechler）、詹姆斯·布根塔尔、已故的利奥波德·卡利戈尔、斯蒂芬·戴蒙德、杰基·道尔（Jackie Doyle）、西贝尔·戈尔登（Sibel Golden）、汤姆·格里宁、埃德·霍夫曼（Ed Hoffman）、彼得·科斯滕鲍姆、埃德·门德洛维兹、已故的唐·迈克尔、莫琳·奥哈拉（Maureen O'Hara）、芭芭拉·罗森（Barbara Rosen）、柯克·施奈德和已故的米尔蒂亚季斯·扎菲罗普洛斯（Miltiades Zaphiropoulos）。特别感谢雪莉·凯斯勒（Shirley Kessler），她允许我使用她的采访记录，这个采访是为一部关于罗洛·梅的未发行的纪录片准备的。

至于埃萨伦的世界，迈克尔·墨菲和沃尔特·安德森（Walt Anderson）帮助我了解了大体情况，而与我的朋友杰夫·克里帕尔（Jeff Kripal）的聊天以及他的学术研究则帮助我了解了细节。英格丽德·开普勒·梅（Ingrid Kepler May）、已故的黛安·米德尔布鲁克（Diane Middlebrook）和已故的哈罗德·泰勒也分享了他们对梅的个人印象。我特别要感谢乔治·科特金（George Cotkin），他是一位涉猎广泛的文化历史学家，尤其热衷于存在主义，感谢他的学术研究以及与我多次讨论和本书有关的观点。同样的话也适用于传记作家兼朋友拉里·弗里德曼（Larry Friedman），他慷慨地让我查阅了他为艾里希·弗洛姆的传记收集的资料，我与他还就弗洛姆和梅的关系以及整个传记行业交换了意见。

多年来，在奥斯汀的朋友、同事和学生一直与我分享各种想法、写作建议并表达支持。我特别感谢阿莉莎·拉米雷斯（Alyssa Ramirez），她对几乎整部手稿提出了详尽的意见，改善了它的结构、风格和清晰度。我近40年的朋友玛丽·库克（Mary Cook）阅读了大部分手稿，她敏锐的观察力让我受益匪浅。乔·霍利（Joe Holley）从他自己的写作中抽出时间，对手稿进行了最后的审阅，并帮助完善了一些重要内容。我的三个博士生和现在的同事——克里斯·鲍比契（Chris Babits）、杰丝·格罗根（Jess Grogan）和马特·赫德斯特伦（Matt Hedstrom）的工作，加深了我对与梅的生活直接相关的思想和运动的理解。提供研究协助和见解、阅读章节，并以其他方式提供支持的朋友和同事们还包括：丹尼尔·库南（Daniel Coonan）、卡罗尔·道森·兰迪·迪尔（Carol Dawson Randy Diehl）、贝蒂·苏·弗劳尔斯（Betty Sue Flowers）、凯瑟琳·希金斯（Kathleen Higgins）、史蒂夫·霍尔舍（Steve Hoelscher）、吉姆·马格努森（Jim Magnuson）、马克·米卡莱（Mark Micale）、伊丽莎白·摩尔（Elizabeth Moore）、拉谢尔·奥赞（Rachel Ozanne）、弗兰克·理查森（Frank Richardson）、迈克·施托夫（Mike Stoff）、詹妮弗·韦斯特罗姆（Jennifer Westrom）和汉娜·沃伊切霍夫斯基（Hannah Wojciehowski）。此外，得克萨斯大学人文学院2017年秋季研讨会的成员们提供了一个温暖而有支持性的环境，我们在其中检验了对最终手稿的形成至关重要的想法。

我还要感谢许多档案管理员，没有他们的帮助，这个故事的大部分内容就无法被讲述。早些时候，密歇根州立大学和欧柏林学院的档案馆和工作人员，以及欧柏林学院颁发的弗雷德里克·宾卡德·阿茨（Frederick Binkard Artz）暑期研究补助金，为我收集梅大学时代的独特材料提供了便利。在纽约，我有幸利用了协和神学院、威廉·阿兰森·怀特研究所和哥伦比亚大学的档案。在剑桥，我在哈佛大学的霍顿图书馆和神学院档案馆度过了愉快的几天。杰丝·格罗根分享了她在阿克伦大学为自己的研究收集的材料。离我在得克萨斯大学的办公室几步之遥的便是哈里·兰塞姆中心（Harry Ransom Center），其手稿收藏馆不仅为我提供了档案材料，还为我提供了一个愉快的工作环境。此外，美国国会图书馆的全美大学优等生荣誉学会文件对了解拉尔夫·沃尔多·爱默生奖[1]也很有帮助。最后，虽然我在梅的家庭办公室里使用过他的手稿，但现在它们在加州大学圣巴巴拉分校戴维森图书馆特别研究收藏部找到了一个更有序、更安全的归宿，即人本主义心理学档案馆内的罗洛·梅文档。我尤其要感谢特别研究收藏部的大卫·C.加特里尔（David C. Gartrell），他负责管理罗洛·梅文档，并在短时间内提供了本书中大部分照片的高质量扫描件，这并非他的分内之事。

如果没有慷慨的科研旅行经费，让我暂时放下教学的职责，这项研究是不可能完成的。其中最重要的是古根海姆奖学金（Guggenheim Fellowship）以及美国国家人文基金会提供的一年期和暑期奖学金。得克萨斯大学为古根海姆和美国国家人文基金会的奖学金提供了配套资助，该校的大学研究院还为我提供了一个学期的假期以及一些旅行津贴。2001年之后，我担任了奥利弗·H.拉德基（Oliver H. Radkey）历史学教授职位以及奥德尔和伯纳德·拉波波特（Audre and Bernard Rapoport）犹太研究董事教席，这使我有充分的自由执行研究任务，并向不同的读者介绍本书的部分内容。40多年来，得克萨斯大学在各个方面都为我提供了良好的学术支持。

特别感谢苏珊·费伯（Susan Ferber），她是牛津大学出版社的杰出编辑，也是我的老朋友。她在关键时刻接手了这个项目，并在我完成它的过程中，给予了我极大的鼓励、耐心和出色的编辑建议。多年前，乔琳·奥萨卡（Joellyn Ausanka）曾与我合作完成了我在牛津大学出版社出版的第一本书，现在她负责监督文字编辑和其他各种制作任务，并以专业知识和幽默的方式指导我完成了数字时代不断变化的编辑程序。我非常感谢本·萨多克（Ben Sadock）提供的睿智意见和细致

1　梅的《爱与意志》曾获得全美大学优等生荣誉学会1970年颁发的拉尔夫·沃尔多·爱默生奖。——译者注

的校对。

还有更深的个人恩情需要道谢。感谢丹·霍洛维茨（Dan Horowitz），56 年来，在我的学术和个人生活的每个阶段，他都是最热情、最支持我的朋友，他是人文学术的光辉典范。感谢史蒂夫·迈兹利什（Steve Maizlish）和克拉伦斯·沃克（Clarence Walker），从我们在加州大学伯克利分校读研究生的第一年起，他们就一直给予我友谊的支持。

至于家庭，我将重复 25 年前我在另一本书中所写的内容，只需略作改动。我感谢我的妻子佩内·雷斯塔德（Penne Restad），她提供了专业的编辑建议和历史智慧，她用爱和耐心见证了这个项目的成长。本（Ben）和约翰娜（Johanna）让这一切都变得值得，因为他们成了独特而美好的自己。现在，我可以加上约翰娜的女儿润恩（Wren），我们的第一个外孙女，在本书即将付梓之际出生，她的及时到来让最近几个月充满了欢乐和灵感，尽管有大流行病的乌云笼罩以及世事纷扰。

于得克萨斯州奥斯汀市

2020 年 8 月